■《资本论》专题研究丛书

全国中国特色社会主义政治经济学研究中心（福建师范大学）2022年重点项目研究成果

全国经济综合竞争力研究中心2022年重点项目研究成果

福建省"双一流"建设学科——福建师范大学理论经济学科2022年重大项目研究成果

福建省社会科学研究基地——福建师范大学竞争力研究中心2022年资助研究成果

《资本论》专题研究参考资料 5

# 工资理论

主编：李建平　黄　瑾
执行主编：杨　强　王知桂

中国财经出版传媒集团
经济科学出版社
Economic Science Press

**图书在版编目（CIP）数据**

工资理论/李建平，黄瑾主编；杨强，王知桂执行
主编．－－北京：经济科学出版社，2023.2
（《资本论》专题研究丛书．《资本论》专题研究参
考资料；5）
ISBN 978 – 7 – 5218 – 4535 – 8

Ⅰ.①工…　Ⅱ.①李…②黄…③杨…④王…　Ⅲ.
①马克思主义－工资－经济理论－研究　Ⅳ.①A811. 66

中国国家版本馆 CIP 数据核字（2023）第 029815 号

责任编辑：孙丽丽　撇晓宇
责任校对：郑淑艳
责任印制：范　艳

**工资理论**

——《资本论》专题研究参考资料·5
主　编　李建平　黄　瑾
执行主编　杨　强　王知桂
经济科学出版社出版、发行　新华书店经销
社址：北京市海淀区阜成路甲 28 号　邮编：100142
总编部电话：010 – 88191217　发行部电话：010 – 88191522
网址：www. esp. com. cn
电子邮箱：esp@ esp. com. cn
天猫网店：经济科学出版社旗舰店
网址：http：//jjkxcbs. tmall. com
北京季蜂印刷有限公司印装
710×1000　16 开　22. 5 印张　330000 字
2023 年 9 月第 1 版　2023 年 9 月第 1 次印刷
ISBN 978 – 7 – 5218 – 4535 – 8　定价：97. 00 元
（图书出现印装问题，本社负责调换。电话：010 – 88191545）
（版权所有　侵权必究　打击盗版　举报热线：010 – 88191661
QQ：2242791300　营销中心电话：010 – 88191537
电子邮箱：dbts@ esp. com. cn）

# 绪　　论

在马克思政治经济学中，工资理论是其重要组成部分。无论是在《1844年经济学哲学手稿》《哲学的贫困》《雇佣劳动与资本》还是《资本论》中，我们都能够发现马克思智慧的光芒，这些著作展现了马克思对古典政治经济学的批判和继承，以及他自己的工资理论。该理论以古典经济学为基础，从无产阶级的立场出发，寻找消除社会两极分化的有效方式，力图实现人的平等和全面发展。此外，马克思的工资理论还深刻地阐释了市场经济中工资的本质、变动及其与宏观经济运行的关系。国内研究中，早在1979年，陈岱孙先生的《从古典经济学派到马克思——若干主要学说发展论略》，就掀起了我国学术界研究马克思工资理论的热潮。进入20世纪80年代以后，吴易风、顾海良、郭铁民等国内学者就马克思工资理论进行不懈的学术探索，取得了丰硕的学术成果，《马克思主义经济理论的形成和发展》《马克思工资理论探讨》等研究文献为日后研究铺平道路。

马克思工资理论不是凭空产生的，也不是在短时期内形成的，而是遵循一个产生、发展，以及完善的理论演变过程，并一步一步地走向成熟，最终形成马克思工资理论体系。只有认真梳理马克思工资理论形成和发展的历程，并比较其与相关学说的异同，才能真正地理解和掌握作为经济科学革命的马克思工资理论。

马克思认为："古典政治经济学在英国从威廉配第开始，到李嘉图结束，在法国从布阿吉尔贝尔开始，到西斯蒙第结束。"[1] 可以说，古典政治经济学在涉及工资方面的阶级性和局限性是促使马克思研究工资本质的动因，同时，

---

[1]　《马克思恩格斯全集》第31卷，人民出版社1998年版，第445页。

反映资本主义生产运行的古典政治经济学也是马克思工资理论研究的基础。在研究初期阶段，马克思重点关注工资数量与工人生存、工资与资本所得、工资与异化劳动的关系，并对"最低工资"展开探讨。在研究深入阶段，劳动力商品理论成为马克思揭示工资的本质的重要理论基点，进一步，马克思以剩余价值理论为基础，逐步阐明了工资和有酬劳动、必要劳动的相互联系。在《1857～1858年经济学手稿》中，马克思又创造性地阐述了工资决定的标准。在研究成熟阶段，马克思论述了利润、工资和价格之间的一般关系，并对资本发展与工资水平的相互关系进行了更为深层的分析。

在给恩格斯的信中，马克思谈到了《资本论》中所包含的"三个崭新的因素"，其中便涉及"工资第一次被描写为隐藏在它后面的一种关系的不合理的表现形式"①。这完全能够证明工资理论在马克思主义政治经济学体系中占据着重要地位，深刻揭露了资本主义的本质及其运动规律。马克思工资理论自提出至今已有一百多年，学术界的相关研究和争论此起彼伏、莫衷一是，存在不同程度的分歧与误解。为了更全面地认识和把握马克思工资理论，本书选取近年来国内学者的主要研究成果，并作如下的结构分配：一是马克思工资理论探析；二是马克思工资理论的当代价值；三是工资理论的比较与论争。

从诞生之初到成熟之际，马克思工资理论的每一个分支和每一个阶段呈现的是不同的光彩。在马克思工资理论探析中，各类观点层出不穷。跟随不同学者的脚步，我们将从中领略马克思工资理论的奇妙之处。

在关于马克思主义经济学的工资理论的解析中，方敏从资本积累理论、劳动力价值理论以及阶级斗争理论的三重视角进行相关解读。首先，系统地探析了工资现象的内核，揭露了工资的本质，深刻分析了工资的运动及其规律。其次，马尔萨斯的人口理论和李嘉图的调节机制在解释工资运动的时候是失之偏颇的，资本和资本积累才是解释工资运动的核心。最后，资本积累理论在解释工资问题方面不如工人阶级与资本家之间的斗争有积极色彩。从

① 《马克思恩格斯全集》第32卷，人民出版社1974年版，第12页。

这三种理论中，方敏梳理出了统一的理论逻辑：马克思工资理论的起点是劳动力价值理论。理解资本主义工资运动理论的枢纽在于资本积累理论。工资的运动和资本的运动不是割裂的，前者依赖后者，二者的相互作用进一步构成了资本主义生产方式运动的两级。

正如一枚硬币的正反面，理论与现实是密不可分的。王生升注重马克思工资理论与现实社会的结合，从本质与发展的五个层面对其进行解析。

其一，工资在资本主义生产方式中表现为劳动的价格，但其本质上是劳动力价值或价格的转化形式。这既揭示了劳资双方市场交易的真实对象是劳动能力，也从社会再生产的角度揭示了劳动力的价值是如何决定的。其二，利润与工资的相对运动是理解劳动力价值与工资的运动规律的基本分析单元，劳动与劳动的运动及资本与资本的运动在逻辑上则是派生的结果。其三，美国的经验数据验证了：在资本技术构成不断升高的情形下，资本主义经济的资本价值构成表现为上升趋势，使得失业人口不断增加。进一步地，在一般利润率相对稳定的背后，剩余价值率不断上升，相对于利润而言，工资在新价值中所占的份额不断地下降。其四，资本主义社会总消费能力的变动受工资收入变动的影响。倘若工资下降引致消费减弱，社会消费和资本积累间对抗性矛盾将加剧，使得资本主义宏观经济运动不断出现生产过剩、资本过剩、消费不足、增长停滞等负面现象。其五，社会生产组织形式变革为工资运动的上升趋势提供了坚实基础。

我们既要从宏观层面全面探析马克思的工资理论，也要从微观层面细化分析马克思的工资理论。马克思的工资理论中存在不同的分支，诸如最低工资学说、工资运动理论等，每一个分支理论都值得我们在马克思工资理论的基础上进行更深层次的内涵挖掘。谢富胜依据马克思的思想变化轨迹，着重探究马克思的最低工资学说。最初，马克思直接在古典经济学的生存工资理论基础上进行了对工资的阐述，他所使用的基本概念，几乎完全是从古典经济学中借用的。在此阶段，虽然马克思还未完善劳动、价值与工资的概念性阐述，但是他已经认识到工资运动的复杂性，这将为之后构建最低工资学说提供铺垫。后来，马克思将资本积累理论、劳动价值论和相对过剩人口理论三者进行了有机的结合，形成成熟的工资理论体系，并阐明最低工资学说这一分支。最低工资学说揭示了国家干预工资决定的必要性。实行最低工资制度不仅能改善工人的生存状况，还能对无序扩张的资本进行限制，增强经济发展的长久竞争力。

同样地，在马克思工资理论中，工资运动理论也具有独特的地位，黄文义主张从四个维度进行探讨。一是工资仅仅是资本主义市场经济特有的经济现象，而不是一般性商品交换过程都有的经济现象。二是实现资本增殖是工资运动的源动力，并引致长期中工资呈现向下运动趋势。三是利润运动决定工资运动，并且利润增长日益高于工资增长。四是尽管工资运动的直接场所是劳动力市场，但真正能够决定工资运动的因素却来自资本主义私有制的制度本身。进一步地，虽然学术界的多数文章从不同层面揭露了资本主义工资的本质及其剥削实质，却鲜有学者将工资运动理论与现实进行结合探讨，尤其是涉及劳动力市场中个人工资量的确定及其运动的问题。因此，黄文义在特定劳动力价值的基础上构建起个人工资量的系统决定模型，这一模型能够解释个人工资在劳动力市场上是如何运动的。从模型中可以得知，除了表象中的劳动者素质会影响到个人工资及其运动以外，本质意义上的劳动者个别社会劳动力价值也会产生一定程度的影响。不同主体之间的工资差异与同一主体的工资变动现象因此而有迹可循。

俗话说"用进废退"，这同样适用于马克思工资理论的发展与传承。李志远从历史和道德因素层面，解析马克思关于资本主义工资决定的理念，突出马克思工资理论的传承性。首先，马克思的相对剩余价值理论与无产阶级贫困化理论阐述了生产技术进步影响工资变动的情况。这一过程不仅涉及单纯的技术，还关乎到社会历史的发展。其次，从资本主义发展的角度上分析，工人工资从作为劳动力再生产的需要转变为实现人的价值追求。虽然这不能从根本上改变工人的地位，但大大改善了他们的生存处境，使他们享受社会发展成果，有利于他们生理和心理的发展，并且能够推动整个社会的文化和道德的发展。最后，李志远认为，为了实现社会主义的中国化目标，需要时刻关注我国广大劳动者的劳动工资和福利实现问题。处理好企业同职工之间的利益矛盾，积极干预和调节劳动市场与健全和完善职工的社会保障体系将有助于缓解雇佣劳动关系下劳动者和企业主之间的利益矛盾。

马克思的工资理论不仅具有鲜明的传承性，还兼具批判性。程彪在分析马克思对蒲鲁东工资平等理论的批判之后，揭露了工资平等理论只不过是小生产者回避资本主义社会矛盾的一种幻想。蒲鲁东不但不承认"按劳分配""按劳分配"主义，还反对以劳动价值论为基础的工资理论。但是，这一切只是蒲鲁东不切实际的幻想而已。从正义劳动或平等劳动，到社会互助、人人平等，完全都是罔顾现实和历史的乌托邦式的幻想，脱离了资本主义生产方式的本质，因而也无法揭露真正的不平等和社会矛盾的根源。马克思的主张则不同，他认为劳动平等的关键在于把劳动当成人类的本质来自由地发挥，以进一步实现每个人在个性上的自由发展。这就要求对资本主义生产方式进行彻底的改造，建立社会主义公有制，消除阶级对抗性运动，真正建立"自由人的联合体"。

历经一百多年的历史洗礼，马克思工资理论仍然长久不衰，在中国特色社会主义新时代依然能够焕发出强大的生命力，对马克思工资理论当代价值的讨论是十分必要的。

在关于马克思工资理论当代价值的讨论中，劳动力价值与劳动力价格或劳动工资的关系一直是学者们的研究焦点。自然而然地，如何在现实生活中反映工人的真实工资也成为热门问题之一。首先，工资的形成过程是马克思工资理论现实化探讨的基础。白暴力深入分析了马克思的工资市场定位理论，并在此基础之上构建了资本主义市场均衡工资模型，通过该模型系统阐明了资本主义生产关系是如何确立的，以此阐述了资本主义生产关系确立的过程。一方面，在资本有机构成不变的时期，市场均衡工资诞生于市场工资与投资的相互作用；另一方面，隐藏在资本积累背后的，是资本有机构成的不断提高，这就导致相对人口过剩的现象出现在资本主义社会，此后，市场均衡工资就稳定在劳动力价格水平上。

其次，我们需要更为精确地测算劳动力价值。在马克思的经济学体系中，劳动力价值理论虽然占据着非常重要的地位，但因为马克思本人没有详细论述过这一理论，所以在测算劳动力的价值时，学者们经常遇到困难。张晨认为，劳动者从资本积累过程中所得到的工资仅仅能够用于购买生活必需品，不能有足够的剩余来形成家庭或者个人的系统性储蓄，这就是所谓的"无储蓄原则"，这一原则大大降低了劳动力价值测算的难度。我们可以通过现有的储蓄情况和一些估算储蓄的方法来测算该原则下的劳动力价值。同张晨一样，为了更加准确地测度劳动力价值，高文基于马克思工资理论的视角，构建中国劳动力价值实现程度的指标，并对其进行测量和分析影响因素，处理了家庭劳动问题、代际问题、劳动力商品的二重性问题和机会成本问题等四个方面的难点之后，得出了表现劳动力价值函数来表现劳动力价值的实现程度。

再次，我们需要了解测算的劳动力价值所反映的现实工人工资情况。张晨将测算的模型代入中国的实际数据后发现，中国现阶段的收入分配处于不断向好的趋势中，但是依然不容乐观。在今天，城镇居民中收入低于劳动力价值水平的大约占 40%，这部分人很难凭借自身的收入来实现劳动力的正常再生产。长期来看，需要通过推进经济发展方式的改变来改变目前这种工资普遍低于劳动力价值的情况。而短期来看，逐步提高最低工资，使其达到劳动力价值是有效的选择。高文则通过选取 2001 年、2006 年和 2011 年三年的收入七等分城镇居民现金收支数据和家庭基本情况来分析，得出的结论如下：其一，城镇居民平均的劳动力价值呈现逐步上涨趋势。其二，劳动者工资收入的提高速率落后于劳动者对生活水平需求的提高速率。其三，收入越高的人群，其工资对劳动力再生产的贡献越大。其四，在各组劳动力价值实现程度均稳步提高的基础上，可以依赖工资实现劳动力价值的人数占比会提高。其五，中国城镇居民中有近 60% 的人是无法实现正常水平的劳动力再生产的。其六，即便中国劳动者的财产性收入、转移性收入和经营净收入乃至其他各种不同类型的收入都有所提高，并推动了居民生活水平的提高，但是工资在收入中占比依旧过低。

相较于上述两位学者的研究方法，于桂兰从劳动争议层面选择了不同的路径来分析。劳动力价值的实现在现象上总是表现为劳动力的价值与其价格之间的关系，但二者其实常常是不一致的。如果劳动力价值的实现程度远远低于劳动者所能够接受的最低水平，那么劳动争议就很有可能会发生。为了研究这种劳动争议发生的可能，于桂兰整理了北京、广东等 12 个省份的统计数据，实证检验 GDP——劳动争议、职工平均工资——劳动争议模型以及职工工资总额——劳动争议模型。将通货膨胀前后的数据进行对比，并考虑到全国和 12 个省市职工的工资总额在 GDP 总额中比重的变化情况，得到了以下结论：一是我国劳动力价值的实现程度相对于经济的高速增长而言是偏低的。二是劳动争议的数量随着工资的增长而增加。三是劳动争议的数量伴随着GDP 的增长而增加，这一现象表明劳动报酬的增长没有能够跟上国民财富增长的步伐。

　　另外，中国的收入问题是学术界关注的热点领域，其中的农民工工资增长问题更是讨论的焦点。因此，我们有必要对于城乡工资进行差异化分析。对于中国农民工的实际情况来说，余小琴认为刘易斯二元经济理论和"半无产化"概念无法准确反映农民工工资增长，制度内嵌的劳动力再生产过程更适合用于探讨中国农民工的阶段性工资增速。在 2004 年之前，由于农村剩余劳动力的存在，农民工的工资增长长期停滞。在 2004～2015 年期间，在农村的青壮年劳动力逐渐耗尽和新增劳动年龄人口下降的影响下，劳动力出现供不应求的局面，并进而引致农民工工资上涨，尤其在 2010～2015 年，农民工的工资增速显著超过了人均实际 GDP 增速。这实际上是由劳动力价值上升而推动农民工工资上涨。然而，受到劳动力需求增速下降的影响，农民工工资高增长的趋势在 2015 年后放缓了步伐。

　　不同的是，王胜利通过运用马克思劳动力价值理论中的劳动力价值一般的、平均的和标准质量的构成，劳动力价值变动的界限和劳动力价值或价格的表现形式，从乡镇企业农民工和外出农民工两个角度进行农民工工资的分析和实际估量。研究结果显示：2004 年中国乡镇企业农民工的人均月工资性收入为 450 元左右，城市农民工的人均月工资性收入为 780 元左右。造成农民工工资低的原因主要为农业劳动力价值低，对农民工的需求增长缓慢，民营企业的产权制度影响以及农民工整体素质不高。因此，从提高农业从业人员的劳动力价值，推动现代化农业蓬勃发展；扩大对农民工的需求和向现代企业产权制度变革；提高农民素质；为农民工在各地从业提供平等的就业条件和获得合理的工资提供制度保证等方面提出政策建议。

此外，劳动工资对社会的影响也是需要我们重点关注和研究。李松龄对于劳动工资的性质和决定有着不同的想法，除了劳动工资性质的经典分析和劳动工资决定的理论比较之外，劳动工资如何适用社会主义市场经济也是值得探讨的。一是，他在劳动价值理论的框架下研究了劳动工资的市场形成过程；二是，他又分析了社会主义计划经济时期和社会主义市场经济时期的劳动工资分配的改变；三是，对劳动工资分配的制度保障进行分析。李松龄从中指出，"第一，在社会主义市场经济时期，劳动工资即劳动力的价格介于需求价格和供给价格之间，前者以劳动力的使用价值为依据，后者以劳动力价值为依据，受劳动力供求关系和竞争关系的影响和制约。第二，劳动工资是由劳动力市场价格决定的，所以劳动力市场的完善和均衡程度对劳动工资水平的影响很大。第三，在社会主义市场经济条件下，提高劳动工资固然可以依赖政策和制度方面的支持，但主要还是靠提高市场的完善程度和均衡程度"。

李怡乐以马克思的最低工资理论为切入点，深入探讨了造成最低工资标准变化的因素以及其就业效应。马克思主义经济学认为，最低工资的存在除了保证劳动力的再生产之外，还在协调积累的制度环境和劳资双方相对权力关系方面发挥着作用。在成因方面，近年来中国最低工资标准的上升取决于经济增长体制的转变，即内部需求和最低工资制度的落实与其他劳动及社会保障制度更加协同。在趋势方面，当前最低工资的上涨是对过去低水平工资的一种补贴，最低工资依然有相对更快速增长的空间。在影响层面，提高最低工资标准增加了青年劳动力的供给，增强了新常态下专业分工深化和消费增长的持续动力，但不会对正常的资本积累进程造成威胁，也不会造成失业率的提升。

肖潇将马克思的工资理论进行具体的实践运用，对中国制造业比较优势可持续性进行系统性探讨。在制造业劳动力的价值构成层面，我国制造业劳动力价值的构成除了带有马克思主义经济学中劳动力价值构成的一般性，又有因社会历史因素导致的各方面的特殊性。从数量上来说，制造业相对而言是萎缩的，这在现实中主要表现为制造业的用工缺口的扩大，而问题的实质在于工资水平的相对下降已经快要触碰到劳动力价值的最低限度了。值得警惕的是，我国的经济总量快速增长是建立在制造业的比较优势基础之上的，而这个比较优势又是通过缩减制造业的劳动力换取来的，是不可持续的。因此，提高技术创新水平和普及用工教育是中国制造业可持续发展的必然选择。

最后，我们也需要对一些马克思工资理论的错误解读与应用进行纠正。近年来，人力资本理论在学术界引起一阵讨论热潮。部分学者在理解马克思的劳动力价值理论时，试图把人力资本理论当作切入点。而谢富胜对此持相反意见。一是劳动力是一种特殊的商品，人力资本理论不仅混淆了剥削的对象和手段，还混淆了剩余价值生产和分配，从人力资本理论的角度来看，资本主义生产方式不可调和的内在矛盾竟然是不存在的，这显然违背了现实。二是人力资本理论把劳动者积累知识和技能的过程当作个人所选择的、为了获取更高收益而进行的，没有意识到劳动力价值变动是具有弹性范围的。劳动力的价值与劳动力的质并不是一一对应的。从工场手工业到机器大工业阶段，福特制大规模生产阶段和后福特主义阶段，我们都可以窥见一二。三是在人力资本理论中，社会经济关系和教育的连接不紧密，没能从社会生产关系再生产和劳动力再生产两个角度来进行综合分析。所以，从人力资本这一概念来梳理马克思主义经济学中的劳动力价值理论和资本理论将把科学的劳动力价值理论和资本理论变得庸俗化。

一直以来，马克思主义经济学阵营与西方主流经济学阵营关于工资理论的论争不曾停歇。在频繁的学术争论中，工资理论得到了丰富与发展。本书中既有对以往理论论争的梳理与总结，也有新观点的相互碰撞。

胡若南对马克思主义经济学和西方经济学的工资和失业理论进行了梳理，并比较了二者的异同。马克思主义的工资理论是批判性继承古典政治经济学研究成果，包含在工资的本质，相对过剩人口与资本积累，工资与社会再生产的关系，工资与剩余价值、利润的关系等方面的新解释。此外，孟德尔、森岛通夫等学者也不断在马克思主义的工资理论的基础上进行补充与说明。

西方经济学的工资理论主要包括了新古典经济学的工资理论、凯恩斯主义的工资理论、货币主义的工资理论和效率工资理论。通过两者的相互对比可以发现，虽然西方经济学在梳理分析方面的方法值得学习和借鉴，但只有马克思主义经济学，才真正地揭露了相对过剩人口和资本主义工资的一般规律。

刘晋与胡若南关于马克思工资理论的梳理内容基本相同，而在分析方法上却存在一点区别。他研究发现，现代西方经济学的工资理论中分享经济理论、劳资谈判工资理论、效率工资理论和劳动力市场分割理论十分流行。两位的研究存在许多不同，主要表现在以下几个方面：一是研究方法。马克思采用科学抽象法等本质方法，而西方经济学学者多数运用局部均衡分析方法等非本质方法分析。二是理论基础。马克思重用劳动价值论，而西方经济学学者倾向于采用效用、边际和均衡分析。三是价值的创造与分配观点。现代西方经济学认为价值分析是要以要素价值论为基础的，而在马克思主义政治经济学中，劳动是唯一能够创造商品价值的要素。四是决定工资水平的标准，马克思主义政治经济学学者运用工资制度进行分析，而西方经济学学者采用机制分析。

与上述两位学者不同，咸怡帆把研究的重点放在了西方学者关于马克思劳动力商品与工资理论的争论上。在争论中，鲍尔斯和吉蒂斯认为劳动力并不是由抽象劳动产生的，只有商品才是，因而不能将劳动力和劳动归结到普遍化的商品关系之中。随后，他们详细地论述了家庭生产中的家务劳动，并企图进一步去质疑马克思所说的"劳动力商品"的概念。

罗默最初是认可马克思劳动力商品理论中"以劳动力作为商品"这一说法的，后来又对其表示否定。这表明他的态度从质疑走向了彻底的否定。通过论证马克思劳动力商品理论的重要性和特殊性，帕克坚决地维护了马克思劳动力商品理论。在他看来，凭借对价值实体存在条件的认识，及其对资本主义经济性质的系统化作用，马克思的劳动力价值理论就不可能在事实上被其他理论淹没。本·芬以马克思劳动价值论的五个显著的特征捍卫了马克思价值论和劳动力商品理论。在马克思工资理论的论争中，罗宾逊以教条性曲解马克思工资理论的真正意图。哈维则从马克思工资理论的三种形式和劳动力价值的六大决定因素进行反驳。在资本主义经济关系的背景下，罗默对实际工资的问题进行了研究，他分析了技术变化和实际工资以及"货币周转说"对就业水平和实际工资的影响，在不同的角度表达了对马克思实际工资理论的认识和理解。

在马克思工资理论论争的历史潮流中，中国学者也作出一定的贡献。为了进一步拉近工资定义与当代工资的本质特征，张昆仑对马克思劳动力商品理论里关于工资本质的探讨提出新的见解。工资这一概念，在传统政治经济学的资本主义部分里被定义为"劳动力价值或价格的转化形式"。但据此概念来理解工资，我们会在实践和理论的矛盾中发现许多难题。首先是这一传统定义有悖于现实工资中计时工资、计件工资、效率工资、最低工资等各种发放形式。其次是传统的工资定义并不符合雇员参与劳动的动机要求。最后是局限于传统的工资定义会导致一些难以说明的理论悖论。针对这些问题，张昆仑提出了关于工资本质的新定义，即"工资是在商品经济（亦即市场经济）条件下购买劳动商品所支付的价格和劳动者非买卖性质的按劳分配所得"。"劳动可以成为商品"的观点并不是对马克思劳动力商品理论的否定，而是与时俱进地发展马克思的劳动力商品理论，使得工资本质的定义更加切合现实情况。

对于张昆仑的工资本质新论，曹亚芳有着不同的观点。他一一回复了张昆仑的现实工资发放形式难题、传统意义上的工资定义和雇员劳动动机要求相违背的难题以及传统的工资定义产生的理论悖论难题。张昆仑表述的工资本质实际上是基于个人感觉和社会表象，马克思则是从更高的层次上来论述工资的本质，他没有被事物的表象所蒙蔽，而是有力地揭露了隐藏在其身后的工资的本质，也即：劳动力成为商品以后，工资就成为了劳动力商品价值或价格的转换形式。劳动不能单独存在而只能依附于工人的劳动能力，所以劳动不能够成为商品。张昆仑却否认"劳动是价值的唯一源泉"这一观点，甚至说剩余价值自动生成于稀缺资源之中，这一认识的错误在于没有看到商品的（交换）价值同商品的使用价值之间存在的本质区别。所以，错漏百出的根本不是"工资从本质上讲是劳动力商品价值或价格的转换形式"，而是所谓的"工资本质新论"。这种论调只不过是对先进流行的一种社会思潮的奉承与附和，我们要进一步继承和发展马克思主义理论，而万万不能够倒退至否定马克思主义基本原理，万万不能将政治经济学给庸俗化了。

相信各位读者通过本篇的文章，以马克思工资理论为研读对象，能够从理论上了解内涵，从现实中深化认识，从论争中得到启迪。在以后的学习研究中，马克思工资理论必将发挥更大的作用，指引我们前进的道路。

# 目　录

## 第一编　马克思工资理论探析

马克思的最低工资学说/谢富胜　陈瑞琳 ……………………………… 3

解读马克思关于资本主义工资决定的历史和道德因素/李志远 ………… 20

马克思主义经济学的工资理论/壬生升 …………………………………… 27

解读马克思的工资理论/方敏　赵奎 ……………………………………… 57

马克思工资运动理论探析/黄文义　杨继国 …………………………… 72

马克思经济学中的个人工资量系统决定模型分析/黄文义　任力 ……… 83

工资平等还是劳动平等

　　——从马克思对蒲鲁东工资平等理论的批判说起/程彪　李慧明 …… 98

## 第二编　马克思工资理论的当代价值

马克思工资市场定位理论

　　——资本主义市场均衡工资模型/白暴力　傅辉煌 …………………… 111

人力资本理论与劳动力价值/谢富胜　李安 …………………………… 119

我国劳动力价值实现程度与劳动争议关系的

　　实证研究/于桂兰　宋冬林 …………………………………………… 135

资本积累视角下的劳动力价值：识别、测算

　　与中国现实/张晨　冯志轩 …………………………………………… 163

马克思主义政治经济学视角下的农民工工资
　增长问题：理论与经验/余小琴　马梦挺 ……………………… 177
劳动工资的性质和决定的理论分析与现实意义/李松龄 ………… 203
我国劳动力价值实现程度的指标构建、测度及影响因素分析
　——基于马克思工资理论的视角/高文 ……………………… 220
基于马克思劳动力价值理论对农民工工资的分析/王胜利 ……… 239
中国最低工资增长及其就业效应的马克思主义经济学解析/李怡乐 ……… 251
关于马克思的工资理论与我国制造业比较优势
　可持续性的思考/肖潇 ………………………………………… 270

## 第三编　工资理论的比较与论争

工资理论比较研究/胡若南　陈叶盛 …………………………… 283
马克思主义经济学与现代西方经济学工资理论之比较/刘晋 …… 294
西方学者关于马克思劳动力商品与工资理论的论争/咸怡帆　杨虹 … 304
工资本质新论/张昆仑 …………………………………………… 316
驳“工资本质新论”
　——与张昆仑教授商榷/曹亚芳 …………………………… 326

相关文献 ………………………………………………………… 334
后记 ……………………………………………………………… 338

# 第一编　马克思工资理论探析

# 马克思的最低工资学说

谢富胜　陈瑞琳 *

在马克思的经济理论体系中，工资问题无疑占有举足轻重的地位。1868年1月，马克思在给恩格斯的信中谈到《资本论》中的"三个崭新的因素"，其中之一就是"工资第一次被描写为隐藏在它后面的一种关系的不合理的表现形式"。[①] 按照马克思的想法，工资理论有待于在《雇佣劳动》册中予以阐述。[②] 罗斯多尔斯基认为马克思后来放弃了六册计划，关于雇佣劳动的部分被并入了《资本论》第1卷中。[③] 但是，罗桑批评罗斯多尔斯基对马克思工资理论的阐述只是摘抄了其成熟作品中广为人知的片段，而未能指明马克思观点的演变过程和其中存在的重要理论难题。[④] 罗桑的评论实际上阐明了一个事实，也就是在马克思广博的著作文本中，马克思对工资的论述具有显著的阶段性特征。这也是为什么国际学术界在马克思有关工资问题上的丰富的、甚至是前后矛盾的文本基础上长期存在着争论的根源。不仅非马克思主义者不断对此展开猛烈攻击，[⑤] 而且马克思主义者内部针对具体问题也存在理论上的分野。例如，大卫·哈维强调资本积累的社会需要是影响和决定劳动力价值的主要力量，认为受到广泛关注的生存工资假说、供需平衡等多个视角都只是它的衍生理论；[⑥]

---

\* 谢富胜，中国人民大学经济学院教授、中国特色社会主义经济建设协同创新中心研究员。陈瑞琳，中国人民大学经济学院硕士研究生。

① 《马克思恩格斯全集》第32卷，人民出版社2009年版，第12页。

② 《马克思恩格斯全集》第13卷，人民出版社1962年版，第52页。

③ 罗曼·罗斯多尔斯基：《马克思〈资本论〉的形成》，魏埙等译，山东人民出版社1974年版，第59页。

④ Rowthorn B. "Capitalism, Conflict, and Inflation" 1st ed. London: Lawrence & Wishart, 1980.

⑤ Lapides K. "Marx's Wage Theory in Historical Perspective: Its Origins, Development, and Interpretation" 1st ed. Westport: Praeger, 1998.

⑥ Harvey D. "The Limits to Capital" 2nd ed. London and New York: Verso, 2006.

莱博维奇则主要关注阶级斗争对工资的影响。① 因此，马克思在不同时期的文本中阐述的工资理论，必须以发展的眼光放置在特定历史背景下去理解。

作为马克思工资理论一个组成部分的最低工资学说，在其早期文本中常常与平均工资一起出现。马克思早期有关工资的论述是建立在古典经济学基础之上的，确实将平均工资看作是生理上最低限度的工资。尽管恩格斯在1885年德文版《哲学的贫困》的脚注中予以纠正，但是将平均工资视为最低工资的看法仍然存在。② 事实上，这一问题早在《1861～1863年经济学手稿》中透过"最低限度的工资"到"工资的最低限度"这一术语的转变便得到初步回答。因此，只有基于马克思文本发展的脉络进行仔细的梳理，我们才能完整地理解马克思的工资理论以及包含其中的最低工资学说。孟氧细致地梳理了马克思早期工资理论的演变过程，并对"最低工资"这一概念进行了解读。③ 遗憾的是，他的解读并没有注意到马克思成熟的工资理论中的最低工资学说，而对这一点的理解正是区分马克思与古典经济学、区分马克思的最低工资理论与拉萨尔工资铁律的关键。下面我们首先回顾古典经济学的生存工资理论，然后在第二部分梳理马克思早期文本中的工资理论，第三部分着重阐明马克思成熟的工资理论中的最低工资学说，最后是结论与启示。

## 一、古典经济学的生存工资理论

第一部最低工资法颁布于1894年的新西兰，但最低工资政策及相关讨论可以一直追溯到中世纪的英国。1348年突然爆发的黑死病使英国人口骤减1/3，面对劳动力短缺和随之而来的工人议价能力增强，各地的庄园主开始积极游说议会，要求以法律的形式限制工人罢工、遏制劳动力成本上涨。在此背景下于1349年颁布的《劳工条例》相当于规定了法定最高工资，这一制度直到1563年《学徒法令》的出台，才以"之前限定的工资水平在部分地区太

① 莱博维奇：《超越〈资本论〉——马克思的工人阶级政治经济学》第2版，崔秀红译，经济科学出版社2007年版，第113～116页。

② 《马克思恩格斯全集》第4卷，人民出版社2009年版，第95～96页。

③ 孟氧：《马克思的工资理论与拉萨尔的工资铁则》，载于《马克思主义研究》1985年第3期。

低以至于给底层劳动者带来了极大的痛苦和负担"为由正式废除，① 并迅速被 1604 年增设的最低工资条款所取代。受重商主义的影响，14～17 世纪的英国议会为了巩固国家政权、维护传统工商业道德，采取了严格的劳动管制和工业管制，尤其在 16～17 世纪，政府实际上承担起保障工人阶级基本生存权利的责任。② 因此威廉·配第在 1662 年《赋税论》中写道，"我们一方面把限制贫民的工资，使其不能有一点积蓄以备应付失去工作能力或失业时的需要，看成是理所当然之事，另一方面又让他们饿死，那显然是极不合理的"③。在他看来，工资既不能低到生理界限之下，也不能高到会使劳动者偷懒的程度。事实上，政府应该同时设定最低和最高工资，"使劳动者只能得到适当的生活资料。因为如果你使劳动者有双倍的工资，那么劳动者实际所做的工作，就只等于他实际所能做和在工资不加倍时所做的一半。这对社会说来，就损失了同等数量的劳动所创造的产品"④。

随着 18 世纪工业革命的兴起，政府权力逐渐削弱，资本主义发展带来的自由主义倾向开始受到关注。在此时期发展起来的重农学派更多地强调竞争关系，认为工资应是供求双方讨价还价的结果，但是工人在与资本的关系中处于劣势地位，"只有双手和辛勤劳动的单纯工人，除了能够把他的劳动出卖给别人以外，就一无所有"，工资"不能完全由他本人来决定；这是他同那个购买他的劳动的人双方协议的结果。后者尽力压低这一价格；由于他有一大群工人可资挑选，他便优先选用那个讨价最低的工人"，因此工人内部的竞争使得"工资只限于为维持他的生活所必需的东西"⑤。也就是说，平均而言工资将趋于生存工资。

亚当·斯密的工资理论大体上与重农学派的观点类似，既认同工资取决

① Bland A. Brown P. & Tawney R. English Economic History：Select Documents. New York：Macmillan, 1919.

② Lipson E. "The Economic History of England" 2ⁿᵈ ed. London：A. & C. Black, 1947.

③ 威廉·配第：《配第经济著作选集》，陈冬野等译，商务印书馆 1981 年版，第 19 页。

④ 威廉·配第：《配第经济著作选集》，陈冬野等译，商务印书馆 1981 年版，第 85 页。

⑤ 杜尔阁：《关于财富的形成和分配的考察》，南开大学经济系经济学说史教研组译，商务印书馆 1961 年版，第 21 页。

于劳资两方所订的契约，也认同"雇主常居于有利地位"①。不过他还抽象出"劳动的自然报酬或自然工资"这一概念，将工资与劳动力的再生产联系起来，"在大多数场合，工资还得稍稍超过足够维持生活的程度，否则劳动者就不能赡养家室而传宗接代了"，并将这一标准定性为"符合一般人道标准的最低工资"，"在相当长的期间内，即使最低级劳动者的普通工资，似也不能减到这一定标准之下"②。尽管斯密没有明确指出，但反映人道标准的最低工资本身就暗含了李嘉图和之后马克思反复提到的历史和道德的因素，因而与绝对生理学意义上的最低工资区分开。因此斯密口中的最低工资，更多地等价于生存工资，只是在它作为最低界限的工资的意义上，才表现为最低。此外，斯密还提到了工资与劳动力规模相互影响的机制，后来被马尔萨斯发展为著名的人口原理。斯密认为，工资的提高会鼓励劳动者结婚生子，其结果是造成市场上劳动供给的增加，从而反过来压低工资，回到社会正常水平，"像对其他商品的需求必然支配其他商品的生产一样，对人口的需求也必然支配人口的生产"③。

大卫·李嘉图在斯密的基础上，将"让劳动者大体上能够生活下去并不增不减地延续其后裔所必需的价格"定义为劳动的自然价格，正式把生存工资的内涵确定下来，并明确提出了平均工资趋于自然价格，即生存工资的观点。"劳动的市场价格不论能和其自然价格有多大的背离，它也还是和其他商品一样，具有符合自然价格的倾向。"④ 与斯密类似，在李嘉图的理论中，除了资本的转移之外，促使劳动的市场价格围绕着其自然价格上下波动的另一种机制也是抽象的人口规律："当高额工资刺激人口增加，使劳动者的人数增加时，工资又会降到其自然价格上去……当劳动的市场价格低于其自然价格时……只有在贫困已经使劳动者的人数减少，或劳动的需求已经增加之后，

①② 亚当·斯密：《国民财富的性质和原因的研究》，郭大力、王亚南译，商务印书馆1988年版，第60～62页。

③ 亚当·斯密：《国民财富的性质和原因的研究》，郭大力、王亚南译，商务印书馆1988年版，第73页。

④ 大卫·李嘉图：《政治经济学及赋税原理》，郭大力、王亚南译，商务印书馆1976年版，第77～78页。

劳动的市场价格才会再提高到自然价格上。"① 此外，李嘉图还特意分析了习惯的影响，认为"劳动的自然价格不能理解为绝对固定和恒常不变的，即使用食物和必需品价值也是如此。它在同一国家的不同时期中是有变化的，在不同的国家差别就十分大。这一点基本上取决于人民的风俗习惯"②，从而将劳动的自然价格与生理必需品价值区分开来。

然而，穆勒在总结李嘉图的工资理论时，仍然将李嘉图的"劳动的自然价格"替换成"最低工资率"，认为"这或是从物质上使人口得以维持的最低工资率，或是人民借以维持人口的最低工资率"③。虽然他也提到这一最低限度本身是可以变动的，"特别是在其为可以称作道德的最低限度的这种限度，而不是物质的最低限度的时候"，但是他却坚持认为"在现在的社会情况下，竞争是工资的主要调节者，习惯和个人的性格只起修正的作用，而且这种作用也比较小"④。正因如此，穆勒以会增加失业为由强烈反对以任何法律形式设定工资下限。⑤

马尔萨斯分析英国的"济贫法"时提到，"不能用货币提高一个穷人的地位，不能用货币使他的生活境况大为好转，而不相应地降低其他穷人的生活"⑥。他将低工资看作是对人口增长的积极抑制，不仅可以鼓励储蓄、惩罚堕落和挥霍，还能阻碍不能养家糊口的男子结婚成家，"与其鼓励人口增长，然后让匮乏和疾病对其加以抑制，还不如从一开始就让预见与担忧来抑制人口"⑦。在他看来，底层劳动者之所以生活困苦，是由于他们"漫不经心和大手大脚的习气"，所有助长这种风气又不能增加生活资料的法律都只会产生更多的穷人，因此消除贫困的第一步应是放开所有限制，使劳动市场处于绝对

---

① 大卫·李嘉图：《政治经济学及赋税原理》，郭大力、王亚南译，商务印书馆1976年版，第78页。

② 大卫·李嘉图：《政治经济学及赋税原理》，郭大力、王亚南译，商务印书馆1976年版，第78~80页。

③ 约翰·穆勒：《政治经济学原理》，胡企林、朱泱等译，商务印书馆1991年版，第384页。

④ 约翰·穆勒：《政治经济学原理》，胡企林、朱泱等译，商务印书馆1991年版，第380~385页。

⑤ 约翰·穆勒：《政治经济学原理》，胡企林、朱泱等译，商务印书馆1991年版，第402~403页。

⑥ 马尔萨斯：《人口原理》，朱泱、胡企林、朱和中译，商务印书馆1996年版，第32页。

⑦ 马尔萨斯：《人口原理》，朱泱、胡企林、朱和中译，商务印书馆1996年版，第35页。

自由的状态。① 这一理论根源无疑可以一直追溯到斯密，只不过前人简略提及的影响工资的其中一种方式在这里被放大成了最主要的工资决定机制。

古典经济学的生存工资理论与抽象的人口规律相结合，最终被彻底庸俗化为拉萨尔的工资铁律，其最直接的结论是平均工资只能趋于绝对最低工资。习惯和道德等因素被彻底抛弃，只剩下"劳动人民所以贫困，只是因为他们数量众多"这一劳动者间的尖锐对立。② 当前主流经济学对最低工资就业效应的关注，也不过是这一系列理论模型化后的现代版本。

## 二、马克思早期的工资理论：异化劳动与生存工资的结合

马克思最初关于工资的阐述直接建立在古典经济学的生存工资理论之上，但即使是在那个时候，其理论也表现出极强的批判性。从定义来看，二者并无实质性区别。《1844 年经济学哲学手稿》中"最低工资"被定义为"工人在劳动期间的生活费用，再加上使工人能够养家活口并使工人种族不致死绝的费用"③。而在《哲学的贫困》中，最低工资被抽象为"劳动的自然价格"④，这里马克思不仅完全借用了李嘉图提出的术语，甚至也默认了古典经济学关于"工资等价于最低工资"的说法。

尽管马克思几乎完全借用了古典经济学中的基本概念，然而，正如孟氧所指出的，他围绕着这些概念所展开的论述已经显示出与前者明确的理论分野，这首先表现为异化劳动理论的提出。运用与古典经济学完全相同的逻辑，马克思在《1844 年经济学哲学手稿》中一开始便从资本家的联合、生产劳动的专用性和工人的生存压力这三个方面论证了工人相对于资本家的弱势地位，但他并没有停在这里，而是以此为出发点，进一步分析了市场竞争和分工如何在推动社会高速发展的同时使工人永久地陷入贫困。在他看来，工资平均而言表现为生存工资并以此为限，恰恰是资本主义生产方式最值得质疑的地

---

① 马尔萨斯：《人口原理》，朱泱、胡企林、朱和中译，商务印书馆 1996 年版，第 37 页。
② 埃德蒙·伯克：《埃德蒙伯克读本》，陈志瑞、石斌编，中央编译出版社 2006 年版，第 267 页。
③ 《马克思恩格斯全集》第 42 卷，人民出版社 1979 年版，第 49 页。
④ 《马克思恩格斯全集》第 4 卷，人民出版社 1957 年版，第 94 页。

方。工人生产的商品越多，其获得的却越少。劳动产品成为与劳动者本身相对立的异己力量，反过来统治和奴役工人。这种异化关系，是由工人作为出卖劳动的无产者加入生产过程所决定的，而后者又与私有财产直接相连，反映的正是两大阶级之间的持续对立。在阶级对立下，工资作为异化劳动的一个结果，从长期来看无疑只能趋于其绝对最低值。在马克思看来，古典经济学只关注工资变动的表象而不分析其背后的阶级冲突，是将工人退化成"劳动的动物""仅仅有最必要的肉体需要的牲畜"，需要彻底的革新。① 事实上，马克思对古典经济学概念的沿用从一开始就带有批判的色彩。在"异化劳动"这一章的开头，马克思这样写道："我们是从国民经济学的各个前提出发的。我们采用了它的语言和它的规律。……我们从国民经济学本身出发，用它自己的话指出，工人降低为商品，而且是最贱的商品；工人的贫困同他的产品的力量和数量成正比；竞争的必然结果是资本在少数人手中积累起来，也就是垄断的更可怕的恢复；最后，资本家和靠地租生活的人之间、农民和工人之间的区别消失了，而整个社会必然分化为两个阶级，即有产者阶级和没有财产的工人阶级。"② 可见，这里对原有框架的继承本身就是一种策略性的选择，是为了突出其中的逻辑漏洞。如果因此就认为马克思此时对工资问题的认识与古典经济学完全一致，则是舍本逐末了。

早期马克思恩格斯批判的另一个视角是以马尔萨斯为主要代表的绝对人口过剩理论。它首先由恩格斯在《政治经济学批判大纲》中提出，在那里恩格斯详细地分析了资本主义生产所特有的周期性，他认为是相对于有效需求而言的生产的周期性过剩带来了经济危机，造成了失业和贫困，并不是生产力水平绝对不能满足工人的需要。他讽刺马尔萨斯的人口理论意味着，"人口总是威胁着生活资料……当地球上还只有一个人的时候，就已经人口过剩了"③。恩格斯还在其经济周期理论中最早提出了"产业后备军"这一概念。④

---

① 《马克思恩格斯全集》第 42 卷，人民出版社 1979 年版，第 57 页。
② 《马克思恩格斯全集》第 42 卷，人民出版社 1979 年版，第 89 页。
③ 《马克思恩格斯全集》第 1 卷，人民出版社 1957 年版，第 617~618 页。
④ 《马克思恩格斯全集》第 2 卷，人民出版社 1957 年版，第 369 页。

但同时他也认同斯密的观点，认为工资与生育率和死亡率相互决定，"这种情形和任何其他商品的情形完全一样：如果工人不够，他们的价格（即他们的工资）就上涨，他们就生活得比较好些，结婚的人多起来，出生率逐渐提高，养活的孩子也多起来，直到有了足够的工人为止；如果工人太多，价格就下跌，失业、贫困、饥饿以及由此而引起的疾病就都出现了，而疾病就会消灭'过剩人口'"①。1847 年 12 月，马克思写了一个名为"工资"的手稿，作为《雇佣劳动与资本》的补充。在这个手稿中，马克思将工资变动主要归之于分工和机器生产的发展，他认为这会使劳动过程日益简单化，从而使儿童、女工都成为潜在劳动力，加剧工人之间的竞争。正因如此，"提高工资的主要条件是生产资本的增加和尽快增长"，而不是人口减少。② 这是马克思对古典经济学人口理论的重大突破，工资水平不再仅仅依附于人口波动，而主要是受资本积累的影响。在《政治经济学批判》（1857～1858 年手稿）中，马克思进一步把对过剩人口的分析纳入资本积累的一般规律之中，提出"资本的趋势是：既增加劳动人口，又把劳动人口的一部分不断地变成过剩人口，即在资本能够利用他们之前先把他们变成无用的人口"③。这一规律最终在《资本论》中取得了科学的形式，成为马克思的相对过剩人口理论，与古典经济学的绝对过剩人口理论针锋相对。不过，马克思也没有完全否认劳动力规模与工资之间存在相互作用，只不过他反对将其看成最重要的机制，他在《资本论》第 3 卷中写道，工资提高会"缓和那些使工人后代减少和绝灭的影响，使结婚变得容易，由此使工人人口逐渐增加"，但这同时也会"使创造相对剩余价值的方法（机器的采用和改良）得到采用，由此更迅速得多地创造出人为的相对过剩人口"④。资本的和自然的人口规律同时存在于资本主义生产方式之中，它们相互作用共同影响着工资水平，也被工资水平所影响。

　　不可否认的是，在马克思早期的工资理论中，确实存在着一些不足。首

---

① 《马克思恩格斯全集》第 2 卷，人民出版社 1957 年版，第 365 页。
② 《马克思恩格斯全集》第 6 卷，人民出版社 1961 年版，第 649 页。
③ 《马克思恩格斯全集》第 46 卷上，人民出版社 1979 年版，第 378 页。
④ 《资本论》第 3 卷，人民出版社 2004 年版，第 243 页。

先，他还没有区分劳动与劳动力，错误地把劳动看成是一种商品，而把工资理解为劳动的价格。① 尽管在《1861～1863年经济学手稿》中，马克思已经将工资重新表述为"劳动能力的平均价格"，但是直到1865年，他仍在公开演讲中使用"劳动的市场价格"这样的说法。② 可见，在相当长的时间内，马克思确实没有认识到只有劳动能力可以作为商品出卖，劳动本身必须在具体的生产过程中与生产资料相结合才有意义。这一点要等到《资本论》第1卷完成后才被彻底地阐明。

其次，马克思在早期著作中对价值理论的阐释也是很不充分的。交换价值、使用价值以及货币作为价值的表现，体现的不是物而是一种社会关系，这些基本问题在《哲学的贫困》中都有初步涉及，但是只有建立在完整的资本积累、循环和周转理论之上的价值理论才能清楚地解释货币资本作为社会关系而存在的内涵。直到《政治经济学批判》（1857～1858年手稿）"资本章"的最后，马克思才阐明劳动价值论和剩余价值论的科学内容，而劳动力价值表现为工资是对资本本质的掩盖，同样要等到《资本论》第1卷完成之后。

最后，工资与最低工资这两个概念在其早期写作中始终未做明确区分。1847年12月马克思在布鲁塞尔德意志工人协会做了一系列关于工资的演说，以此为基础的演说内容在19世纪80年代又被正式整理成以《雇佣劳动与资本》为名的小册子，在工人间流传。1891年恩格斯对它进行了修订，成为马恩著作中第一本系统性地讨论工资问题的作品。在这本小册子里，马克思清楚地写道"这种维持生存和延续后代的费用的价格就是工资。这样决定的工资就叫做最低工资"③。在《共产党宣言》和《共产主义原理》中，也有很多类似的表述。④ 在《1844年经济学哲学手稿》中，马克思甚至还严厉批评了提高工资的努力，认为它们"既不会使工人也不会使劳动获得人的身份和尊

---

① 《马克思恩格斯全集》第4卷，人民出版社1957年版，第359页。
② 《马克思恩格斯全集》第16卷，人民出版社1964年版，第164页。
③ 《马克思恩格斯全集》第6卷，人民出版社1961年版，第485页。
④ 《马克思恩格斯全集》第6卷，人民出版社1961年版，第481、359页。

严"①，不过是给奴隶更多酬劳而已。在《1861～1863 年经济学手稿》中，马克思开始有意识地剔除工资理论中的古典色彩，将工资重新定义为"劳动能力的平均价格"，但是它仍然与最低工资概念没有区别开来。②

然而，在这个时期，马克思并非始终秉持"工资必须趋于其绝对界限"的观点，这以马克思对工会问题转变看法为突破口。1853～1856 年，受克里米亚战争的影响，欧洲的粮食价格不断攀升，而工人的工资却持续下降，工人阶级忍无可忍开始频繁罢工。也正是在分析当时的社会问题时，马克思才逐渐意识到雇佣劳动作为商品的特殊性，它的价格决定不能完全依据供求规律来解释，而必须考虑两个阶级的力量对比。"在同一个工业部门里一再罢工，同一些'干活的'一次又一次要求再增加工资充分说明，按照供求规律，工人们早已有权得到更高的工资，他们之所以没有得到更高的工资，只是由于企业主们钻了工人们不熟悉劳动市场状况的空子罢了。"③ 这意味着在马克思看来，工资不再必须等于其绝对最低水平，而是也取决于工人阶级与资产阶级的斗争。工会存在的意义，第一次被明确确立了。

1857～1858 年，作为《资本论》的准备工作，马克思撰写了《政治经济学批判》（1857～1858 年手稿），继续强调工会的重要性，但是涉及工资决定的却只有只言片语。他在"资本章"中反复提到未写成的"工资学说"，并强调为了更好地研究资本，此处必须对工资问题进行简化。④ 在马克思 1858 年写给恩格斯的信里，他解释到自己因病痛而无法按计划完成《政治经济学批判》，并给出了自己的"六册计划"，其中在第一篇"资本一般"中，需要"假定工资总是等于它的最低额。工资本身的运动，工资最低额的降低或提高放在论雇佣劳动的那一部分去考察。……只有这样，才能在研究每一个别关系时不致老是牵涉到一切问题"⑤。由此可见，此时的马克思已经认识到工资运动的复杂性，他之所以仍然坚持让工资等于最低工资，只是暂时把它当成

① 《马克思恩格斯全集》第 42 卷，人民出版社 1979 年版，第 101 页。
② 《马克思恩格斯全集》第 47 卷，人民出版社 1979 年版，第 52 页。
③ 《马克思恩格斯全集》第 9 卷，人民出版社 1961 年版，第 377 页。
④ 《马克思恩格斯全集》第 46 卷上，人民出版社 1979 年版，第 241、247、414 页。
⑤ 《马克思恩格斯全集》第 29 卷上，人民出版社 1972 年版，第 299 页。

一个可以简化资本理论的技术性假设。

### 三、马克思成熟的工资理论中的最低工资学说

马克思的工资理论直到 1865 年《工资、价格和利润》和 1867 年《资本论》第 1 卷的出版才最终走向成熟。马克思的成熟工资理论是劳动价值论、资本积累理论和相对过剩人口理论的有机结合。马克思创立的劳动二重性学说使古典政治经济学的劳动价值论成为完全科学的价值理论；马克思对劳动与劳动力的区分使其透过现象揭示出资本主义条件下工资的本质。通过分析资本主义积累过程中资本有机构成的不断提高，马克思阐明了资本主义生产方式所特有的人口规律——相对过剩人口规律。"资本在两方面同时起作用。它的积累一方面扩大对劳动的需求，另一方面又通过'游离'工人来扩大工人的供给。"[1] 尽管对劳动的需求可能随着生产力的发展和总资本的不断扩大而绝对提高，但是相对于总资本的增速而言，"资本主义积累不断地并且同它的能力和规模成比例地生产出相对的，即超过资本增殖的平均需要的，因而是过剩的或追加的工人人口"[2]。因此，工资的变动由资本积累规律和社会与自然人口规律共同决定，也受阶级斗争的影响。

随着劳动力价值工资理论的完善，马克思还阐明了相对独立的最低工资学说。关于最低工资的说法不再使用《1861～1863 年经济学手稿》中出现的"最低限度的工资"（minimum wage），转而修正为"工资的最低限度"（wage minimum）。"劳动力的价值"，"劳动力价值的最低限度"，"劳动力的价格"即工资，以及"工资的最低限度"即最低工资这四个概念之间开始有了明确的区分。劳动力的价值是"维持劳动力占有者所必要的生活资料的价值"[3]，而劳动力价值的最低限度是"维持身体所必不可少的生活资料的价值"[4]。劳动力价值存在一个下限本身就表明前者并不是绝对最

---

① 《资本论》第 1 卷，人民出版社 2004 年版，第 737 页。
② 《资本论》第 1 卷，人民出版社 2004 年版，第 726 页。
③ 《资本论》第 1 卷，人民出版社 2004 年版，第 201 页。
④ 《资本论》第 1 卷，人民出版社 2004 年版，第 199～201 页。

低水平，它"应当足以使劳动者个人能够在正常生活状况下维持自己……和其他商品不同，劳动力的价值规定包含着一个历史的和道德的要素"①，并且是一个不断变化的量，相应的，作为劳动力价值的表现形式的工资也不是固定的，"已定的只是它的具有很大弹性的最低界限"②，即绝对意义上的最低工资。

为了与庸俗经济学划清界限，马克思在《资本论》中专门对拉萨尔和马尔萨斯进行了批判。针对工资基金理论，马克思从资本有机构成理论出发，认为工资的规模并不是一个固定不变的量，它取决于社会资本中不变资本与可变资本的比例，而这一比例会随着资本积累的进行而不断改变。他提出工人的规模只会相对于资本的需求而出现过剩，绝对意义上的人口过剩是不存在的。③ 庸俗经济学家把工资的资本界限说成是工资的社会自然界限是偷换概念。④ 这里，"工资的社会自然界限"和"工资的资本界限"对应的正是"工资的最低限度"和"最低限度的工资"这一组概念。

工资的最低限度与最低限度的工资最显著的不同是：前者只界定了工资的一个评判标准，旨在提供一个可以考量劳动者是否仍保有其基本生存权利的经济指标，类似于"贫困线"的概念；而后者则直接与工资的波动挂钩，暗示着工资仿佛天然就受到约束。而事实却是，工资的变动从来都没有一个强制性的下限，正如"商品交换的性质本身没有给工作日规定任何界限"⑤ 一样。马克思用丰富的历史材料不止一次地阐明资本家如何利用各种手段将工人的工资压低到纯粹生理的最低界限以下，譬如英国反雅各宾战争时期的农场主⑥、圈地运动中发起农业革命的资本家⑦。此外，不论是古典经济学还是马克思早期的论述，都用"最低限度的工资"来分析工资的平均趋势。而马克思在《资本论》第1卷中引入"工资的最低限度"，

---

① 《资本论》第1卷，人民出版社2004年版，第199页。

②④ 《资本论》第1卷，人民出版社2004年版，第705页。

③ 《资本论》第1卷，人民出版社2004年版，第728页。

⑤ 《资本论》第1卷，人民出版社2004年版，第271页。

⑥ 《马克思恩格斯全集》第16卷，人民出版社1964年版，第164~165页。

⑦ 《资本论》第1卷，人民出版社2004年版，第834~835页。

主要是想说明劳动力作为商品的特殊属性。在他看来，工资之所以不能像其他商品的价格那样任意地波动，是因为雇佣劳动"不卖出去，对工人就毫无用处，不仅如此，工人就会感到一种残酷的自然必然性：他的劳动能力的生产曾需要一定量的生存资料，它的再生产又不断地需要一定量的生存资料"①。劳动力的价值"应当足以使劳动者个人能够在正常生活状况下维持自己"②，而劳动力价值的最低限度是"人每天得不到就不能更新他的生命过程的那个商品量的价值"③，价格降到它之下，"劳动力就只能在萎缩的状态下维持和发挥"④。

尽管从资本的逻辑看，工资由供求决定；但从劳动的逻辑看，劳动能力不卖出去，"工人就会感到一种残酷的自然必然性"⑤，工资必须在其最低界限之上。一方面，最低工资直接反映身体的基本物质需求，低于它，劳动者会得饥饿病；另一方面，最低工资也与超时劳动紧密相连，小时工资率越低，工人为了挣得勉强糊口的收入就不得不工作更长的时间。因此，工资一旦突破其绝对最低限度，会使"人的劳动力由于被夺去了道德上和身体上正常的发展和活动的条件而处于萎缩状态"⑥，要么因为忍饥挨饿而过早死亡，要么因为过度劳动而未老先衰。

在关于工作日的论述中，马克思指出，虽然单个资本有追求无限扩张的冲动，但是对剩余劳动的索取必须受到有效的遏制。因为私人资本通过突破劳动者的生理界限而攫取的剩余价值，是以整个工人阶级的劳动退化为代价的，而这个代价将最终由所有资本共同承担。资本积累依赖于社会再生产的不断反复和更新，社会再生产的核心又在于各种生产要素的补偿问题，尤其是劳动力的再生产问题，因此"工人的这种不断再生产或永久化是资本主义生产的必不可少的条件"⑦。但是资本家的短视和贪欲，常常使他们无视这些

---

①④　《资本论》第 1 卷，人民出版社 2004 年版，第 201 页。

②　《资本论》第 1 卷，人民出版社 2004 年版，第 199 页。

③　《资本论》第 1 卷，人民出版社 2004 年版，第 196 页。

⑤　《资本论》第 1 卷，人民出版社 2004 年版，第 202 页。

⑥　《资本论》第 1 卷，人民出版社 2004 年版，第 307 页。

⑦　《资本论》第 1 卷，人民出版社 2004 年版，第 659 页。

前提，如果不对此进行约束，单个资本会毫不犹豫地为了私人利益铤而走险。马克思曾写道，"现代工业的全部历史都表明，如果不对资本加以限制，它就会不顾一切和毫不留情地力求把整个工人阶级弄到这种极端退化的绝境"①。所以"为了'抵御'折磨他们的毒蛇，工人必须把他们的头聚在一起，作为一个阶级来强行争得一项国家法律，一个强有力的社会屏障，使自己不致再通过自愿与资本缔结的契约而把自己和后代卖出去送死和受奴役"。值得注意的是，马克思在分析争取提高工资的具体方法时，除了提出限制工作日外，还提出当工人不能影响工作日时，可以采取提高工资的方法。② 他发现，"劳动价格越低……由此造成的工人之间的竞争，使资本家能够压低劳动价格，而劳动价格的降低反过来又使他能够更加延长劳动时间"③。可见，法定最低工资与限制工作日实际上是互为补充的两种社会保障制度，它们具有同样的理论基础。

## 四、结论与启示

对马克思不同时期文本的梳理揭示了其工资理论发展的历程。马克思早期的工资理论是对古典经济学生存工资理论的继承，随着马克思理论体系的完善，马克思的工资理论已经彻底与古典经济学划清界限。工资作为劳动力价值的货币表现区别于劳动力价值的最低限度，其运动主要由资本积累过程与产业后备军来调节。不同于古典经济学，马克思的最低工资学说只是其工资理论的一个组成部分，它与工作日理论相辅相成，以劳动力商品的特殊性为出发点，论证了国家干预工资决定的必要性。

在其成熟时期的著作中，马克思明确区分了两组重要的概念，即劳动力价值与工资，以及劳动力价值的最低限度与工资的最低限度。尽管工人阶级相对于资产阶级的弱势地位使得第一组概念不断在现实中趋近第二组概念，这却并不意味着它们本身具有什么内在的一致性。二者在理论内涵上是根本

①② 《马克思恩格斯全集》第 16 卷，人民出版社 1964 年版，第 161 页。
③ 《资本论》第 1 卷，人民出版社 2004 年版，第 629～630 页。

不同的，这并不受彼此在表现形式上相似性的影响。劳动力的价值是一个伸缩性很大的可变量，既包含生理上的因素，也包含历史的道德的因素。相应地，劳动力价值的货币表现形式——工资，更是处于不断的波动之中，甚至在市场中其他因素都不变时，也常常是一个变动的值。相比之下，劳动力价值的最低限度和工资的最低限度在特定时期特定历史条件下则往往是不变的，它们反映的都是生理意义上的绝对界限。低于这一界限，不仅社会再生产无法正常进行，还会带来劳动力的萎缩和种族退化。然而，正如劳动者本身所具有的社会性一样，这一绝对界限也是针对全社会而言的。单个资本家在不断追逐剩余价值的过程中，并不会天然地感受到它的强制力。这正是"最低限度的工资"与"工资的最低限度"的根本不同。只要工人还没有作为一个统一的阶级与资本相抗衡，只要关于工资的谈判还是以局部的、零散的形式进行，实际工资就有突破它的社会最低限度的可能。这一可能性的实现，不仅对于产业工人是毁灭性的，对整个资产阶级也是毁灭性的，由劳动力整体退化带来的社会成本将最终由所有资本家和劳动者共同承担。从这个意义上说，运用国家强制力以法律的形式对工资水平设限，也就是说，实行最低工资制度，对资本和劳动而言都至关重要。

事实上，早在 1691 年约翰·洛克就对此进行过论述，强调政府应该运用法律的强制力来保障劳动者的工资，避免社会大灾难的发生。他说，"这种拉和抢一般发生在地主和商人之间，因为劳动者所得到的份额一般是仅足糊口，这使他们没有时间或机会来想这些事情，或（采取共同行动）与富人们争夺他们的一份；除非有某种共同的大灾难使他们在一种普遍的纷扰局面中联合在一起，使他们无所顾虑而鼓起胆量来用武力夺取自己的所需；在这种情形下他们有时会突然袭击富人，并且像洪水一样地把一切都冲掉。但是，除了在失职和不良的政府的错误管理下，这种事情是很少出现的"①。

然而，只要浏览一下马克思引用的英国资本主义发展早期的历史资料就

---

① 约翰·洛克：《论降低利息和提高货币价值的后果》，徐式谷译，商务印书馆 2009 年版，第 69 页。

不难发现，马克思口中的"种族退化"和洛克口中的"共同的大灾难"曾多么经常地表现为现实。英国官方派去考察工人阶级贫困状况的斯密斯医生，不仅在 1863 年撰写的工业蓝皮书中详细讨论了"平均至少需要多少碳素和氮素，才刚好足够防止饥饿病"并发现，"这个数量大约与棉织工厂的工人在极度贫困压迫下实际上所能够得到的菲薄养料相等"；① 也在第二年公布的《第六号公共卫生报告书》内写道"在调查属于农业人口的家庭时发现，这些家庭有五分之一以上得不到必需的最低限度的含碳食物，有三分之一以上得不到必需的最低限度的含氮食物，并且在三个郡里（伯克郡、牛津郡和索美塞特郡），缺乏含氮食物是通常的现象"。② 同样地，1863 年公布的《童工调查委员会报告书》中也提到"陶工这一类人，不论男女，在体力和智力方面都是居民中最退化的部分；不健康的儿童，反过来又要成为不健康的父母；有增无已的人种退化是不可避免的；斯泰福郡的居民，若不是经常有邻近地区的居民流进来，若不是与比较健康的居民群通婚，他们的退化程度是还会更加厉害的"③。

近 20 多年来，中国底层劳动者的生存状况同样堪忧。程连升分析 1991 ~ 2005 年中国劳动力市场长期加班与就业困难的并存，提出这是 20 世纪 90 年代以来"重资轻劳"的社会政策造成的；朱玲对国内农村流动人口进行抽样，发现其中超时劳动的现象严重，近 26% 的工人每天工作超过 12 小时，他们之所以选择加班主要是受生活所迫，"小时工资越低，迁移工人超时劳动概率越高"，"挣钱全凭加班"的现象对工人的生理和心理健康造成了极大的危害。李钟瑾等也发现中国私有企业工人的工资长期低于生存工资的水平，"工资过低和劳动超时成为私有经济发展模式的双生儿"，中国私营经济在过去三十多年获得的高额利润的主要来源不是技术创新，而是不断压低劳动报酬强行拉开的私人生产成本与社会生产成本之间的差距。在最新的研究中，潘毅等对富士康工人的调研表明低工资与超时劳动仍然广泛存在，为了维持日常生活

---

① 《马克思恩格斯全集》第 16 卷，人民出版社 1964 年版，第 6 页。
② 《马克思恩格斯全集》第 16 卷，人民出版社 1964 年版，第 6~7 页。
③ 《马克思恩格斯全集》第 16 卷，人民出版社 1964 年版，第 8 页。

消费，一线工人被迫长期加班，工资水平甚至成了制造业企业控制劳动者的手段之一。恩格斯曾经这样评价 19 世纪英国的经济发展："英国工业的威力仅仅是靠野蛮地对待工人、靠破坏工人的健康、靠忽视整代整代的人在社会关系、肉体和精神方面的发展的办法来维持的。"[①] 中国作为一个社会主义国家理应避免类似情况的发生。

相对于发达国家而言，发展中国家劳动力市场的特殊性在于受经济水平的制约，其工会的发展程度受到严重限制，而针对底层劳动者的劳动保护、工作福利以及社会保障也长期缺位，这直接导致部分个体的基本劳动权益经常性地受到资本的侵犯。尽管最低工资制度本身存在局限，它不能从根本上改变资本的短期行为，企业可以选择不遵守，也可以采取"打擦边球""钻空子"的方式使劳动者的收入明升暗降。事实上，在当前中国，最低工资已然日益演变成基本工资、平均工资。但是，毫无疑问，最低工资制度法律效力的不断增强，仍然能够对私营经济施加一定的限制，把社会工资水平控制在可接受的范围内，避免种族退化等极端情况的出现。在短期内工人话语权得不到显著改善的现状下，依托国家强制力对资本进行限制将是培育经济长久竞争力的必然选择。

（原文发表于《教学与研究》2016 年第 8 期）

---

① 《马克思恩格斯全集》第 46 卷上，人民出版社 1979 年版，第 462 页。

# 解读马克思关于资本主义工资决定的历史和道德因素

李志远<sup>*</sup>

## 一、相对剩余价值理论与资本主义工资决定的历史和道德因素

马克思认为，资本主义工资是劳动力商品的价值或价格，由于劳动力蓄含在人的身体内，因此，劳动力商品的生产也就是人身体的生产，它的费用可以还原为维持劳动者的劳动能力和繁育后代所必需的各种生活资料的费用，具体包括：（1）维持劳动者自身生存所需的生活资料费用；（2）劳动者繁育后代所需的生活资料的费用；（3）劳动者必要的教育训练费用。马克思认为，以上三个方面的费用构成了工人生存"必不可少的需要"。按劳动价值论，以上三个方面的费用最终都可以转化为一定量的劳动耗费。因此，劳动力商品的价值决定和普通商品一样，也是由生产和再生产它的社会必要劳动时间决定的。"社会必要劳动时间是在现有的社会正常的生产条件下，在社会平均的劳动熟练程度和劳动强度下制造某种使用价值所需要的劳动时间。"① 在撇开劳动者个人因素（熟练程度和劳动强度）后，社会生产一个商品的劳动耗费主要取决于社会生产的技术因素（生产条件）。随着生产技术的进步和劳动生产率的不断提高，生产单位商品所需的劳动时间会不断减少，商品的价值会不断下降。工资作为劳动力商品的价值也不例外，在工人的消费范围和消费品数量不变的条件下，生产这些同量的消费品所需的社会必要劳动时间也会随生产技术的进步而不断减少，从而表现为工资会不断地下降，马克思的相对剩余价值理论对这一问题作了系统而肯定的阐述。

---

* 李志远，浙江师范大学法政与公共管理学院副教授。
① 《马克思恩格斯全集》第 1 版第 23 卷，第 52 页。

马克思把资本主义生产过程中工人的劳动日分为两个部分：必要劳动时间和剩余劳动时间。前者是指工作日中用于再生产劳动力价值所需的时间，后者是指工作日中超过必要劳动时间以上的那部分时间。在工作日既定的条件下，马克思把由于必要劳动时间的缩短和剩余劳动时间的相对延长所获得的剩余价值叫作相对剩余价值，马克思认为，随着科学技术的进步和社会生产力的发展，工作日中必要劳动时间部分会越来越短，而剩余劳动时间部分会相对地越来越长，从而表现为工人阶级的工资收入相对于资本家阶级的利润（相对剩余价值）收入会越来越少，工人阶级相对于资本家阶级会越来越贫困。由此，马克思提出了无产阶级贫困化理论。

马克思的相对剩余价值及无产阶级贫困化理论所暗含的一个前提条件是：资本家阶级将独享由于技术进步和社会生产力不断发展所带来的生产剩余。这个条件是由资本主义制度本身所提供的，它源于资本主义的雇佣劳动制度。工人受雇于资本，也就是把劳动力作为商品卖给资本家。按照通行的商品交换规律，劳动力商品的使用价值就归资本家所有。劳动力商品的使用价值有一个不同于其他商品使用价值的最大特点就是，它是价值的源泉。资本家使用劳动力的过程就是工人劳动的过程，也就是价值的创造过程，雇佣工人的劳动不仅创造出了相当于他的劳动力价值，还创造出了超过劳动力价值的价值。由于资本家购买了劳动力，因此，雇佣工人所创造的超过劳动力价值的价值也归资本家所有。从而，我们看到，资本家和工人在劳动力市场所发生的平等的商品交换关系，变成了资本主义生产过程中的资本占有关系，商品交换规律变成了资本占有规律。因此，马克思认为资本占有劳动剩余，独自获得技术进步和生产力发展带来的好处是资本主义制度使然。

但是，劳动力商品又不是普通商品，马克思认为劳动力商品的价值或工资的决定有一个不同于普通商品的最大特点，就是它包含着历史和道德的因素。因为，前述构成劳动力商品价值的三个部分，作为工人生存"必不可少的需要"，无论哪个部分，它的数量和范围都不像普通商品那样，单纯地由生产技术决定，而是要受一定社会的历史道德因素的影响，是随社会历史发展而不断发展的。正如马克思所说："所谓必不可少的需要的范围，和满足这些需要的方式一样，本身是历史的产物，因此多半取决于一个国家的文化水平。"① 可见，工资作为工人生存"必不可少的需要"，其决定过程绝不仅仅是一个单纯的技术过程，而且也是一个社会历史过程。

雇佣劳动制度固然从制度上限制了工人阶级对生产剩余的分享，但我们看到，在资本主义发展过程中，生产力的发展和社会文化道德水平的提高使工人工资作为"必不可少的需要"的范围不断扩大，工人阶级的生存状况不断得到改善，并多少分享了技术进步和生产力发展带来的成果，在一定程度上缓和了工人阶级的相对贫困状态。以下笔者试图结合资本主义发展的历史过程对马克思关于资本主义工资决定的历史和道德因素及其对工人阶级的影响作出尝试性的解析，并就这一问题的现实意义谈点儿看法。

### 二、从资本主义的发展看资本主义工资的历史和道德因素

马克思认为，资本主义工资作为工人"必不可少的需要"包含着历史和道德的因素。从历史与道德的角度出发，笔者认为，马克思所讲的决定工人工资的"必不可少的需要"主要包括两个方面：第一，工人作为劳动力再生产的需要；第二，工人作为一个正常的"人"的需要。

上述两个方面的需要是随着资本主义的发展而不断变化的。在资本主义发展初期，工人工资作为"必不可少的需要"，主要表现为作为劳动力再生产的需要，这时的工人主要或只是被当作劳动力看待，就像牛、马一样。工人作为人的需要基本不被考虑。这一点可以从资本主义发展初期资本家无理延长工人工作日的做法中典型地表现出来。

在资本主义发展初期，资本家普遍地通过延长工作日来增加剩余价值的生产。工作日从 10 小时延长到 12 小时、14 小时，甚至 18 小时，根本不把工人当人看。工作日不能无限延长，它是有界限的。首先，它要受工人生理条件的限制；其次，工人还必须有时间满足精神和社会的需要。因此，工作日的延长还受到一定社会道德的限制。然而，在资本主义发展初期，资本家不

① 《马克思恩格斯全集》第 1 版第 23 卷，第 194 页。

仅突破了工作日的道德界限，而且突破了工作日的纯粹身体极限。"它侵占人体成长、发育和维持健康所需要的时间。它掠夺工人呼吸新鲜空气和接触阳光所需要的时间。它克扣吃饭时间……""至于个人受教育的时间，发展智力时间，履行社会职能时间，进行社交活动的时间，自由运用体力和智力的时间……——这全都是废话！"①

　　突破人的生理极限延长工作日对工人的健康和生命造成极大的损害。马克思在《资本论》中多处列举了工人由于过度劳动而导致身体残疾、寿命缩短，甚至被活活累死的例子。工资作为劳动力商品的生产费用，它本身应包含工人赡养家庭的需要，但由于资本家无理地延长工作日，侵占了工人的必要劳动时间，也迫使工人阶级把他们未成年的子女送进资本家的工厂，接受资本的奴役和压榨。资本主义奴役童工的记录，构成了资本主义发展史上最耻辱的一页。资本主义对工人阶级丧尽天良、毫无人性的剥削和奴役，不仅撕破了它自由、平等、民主、博爱的面纱，而且也彻底击穿了社会最基本的道德底线，引起了社会道德舆论的强烈谴责。马克思在《资本论》中通过大量援引《工厂视察员的报告》、《童工调查委员会的报告》以及《社会科学评论》等杂志，描述了当时社会各界的舆论对资本主义给工人造成的伤害所表现的担忧和道德谴责。这些道德批判为当时工人阶级反对资本家阶级的斗争提供了有力的舆论支持。

　　随着资本主义的发展，有关劳动、工资的立法日趋健全，工人的工作日不断缩短，使用童工被依法禁止。同时，伴随着生产技术的进步和社会的发展，工资"作为必不可少的需要"，其范围也在不断扩大，它不仅要满足工人作为劳动力生存的需要，而且也要越来越多地满足工人作为一个"人"的需要，包括精神文化需要、社会交往需要、履行社会职能需要、自我发展需要等。所有这一切的取得当然首先依靠工人阶级一代又一代人长期坚持不懈的斗争，但同时也得益于资本主义发展过程中社会道德文化的进步。不可否认，资本主义的发展在创造高度物质文明的同时，也在提升着人们的精神文化素

①　《马克思恩格斯全集》第 1 版第 23 卷，第 295、294 页。

质。自由、平等、民主、博爱，这些资本主义在反对封建专制时提出的政治诉求，作为资本主义在形式上的价值目标被继承下来，并通过具体的法律规制转化为与民众相关的具体的形式上的权利，其所表现的价值追求也日益被社会公众所接受、认可。资本主义的自由、平等、民主、博爱对资本主义制度本身而言固然只具有形式上的意义，但一旦它们转化为社会公众所普遍认可和接受的社会价值目标，就会对资本主义在客观上形成一种外在的政治压力。这种压力迫使资本主义关注工人阶级的生存处境，资本主义的发展不应该在把资本家阶级送入天堂的同时却把工人阶级打入地狱，而它同时也为工人阶级与资本家阶级进行合法斗争、要求改善生活状况、分享资本主义技术进步和经济发展带来的成果提供了一定的合法性依据。

可见，在资本主义发展过程中，社会文化道德的提升和工人阶级的斗争客观上迫使资本主义日益把人的价值追求纳入社会的发展目标，从而使工人工资作为"必不可少的需要"的范围日益扩大。工人不再仅仅是劳动力，也是社会公民，他们在精神文化、社会交往、履行社会职能以及谋求自我发展等各方面的需要，对社会而言已不再是作为奢侈品，而是作为生活必需品被纳入到他们的"必不可少的需要"的范围中。虽然这些不能从根本上改变他们作为雇佣工人的地位，并使他们摆脱受资本剥削奴役的命运，但大大改善了他们的生存处境，使他们分享了技术进步、生产发展所带来的成果，在一定程度上缓和了他们所遭受的相对贫困，有利于他们生理、心理及文化和道德等各方面的发展。

### 三、马克思关于资本主义工资决定的历史和道德因素理论给我们的启示

马克思关于资本主义工资决定的历史和道德因素的理论，如果撇开其理论的制度针对性，对我们也有现实的启示作用，它提醒我们要时刻从社会主义的价值目标和伦理要求出发，关注我国广大劳动者的劳动工资和福利实现问题。就当前而言，我们要在以下几个方面引起注意：

第一，承认和正视劳动雇佣关系的客观存在，正确处理好企业或企业主同职工之间的利益矛盾，维护劳动者的合法权益。我国还处在社会主义初级阶段，在坚持公有制占主体地位的同时，也在大力发展其他非公有制经济。同时，随

着市场化改革的深入，企业经营方式也日趋多样化。这些都使得我国劳动雇佣关系在劳动关系中的比重日益增大，劳动市场对职工收入分配的调节功能迅速增强。如前所述，在雇佣劳动关系中，客观地存在雇主对雇员劳动剩余的无偿占有，雇主追逐利润的内在动力和市场竞争的外在压力会使他们较多地关注企业的利润，而较少关注雇员或职工的利益。另一方面，目前在我国，劳工阶层自我组织的发展水平很低，私营企业中，工会组织发展缓慢，国有企业虽有形式较完善的工会，但其功能却不明确，可以说，它基本不能代表工人提出实质性的利益要求。可见，在我国，直至目前，劳工阶层还没有真正的自救组织，这就使得他们在与雇主阶层进行利益博弈时处于很不利的地位。他们的维权主要依赖政府。因此，政府有责任通过法律、行政和其他各种社会手段协调和化解企业主与职工之间的利益矛盾，以确保工人基本的生存权利不受侵犯。

第二，政府要积极干预和调节劳动市场，保护工人基本的权益。在市场经济体制下，工资水平是通过市场定价来决定的。市场定价遵循的是严格的供求定律，但劳动力商品毕竟不是普通商品，劳动雇佣关系也不是普通的商品买卖关系，在本质上，它是一种资本对劳动的支配、剥削和奴役关系，因此，它不能单纯地依靠商品交换规律去自动地协调。在资本主义发展初期，伴随着技术的进步，资本有机构成迅速提高，从而产生了大量相对过剩人口，劳动力市场严重供过于求，工资被压低到劳动力价值以下，无法维持劳动力再生产，工人依靠透支生命完成超强度劳动，为资本创造财富。对此，马克思进行了严厉的道德批判，社会道德舆论也对此进行了强烈的谴责，从而迫使资本主义政府干预劳动市场，规定最低工资标准。在当代发达资本主义国家的劳动市场，政府调节和市场调节几乎同样重要。因此，劳动力市场并不是真正自由的。由于工资涉及工人的生存和发展，涉及社会价值目标的实现，故而，它需要社会伦理的介入，需要社会价值目标的导向。长期以来，由于我国的劳动力市场存在严重的供过于求，致使一线生产工人面临巨大的就业竞争压力，从而使他们提高工资的要求很难实现。毋庸讳言，他们的生存处境并不怎么轻松，与快速发展的社会经济和不断提高和升级的社会消费相比，他们的工资收入增长缓慢，日子过得比较艰难，在住房改善、看病就医、子女上学等方面都不同程度地存在困难，而这些都是最基本的生存需要，它必须被纳入工资的"必不可少的需要"的范围。因此，在工资决定的问题上，我们既要尊重经济规律的客观必然性，又要充分考虑社会主义价值目标所倡导的道德应然性，把两者有机地结合起来，使工资能真正体现生产力发展、社会进步和社会主义共同富裕的价值目标。

第三，政府要努力健全和完善职工的社会保障体系，以维护劳动者的基本生存权利。社会保障是国家为保证国民基本生存和生活权利而给予国民的相应物质和安全保障。它是保护国民劳动能力和基本生存权利的基础。社会保障主要包括失业保险、医疗保险、工伤事故保险、养老保险以及居民最低生活保障等。随着生产力的发展和社会进步，劳动者享受基本的社会保障已被作为国民的基本生存需要逐步纳入政府和社会的发展目标，构成了劳动者"必不可少的需要"的重要组成部分。在我国原有的计划体制下，社会保障的职能主要由企业承担，即所谓企业办社会。市场化改革以来，在计划体制下形成的旧的社会保障体制逐步瓦解，而与此同时，基于市场体制的社会保障体系的形成和发展却严重滞后，劳动者的基本权利受到明显损害。因此，当务之急是要调动企业、政府和个人三方力量构建系统的社会保障体系。这项工作的关键是要明确和落实企业，尤其是民营企业所应承担的责任。政府要切实做好相关政策的制订、实施和监管工作，以确保劳动者的基本生存需要。最后，要说明的是马克思肯定历史和道德因素对工资决定的影响，但马克思并不赞成工资直接地或主要地由社会伦理所决定的观点。马克思认为社会经济关系决定伦理关系，工资作为社会收入分配关系最终是由社会生产关系、主要是生产资料所有制关系所决定的。马克思在《哥达纲领批判》中对此进行了明确的阐述。因此，社会伦理对工资决定的影响，只是就其对工人工资作为人的"必不可少的需要"的合理性、正当性判断而言才是有意义的，而这种判断本质上是一个历史过程，是建立在一定的社会生产发展和文化进步为人的需要提供的客观必要性和可能性基础上的，而不是纯主观的价值判断。

（原文发表于《马克思主义与现实》2008 年第 3 期）

# 马克思主义经济学的工资理论

王生升 *

西方主流经济学的分析局限于现象层面，将工资的决定过程归结为劳动市场交易双方的博弈式讨价还价行为，由此，隐藏在交换行为背后的资本主义生产关系的特殊规定性被完全排斥掉了，资本主义经济中工资运动所特有的历史性的本质规律也因此被完全掩盖，工资的波动似乎变成了适用于商品经济所有发展阶段的一般规律。与这种缺乏历史观的静态均衡分析方法不同，马克思主义经济学对辩证法原则的尊奉，使得其中的工资理论在以下几个方面凸显出其独特的视角和深邃的洞察。

第一，工资在表象上体现为劳动买卖过程中的交易价格，即劳动价格；与此同时，这种市场交换行为更意味着资本主义生产方式的出现，可变资本与劳动力使用权之间的等价交换，使得工资不再成为劳动的报酬，而转变成劳动力价值或价格的歪曲的表现形式。因此，工资的本质，只有在资本主义特定生产方式及相应生产关系的框架中，才能得到理解。第二，马克思主义经济学不是单纯的利益辩护学说，工资的绝对运动——无论是以名义工资还是实际工资衡量，不具有重要的理论价值；工资与利润间的相对运动不仅构成了直接生产过程中的基本矛盾运动，而且也为社会总生产过程中一般规律内在矛盾的展开奠定了基础。因此，只有在工资与利润的矛盾关系中，才能理解工资运动的本质规律。第三，工资变动与就业量变动间的关系并非简单的价格调整模式，失业的出现并非源自工资的过度增长；相反，技术进步引发的资本技术构成的提高，造成了劳动市场上内生性的劳动供给过剩，并因此有助于压低工资的增长。第四，工资水平的变动，不仅仅关涉到劳动市场

---
\* 王生升，清华大学人文学院副教授。

均衡如何实现的微观问题，它更与资本主义宏观经济波动存在着紧密的内在关联；以何种尺度从新价值中分割出一部分作为劳动力价值，会对资本主义经济中积累与消费的比例关系产生重要影响，并进而为资本主义宏观经济的周期性波动路径提供基本规定性。因此，工资运动不仅是一个微观的、局部的经济现象，更是一个宏观的、整体性经济现象。第五，关于工资水平的长期运动趋势，无论是从劳动者供给偏好的变化出发，还是从资本对劳动需求偏好的变化——源于生产函数因技术进步而发生的改变——出发，都无法给出令人信服的解释。只有在资本主义经济发展的动态历史过程中，在生产力进步和生产组织方式变革的背景下，才能真正洞悉工资运动的长期历史趋势。

### 一、资本主义生产方式中工资的本质

资本主义经济首先表现为庞大的商品生产与交换。但与简单商品经济相比，资本主义市场经济不仅实现了规模的扩展，而且还从根本上改变了简单商品经济的运动规律。在从简单商品经济阶段脱胎的过程中，劳动市场的普遍出现——自由的雇佣劳动力成为商品，无疑是最为基本的条件。就此而言，工资不是一般性商品交换过程中的经济现象，而是资本主义市场经济中特有的经济现象。因此，工资的决定过程必定具有不同于一般商品价格决定的特殊规定性。

从亚当·斯密在《国民财富的性质和原因的研究》（以下简称《国富论》）中的分析开始，古典经济学关于工资的解释，一直关注于隐藏在现实工资表象背后的自然趋势，即"劳动的自然价格"。按照古典经济学的逻辑，劳动的自然价格并非仅仅是一个关于劳动市场价格上下波动的事后的、统计性的结果；相反，劳动力的再生产过程为工资变动的自然趋势提供了某种解说，这种自然趋势进而成为统摄现实工资波动的基本中心。在这里，我们发现了古典经济学的重要贡献，即透过劳动市场交换过程的表象，而进入到劳动力的再生产过程探询工资的本质及运动。显然，本质—现象这种二分法的分析逻辑，是古典经济学最重要的方法论特征，这种逻辑使得经济学的分析从

交换过程进入到生产过程，随之而来的是构成古典经济学基础的劳动价值论的确立。

　　然而，当 19 世纪 70 年代的边际革命逐渐展开其影响时，无论是杰文斯、门格尔，还是瓦尔拉，都清楚地知晓所谓新学说对古典经济学劳动价值论的颠覆性影响。在此以后，边际分析原理被马歇尔成功地运用到了供给与需求行为的分析中，成为解剖两类基本经济行为的标准工具。这种转变，使得古典经济学关于"自然趋势"的本质性分析——立足于劳动价值论——变得完全多余，价格的运动仅仅通过市场交换行为的分析就可以得到充分的说明；而且，价格波动的中心——均衡价格，也完全取决于供求双方交换行为的特定模式，即所谓的供给曲线（函数）和需求曲线（函数）的形状和位置。工资也不例外，劳动者的劳动供给曲线和企业的劳动需求曲线，确定了相应的均衡工资水平，并规定了现实工资运动的趋向。换言之，仅仅考察劳动市场上的交换行为，仅仅考察交换双方的行为模式，就可以充分说明现实工资运动的过程及其趋向，工资的决定仅仅是劳动市场交换过程中的经济现象。和古典经济学相比，边际革命以后的西方主流经济学基本上放弃了关于资本主义生产过程的分析，劳动价值论成为过时的理论包袱；由此产生的一个重要后果是，这些主流学说丧失了古典经济学的历史观，商品交换活动成为一般的、抽象的普遍经济活动，供求行为模式也成为关于人类行为的一般性规律。

　　马克思主义经济学继承了古典经济学的分析传统，强调生产的首位性，从而使得其理论分析具有明显的历史主义色彩。如果仅仅关注于市场交换过程，那么我们根本无法甄别前资本主义商品交换行为和资本主义商品交换行为的差别。在资本主义生产方式产生以前，商品交换活动已经长久地存在于人类的交往活动中，但在如此漫长的历史长河中，凭借商品交换来实现的价值增值，却一直局限于相当狭小的范围里。当历史的脚步走到 18 世纪时，科学与技术的革命性突破为近代工业的出现奠定了基础，同时也为资本主义生产方式的出现提供了条件。经由血腥暴力的资本原始积累过程以后，资本主义生产方式逐渐在西欧建立其统治地位；也恰恰是在此以后，价值增值成为资本主义经济发展中普遍而持久的特征。这种关联促使我们进入到资本主义的生产过程中，通过考察资本主义市场经济的历史特殊性来寻找价值增值的源泉。① 和简单商品经济不同，资本主义市场经济在生产中采取了资本雇佣活劳动的特殊组织方式。在这种生产方式下，资本购买了劳动者的劳动能力，即活劳动的使用权，而这种劳动能力在生产过程中的使用，正是一个社会新价值得以创造的过程。显然，如果在购买活劳动使用权所费成本与活劳动创造的新价值之间存在一个差额，那么价值增值过程也就得以实现了。与简单商品经济相比，资本主义市场经济依赖特有的生产方式来实现的价值增值过程，不仅仅意味着这种价值增值现在以会计簿账的方式显现出来②；更重要的是，剥夺劳动力对生产资料的所有权，使得这种价值增值以剩余价值——利润是其更现实的表现形式——的形式在资本所有者那里积累与集中起来，这就为扩大再生产的不断展开以及随之而来的剩余价值生产的扩大提供了物质基础；在这一基础上，科学技术进步最终演变成产业革命，相对剩余价值生产在技术进步的推动下成为资本主义社会生产过程的基本微观模式，价值增值和资本再积累也相应步入了高速增长的快车道。③

---

① 一些西方经济学家并不认同"等价交换规律"，在他们看来，交换行为之所以发生，是因为交换双方都认为交换后的结果是对交换前状态的福利改进，因此交换活动本身就是价值增值的源泉。显然，这种观点的背后暗含着对价值的重新定义。换而言之，这种观点将价值定义为商品对人的效用，即古典经济学所采用的使用价值范畴。按照这种定义，"'贸易使产品增添价值，因为同一产品在消费者手里比在生产者手里具有更大的价值，因此，严格说来，贸易应看作是一种生产活动。'……如果说商品的使用价值对买者比对卖者更有用，那么商品的货币形式对卖者比对买者就更有用。不然他何必出卖商品呢？因此，我们同样也可以说，例如，买者把商人的袜子变成货币，严格说来，就是完成一种'生产活动'"（《资本论》第 1 卷，人民出版社 1975 年版，第 182 页）。对于任何一个抱有严肃科学态度的学者而言，个人的主观效用评价活动具有太多的不确定性和随意性，以此来衡量具有明显客观属性的价值增值过程，当然是无法令人满意的前提假设。而且，依据这一前提假设，我们根本无法辨识交换活动之于生产活动的本质差异，它不仅不是稳定的理论基础，而且还是引起更多理论误解与混淆的根源。

② 在简单商品经济中，劳动者通过所有权的方式与生产资料形成的自然结合，使得这一价值增值过程始终处于潜在的状态。

③ 在前资本主义时代，再生产劳动力所需的商品的价值与劳动力自身创造的商品的价值，也当然存在差额，这种增值额同样构成了前资本主义经济体手工业部门经济增长的基本内容。但和资本主义生产方式相比，雇佣劳动式的生产方式并不普遍，整个手工业部门的生产分散在众多的手工业作坊那里；与之相应，手工业部门形成的价值增值也因此分散在为数众多的手工业者手中。价值增值的分散化，导致前资本主义的手工业部门很难实现技术进步，而技术进步的停滞无疑又反过来阻碍了价值增值过程的动态扩张。

如果认同上述理论阐释的说服力，那么关于工资本质的合理结论，当然也就是马克思主义经济学的结论：资本主义的工资在表象上是劳动的价格，但实质上却不过是劳动力价值或价格的转化形式。将工资的本质归结为劳动力价值或价格的转化形式，构成了从劳动价值论过渡为剩余价值论的重要中介条件；正是依据这一基本条件，资本主义经济过程的最重要特征——增值与积累，才能得到合理的解说，而资本主义市场经济也因此获得了区别于早期简单商品经济的历史特征。

将工资本质归结为劳动力价值或价格，这意味着马克思主义经济学实现了两个重要的理论突破：第一，在分析的深度上，超越了劳动市场交易对象——劳动——的表象，明确揭示了劳动能力才是劳资双方市场交易的真实对象；第二，在分析的广度上，超越了劳动市场上的交易行为，从更为广阔的社会再生产的角度揭示劳动力价值的决定过程。

第一，劳动市场上劳资双方的交易行为，在现象上表现为资本家以货币与雇佣劳动者的劳动相互交换：对于雇佣劳动者而言，他们出售的是劳动；对于资本家而言，他们购买的也只是劳动。对于坚持劳动价值论的经济学说而言，如果停留在这一表象上，将劳动视为交易对象的话，那么价值增值过程就无从谈起。根据劳动价值论，价值的形成唯一地来源于劳动，同时，坚持劳动价值论的经济学家又无一例外地坚持等价交换的基本原则；这样，劳动市场的交换意味着一定量的货币购买到了等值劳动，这个劳动在生产中又会创造出等值商品。根据这一逻辑推理过程，一个自然的结论是，资本主义市场经济中不会形成价值增值，这显然和资本主义经济的现实格格不入。理论结论与现实的冲突，使得经济学家在两个完全不同的方向对经济理论本身作出调整：一些经济学家执着于劳动市场上货币与劳动平等交换的表象，这意味着，他们只能放弃劳动价值论，而重新选择生产要素价值论来为价值增值确定可能的源泉；确切地说，货币与劳动之间维持等价交换关系，价值增值过程和劳动无关，而是源于以生产工具为实物载体的资本本身在生产过程中的运转和使用。和上述经济学家的选择形成鲜明对照的是，马克思主义经济学超越了劳动市场交易对象的表象——劳动，揭示出劳资双方交易的真实对象为劳动能力。在经济关系上，这种劳动能力的买卖表现为劳动使用权交易：雇佣劳动者让渡劳动使用权以便获得货币收入，而资本家支付货币以便获得这种劳动使用权。显然，劳动使用权的买卖与劳动创造价值的过程是两个完全不同的过程，尽管这两个过程在资本主义社会再生产过程中前后相连。在劳动使用权交易过程中，劳资双方遵循等价交换原则，等值货币与等值的劳动力相交换；而在随后的生产过程中，这个劳动力的使用能够生产出大于其自身价值的商品，从而实现价值增值。这样，在马克思主义经济学的逻辑推理过程中，选择劳动价值论作为前提假设，完全可以得出价值增值的理论结论，理论与现实的冲突因此被消解掉。

第二，从现象上讲，作为一种交易活动，工资的决定过程仅仅关乎劳资双方的讨价还价能力，以及特定的市场结构对这种能力发挥的制约。当经济学分析囿于这一现象层面时，那么决定劳动市场交换行为的根本因素——资本主义生产方式——就被自然而然地放逐了，而这恰恰是西方主流经济学的重要特征。我们看到，在西方主流经济学的分析中，劳动的供求双方没有任何历史性、制度性特征，他们仅仅是超越了特定生产方式的抽象的理性经济人。按照西方主流经济学的"新进展"——人力资本理论——的合理推论，理性经济人在劳动市场上进行替代抉择，通过比较物质资本与人力资本的回报率，来决定劳动需求者或劳动供给者的身份选择。显然，在他们的分析框架中，劳动市场的供求双方和一般商品市场的供求双方完全相同，不仅地位完全平等，而且还在不断互换身份。从抽象的理性经济人的角度解构劳动市场，则劳动市场的交换行为最终被简化还原为两个基本的函数：劳动供给者的偏好函数——在闲暇与劳动收入之间进行替代抉择的函数，和劳动需求者的生产函数——代表给定的生产技术组合。在西方主流经济学的视野中，完成了上述简化还原工作以后，关于劳动市场交换行为的经济学分析就回溯到了最初的起点，劳动供给者的偏好函数和劳动需求者的生产函数，作为既定的外生变量而成为经济学分析的前提条件。与此形成鲜明对照的，是马克思主义经济学对市场交换行为表象的超越。按照马克思的分析逻辑，关于劳动市场交换行为的本质理解，只能建立在对资本主义生产方式和资本主义社会再生产过程的分析基础上，交换行为的特殊性在根本上取决于与之相对应的生产活动的特殊性。资本主义生产方式的基本规定性是资本雇佣劳动，这意味着：第一，生产资料的所有权不是在人际间均匀分配的，而是集中在资产阶级手中；第二，雇佣劳动者是没有生产资料的自由人，仅仅拥有劳动力的所有权；第三，对生产资料所有权的拥有和行使，使得资产阶级获得了社会生产活动的主导控制权，而雇佣工人则处于被动从属地位。资本主义生产方式的特殊规定性，使得资本主义经济的生产过程不同于简单商品经济的生产过程。从现象上看，资本主义生产和简单商品生产都是劳动和生产资料结合创造出新商品的过程；但在价值分析的本质层面上，前者则具有重要的特殊性，资本主义的商品生产过程不仅是价值形成的过程，同时更是价值不断实现增值的过程。其一，资本的主导控制权要求活劳动在生产过程中创造的新价值必须大于劳动力本身的价值，剩余价值必须要生产出来；其二，活劳动的被动从属地位意味着必须不断地再生产出合适的活劳动力，劳动力价值必须因此作出相应调整和实现，以便满足在技术进步的动态过程中资本不断获取剩余价值的要求。

资本主义生产方式以及生产过程中内在矛盾的不断展开，使得劳动市场上劳动力价值和工资的决定过程具有重要的特征：首先，劳动力价值不同于一般商品价值，它体现的是资本和雇佣劳动在生产过程中的相对地位，以及由此决定的新价值分割关系，因此，只有在工资（劳动力价值的现实形式）和利润（剩余价值的现实形式）的矛盾运动中才能洞悉工资运动的本质规律。其次，生产技术的不断进步为资本有机构成的提高提供了可能，并进而在劳动市场上造就出内生性的劳动供给过剩，劳动供给过剩的不可逆过程，对工资运动的方向和路径产生了重要的影响。再次，工资与利润的对立运动，随着资本积累过程在规模和形式上的变化，最终外化为资本主义宏观经济运动中积累与消费间对抗性矛盾的不断深化，这种体现为市场交换受阻的整体性矛盾，以及通过危机或萧条的方式对这一矛盾的强制性解决，都对工资运动的方向和路径产生了重要的影响。最后，在历史的演进过程中，生产力的发展引起资本主义生产方式——资本与活劳动的结合形式——的不断变化，这种演进与变迁为工资的相对运动提供了乐观的前景。

## 二、工资相对于利润的矛盾运动

在《国富论》中，斯密肯定了劳动价值论在"初期蒙昧社会"的适用性，但他同时认为，当资本积累和土地私有权产生以后，当"进步社会"——资本主义社会——到来以后，劳动产品就不仅仅归属于劳动者本人，而必须与资本所有者和土地所有者共同分享。当劳动产品在工人、资本所有者和土地所有者三个阶层之间分配后，斯密进一步认为，价值的决定过程因此同时发生改变，现在，"工资、利润和地租，是一切收入和一切可交换价值的三个根本源泉"①。斯密的这种论证转换，意味着价值决定过程与价值分配过程的同一性，这被马克思称为"斯密教条"而予以批判。但在西方经济学的发展过程中，"斯密教条"则成为重要的遗产被后来的学者继承下来。萨伊是斯密学说的重要布道者，在他那里，"斯密教条"演变成了"三位一体公式"。边际革命以后，"三位一体公式"在 J. B. 克拉克的努力下被精致化为边际生产力理论，并成为西方主流经济学要素分配论的核心内容。简而言之，要素分配论认为，"第一，市场经济中的收入分配决定于各生产要素在联合生产中基于生产的技术条件而对产出的实际贡献，因而，收入分配是一个与制度结构或制度安排无关的价格决定过程。第二，各要素在分配过程中取得的收入总和恒等于各要素在生产中对总产出的实际贡献的总和"②。按照这种分析框架，工资的运动首先是由特定的生产技术条件决定的，这种生产技术条件规定了劳动的边际产品，并因此决定了厂商愿意支付的工资序列。接下来，通过引入劳动者的心理规律，分析劳动者在闲暇和收入间的抉择，劳动者愿意接受的工资序列也得以确定。这样，新古典经济学关于劳动市场上工资与就业量决定的标准模型就建立起来了。在工资的决定过程中，工资的变动仅仅取决于生产技术条件和心理规律，这两者对于经济分析而言又恰恰是外生给定的参数。总结来说，西方主流经济学的工资范畴——实际工资——具有绝对的、确定的意义，工资的决定过程与利润的决定过程相互独立，工资的

---

① 亚当·斯密：《国民财富的性质和原因的探究》（上），商务印书馆 1983 年版，第 47 页。
② 张衔：《马克思对"斯密教条"的批评及其现实意义》，载于《教学与研究》2004 年第 2 期。

变动轨迹与利润的运动轨迹也不存在任何内在关联性。

与这种绝对主义研究进路不同，马克思主义经济学遵循辩证法这一方法论原则：这意味着，任何一个范畴都没有绝对的、确定的意义，其意义必须依赖于其所归属的矛盾共生体才能得到真正的理解。

在马克思主义经济学中，价值是经济主体之间关系的体现。但和一般商品相比，劳动力商品的价值体现了一种特别的，甚至更为重要的经济关系。一般商品的价值，在形式上表现为不同商品间的交换比例，在本质上是不同商品生产者之间比较劳动、交换劳动关系的反映。但劳动力商品的价值，体现的却不是该商品生产者之间比较劳动、交换劳动的关系，因为劳动力的再生产是人体力脑力的恢复，它从来不是以资本主义生产方式再生产出来的，将劳动力再生产归结为必需消费品的再生产，将劳动力价值归结为工资品价值，不仅是武断的，而且也是令人误入歧途的简化方案。按照马克思的方法论要求，劳动力价值确实同样是某种经济关系的体现，但却不是工资品生产者之间劳动比较和交换关系的体现，而是资本和雇佣劳动在生产过程中相对地位以及由此决定的新价值分割关系的体现；进而言之，只有在劳动力价值与剩余价值的相对运动和相对关系中，只有在利润与工资的相对运动和相对关系中，劳动力价值与工资的运动规律才能得到理解。

无疑，这种矛盾分析方法的应用，与马克思的劳动价值论和剩余价值论是相互衔接的。依据劳动价值论和剩余价值论，生产过程中所创造的新价值分割为劳动力价值和剩余价值，在现实的经济运动中分别采取了工资和利润的形式。当雇佣工人所创造的新价值因资本主义生产关系而分割为工资和利润两部分时，它们之间就成为了两个相互对立、相互依存的范畴。因此，在马克思经济学体系中，工资本身不具有绝对的、确定的意义；它只有在和利润所构成的矛盾统一体中，换言之，只有在对照利润运动的同时考察工资运动，工资才是一个具有理论分析价值的范畴。

工资与利润之间的对立运动，不过是资本和雇佣劳动间对立关系在分配领域的直接表现。在资本主义生产方式下，资本处于主导的、统治的地位，雇佣劳动处于从属的、被统治的地位，这导致在工资与利润的对立运动中，工资运动本身要服从于利润运动；事实上，工资增长率所呈现出的变动轨迹，在很大程度上都是利润率变动轨迹的间接结果，工资增长的必要前提是不能损害一般利润率水平的稳定与增长。如果经济环境出现了变化，导致利润率的增长发生困难，那么削减工资通常是直接的后果。关于工资与利润在微观领域的对立关系，美国经济学家罗伯特·布伦纳的结论非常具有代表性。布伦纳指出，从20世纪70年代初期到90年代中期，整个西方发达经济体都经历了一场持续性的增长停滞阶段，"当利润率显著下降时，制造商的第一反应异乎寻常地一致，即通过削减直接和间接劳动成本来弥补利润。对于这一举动，各国政府也采取了各种措施予以支持。这样，发达资本主义世界中的雇主们就成功地发动了一场大规模的旨在打击工会组织并降低工人生活标准的战役。结果是，实际工资和社会支出的增长都以惊人的速度在萎缩，在70年代，直接和间接劳动成本增长对利润的压力就已经被大大消解了"[1]。以美国为例，在1973年以后的大约20年间，实际工资的增长几乎陷入停滞状态，还不到0.5%。和美国相比，日本和欧盟的工人必定更有切肤之痛。和20世纪60年代高达5%以上的增长率相比，这些国家的实际工资增长在70年代后经历了持续而剧烈的下降，其降幅甚至超过了400%，在90年代更是降至1%以下。[2]

在马克思主义经济学体系中，工资与利润的对立运动，是理解资本主义经济整体过程的基本分析单元，而资本与资本的运动以及劳动与劳动的运动，在逻辑上则是派生的结果。有关工资与利润间对立运动的分析，是对资本主义直接生产过程的解构，由此自然生成了一种剥削理论：资本无偿地占用了活劳动创造的一部分新价值，对剩余价值的占有意味着资本对活劳动实现了剥削。意识形态色彩浓重的马克思主义者或许会因此而心满意足，现在，资本主义生产关系的剥削性已经表露无遗，工人阶级的革命运动因此是完全正当合理的，因为他们不过是拿回属于自己的东西。如果我们硬要把马克思主义经济学打上人道主义的标签，那么这种革命诉求似乎无可厚非；但问题在

---

①② 罗伯特·布伦纳：《繁荣与泡沫》，经济科学出版社2003年版，第19页。

于，马克思主义经济学真的仅仅是一种基于人道主义的理论学说吗？如果答案是肯定的，那么马克思在辞世时应该不会有太多的遗憾，《资本论》第 1 卷已经系统清楚地阐明了直接生产过程中资本与劳动、利润与工资的对立运动，资本主义生产关系的剥削性质已经得到清楚的展现。但事实上，恰恰是在《资本论》第 1 卷以后，马克思主义经济学才真正开始生长起来，《资本论》第 1 卷中关于资本主义直接生产过程的解析，实际上仅仅是马克思主义经济学的开端和基础，而根本不是它的全部。关于资本与劳动、利润与工资间对立运动的分析，构成了马克思主义经济学的微观基础；在此之上，马克思为我们提供了解析资本主义经济过程中整体性基本矛盾的重要线索和研究进路。正是基于对这些整体性基本矛盾的揭示，我们才能够洞悉近现代经济发展过程的真相：以资本主义生产方式为中介，资本主义生产关系适应于不断发展的社会生产力，不断做出各种各样的调整和变革，并因此造就了资本主义市场经济的多样化变迁与发展。

### 三、内生性失业对工资运动的压力

在主流西方经济学的分析中，劳动市场局部均衡的实现，是整个市场经济体系赖以建立的重要基础：在自由竞争机制充分发挥作用的条件下，劳动市场上供求力量的互相作用，会自然形成一种均衡，即在均衡工资水平上，整个社会实现充分就业状态；与这种充分就业水平的劳动投入量相对应，整个社会在既定的生产技术组合下形成了充分就业的产出量，而且这个产出量正好不多不少地在各生产要素所有者那里实现完全的分配。根据这种供求理论，当劳动市场出现失业问题时，必定意味着此时的实际工资水平高于均衡水平，高失业总是对应着高工资。在凯恩斯以前，失业问题被看作是资本主义经济中的短期现象，市场竞争机制会自发地解决失业问题。这种论证逻辑，实际上隐含着瓦尔拉斯所乞灵的"拍卖人"，通过"拍卖人"的不断喊价，工资水平以波动的方式不断逼近均衡，其对均衡位置的偏离也仅仅是短期现象。自凯恩斯的《就业、利息和货币通论》（以下简称《通论》）发表以后，希克斯、汉森、萨缪尔森等西方经济学家对《通论》的解释成为主流宏观经济学理论，成为凯恩斯主义经济学的正统。在这些学者的分析中，大规模失业现象可能成为困扰资本主义经济生活中的长期性问题，而这一长期问题的产生原因，则被归结为三个主要方面：第一，劳动市场中竞争机制缺失导致的货币工资刚性；第二，流动偏好陷阱导致的利率对货币供给量变动的不敏感；第三，其他因素导致的投资缺乏利率弹性。[①] 重要的一点是，无论是基于哪种原因，长期性失业都与资本主义经济制度本身无关。而在新凯恩斯主义的理论分析中，效率工资理论的出现，使得高于均衡水平的工资及其本身所具有的黏性特征，成为一种基于生产效率提高所采用的制度安排，是厂商应对信息不完全条件的最优反应。这样，失业现象——对应的是过高的工资水平，就不再是一个严重的经济问题；相反，它倒是现代市场经济得以实现经济效率的必要条件。[②] 不难看出，在主流西方经济学的分析中，工资在逻辑上先于就业量，而这又当然符合众所周知的价格调整机制的一般逻辑。

与这种逻辑不同，在马克思主义经济学中，关于工资与就业量的变动，都是放在资本主义经济的长期动态过程中予以分析的，因此，和西方主流经济学的短期分析结论不同，工资与就业量之间呈现出更为复杂的互动关系。

正如我们在上一节所表明的，马克思关于直接生产过程的分析——资本与劳动、利润与工资的对立运动——是整个政治经济学大厦的微观基础，由此，马克思力图分析资本主义经济发展过程中整体性矛盾的展开与演化。在从微观基础构建宏观理论大厦的过程中，通过引入技术进步这一关键因素，马克思主义经济学因此具有鲜明的长期动态特征。技术进步代表着生产力的发展，而在资本主义生产方式下，在资本积累过程中，技术进步过程又具有了特别重要的社会形式，即资本有机构成提高的一般趋势。资本有机构成提高的一般趋势，意味着技术进步呈现出明显的替代活劳动的特征，这一重要特征对就业量施加了持久而显著的向下压力，大规模失业现象成为资本主义经济过程的固有常态。

---

①② 布赖恩·斯诺登、霍华德·文、彼得·温纳齐克：《现代宏观经济学指南》，商务印书馆1998 年版，第 121~128 页。

这种内生性的劳动力供给过剩，是利润与工资对立运动过程中资本理性反应的最优结果；在社会再生产的动态过程中，这种制度性失业又反过来强化了资本在社会再生产中的主导统治地位，并因此有助于抑制工资水平的增长脚步。

资本主义经济发展过程的基本特征之一，就是资本积累过程的不断展开。在资本积累过程中，更为先进的新式生产手段被不断创造出来，新机器、新原料、新技术，以及新式生产方法成为资本积累的伴生物。就此而言，资本主义生产方式比以往任何一种生产方式都更能促进科学技术前进的步伐。然而，资本积累之所以不断采取了技术进步的外化方式，并不是因为它要提高劳动生产率；获取超额利润的根本目的，决定了资本主义生产方式下技术进步必定以劳动力被排挤和替代为代价，这一过程具有明显的替代活劳动的长期倾向。在马克思主义经济学中，以这种特殊社会形式出现的技术进步，被称为资本有机构成——反映资本技术构成变动的资本价值构成——提高的一般趋势。

在资本积累的现实过程中，技术进步同时也会导致不变资本使用上的节省和不变资本价值的贬值，前者延缓了资本技术构成提高的速度，而后者则在一定程度上抵消了资本价值构成提高的趋势。以英国经济学家琼·罗宾逊夫人的观点为代表，一些学者从上述两个方面对资本有机构成提高的一般趋势提出了质疑。在他们看来，技术革新不一定都具有替代活劳动的特征，技术进步可以是劳动节约型，也可以是资本节约型，或者二者兼而有之。① 确实，就短期分析而言，劳动力和其他生产要素之间的相对稀缺性和相对价格

---

① 确实，进入 20 世纪，不变资本使用上的节省和不变资本各要素的贬值成为整个资本主义经济中的突出现象。不变资本使用上的节省，主要归功于机器设备和建筑物使用上的节省。根据统计，1870～1913 年，美国经济中劳动生产率的年均增长速度与职工平均占用设备净存量的年均增长速度大致持平；但在此后的 60 年间，劳动生产率年均增长达 2.45%；而职工平均占用设备净存量的年均增长率仅为 1.78%。这表明，为取得一定的劳动生产率增长，只需要增加较少的设备数量即可达到。与机器设备的使用相比，建筑物使用上的节省更为显著。1929～1984 年，美国制造业的设备存量增长了约六倍半，而建筑物净存量只增长了约一倍半，职工平均占用的建筑物量仅增加了 40%（参见高峰：《资本积累理论与现代资本主义》，南开大学出版社 1991 年版，第 131～135 页）。与此同时，技术进步脚步的加快，也大大加剧了已有不变资本，尤其是固定资本的贬值速度。按照乔治·雅西的计算，美国制造工业中包括建筑物在内的固定资本实际平均持续时间，1945 年为 12 年，1950 年为 10.3 年，1953 年为 9.4 年，1961 年为 8.5 年（参见厄尔奈斯特·曼德尔：《晚期资本主义》，黑龙江人民出版社 1983 年版，第 261 页）。

的变动所导致的相机抉择，意味着技术进步的方向不一定是绝对的单向度；但如果我们把视野放得更为长远，就不难发现，劳动节约型的技术进步不仅意味着生产力的进步，而且也是资本生长扩张的最优现实选择。在资本主义生产方式下，资本积累之所以不断吸纳技术进步，其根本动机在于获得超额利润。正如马克思正确指出的，"关于机器也可以说，它节约劳动；不过……节约必要劳动和创造剩余劳动才是特征。较高的劳动生产率表现在：资本只须购买较少的必要劳动，就能创造出同一价值和更多量的使用价值"①。为了分享这种超额回报，此类节约劳动型的技术革新必定会被其他企业效仿，从而导致该技术革新向外扩展。不仅如此，一旦技术进步采取了节约劳动的方式，一旦新式机器设备在生产中大规模使用，则在折旧年限内，这些固定成本无法退出生产过程，即便出现了有利于使用劳动力的条件，企业也难以改变已有的生产模式转而大规模使用劳动力。因此，节约劳动型的技术革新具有时间上的不可逆性。

另外，与生产工具和劳动对象不同，作为生产要素的劳动力是有生命、有意识的人。在工业社会，资本为了强化对生产过程的控制，总是力图使雇佣劳动变成一种常规的、机械的活动，总是力图把雇佣劳动降低为无生命、无个性的资本附属物；一旦某种技术提供了使用无意识的机器以代替有意识的劳动者的可能，资本就会毫不犹豫地实现这种可能。甚至可以说，机械化的趋势是资本主义提高社会劳动生产率的主要方法，它产生于对劳动过程和人类生产活动的资本主义控制。② 马克思也曾明确指出："机器成了镇压工人反抗资本专制的周期性暴动和罢工等等的最强有力的武器。……可以写出整整一部历史，说明 1830 年以来的许多发明，都只是作为资本对付工人暴动的武器而出现的。"③

技术进步引起资本技术构成显著提高，这一趋势在发达资本主义经济的长期历史进程中清楚地展现出来。图 1 中曲线的走势，描绘了自 19 世纪后半期

① 《马克思恩格斯全集》第 46 卷，人民出版社 1979 年版，第 365 页。
② 安沃尔·赛克：《经济危机理论史导论》，引自《危机中的美国资本主义》，第 233～234 页。
③ 《资本论》第 1 卷，人民出版社 1979 年版，第 476～477 页。

以来发达资本主义经济体中资本技术构成的提高趋势。不难看出，以1870年资本技术构成指标为基准，美国、英国和法国在经历了一个多世纪的发展以后，资本技术构成水平较之基准年分别增长了400%强、200%强和500%强；具有后发优势的德国，相比而言其增长幅度更加显著，其1984年的资本技术构成水平较之1870年增长了1100%；至于当今世界第二经济大国日本，其1984年的资本技术构成水平较之1913年的基准，则更是迅猛增加了2300%。

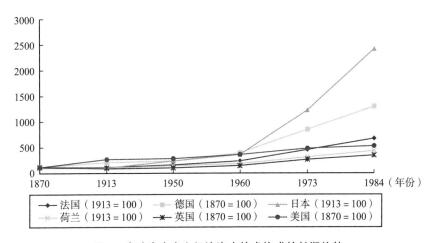

**图1 发达资本主义经济资本技术构成的长期趋势**

资料来源：高峰：《资本积累理论与现代资本主义》，南开大学出版社1991年版，第127页表18。

在资本技术构成提高趋势的带动下，发达资本主义经济的资本价值构成也呈现出明显的上升趋势。资本有机构成提高的长期趋势意味着，可变资本的增长不仅滞后于不变资本的增长，而且也滞后于总资本的增长。"这一事实，在另一方面却相反地表现为，好像工人人口的绝对增长总是比可变资本即工人人口的就业手段增长得快。事实是，资本主义积累不断地并且同它的能力和规模成比例地生产出相对的，即超过资本增殖的平均需要的，因而是过剩的或追加的工人人口。"① 可变资本增长的相对缓慢，使得发达资本主义

---

① 《资本论》第1卷，人民出版社1979年版，第691页。

经济体的失业人口不断扩大，失业率也远远高于美国官方认可的自然失业率水平。以美国为例，19 世纪末以来的统计资料清楚地显示出，官方统计的失业人口数量和失业率均呈现出稳步增长的态势。另外，值得注意的是，下述失业数据来源于美国官方的失业统计，因此并未包括非自愿的半失业状况和失业工人。考虑到后两类失业状况，美国实际的失业规模会更大。根据美国经济学家谢尔曼的重新计算，实际失业规模大约比官方统计数字多 50% ~ 100%；另一位美国经济学家杜博夫的计算结果表明，1967 ~ 1976 年，官方失业率至少少算了 1.3% ~ 2.4%，比实际失业率低了 1/3 还多。①

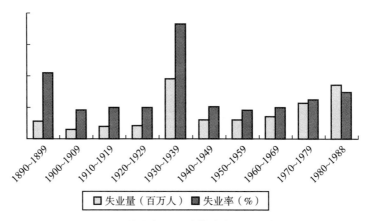

**图 2　美国按十年平均计算的失业量和失业率**

资料来源：高峰：《资本积累理论与现代资本主义》，南开大学出版社 1991 年版，第 195 页表 30。

　　内生性的劳动力供给过剩，意味着庞大失业人口的存在是资本主义经济的常态。在劳动市场上进行契约交易的双方，因此存在显著的地位差别，劳动的需求方高高在上、宛如在慷慨布施，而劳动的供给方则战战兢兢、唯恐丢掉活命的饭碗。可以说，在工资运动过程中，资本主义内生性的非均衡劳动供求关系，是工资增长的最强大阻碍因素。正如马克思准确概括的那样，"大体说来，工资的一般变动仅仅由同工业周期各个时期的更替相适应的产业

①　高峰：《资本积累理论与现代资本主义》，南开大学出版社 1991 年版，第 200 ~ 202 页。

后备军的膨胀和收缩来调节。因此，决定工资的一般变动的，不是工人人口绝对数量的变动，而是工人阶级分为现役军和后备军的比例的变动，是过剩人口相对量的增减，是过剩人口时而被吸收、时而又被游离的程度"①。"产业后备军在停滞和中等繁荣时期加压力于现役劳动军，在生产过剩和亢进时期又抑制现役劳动军的要求。所以，相对过剩人口是劳动供求规律借以运动的背景。它把这个规律的作用范围限制在绝对符合资本的剥削欲和统治欲的界限之内。……因此，这也就是说，资本主义生产的机构已安排好，不让资本的绝对增长伴有劳动总需求的相应增加。……劳动供求规律在这个基础上的运动成全了资本的专制。"② 在资本主义经济的周期性运动中，失业率变动对工资增长率的影响表现得非常明显：在衰退萧条期，内生性的失业加剧对工资增长施加了强大的阻力；而在上升繁荣期，失业问题有所缓和，工资增长率也因此获得了更大的上升空间。在 1950 ~ 1973 年间，美国、德国、日本的经济大体上处于上升、繁荣期，其私人部门的失业率分别为 4.2%、2.3% 和 1.6%，其实际工资增长率相应地分别为 2.7%、5.7% 和 6.3%；但在其后的 20 年间，即 1973 ~ 1993 年间，全球性的经济衰退加剧了失业状况，其私人部门的失业率分别上升到 6.7%、5.7% 和 2.1%，相应的实际工资增长率也下降到 0.2%、1.9% 和 2.7%。③

在资本与劳动的矛盾运动中，庞大的产业后备军的存在，对雇佣劳动者的消极作用是不言而喻的；与此相对应，尽管发达资本主义经济体的实际工资水平呈不断增长的态势，但工资相对于利润——劳动力价值在新价值中的相对份额——却呈现出不断下降的态势，这种下降趋势表现为剩余价值率的不断提高。剩余价值率不断提高的趋势，也可以通过资本主义经济一般利润率的变动趋势得到间接验证。马克思给出的一般利润率公式 $p'm/(c+v)$，可以变形为 $p'm'/(1+c/v)'$，不难看出，在资本有机构成 $c/v$ 呈不断提高的趋势时，一般利润率的稳定必定要求剩余价值率 $m'$ 的相应提高。1929 年大萧条

① 《资本论》第 1 卷，人民出版社 1979 年版，第 699 页。
② 《资本论》第 1 卷，人民出版社 1979 年版，第 701 ~ 702 页。
③ 罗伯特·布伦纳：《繁荣与泡沫》，经济科学出版社 2003 年版，第 3 页表 1 - 1。

以后，美国经济的相关统计数据，验证了我们的上述结论：即资本有机构成趋于提高，一般利润率保持大体稳定，而剩余价值率则呈现出不断上升的态势，工资相对于利润在新价值中的份额不断下降。

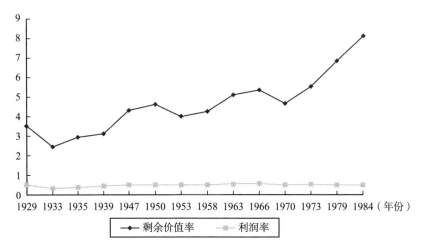

**图 3　1929 年以来美国制造业剩余价值率与利润率变动趋势的相关性**

资料来源：高峰：《资本积累理论与现代资本主义》，南开大学出版社 1991 年版，第 330 ~ 331 页表 64。

### 四、工资运动与宏观经济失衡

在西方主流经济学中，工资的决定过程完全是一个微观问题，劳动供求双方的试错性交易行为，促使均衡工资水平和充分就业成为劳动市场波动的中心趋势。通过引入萨伊定律——"供给创造自己的需求"，劳动市场的局部均衡状态和宏观经济均衡状态完全协调起来：均衡工资水平不仅保证了充分就业的实现，而且也同时保证了总产出与总需求的恒等。在上述分析逻辑中，"货币中性假说"和"理性人假说"构成了两大支点。"货币中性假说"突出强调了货币的即时交易功能，货币仅仅作为交易媒介被引入，因此不会影响真实经济部门的均衡状态。将货币经济简化为物物交换经济，不仅忽略了货币的其他重要职能，而且更为重要的是，货币转化为资本的过程也因此被消解于无形，资本主义生产关系及资本主义经济过程中的内在矛盾，现在完全被隐藏起来。在物物交换经济模型中，总量均衡问题实质上蜕变成总产品内部结构是否合理的问题：即总产出所包含的全部商品，在某个均衡的相对价格体系中能否确使其使用用途相互契合，从而保证所有商品市场都实现市场出清。借助于"理性经济人"假说，只要市场机制能够自由地发挥作用，那么个人就会根据价格信号，进行理性选择和决策，及时调整生产和产品结构，保证总产出内部的相互为用，实现总供给等于总需求的总量均衡。概而言之，在西方主流经济学中，工资的变动过程与总供求的均衡是相互独立的。[①]

　　与西方主流经济学不同，在马克思主义经济学中，工资变动过程与总供求均衡具有内在的关联与互动。在马克思主义经济学中，工资的决定，不仅仅是一个关涉到劳动市场交易活动的微观均衡问题，也不仅仅是一个简单的剥削问题，而更是一个关涉到资本主义宏观经济运动过程中矛盾展开和深化的问题。就此而言，马克思主义经济学的工资理论，也具有强烈的整体性、宏观性色彩。

　　马克思主义经济学认为，无论生产采取何种社会形式，其最终目的都一定是消费。在《政治经济学批判导言》中，马克思清楚地指出，消费……生产着生产……因为消费创造出新的生产的需要，因而创造出生产的观念上的内在动机，后者是生产的前提。消费创造出生产的动力；它也创造出生产中作为决定目的的东西而发生作用的对象。在资本主义生产方式中，分工与交换的空前扩展使得社会生产的迂回程度加深了，但生产对消费的这种依赖关系并未发生任何改变。正如布哈林所清楚阐述的那样，"我们就看到一连串的产业，它们互为市场，它们遵照整个生产过程的技术——经济连续性所决定的某种明确的秩序组成一个链条。但是，这个链条是以消费品的生产告终的，而消费品只能……直接地供个人消费……"[②] 和所有其他类型的社会相同，资

---

　　① 关于这一问题，凯恩斯确实具有独创性贡献。"当大萧条开始时，大部分经济学家以为降低工资可以消除失业。凯恩斯将经济学家的注意力从作为生产成本的工资转向作为需求来源的工资。按照凯恩斯的观点，厂商通过降低工资节省下来的钱，会因为消费需求的下降而重新丢失。从结果上看，降低工资限制了消费需求，为进一步的工资下调造成了压力"（迈克尔·佩雷曼：《经济学的终结》，经济科学出版社 2000 年版，第 23 页）。但后来的西方经济学家们，通过强调凯恩斯效应和庇古效应的重要性，实际上消解了凯恩斯的这种独创性贡献。

　　② 保罗·斯威齐：《资本主义发展论》，商务印书馆 1997 年版，第 192 页。

本主义经济体的存续与发展也不能脱离生产与消费间的统一关系。但是，在资本主义生产方式下，资本与劳动、工资与利润的矛盾对立运动，却使得资本主义宏观经济过程中不断呈现出打破这种统一关系的尝试。

按照马克思主义经济学分析的基本线索，资本家仅仅是人格化的资本职能的行使者，其典型的行为模式是进行资本积累而不是生活消费，因此构成资本主义社会消费主体的就自然只能是雇佣工人，而工资收入总额的变动也因此决定了资本主义社会总消费能力的变动。在资本主义经济中，资本家与工人之间的经济行为存在根本性差异，这种差异被波兰经济学家卡莱茨基精辟地总结成，"资本家得到他们花费的，工人花费他们得到的"。

如前所述，工资的决定过程实质上是资本与雇佣劳动间分割新价值，确定剩余价值率的过程。而技术进步的推动趋于提高资本有机构成水平，并因此不可避免地对一般利润率水平施加了持久而严重的向下压力。为了应对这种不利影响，资本总是与此同时不断提高剥削程度，通过抬高剩余价值率来保持一般利润率的稳定。显然，提高剩余价值率，对资本而言是理性的个体反应，而由此造成的后果是，工资总额增长日益落后于利润总额的增长，资本主义社会的消费与积累，也因此采取了对抗性矛盾的关系模式。正如马克思在《资本论》中的经典表述那样，"直接剥削的条件和实现这种剥削的条件，不是一回事。二者不仅在时间和空间上是分开的，而且在概念上也是分开的。前者只受社会生产力的限制，后者受不同生产部门的比例和社会消费力的限制。但是社会消费力既不是取决于绝对的生产力，也不是取决于绝对的消费力，而是取决于以对抗性的分配关系为基础的消费力；这种分配关系，使社会上大多数人的消费缩小到只能在相当狭小的界限以内变动的最低限度。……生产力越发展，它就越和消费关系的狭隘基础发生冲突"①。美国经济学家保罗·斯威齐按照这一线索，构建了消费不足论的基本框架："既然控制资源和资金使用方向的资本家们的行动方式，会造成（消费增长率／生产资料增长率）这个比值的稳步下降，又由于生产过程的性质迫

---

① 《资本论》第3卷，人民出版社1975年版，第272～273页。

使（消费品产量增长率/生产资料增长率）这个比值至少接近稳定，所以，消费的增长本来就落后于消费品产量增长的趋势。"① "资本主义所固有的一种趋势，即消费品生产能力的扩大快于消费品需求的增长……使消费品的潜在供求关系受到歪曲。这种形式可能以两种方式之一出现。或是（1）生产能力实际上有所扩大，只是在数量日增的消费品开始进入市场时困难才表面化。因此，就有这么一个临界点存在，超过了这一点，在正常的有利可图的价格下，供给多于需求；当这一点过去以后，或是消费品的生产，或是新增能力的生产，或者更可能的是两者在一道，也会遭到削减。因此，在这种情况下，所说的趋势就表现为一场危机。或者（2）有闲置的生产资源存在，它们没有被用来变成追加的生产能力，因为人们认识到，追加的生产能力，同对它所能生产的商品的需求比起来，会成为多余的东西。在这种情况下，这个趋势就不是表现为一场危机，而宁可说是表现为生产的停滞。"② 总而言之，相对于利润总额——剩余价值总额——的增长，总消费力——工资总额构成了总消费力的主体——的增长日益相对萎缩，这种相对萎缩抑制了消费品产业的扩张速度，并进而抑制了资本品生产的扩张速度，从而导致资本积累过程受到无法逾越的刚性限制。积累和消费间对抗性矛盾的深化，使得生产过剩、资本过剩、消费不足、增长停滞等现象成为资本主义宏观经济运动过程的常态，而经济危机则成为克服这些消极常态的强制性解决途径。美国经济学家罗伯特·布伦纳的相关研究指出，在经历了二战后20多年的繁荣以后，发达资本主义经济体的生产过剩状况在累积中变得愈发严重，从20世纪60年代中期以后，全球性的生产能力与产量的双重过剩状况不断恶化，并因此导致发达资本主义经济步入长期性衰退和停滞阶段。③

　　在资本主义生产方式下，这种矛盾的解决，是无法经由经济个体的某种努力而实现的。凯恩斯曾寄希望于改造经济个体的消费模式，通过摒弃"节俭美德"来提高边际消费倾向，以此摆脱消费不足的经济危机。但事实上，

---

① 保罗·斯威齐：《资本主义发展论》，商务印书馆1997年版，第203~204页。
② 保罗·斯威齐：《资本主义发展论》，商务印书馆1997年版，第201页。
③ 罗伯特·布伦纳：《繁荣与泡沫》，经济科学出版社2003年版，第一章。

仅仅从个人消费行为出发来解决这一矛盾，是根本无法达到预期效果的。对于资本家而言，竞争的外在压力和获取更多利润的内在动力，使得其消费力的增长因消费意愿不足而受到强烈限制，其消费模式非常符合凯恩斯式的边际递减规律；而对于工人，其消费力增长的限制则并非来源于消费意愿不足，而是来源于其收入——工资增长——的约束。总结来说，资本主义经济中固有的消费不足趋势——在凯恩斯主义经济学中表现为"有效需求不足"，完全是单个资本理性行动的自然结果，是符合资本利益的合理选择。因此，雇佣劳动者阶层相对贫困问题的缓和与解决，积累与消费间对抗性矛盾的缓和与解决，不可能求助于资本本身的个体性努力，也不可能依赖于资产阶级的"良心发现"；事实上，因果关系恰恰相反，上述矛盾的深化阻碍了资本本身的存续，客观上迫使资本主义生产方式和生产关系不得不作出各种调整，这些制度性调整，消解了工资相对于利润无限度下降的趋势，使得剩余价值率的提高趋势保持在某种"合理"限度内。就此而言，工资的决定过程，从来就不是一个单纯的微观均衡问题，而肯定是一个关涉到资本积累、生产迂回程度、消费能力等一系列因素的整体性问题，只有在综合考察资本主义整体性矛盾运动的框架中，才能全面理解工资运动的方向和轨迹。

## 五、工资运动的历史性趋势

20 世纪以来，发达资本主义经济体的实际工资水平呈现出迅速上升的态势。以美国制造业工人工资的变动情况为例，国内研究学者的统计数据显示，在 1914~1967 年短短 50 多年里，工人的平均小时名义工资从 0.22 美元上升到 2.92 美元，增长了 1227%；平均小时实际工资也从 0.22 美元上升为 0.88 美元，增幅达 300%。[1] 特别是在第二次世界大战以后，各发达资本主义国家的实际工资增长幅度更为显著。"从 1949 年到 1971 年，实际工资的年平均增长率为：美国 1.6%，日本 6.7%，联邦德国 6%，英国 3%，法

---

[1]   仇启华、姬兵：《当代资本主义若干问题研究》，江西人民出版社 1996 年版，第 174 页。

国 3.9%。"① 另外，根据《美国总统经济报告：2001 年》中的相关数据，对美国雇员阶层年收入状况进行的统计分析表明，在 1959～1999 年间，美国雇员阶层的年名义工资和年实际工资均呈现出明显的上升态势。

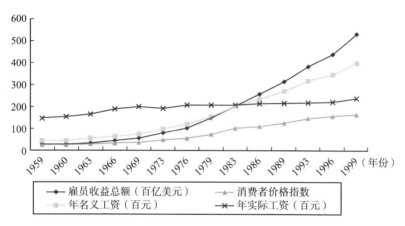

**图 4　1959～1999 年间美国雇员阶层的年收入状况**

资料来源：《美国总统经济报告：2001 年》，中国财政经济出版社 2002 年版，附表 B－28，附表 B－35，附表 B－60。

按照西方主流经济学的分析模式，导致实际工资呈不断上升趋势的原因，无外乎两类：第一，技术进步提高了劳动生产率，这意味着劳动边际产量的提高，即劳动需求曲线向右移动。在劳动供给不发生变动的情况下，劳动需求曲线的右移促使均衡实际工资水平提高，劳动市场上现实的实际工资水平因此呈上升趋势。② 第二，劳动市场的特定市场结构和交易条件，限制了均衡实际工资的实现，导致现实的实际工资水平长期高于均衡实际工资。事实上，居高不下的失业率，使得西方主流经济学在解释实际工资上升趋势时，更为

① 仇启华、姬兵：《当代资本主义若干问题研究》，江西人民出版社 1996 年版，第 187 页。

② 对于这种技术决定论的简化逻辑，美国经济学家罗伯特·布伦纳提供了典型的反例：以战后美国经济的增长轨迹为例，在 1950～1965 年间，美国经济经历了长期繁荣，制造业的劳动生产率以 2.9% 的年均速度实现增长，实际工资的年均增长率约为 3%；而在此后的 1965～1973 年间，制造业的劳动生产率的年均增长幅度高达 3.3%，但实际工资的年均增长却下降到 1.9%（参见罗伯特·布伦纳：《繁荣与泡沫》，经济科学出版社 2003 年版，第一章）。

倚重第二种分析思路。也就是说，西方主流经济学在实际工资的提高趋势与不断恶化的失业问题之间建立了直接关联。概而言之，这种解释包括两个基本线索：第一，劳动市场是一个竞争不充分的市场，劳工阶层组织起来的工会构成了妨碍竞争机制的首要垄断组织，而信奉凯恩斯主义充分就业理念的政府则是妨碍竞争机制的第二种组织——其超经济力量对劳动市场自然均衡状态的扭曲甚至超过了工会，这两类组织的存在导致现实工资水平持续高于均衡工资水平。第二，和其他类型的市场相比，劳动市场的信息不完全性更为突出，相对于劳动需求者而言，劳动供给者拥有信息优势，为了克服信息不完全引发的逆向选择与道德风险，厂商通常会选择提供一种效率工资模式，即人为地加大劳动供给者失业的机会成本，提供一种高于均衡工资水平的效率工资。

与西方主流经济学不同，马克思主义经济学的工资理论不仅仅是一种契约交换理论，更是一种社会生产理论。因此，马克思主义经济学在分析工资长期运动趋势时，关注的重点就不是劳动力市场本身的市场结构与交易条件，而是与技术变革紧密关联的社会生产组织方式的变革。在资本主义社会，社会生产组织形式——物质资本与活劳动结合的具体形式——的不断的变革，为资本与雇佣劳动的矛盾运动提供了基本依据，并因此在根本上规定了工资运动趋势的历史性特征。有必要再次强调的是，我们在这里所讨论的历史性趋势，当然是指工资相对运动的历史性趋势，而根据马克思主义经济学的辩证法方法论原则，工资绝对量的运动——即实际工资增长率的变动，仅仅具有次要的、补充性的意义。[①]

随着技术进步过程的展开，资本主义经济中的生产组织方式也相应发生了重大的变革。从历史上看，伴随着技术变革的不断展开，资本主义的生产

---

① 实际工资的运动趋势，无疑是西方主流经济学的话语逻辑。某些学者认为，马克思主义经济学在解释实际工资增长趋势时是软弱无力的，马克思所论述的绝对贫困问题早已经被消解了，因此马克思主义经济学的工资理论已经过时。显然，这种观点没有把握马克思主义经济学的方法论精髓，其结论暴露了自身的狭隘视野。事实上，马克思主义经济学并不要求实际工资呈现下降趋势；相反，实际工资的不断增长反倒是马克思主义工资理论更合理的结论。在马克思主义看来，技术进步的重要结果，就是人类经济活动领域的不断扩张，这意味着人类劳动在工资品生产中的投入份额不断下降。

组织方式经历了不断调整的三个阶段：第一阶段是简单协作的手工工场的出现，第二阶段是以分工为基础的手工工场的出现，第三阶段是以机器大工业为基础的工厂制度的出现。① 这一变革过程，突出表现为生产过程中内部分工的不断深化。随着生产过程中内部分工的深化，个体性手工技巧的重要性日益下降，与现代化机械作业流水线相匹配的活劳动通常是那种整齐划一、简单重复的体力劳动。这一变化，导致劳动者自身异化为生产工具的附属物。就此而言，生产过程内部分工的深化对雇佣劳动者的相对地位，以及工资的相对运动，产生了强大的负面影响。正如西方激进政治经济学派的分析所表明的，"首先，通过将复杂的只能由工资相对较高的熟练技术工人来完成的工作，分解为一个贯序的由一系列简单的'局部工作'构成的工作体系，资本家一方面可以采用工资较低的非熟练工人，甚至是童工来完成同样的劳动过程；另一方面可以通过这种分工的竞争削弱在岗的熟练工人的谈判能力，降低其工资水平。……其次，通过精心设计的劳动分工体系，资本家可以将原来复杂的生产工艺简化为一系列简单的技术动作，可以打破熟练工人对劳动过程的信息的垄断，更好地监督工人的劳动过程，从而在相同的工资水平下获得更高的劳动强度，提高资本家的剩余价值率"②。不仅如此，如前所述，机器大工业的出现迅速提高了资本有机构成水平，日益庞大的产业后备军被不断造就出来。这种内生性失业现象，在直接生产过程以外，在劳动市场的契约交易过程中，对工资的相对运动施加了巨大的向下压力。

　　不可否认，恰恰是在资本主义时代，生产组织方式的变革和生产过程中内部分工的发展获得了质的飞跃，生产效率也因此得以大大提高。但这并不意味着上述变革和发展只能局限于资本主义生产关系内部；相反，生产组织方式的变革和分工的深化，是生产力发展的基本形式和一般特征，它贯穿于人类文明进步过程的始终。就此而言，生产组织方式的变革和分工的深化，

---

　　① 谢富胜：《马克思主义经济学中生产组织及其变迁理论的演进》，引自《高级政治经济学》第2版，中国人民大学出版社2006年版，第346～350页。

　　② 张宇、孟捷、卢获：《高级政治经济学》第2版，中国人民大学出版社2006年版，第118～119页。

又倾向于造就出资本主义生产关系的"异质性因素",这些因素提供了通向未来社会的可能性路径,也因此展示了工资相对运动的乐观前景。

大体上从 20 世纪二三十年代开始,在发达资本主义国家,生产过程中的内部分工出现了一个意义重大的发展趋势,即资本所有权和资本控制权的分离,由此形成的新型企业制度被伯利与米恩斯称为现代公司制度。在传统的资本主义企业中,资本职能尚未分化,资本控制权由资本所有者承担;这样,当资本所有者组织生产活动,以实现生产资料和活劳动的结合过程时,其理性行为的全部目的就是实现利润最大化。在这个过程中,利润与工资间的对立运动表现得非常明显。但是,当生产规模的扩大和资本的积累达到一定程度后,出于经济效率的考虑,资本职能的分化势在必行,以资本所有权和控制权分离为特征的现代公司制度,成为资本主义企业制度变迁的一般趋势。在现代公司制度中,股权的高度分散使得财产所有者对控制权行使的约束不可逆转地弱化,"被动性"财产——尤其是股票——逐渐丧失了它的"资本"功能。它从根本上变成了一种分配流动性财富的方法,变成了一种收入(它不必为了资本目的而聚集)分配的渠道①;与此同时,日益独立的控制权与所有权之间的利益分歧变得越发明显而巨大,协调与平衡各种相关利益集团——股东仅仅是其中的一环——关系,已经取代传统的利润最大化指标,成为公司控制者进行决策的行动指南。控制权形态的演变过程以及经营者控制权的出现预示着,"对大型公司的'控制'应该发展成为纯粹中立的技术统治,去平衡社会中不同集团的各种要求,以公共政策而不是以个人私利为基础,将公司的收入分配给每个集团"②。

以所有权和控制权分离为特征的新型分工组织方式,使得资本与雇佣劳动间的矛盾运动也发生了微妙而重要的变化:一方面,股权的高度分散与流动,使得雇佣劳动者得以持有少量股票,某些欧洲国家甚至以立法的形式赋

---

① 阿道夫·A. 伯利、加德纳·C. 米恩斯:《财产、生产与革命》,引自《现代公司与私有财产》,商务印书馆 2005 年版,第 41 页。

② 阿道夫·A. 伯利、加德纳·C. 米恩斯:《财产、生产与革命》,引自《现代公司与私有财产》,商务印书馆 2005 年版,第 362 页。

予了雇佣劳动者持有本企业股票的权利，由此获得的股息收入构成了"另类"劳动报酬，在其他条件不变的情况下，这实质上意味着工资相对于利润的向上运动；另一方面，尽管相对于雇佣劳动而言，控制权仍然与所有权维持了更紧密的联系，但摆脱了所有权严格约束的控制权，确实有助于缓和利润与工资间的紧张关系。事实上，平衡包括资本所有者和雇佣劳动者在内的各相关利益群体的关系，已经成为公司控制者的首要共识。作为管理资本主义生产过程的"受托人"，职业经理人阶层"起着平衡许多不同参与者和企业的利益群体（包括顾客、雇员、供应商和社区）之间利益的作用。股东仅仅被列为这些必须尊重的群体中的一员，而且是被列在最后的"[①]。显然，这种变化有利于雇佣劳动者相对于资本所有者地位的改善，并因此对工资的相对运动产生了一定的积极影响。

以"经理革命"为标志的资本主义企业制度的调整，从根本上讲，是资本职能为适应现代化社会大生产而进行的自我调整，尽管职业经理人拥有一定的独立性，但发达的股票市场和经理人市场的存在，股东用"脚"投票以及职业经理人之间的竞争，仍然使得资本控制权的独立行使不会在根本上背离资本的利益。而且，为了有效约束公司控制权，使其尽可能符合资本所有者的目标函数，针对职业经理人阶层的股票期权制度被发明出来，众多职业经理人现在都成为其所属公司的股东。这些事实表明，以资本职能分化为内容的生产组织方式变革，不会对利润与工资的对立运动产生重大的实质性影响。与此相比，在资本主义生产组织方式内部兴起的另外一种趋势，对于工资相对运动而言则具有更为重要的历史意义。这一趋势表现为雇佣劳动主动参与权的逐步显现和成长，"人力资本理论"的出现恰恰是对这一趋势的理论反应。

在20世纪石油危机爆发以前，福特主义一直是现代化生产组织方式的代名词，高度专业化的自动机械流水线，使得直接生产过程中劳动对机器的从

---

① 阿道夫·A. 伯利、加德纳·C. 米恩斯：《财产、生产与革命》，引自《现代公司与私有财产》，商务印书馆2005年版，第13页。

属关系表现得异常明显。但是从 20 世纪 70 年代以来，福特主义的批量规模生产模式暴露出越来越多的缺陷，与此同时，强调发挥劳动者主创精神的后福特主义生产组织模式则不断涌现。法国调节学派的代表人物罗贝尔·布瓦耶（Boyer R.）认为，这种后福特主义的生产组织模式具有许多新的特征，如："持续的产品/工艺创新；终身雇佣的具备高技能和高归属感的雇佣工人；对剩余的折中分配"①，这些新特征无疑都与雇佣劳动者主创精神的发挥有关。美国经济学家艾里克·斯万热杜夫（Swyngeduouw E.）在比较福特主义与后福特主义的适时生产模式后总结到，后福特主义的生产组织模式将雇佣劳动者从高度专业化的分工模式中解放出来：各种工作权限的界限划分逐步模糊化，雇佣工人面对多重任务，劳动组织更加水平化，在岗培训和学习成为劳动者的长期必修科目，与此同时，劳动者的团队责任感得到加强，其薪酬津贴制度也更加多样化，核心工人甚至拥有高度的就业保障。② 另外一位美国经济学家戴维·哈维（Harvey D.）也表达了类似的看法，在他看来，后福特主义的生产组织方式"需要具有高度技能的劳动力，以及理解、贯彻和管理新的却更加灵活得多的技术创新与市场定位模式的能力，资本主义核心企业越来越依赖于为了未来积累而调动作为一种工具的知识劳动力，劳动力内部就出现了有高度特权的、在某种程度上得到授权的阶层"③。后福特主义生产组织方式的出现，尽管仍旧没有超越资本主义生产关系的界限，尽管没有在根本上改变资本与雇佣劳动间的主导—从属关系，但作为技术进步的产物，它确实在一定范围内调整了劳资关系的相对地位，雇佣劳动者在生产过程中的主动参与权得到增强，某些学者更将这种变化视为劳动者重新获得生产控制权的先兆。劳动者是否能够最终取代资本所有者获得生产控制权，无疑是一个更为复杂的问题，但目前我们至少能够得出一个重要结论，即强调雇佣劳

---

① 谢富胜：《马克思主义经济学中生产组织及其变迁理论的演进》，引自《高级政治经济学》第 2 版，中国人民大学出版社 2006 年版，第 357 页。

② 谢富胜：《马克思主义经济学中生产组织及其变迁理论的演进》，引自《高级政治经济学》第 2 版，中国人民大学出版社 2006 年版，第 358 页。

③ 谢富胜：《马克思主义经济学中生产组织及其变迁理论的演进》，引自《高级政治经济学》第 2 版，中国人民大学出版社 2006 年版，第 359 ~ 360 页。

动者主创精神的生产组织方式，提高了雇佣劳动者在生产过程中的相对地位，在其他条件不变的情况下，工资相对于利润的运动因此呈现出令人乐观的前景。

最后，我们也不能忽略，雇佣劳动者主体意识的成长对工资相对运动同样具有重要的积极影响。与现代化的资本主义工厂组织方式相适应的协同性劳动，其现实载体不是冷冰冰的没有生命的机器人，而是有着独立意识和能动创造性的活生生的人。协同性劳动在加速机器运转、提高劳动生产率的同时，也在重塑着劳动者的主体意识。卢卡奇所强调的无产阶级意识形态，决不单纯是马克思主义理论家教化的产物，在社会化大生产过程中，在协同性的劳动过程中，这种意识形态的形成获得了现实的基础和条件。劳动者之间有意识的组织和联合——其现实表现形式为工会组织，加强了劳动者在生产过程中的相对地位，并在一定程度上抵消着资本有机构成提高所施加的消极影响，尤其有利于保证在业劳动者工资相对运动的稳定。在西方主流经济学家看来，工会组织是市场经济发展过程中的"异形"，是对自由竞争市场机制的扭曲；但从马克思主义的视角观察，工会组织的出现则恰恰是资本与劳动矛盾运动的必然产物。"二战"以后，工会组织力量不断强大，劳动市场上的工资决定过程也呈现出新的特点，尤其是在西欧发达资本主义国家，通过集体谈判的方式确定工资水平，一度成为普遍流行的模式。正如许多经济学家论述的那样，工会组织的存在，使得劳动市场上的价格决定过程呈现出明显的向下刚性特征，在资本与劳动的矛盾运动中，这种刚性特征使得劳动者的相对地位以及工资收入的相对运动获得某种程度的改善。

## 六、小结

在马克思主义经济学体系中，工资理论不是有关劳动市场局部交易均衡如何实现的微观理论，也不是基于人道主义精神对无产阶级利益辩护的意识形态，而是关于资本主义经济历史发展进程分析的基本组件。从这一视角看待工资的决定问题，意味着我们不能脱离资本主义生产关系而单纯讨论一般性的市场交易关系，也意味着我们必须考察生产力进步以及由此引致的生产组织方式变革，更意味着工资的决定过程是整个资本主义经济体的"有机部分"，只有在"整体"中才能理解这个"部分"。显然，从马克思主义经济学的工资理论中，我们无法得出均衡工资的合适位置，但这原本就不是马克思的本意；而对于审慎的研究者来说，理解资本主义工资决定过程中各种因素的矛盾运动，恰恰走出了迈向资本主义经济整体性运动分析的重要一步，它为进一步的研究提供了重要的线索和路径。

（原文发表于《政治经济学评论》2007 年第 1 期）

# 解读马克思的工资理论

方　敏　赵　奎*

## 一、问题的提出

资本与雇佣劳动是资本主义生产方式的两极。按照马克思的研究计划，在完成对资本和利润的研究之后，还要专门对雇佣劳动和工资问题进行研究。《资本论》作为对"资本"——尤其是"资本一般"——的理论论述，对雇佣劳动和工资问题的论述并没有充分展开，也不是最终的版本。我们在《资本论》中可以看到，马克思在分析资本主义工资的时候，为我们提供了三种理论视角和分析思路，分别是"劳动力价值理论""资本积累理论"和"阶级斗争理论"。按照劳动力价值理论，工资是劳动力价值或价格的转化形式，工资的变化取决于劳动力价值的变化。[①] 按照资本积累理论，工资取决于劳动力市场供求因素的作用。[②] 按照阶级斗争理论，实际工资水平由作为阶级的资本家与工人的议价力量决定，只要工人没有联合起来，工资往往会被压低到生活费的下限。[③] 这三种工资理论的出发点看似完全不同，但是在《资本论》和马克思的其他经济学著作中都可以找到相关的重要的论述。由此引出的问题是：这三种工资理论是互相独立的还是内在统一的？它们阐述的是不同的工资运动规律还是同一规律？总之，在马克思的经济理论体系中，是否存在着逻辑一致的工资理论？

---

\* 方敏，北京大学经济学院副教授。赵奎，北京大学经济学院博士研究生。

① Kenneth Lapides. "Henryk Grossmann on Marx's Wage Theory and the 'Increasing Misery' Controversy". *History of Political Economy*，Vol. 26，No. 2，1994.

② Fred Gottheil. "Increasing Misery of the Proletariat：An Analysis of Marx's Wage and Employment Theory". *The Canadian Journal of Economics and Political Science*，No. 2，1962.

③ 乔安·罗宾逊：《论马克思主义经济学》，商务印书馆 1962 年版。

　　长期以来，学界对于马克思的工资理论也存在着不同的看法。比如，菲利浦·哈维认为，马克思的工资理论要比通常理解的远为复杂，这种复杂性使马克思可以更加灵活地应对各种逻辑上和经验上的批评，但是同时也使其理论自身有许多矛盾，难于辩护①。欧内斯特·曼德尔（Ernest Mandel）认为，马克思早期在《雇佣劳动与资本》（1849 年）中提出的工资理论是错误的，完全是对李嘉图理论的沿袭，直到《工资、价格与利润》（1865 年），马克思才完成了自己的工资理论，强调阶级斗争对工资的决定作用。② 而鲍博·罗索恩（Bob Rowthorn）则认为，马克思成熟期的作品与早期作品在分析框架上基本一致，只是在术语的使用和趋势的判断上有所不同，对问题的处理也更加复杂。③

　　由此可见，理解马克思在工资问题上的基本逻辑，搞清楚这三种工资理论之间的关系，对于理解马克思经济学是非常必要的。本文通过阐述这三种工资理论的内涵，指出它们是如何统一起来的。

## 二、劳动力价值与工资

　　马克思对待工资与他对待价值、价格、剩余价值、利润等范畴一样，采取了质的分析和量的分析。分析工资的质是为了说明工资现象（形式）的本质。分析工资的量是为了说明工资的运动规律。

　　《资本论》第 1 卷第六篇分析了工资的质，认为它是劳动力的价值或价格的转化形式，并在形式上和观念上错误地表现为劳动本身的价值或价格。马克思指出，工资的这种歪曲的表现形式对于资本主义生产方式"具有决定性的重要意义"，掩盖了真实的资本主义生产关系，造成了工人的自由幻觉及其与资本家相互平等的法的观念，成为庸俗经济学的辩护遁词。④ 马克思通过

---

　　① Philip Harvey. "Marx's Theory of the Value of Labor Power". *Socialism Research*，1983.

　　② Ernest Mandel. "*The Formation of the Economics Thought of Karl Marx*". New York：Monthly Review Press，1971.

　　③ Bob Rowthorn. "Capitlalism，Conflict and Inflation：Essays in Political Economy". London：Lawrence and Wishart，1980.

　　④ 《资本论》第 1 卷，人民出版社 2004 年版，第 619 页。

区分劳动力和劳动，在劳动价值学说的基础上，逻辑一致地解释了剩余价值的来源。

工资作为劳动力价值的转化形式，它的量自然就是由生产劳动力的价值规律决定的。由于劳动力只存在于活的个体当中，其生产和再生产必须依靠一定数量的生活资料才能维持，因此"生产劳动力所必要的劳动时间，可以归结为生产这些生活资料所必要的劳动时间，或者说，劳动力的价值，就是维持劳动力占有者所必要的生活资料的价值"①。

用维持劳动力所需的生活资料的价值规定劳动力自身的价值，这一理论上的转换是否成立、是否合理、是否符合劳动价值学说，在学界是有争议的②。本文认为，把劳动力的价值归结为生活资料的价值并不意味着劳动力的价值来源只是消费资料价值的转移。《资本论》指出，构成劳动力价值的内容主要有三项：（1）维持劳动者本人所需的生活资料的价值；（2）维持劳动者家庭所需的生活资料的价值；（3）为使劳动力获得一定的技能所需的教育和训练的费用。关于第三项，马克思说"要有一定的教育或训练，而这就得花费或多或少的商品等价物"③。我们知道，教育除了使用必要的物质手段以外，还会耗费教育者的脑力或体力，这些劳动同样会物化在劳动力的使用价值当中。按照劳动价值学说，劳动力的价值应该包括物化在劳动力当中的全部社会劳动，既包括已经被物化在消费资料或教育手段中的过去的劳动，也包括教育等新的劳动的物化部分。

还有的学者指出，除了《资本论》提到的上述三项内容之外，马克思还考虑了影响工资的三个因素：（4）工作日的长度；（5）劳动强度；（6）劳动

① 《资本论》第1卷，人民出版社2004年版，第199页。
② 比如，菲利浦·哈维认为，马克思在分析劳动力商品的价值决定时，没有考虑到吃饭、穿衣等生产性消费方面的活劳动，因此是从劳动价值论跳跃到了生产费用论[4]。进一步讲，如果劳动力的价值（资本主义商品价值构成中的v）等于生活资料的价值，则劳动价值论就可能陷入循环论证。本文认为，第一点批评是不恰当的。生产劳动是有目的、有意识地创造使用价值（在这里是劳动力）的活动。它一方面把生活资料的价值转移到个体的生命力当中，另一方面还使劳动者获得一定的劳动技能。前者表现为劳动者的个人消费过程，后者包括教育或训练等劳动过程。第二点批评（劳动价值论成为循环论证）则超出了本文的讨论范围。
③ 《资本论》第1卷，人民出版社2004年版，第200页。

生产力。① 随着资本主义的发展，这些因素的共同作用会导致劳动力价值上升，从而提高实际工资。② 本文认为，不应该把（4）、（5）、（6）列为决定劳动力价值或工资水平的一般理论因素或本质规定，这几项只是在（1）、（2）、（3）的范围内说明不同的劳动力可能存在价值或工资水平差异的原因。比如关于工作日的长度和劳动强度，马克思指出："劳动力的发挥即劳动，耗费人的一定的肌肉、神经、脑等等，这些消耗必须重新得到补偿。支出增多，收入也得增多。"③ 关于劳动生产力，马克思指出："劳动力的教育费随着劳动力性质的复杂程度而不同。"④ 但是对于考察雇佣劳动和工资的一般规定而言，这些差别及其原因应该被抽象掉，可以暂时忽略。

导致劳动力的价值发生变化的根本因素是生产或再生产劳动力的社会条件，即生产力和生产关系的条件。生产力方面，如果消费资料的生产率普遍提高，劳动力的价值就会下降。这也成为了相对剩余价值生产方法的基础。生产关系方面，马克思在《雇佣劳动与资本》中指出："我们的需要和享受是由社会产生的，因此我们对于需要和享受是以社会的尺度，而不是以满足它们的物品去衡量的，因为我们的需要和享受具有社会性质，所以它们是相对的。"⑤ 马克思在《1861～1963 年经济学手稿》中又指出："工人作为工人而生活所需要的生活资料，在不同国家，不同的文明状况下当然是不同的。"⑥《资本论》则更加明确提出："所谓必不可少的需要的范围，和满足这些需要的方式一样，本身是历史的产物，因此多半取决于一个国家的文化水平，其中主要取决于自由工人阶级是在什么条件下形成的，从而它有哪些习惯和生活要求。因此，和其他商品不同，劳动力的价值规定包含着一个历史的和道德的要素。"⑦

对于劳动力商品及其价值规定的这种特殊性质，古典经济学家——如

---

① Philip Harvey. "Marx's Theory of the Value of Labor Power". *Socialism Research*, 1983.

② Kenneth Lapides. "Henryk Grossmann on Marx's Wage Theory and the 'Increasing Misery' Controversy". *History of Political Economy*, Vol. 26, No. 2, 1994.

③⑦《资本论》第 1 卷，人民出版社 2004 年版，第 199 页。

④《资本论》第 1 卷，人民出版社 2004 年版，第 200 页。

⑤《马克思恩格斯选集》第 1 卷，人民出版社 1995 年版，第 350 页。

⑥《马克思恩格斯全集》第 32 卷，人民出版社 1998 年版，第 48 页。

《资本论》中提到的桑顿、托伦斯等人——也有所认识。李嘉图曾经指出："劳动的自然价格不能理解为绝对固定和恒常不变的，即使用食物和必需品价值也是如此。它在同一国家的不同时期中是有变化的，在不同的国家差别就十分大。这一点基本上取决于人民的风俗习惯。一个英国劳动者的工资如果只够购买马铃薯而不能买其他食物，只够住一间土房子，他就会认为自己的工资低于自然律，不足以供养一家人口。但在'人命贱'和需要容易满足的国家中，这种微薄的自然需要就往往被认为已经足够了。现在英国农舍中所享用的许多享用品，在我国历史上较早期时期中一定被认为是奢侈品。"① 从这些论述中可以看到，劳动力价值的特殊规定当中存在着两类性质不同的因素：一类是地理和气候等自然因素，使得不同国家的劳动力对衣、食、住和取暖的自然需要有所不同。另一类是风俗习惯、文明程度以及马克思所说的阶级形成的社会条件等社会的历史的因素。第一类因素规定了劳动力在生理上绝对必需的最低界限，以便"使劳动者个体能够在正常生活状况下维持自己"。第二类因素表明劳动力价值的决定受生产关系的制约，具有伸缩和变动的特性。不过，马克思在指出劳动力的需要"主要取决于自由工人阶级是在什么条件下形成的"这一重要观点之后，并没有进一步说明这些条件指的是什么。因为他在这里的主要任务是说明工资的本质，把它作为分析资本主义生产的理论前提。马克思很清楚这一点，至于"工人需要水平的变动问题，以及关于劳动能力的市场价格围绕这个水平上下涨落的问题都属于工资学说，不属于这里研究一般资本关系的范围。在对这个问题的进一步研究中将表明，不管工人的需要假定较高还是较低，对结果来说是完全没有关系的。唯一重要的事情是，要把这个水平看作是既定的，一定的。一切不是同这个水平的既定的量而是同它的变量有关的问题，属于对雇佣劳动的专门研究，而不涉及雇佣劳动与资本的一般关系"②。所以，他在研究剩余价值生产和再生产的时候，都把工资或劳动力的价值假定为一个定值。这么做当然是合理的。但

---

① 大卫·李嘉图：《政治经济学及赋税原理》，商务印书馆 1976 年版，第 81 页。
② 《马克思恩格斯全集》第 32 卷，人民出版社 1998 年版，第 48 页。

是当研究对象转为工资问题，除了指出工资的质的规定之外，还应包含劳动力价值随着工人阶级所处的社会历史条件的变化而变化的理论。本文认为，这些条件是由马克思的资本积累理论和阶级斗争理论得以说明的。

### 三、资本积累与工资

劳动力作为一个整体即工人阶级在资本主义条件下被不断地生产和再生产出来，这是随着资本主义积累过程完成的。资本积累"不仅生产商品，不仅生产剩余价值，而且还生产和再生产资本关系本身：一方面是资本家，另一方面是雇佣工人"①。其中，工人依靠工资进行个人消费（"同时也包括技能的世代传授和积累"），实现了资本主义再生产的一个要素即劳动力的再生产。因此，工资是实现劳动力再生产的必要条件。

在资本积累过程中，社会劳动生产率作为最强有力的杠杆，推动资本有机构成不断提高，造成资本对劳动的相对需求以及这种需求的增长和预付资本量的增长比起来，以递增的速度减少。② 资本积累由此不断地并且同它的能力和规模成比例地生产出相对过剩人口。与此同时，劳动力的供给也增加了。这主要表现在三个方面：第一，由于新机器的普遍采用，操作变得简单化了，熟练工人为非熟练工人所代替，男工为女工所代替，成年工为童工所代替；第二，竞争的加剧造成城市小生产者，甚至中小资本家破产，转变为雇佣劳动者；第三，世界市场的形成促进了资本的全球流动，将许多前资本主义社会的劳动力纳入资本的运动当中。因此，资本积累的同一过程既造成劳动力供给的绝对增加，又造成劳动力需求的相对（有时甚至是绝对）减少，造就了一支绝对隶属于资本、随时可供剥削的产业后备军。

---

① 《资本论》第1卷，人民出版社2004年版，第667页。
② 李嘉图在《政治经济学及赋税原理》中"论机器"时也谈到了资本对劳动的替代。他认为这是资本家对工资水平变化所作的理性选择。马克思则认为资本有机构成的变化来自技术进步，是单个资本在竞争中不断追求超额剩余价值的结果。李嘉图认为机器对劳动的替代只在短期内减少劳动需求，资本积累在长期内又会吸收剩余劳动力。马克思则认为资本积累在长期内会从供求两方面作用，造就一支产业后备军。罗宾逊夫人指出，马克思避开有关生产要素的均衡比例问题，虽然有些粗糙，却集中发展出了一套资本主义的动态运动理论。

随着资本主义经历危机、萧条、复苏、繁荣的周期循环，产业后备军相应地收缩和膨胀，并在劳动力市场上调节工资一般水平的波动。在繁荣时期，产业后备军相对收缩，工资水平上升；在危机时期，产业后备军相对膨胀，工资水平下降；而在整个产业周期内，工资水平则与劳动力价值相适应，并围绕劳动力价值波动。① 这就是服从价值规律和资本积累规律的资本主义工资运动规律。

古典经济学家也看到了积累对工资的影响，例如著名的"李嘉图调节机制"。李嘉图认为，如果工资超过劳动力的"自然价格"（即劳动力的价值），就会刺激人口和劳动力供给增长，最后把工资拉回到"自然价格"；如果工资低于"自然价格"，就会造成贫穷和劳动者人数减少，从而把工资拉升到"自然价格"。这种调节机制为庸俗经济学的所谓"劳动基金"学说提供了注脚。庸俗经济学甚至把它作为一种教条，认为工资或工人所需的生活资料是"由工艺学所确定的"一个固定的量，从而"把劳动基金的资本主义界限改写成了基金的社会的自然界限"②。马克思指出，每种具体的、历史的生产方式都有其特殊的人口规律。资本主义生产方式特有的人口规律就是相对过剩人口，这是这种生产方式存在的条件，它"在人类过去的任何时代都是看不到的，即使在资本主义市场的幼年时期也不可能出现"③。工人人口的过剩是相对于资本实现价值增殖的需要而言的，是受资本主义运用生产力的特殊方式所限制的。古典经济学或庸俗经济学的错误在于，把资本主义条件下的人口规律理解为自然规律，把劳动力的供求机制和价格机制理解为非历史的规律，完全放弃了对资本主义生产方式特殊的、历史的性质的考察。

直到今天，有的学者仍然在这个问题上制造混乱。比如，泰—皮尤·翁（Nai-Pew Ong）提出，马克思关于资本积累的两种均衡机制——资本有机构成不变和资本有机构成提高，分别对应于李嘉图调节机制和产业后备军调节

---

① 《资本论》第 1 卷，人民出版社 2004 年版。
② 《资本论》第 1 卷，人民出版社 2004 年版，第 705 页。
③ 《资本论》第 1 卷，人民出版社 2004 年版，第 728 页。

机制。[1] 在资本有机构成不变的情况下，资本积累对劳动力的需求相应扩大，工资相应提高，进而使利润减少，影响积累的意愿和速度。一旦积累水平降低，工资就会下降。这也就是李嘉图的调节机制。泰—皮尤·翁由此认为李嘉图的调节机制不同于马尔萨斯的人口原理，不依赖于人口的自然出生率，而是取决于资本积累对劳动力的需求，因此可以说也是马克思的工资决定机制。泰—皮尤·翁只看到了劳动力需求这一方面，没有看到李嘉图的调节机制在供给这一方面仍然是以马尔萨斯的人口原理为基础的。马克思不仅否定"资本的运动依存于人口量的绝对运动"，并且指出"工资的降低和对工人剥削的相应提高，会重新加速积累，而与此同时，低工资又会抑制工人阶级的增长"的观点也是错误的，它"把调节工资的一般变动或调节工人阶级即总劳动力和社会总资本之间的关系的规律，同在各个特殊生产部门之间分配工人人口的规律混为一谈了"。这种调节机制解释的"只是某一特殊生产部门的劳动市场的局部波动，……只是工人人口按照资本的需要的变动而在各投资部门之间的分配"[2]。也就是说，资本根据工资水平的变化改变积累水平，实际上只是资本在利润平均化趋势的引导下在各个部门之间进行重新分配的过程。如果说存在着"由资本积累而引起的劳动价格的提高"的可能，并且积累可能由于工资的提高而削弱，使工资重新降到适合资本增殖需要的正常水平，不过是表明"正是资本积累的这些绝对运动反映成为可供剥削的劳动力数量的相对运动……用数学上的术语来说：积累量是自变量，工资量是因变量，而不是相反"[3]。

还有的学者提出，马克思对马尔萨斯的批评失之偏颇，甚至是过激的。他们认为马克思在分析经济危机时也强调了人口规模的重要性[4]。塞缪尔·霍兰德（Samuel Hollander）提出，马克思的积累理论同样依赖于人口因素，即

---

① Nai – Pew Ong. "Marx's Classical And Post – Classical Conceptions of the Wage". *Australian Economic Papers*, 1980.

② 《资本论》第 1 卷，人民出版社 2004 年版，第 735 ~ 736 页。

③ 《资本论》第 1 卷，人民出版社 2004 年版，第 715 页。

④ Bob Rowthorn. "*Capitalism，Conflict and Inflation：Essays in Political Economy*". London：Lawrence and Wishart，1980.

必须存在一定的人口增长率①。阿林·科特霍尔（Allin Cottrell）和威廉·达里蒂（Villiam Darity）则把问题引向马克思是否建立了独立于人口增长率的产业后备军理论：第一，在人口增长率稳定且适当的情况下，资本积累是否会产生日益增长的产业后备军；第二，人口增长率大幅减少是否仍然不会对产业后备军的运动产生影响。在他们看来，第一点成立，但第二点不成立。② 这些学者在谈论资本积累与人口和工资的关系时，把资本主义生产方式特有的、"内生的"人口规律与某个阶段既定的、"外生的"人口规模对工资的影响混为一谈。《资本论》的这一段话说得再清楚不过："劳动的需求同资本的增长并不是一回事，劳动的供给同工人阶级的增长也不是一回事，所以，这里不是两种彼此独立的力量互相影响。骰子是假的。资本在两方面同时起作用。它的积累一方面扩大对劳动的需求，另一方面又通过'游离'工人来扩大工人的供给，与此同时，失业工人的压力又迫使就业工人付出更多的劳动，从而在一定程度上使劳动的供给不依赖于工人的供给。劳动供求规律在这个基础上的运动成全了资本的专制。"③

无论是李嘉图的调节机制还是马尔萨斯的人口原理，在解释工资运动的时候，要么把劳动力的需求方面置于问题的核心，要么把劳动力的供给方面置于核心。马克思则把资本和资本的运动（积累）置于核心，因为在资本主义条件下，人口只是作为雇佣劳动才为资本所需，才能获得生产从而谋生的机会。劳动价值论包含供求分析。劳动力的供求变化是使工资内在地趋向劳动力价值的调节机制。马克思并没有否定劳动力供求对工资水平的影响，而是反对从纯生理的角度，而不是从生产关系的角度考察人口问题，反对以自然的、非历史的方式解释劳动力的运动机制。这是马克思与古典经济学、庸俗经济学乃至新古典经济学解释工资运动规律的根本区别。在资本主义条件下，供求决定工资的调节机制是以资本积累对劳动力供求两

---

① Samuel Hollander. "Marx and Malthusianism：Marx's Secular Path of Wages". *The American Economic Review*，No. 3，1984.

② Allin Cottrell. "William A. Darity. Marx, Malthus, and Wages". *History of Political Economy*，Vol. 20，No. 2，1988.

③ 《资本论》第 1 卷，人民出版社 2004 年版，第 737 页。

方面的"内生"决定作用机制为前提的。相对过剩人口是"劳动供求规律借以运动的背景"①。

### 四、阶级斗争与工资

通过阐明资本主义积累的一般规律,马克思揭示了工人阶级作为一个整体如何在实质上从属于资本。资本积累过程通过对劳动力供求两方面的决定作用,"把工人钉在资本上,比赫斐斯塔司的楔子把普罗米修斯钉在岩石上钉得还要牢"②。在供求作用于工资一般水平的劳动力市场上,另外一个重要因素进入了我们的视线,即工人阶级与资本家阶级之间的斗争。

斯密、李嘉图等优秀的古典经济学家也曾谈到阶级斗争对工资的影响。斯密指出,工人和资本家"的利害关系绝对不一致,劳动者盼望多得,雇主盼望少给,劳动者都想为提高工资而结合,雇主却想为减低工资而联合"。但是,因为"雇主的人数较少,团结较易,加之,他们的结合为法律所公认,至少不被法律禁止,但劳动者的结合却为法律禁止",所以雇主常常居于有利地位。③ 李嘉图强调了工资与利润在分配关系上的冲突。"假定谷物和工业制造品总是按照统一价格出售,利润的高低就会与工资的高低成反比……如果工资由于谷物腾贵而上涨,他们的利润就必然会下落。"④ 工资与利润的反向关系被李嘉图用来反对谷物法,反对地主阶级及其地租收入。但是,斯密和李嘉图关心的只是阶级斗争对于工资的量的影响。他们从未把工人阶级与资本家阶级之间的斗争上升为资本主义生产方式不可避免的、核心的利益斗争。

马克思在《雇佣劳动与资本》中也仅仅指出了工资和利润的反向关系。但是,他在《工资、价格和利润》中则进一步明确:(1)工人和资本家共同分享雇佣劳动创造的新价值,一方分得的愈多,另一方分得的就愈少;(2)劳动力的价值由生理因素和历史因素构成,前者构成劳动力价值的最低界限,后

---

① 《资本论》第1卷,人民出版社2004年版,第735~737页。
② 《资本论》第1卷,人民出版社2004年版,第743页。
③ 亚当·斯密:《国民财富的性质和原因的研究》,商务印书馆2010年版,第60~61页。
④ 大卫·李嘉图:《政治经济学及赋税原理》,商务印书馆1976年版,第92页。

者则是一个变量，可能扩大，也可能缩小；（3）工资和利润可以在一定范围内变化，因为"在最高利润率的这两个界限之间可能有许多界限。利润率的实际水平只是通过资本与劳动之间的不断斗争来确定，资本家经常力图把工资降低到生理上所能容许的最低限度，把工作日延长到生理上所能容许的最高限度，而工人则经常在相反的方向上进行了抵抗，归根到底，这是斗争双方力量对比的问题"①。在《1861～1863年经济学手稿》中，劳资间的力量对比和阶级斗争成为了决定工作日长度的根本因素。马克思指出："我们知道，实际上，一种商品是低于或高于它的价值出售，取决于买者和卖者的力量对比（这种对比每次都由经济决定）。同样，工人在这里是否提供超过正常量的剩余劳动，取决于工人能够对资本的无限贪求进行抵抗的力量。然而，现代工业的历史告诉我们，资本的无限贪求从来不会由于工人的分散的努力而受到约束，而斗争必然首先采取阶级斗争的形式，从而引起国家政权的干涉。"②在《资本论》中，马克思使用大量的篇幅论述了雇佣劳动与资本围绕工作日长度展开的斗争。资本家坚持他作为买者的权利，工人也坚持他作为卖者的权利。然而双方的交换关系并没有给工作日和剩余劳动规定任何界限。"于是这里出现了二律背反，权利同权利相对抗，而这两种权利都同样是商品交换规律所承认的。在平等的权利之间，力量就起决定作用。所以，在资本主义生产的历史上，工作日的正常化过程表现为规定工作日界限的斗争，这是全体资本家即资本家阶级和全体工人即工人阶级之间的斗争。"③虽然围绕工作日界限进行的斗争不能直接等同于争取工资的斗争，但是二者的性质是一样的，都是工人阶级与资本家阶级围绕有酬劳动与无酬劳动的划分进行的斗争。这种经济斗争——从前面的引文中可以看到，马克思指出斗争必然采取阶级斗争的形式，工人的分散抗争对资本没有约束力——由彼此的力量对比决定。经济斗争还会上升为政治斗争。

　　马克思主义经济学家希法亭在论述阶级斗争决定工资的问题时指出，资

---

① 《马克思恩格斯选集》第2卷，人民出版社1995年版，第94页。
② 《马克思恩格斯选集》第32卷，人民出版社1998年版，第207页。
③ 《资本论》第1卷，人民出版社2004年版，第271～272页。

本家和工人围绕劳动契约的斗争经历了三个阶段：第一个阶段，个别工厂主同各个工人相对立；第二个阶段，个别工厂主同工人组织进行斗争；第三个阶段，企业家组织联合起来同工人组织相对。在不同的阶段，由于资本家和工人的组织程度和联合程度各不相同，因而力量对比也各不相同，围绕劳动契约斗争的结果也各不相同。希法亭还特别强调作为无产阶级组织的工会在斗争中的作用。工会的职能是消除工人个体之间在劳动市场上的竞争，争取对劳动力供给的垄断权。一个强大的工会，可以增强工人作为一个阶级的斗争力量。① 这种分析已经十分接近现代经济学关于劳动力市场结构的分析了。

虽然阶级斗争理论十分重要，不仅体现了马克思经济学的革命性，而且在解释工资问题方面比资本积累理论具有更加能动和积极的色彩，但是这并不意味着它是马克思工资理论的核心内容。在这一点上，本文不同意罗默等人的观点。约翰·罗默在《马克思主义经济理论的分析基础》中提出："现代的马克思主义理论应当持有的是阶级斗争决定真实工资这个一般性观点。"② 他的理由是：劳动力价值理论和资本积累理论都不足以对工资进行均衡分析，在这两种理论中，真实工资都存在着某种程度的不确定性。只有阶级斗争理论——比如，假定工人阶级的斗争目标是保持劳动收入份额不变——才满足均衡分析的要求。对于采取新古典方法的罗默来说，就像李嘉图一样，重要的问题只是如何决定"劳动的自然价格"或均衡工资水平。这个工资只能由劳动力的市场供求和交换双方的市场议价能力决定。但是这样一来，劳动力的供给和需求又成了两个独立的、无关的因素。比如，劳动力的供给由人口的增长率决定，劳动力的需求由投资或积累决定。至于"劳动供求规律借以运动的背景"——劳动隶属于资本的资本主义性质——则完全消失了。

我们再次强调，马克思并不否认劳动力供求对工资的影响。但是，"如果以为劳动和任何一种商品的价值归根结底是由供给和需求决定的，那就完全错了"③。因为，首先供求只是调节市场价格围绕价值的一时的波动，但是不

---

① 鲁道夫·希法亭：《金融资本》，商务印书馆 2007 年版，第 406～421 页。

② 约翰·罗默：《马克思主义经济理论的分析基础》，上海人民出版社 2007 年版，第 165 页。

③ 《马克思恩格斯选集》第 2 卷，人民出版社 1995 年版，第 63 页。

能说明价值本身。资本积累理论最重要的结论就是：供求决定工资的规律是以资本积累对劳动力供求两方面产生的"内生"决定作用为前提的。如果丢掉了这个"劳动供求规律借以运动的背景"，也就丢掉了马克思关于资本主义最重要的理论之一。劳动力市场作为直接决定工资水平的场所，阶级斗争确实是在这一领域产生直接效果的。但是，决定阶级间的力量对比，进而影响劳资双方市场议价能力的根本因素，是工人阶级和资本家阶级在资本主义生产方式中的地位。《资本论》一直在阐述这样一个根本原理：劳动力市场提供了劳资双方形式上完全平等的假象，但是只要我们离开交换领域这个"天赋人权的乐园"，进入资本主义（剩余价值）的生产过程和再生产过程（积累），就可以看到双方的实质上的不平等①。

　　而且，马克思没有盲目夸大阶级斗争在资本主义条件下的作用。虽然他号召工人阶级不应该"停止利用偶然机会使生活暂时改善的尝试"（马克思称之为"日常斗争"），但是他也指出："工人阶级也不应夸大这一日常斗争的最终效果。"因为只要工人阶级还不能团结起来消灭雇佣劳动制度，工人提高工资的努力"在一百回中有九十九回都只是为了维持现有的劳动价值"。② 雇佣劳动本身只是资本主义的产物。工人与资本家的斗争受这个历史生产方式的制约。斗争只是延缓工资下降的趋势，而不改变它的方向；只是服用止痛剂，而不是祛除病根。除非斗争能够彻底废除雇佣劳动制度，否则它还不得不服从资本主义本身的经济规律和发展规律。在资本主义条件下，工资斗争有它的限制：一方面工资必须保证劳动力的再生产，从而为资本实现价值增殖提供前提条件；另一方面工资又不能破坏资本实现价值增殖的目的，不能影响资本积累，或者使工人无须再以出卖劳动力为生。概括起来就是：争取工资的斗争不得不服从资本主义积累的一般规律。"一旦工人发现，他们本身之间竞争的激烈程度完全取决于相对过剩人口的压力；一旦工人因此试图通过工联等等在就业工人和失业工人之间组织有计划的合作，来消除或削弱资

---

① 《资本论》第1卷，人民出版社2004年版，第205页。
② 《资本论》第1卷，人民出版社2004年版，第97页。

本主义生产的那种自然规律对他们这个阶级所造成的毁灭性的后果，这时，资本和它的献媚者政治经济学家就大吵大叫起来，说这是违反了'永恒的'和所谓'神圣的'供求规律。……一旦有不利的情况妨碍建立产业后备军，从而妨碍工人阶级绝对地隶属于资本家阶级，资本就……企图用强制手段来阻碍它发挥作用。"① 因此，阶级斗争不是决定工资的独立因素，更不是首要因素。相反，阶级间的力量对比以及劳资双方的市场议价能力归根结底是由资本积累对劳动力供求两方面的决定作用支配的。

### 五、三种理论的统一

通过阐释马克思的三种工资理论，并与其他学说进行比较，本文认为这三种理论并非互相独立或不相干的。在马克思的理论体系中，我们可以找到统一的、逻辑一致的工资理论。

劳动力价值理论是工资理论的起点。该理论对工资作出了质的规定。工资与价格、利润等范畴一起，构成了资本主义生产体系的表象，也是庸俗经济学的理论要素。马克思从事政治经济学批判的目的就是要找出表象背后隐藏的生产关系，从而构建一套更抽象、更深层、更本质的经济学理论体系。通过马克思的分析，我们看到价格的背后是由社会劳动物化或凝结形成的价值，利润的背后是资本家凭借生产资料的所有权和生产过程的控制权占有的工人的剩余劳动，工资的背后则是生产或再生产雇佣劳动力所需的社会劳动，即劳动力的价值。把劳动价值论的基本逻辑用于分析劳动力这种特殊商品是马克思的一大理论贡献，也为他解释剩余价值如何在等价交换的基础上产生提供了必要的前提。

劳动力商品的特殊性在于，它的价值除了受自然条件、生产率等物质性因素影响之外，还包含了"历史的和道德的因素"，其中最重要的是劳动者阶级形成的社会条件。在劳动力市场上，这一社会条件的直接体现就是工人阶级与资本家阶级围绕工资率、工作日长度、工作强度等展开的斗争。这种斗

---

① 《资本论》第 1 卷，人民出版社 2004 年版，第 737~738 页。

争，在劳动力市场上还表现出法权上的平等性，然而一旦我们"把资本主义生产过程联系起来考察，或作为再生产过程来考察"，这种平等的假象就立刻消失了。资本主义的积累过程及其一般规律通过对劳动力供求两方面的决定作用，形成了对劳动的"专制"，使劳动绝对地从属于资本。从资本积累的角度看，工人个体的分散的"游击式的搏击"在劳动力市场竞争面前不堪一击。由资本积累决定的劳动力供求状况以及由这种状况决定的阶级力量对比，构成了工资斗争的资本主义界限。在这个限度内，工资围绕劳动力价值波动或趋于劳动力价值。也只是在这个限度内，当工人阶级团结起来，迫使资本家为了价值增殖的需要而不得不让步，① 从而持久地争取到更高的工资水平，扩大了满足自身需要的手段的范围，才能在新增的需要的推动下使劳动力价值获得历史性的提高。资本主义工资的运动规律要打破"资本的专制"，只能彻底消灭雇佣劳动制度。② 这才是符合历史唯物主义的资本主义工资理论。

　　劳动力价值理论是马克思工资理论的起点。资本积累理论是理解资本主义工资运动规律的枢纽。资本的运动决定了工资的运动，从而构成了资本主义生产方式运动的两极。由此，马克思提出了一个与劳动价值论逻辑一致的并由资本主义生产方式内生地决定的工资理论。它向我们揭示了隐藏在具有表面的平等假象的劳动力市场背后的、起支配作用的规律。在此基础上，政治经济学才能进一步地"从抽象上升到具体"，考察雇佣劳动内部的工资水平差别以及不同的工资形式等问题。但是无论如何，我们不能像庸俗经济学和新古典经济学那样，仅仅停留在流通领域或交换领域，在考察劳动力的市场调节机制——劳动力供求状况、劳资双方议价能力等因素如何影响工资——的时候忘记资本主义的生产关系。

（原文发表于《政治经济学评论》2012 年第 3 期）

---

① 迈克尔·莱博维奇指出："资本内在的扩张冲动要求它努力增加资本实现的方式，丰富商品销售的方式。在出卖商品上所付出的努力，即创造新的需要和让消费者满意的新模式的努力，伴随着资本的成长而扩大了。"（P49）

② 《马克思恩格斯选集》第 2 卷，人民出版社 1995 年版，第 97 页。

# 马克思工资运动理论探析

黄文义　杨继国[*]

马克思在《资本论》第 1 卷第六篇论述《工资》时，提出了有关工资运动的理论。"工资的实际运动显示出一些现象，似乎证明被支付的不是劳动力的价值，而是它的职能即劳动本身的价值。"[①] 马克思在这里提出工资实际运动是为了说明工资是劳动力价值的歪曲反映，从而揭示资本主义工资平等表象背后资本对劳动的剥削关系。马克思在这里虽然没有专门论述工资运动理论，但已暗含了对工资运动的阐述。

对马克思的工资理论，很多学者都进行过研究和解读，归纳起来有狭义和广义之分。狭义的马克思工资理论包括：劳动力价值理论、资本积累理论以及阶级斗争理论，可以称为"劳动力价值规律"理论，即工资在本质上由劳动力价值决定，同时还受到劳动力供求关系以及无产阶级和资产阶级斗争状况的影响。[②③④⑤⑥⑦⑧] 广义的马克思工资理论除前面三个理论之外，还包括宏观工资理论，即工资所代表的消费与宏观资本积累之间的矛盾关系及工资

---

* 黄文义（1986 - ），男，福建莆田人，厦门大学经济学院博士研究生，主要从事马克思经济学研究。杨继国（1958 - ），男，重庆云阳人，经济学博士，厦门大学经济学院教授、博士生导师，主要从事马克思经济学研究。

① 《资本论》第 1 卷，人民出版社 2004 年版，第 621 页。

② 许植：《关于资本主义工资的实质》，载于《教学与研究》1962 年第 4 期。

③ 孟氧：《马克思的工资理论与拉萨尔的工资铁则》，载于《马克思主义研究》1985 年第 3 期。

④ 郭铁民：《马克思工资理论探讨》，载于《当代经济研究》1999 年第 1 期。

⑤ 杨衍江：《马克思的工资理论与我国市场工资机制的完善》，载于《经济问题探索》2000 年第 1 期。

⑥ 李志远：《解读马克思关于资本主义工资决定的历史和道德因素》，载于《马克思主义与现实》2008 年第 3 期。

⑦ 方敏、赵奎：《解读马克思的工资理论》，载于《政治经济学评论》2012 年第 3 期。

⑧ 刘晋：《马克思主义经济学与现代西方经济学工资理论之比较》，载于《学术交流》2013 年第 4 期。

长期历史运动趋势。<sup>①</sup> 就现有的研究来看，其立足点依然在工资本身，而对工资运动同样没有涉及。因此，有必要对马克思工资运动理论进行专门论述，因为它虽然寓于马克思工资理论之中，却有着不同视角，工资运动理论更关注工资量的规定及其变动分析。

### 一、劳动力价值量与工资运动

工资的本质是劳动力价值，所以劳动力价值的大小也就规定了工资量的基本维度。马克思认为："劳动力的价值，就是维持劳动力占有者所必要的生活资料的价值。"<sup>②</sup> 其包括三项内容：一是维持劳动者本人所需生活资料的价值；二是维持劳动者家庭及繁育后代所需生活资料的价值；三是为使劳动力获得一定技能所需的教育和训练费用。自然地，这三项所需费用的多寡决定了劳动力价值的大小，从而决定工资量的高低，这在一般概念意义上无疑是正确的。然而，现实工资运动中劳动者个别工资量的确定是工资运动的起点，因此如何在个别工资量中体现劳动力价值的决定就显得至关重要。

马克思指出："一般规律就是：如果日劳动、周劳动等等的量已定，那么日工资或周工资就决定于劳动价格，而劳动价格本身或者是随着劳动力的价值而变化，或者是随着劳动力的价格与其价值的偏离而变化。反之，如果劳动价格已定，那么日工资或周工资就决定于日劳动或周劳动的量。"<sup>③</sup> 这里需弄清三点：第一，因为劳动力价值是由生产和再生产劳动力的社会必要劳动时间决定的，故工资计量如果没有一个时间限度就失去意义，通常时间限度是一个工作日、工作周或工作月，相应地工资就采取了日工资、周工资或月工资的形式；第二，所谓"劳动价格"是指单位时间内劳动力价值，若以一个工作日计算，劳动价格就是一个劳动小时的价格，即：劳动价格=劳动力的日价值/一定小时数的工作日；第三，所谓"劳动量"是指劳动者在一定时间内的劳动耗费量，通常受三个因素制约：劳动时间、劳动强度以及劳动者

---

① 王生升：《马克思主义经济学的工资理论》，载于《政治经济学评论》2007 年第 1 期。
② 《资本论》第 1 卷，人民出版社 2004 年版，第 199 页。
③ 《资本论》第 1 卷，人民出版社 2004 年版，第 625～626 页。

熟练程度。由上面"一般规律"可知，一定时间限度内工资量等于劳动者的劳动价格与他在这段时间内所提供劳动量的乘积，考虑到劳动价格本身取决于劳动力价值，为反映这种内在逻辑关系，可将这个乘积称为"劳动力价值量"，即工资量＝劳动力价值量＝劳动价格×劳动量。以日工资为例，假设劳动力 j 在一个工作日内提供的劳动量为 $L_j$，劳动价格为 P，那么他的日工资额 $W_j$ 就是：

$$W_j = P \times L_j \tag{1}$$

对单个劳动者来说，劳动力价值量大小决定其工资额高低，因此可以看出，劳动力价值量这个乘积公式是分析工资运动的起点，也是一个基本范畴。公式（1）中的两个因素，劳动价格受劳动力价值制约，因为劳动力价值"在一定社会的一定时代，它们的量是一定的，所以可以看作是一个不变量"，[1]所以在一定社会一定历史时期也可以假定它是不变的。当然，这并不排除劳动力价值从而劳动价格随社会经济条件的发展变化而变化。另一个因素劳动量则会因人而异：第一，在资本主义制度下，资本家通常是以工人为其劳动时间的长短或生产产品的件数为依据支付工资，也就是资本主义工资通常采取计时工资或计件工资的形式。因此，对不同劳动者来说，他可以选择不同劳动时间，多劳多得，但由于"资本的专制"使得工人实际上并没有这种选择工作时间的"自由"；第二，不同劳动者的劳动效率会存在差异。不同劳动效率使得在相同时间内劳动者提供的劳动量会存在差异，从而造成不同工人之间工资出现差异。此外，同一工人在不同时间段劳动效率也会存在差异，使得他在相同时间内也会提供不同的劳动量，工资出现涨落。这就形成了马克思归纳的工资实际运动的两大类："第一，工资随着工作日长度的变化而变化。"[2] "第二，执行同一职能的不同工人的工资之间存在着个人的差别。"[3]

马克思对工资运动的归纳分类更为直观的现象是：同一个工人的工资有涨有落，不同工人的工资千差万别。劳动力价值量乘积公式虽然能够从量的

---

① 《资本论》第 1 卷，人民出版社 2004 年版，第 593 页。
②③ 《资本论》第 1 卷，人民出版社 2004 年版，第 621 页。

规定上解释工资量的决定及其运动，然而工资不是一般性商品交换过程中的经济现象，而是资本主义市场经济中特有的经济现象。① 因此，要正确认识马克思工资运动理论，同样要在资本主义特定生产方式的框架内去理解，尤其要从资本积累中去理解。

### 二、工资运动与资本增殖需要

马克思在《工资》篇之后，用大量的篇幅对资本积累过程展开论述，这样的结构安排正是马克思历史唯物主义研究方法的体现。诚如马克思和恩格斯所言："资产阶级在它的不到一百年的阶级统治中所创造的生产力，比过去一切世代创造的全部生产力还要多，还要大"，② 发展生产力是资本追寻利润的本性所带来的必然结果。可以说，资本主义发展的历史就是资本积累的历史。资本主义制度下任何经济现象的动因都在于资本积累，而资本积累的目的在于实现资本增殖需要，因此，实现资本增殖需要对资本主义经济发展至关重要，是资本主义社会一切经济现象的源动力，工资运动亦不例外。

资本主义积累过程中，劳动生产力的提高扮演着重要角色。"一旦资本主义制度的一般基础奠定下来，在积累过程中就一定会出现一个时刻，那时社会劳动生产率的发展成为积累的最强有力的杠杆。"③ 劳动生产力的提高，"一般是指劳动过程中的这样一种变化，这种变化能缩短生产某种商品的社会必需的劳动时间，从而使较小量的劳动获得生产较大量使用价值的能力"，④ 结果是单位商品价值量降低。对于劳动力而言，劳动生产力提高会导致相同结果，"商品的价值与劳动生产力成反比。劳动力的价值也是这样，因为它是由商品价值决定的"⑤。也就是说，从资本主义长期发展趋势看，随着劳动生产力提高，在其他条件不变情况下，工资在长期运动中有下降趋势。

---

① 王生升：《马克思主义经济学的工资理论》，载于《政治经济学评论》2007 年第 1 期。
② 《资本论》第 1 卷，人民出版社 2004 年版，第 277 页。
③ 《资本论》第 1 卷，人民出版社 2004 年版，第 717 页。
④ 《资本论》第 1 卷，人民出版社 2004 年版，第 366 页。
⑤ 《资本论》第 1 卷，人民出版社 2004 年版，第 371 页。

虽然提高劳动生产力使商品便宜，并通过商品便宜来使劳动力便宜，是资本的内在冲动和经常趋势，但在现实工资运动中并不这么简单。在资本主义制度下，"决定工资的一般变动的，不是工人人口绝对数量的变动，而是工人阶级分为现役军和后备军的比例的变动，是过剩人口相对量的增减，是过剩人口时而被吸收、时而又被游离的程度"①。产业后备军增减是相对于资本实现价值增殖需要而言的，随着资本主义经历危机、萧条、复苏、繁荣的周期循环，产业后备军相应地收缩和膨胀，并在劳动力市场上调节工资一般水平波动：在繁荣时期，产业后备军相对收缩，工资水平上升；在危机时期，产业后备军相对膨胀，工资水平下降。②可见，在资本主义条件下，工资调节机制是以资本积累对劳动力供求两方面的"内生"决定作用机制为前提的，是以资本增殖需要为转移的。

在资本主义积累过程中，工资向下运动是一种"内生"的长期趋势，但在特定时期，尤其是资本积累亢进期，工资向上运动仍然会出现。资本积累引起劳动价格提高（从而相同劳动量的工资率上涨）分为两个阶段，第一个阶段：劳动价格持续提高，因为它的提高不会妨碍资本积累进程；第二个阶段，积累由于劳动价格提高而削弱，随着积累减少，资本和可供剥削的劳动力之间的不平衡也就消失了。"所以，资本主义生产过程的机制会自行排除它暂时造成的障碍。劳动价格重新降到适合资本增殖需要的水平，而不管这个水平现在是低于、高于还是等于工资提高前的正常水平。"③可见工资虽然在一定程度上会随着积累增加而上涨，但工资上涨总是以"资本增殖需要"为限。一旦工资上涨影响到资本积累正常发展的需要，资本主义生产过程的机制就会自动促使资本家缩减生产，降低工资，一直降到符合"资本增殖需要"的水平。

综上，在资本主义生产发展过程中，工资从长期看有向下运动趋势，但这并不排除工资的涨落波动，工资的所有这些运动形式均是以"资本增殖需

---

① 《资本论》第 1 卷，人民出版社 2004 年版，第 734 页。
② 方敏、赵奎：《解读马克思的工资理论》，载于《政治经济学评论》2012 年第 3 期。
③ 《资本论》第 1 卷，人民出版社 2004 年版，第 715 页。

要”为转移。“资本主义积累的本性，决不允许劳动剥削程度的任何降低或劳动价格的任何提高有可能严重地危及资本关系的不断再生产和它的规模不断扩大的再生产。”①

### 三、工资运动与资本主义利润运动

资本主义生产过程不仅是价值形成过程，而且是价值增殖的过程。原因有二：其一，资本的专制要求活劳动在生产过程中创造的新价值必须大于劳动力本身的价值，也就是必须生产剩余价值；其二，劳动者的从属地位意味着必须不断地再生产出合适的劳动力，劳动力价值必须根据资本需要作相应调整和实现，以便满足在技术进步条件下资本不断获取剩余价值的要求。因此，对于资本主义工资运动来说，工资运动本身并不具有绝对的确定意义，它只有在和资本主义利润运动所构成的矛盾统一体中，只有在对照利润运动的同时考察工资运动，才是一个具有理论分析价值的范畴。②

资本家雇用工人组织生产的唯一目的就是生产剩余价值，然而劳动力价值采取“工资”形式却巧妙地掩饰了这个最为明显的事实。当经济衰退利润下降时，资本家无一例外地选择“削减直接和间接劳动成本来弥补利润”，③而当经济繁荣利润高涨，资本家为了雇用追加劳动力而“被迫”提高工资时，他们总是摆出一副“慈善家”的姿态，把工资上涨这件事反复诉说，丝毫不提自己从追加劳动力身上占有的更多的无酬劳动。可见工资运动所呈现出来的轨迹在很大程度上就是利润运动轨迹的间接结果，但这一逻辑关联或者通过工资的事后支付而变得模糊，或者通过资本家获利的隐蔽性而掩盖起来。

一方面，在资本主义生产方式占统治地位的一切国家里，劳动力只有在按购买契约所规定的时间发挥作用以后，资本家才支付报酬。因此，“到处都

---

① 《资本论》第 1 卷，人民出版社 2004 年版，第 716 页。
② 王生升：《马克思主义经济学的工资理论》，载于《政治经济学评论》2007 年第 1 期，第 147～16 页。
③ 罗伯特·布伦特：《繁荣与泡沫》，经济科学出版社 2003 年版，第 19 页。

是工人把劳动力的使用价值预付给资本家；工人在得到买者支付他的劳动力价格以前，就让买者消费他的劳动力"。① 从资本价值增殖的角度，"工人只是在自己的劳动力发挥了作用，把它的价值和剩余价值实现在商品上以后，才得到报酬。因此，工人既生产了我们暂时只看作资本家的消费基金的剩余价值，也生产了付给他自己报酬的基金即可变资本，而后者是在它以工资形式流回到工人手里之前生产的，只有当他不断地再生产这种基金的时候，他才被雇用"②。工资只不过是工人用自己上一期劳动来支付这一期劳动的货币表现，"工人今天的劳动或下半年的劳动是用他上星期的劳动或上半年的劳动来支付的"，③ "资本家把工人自己的对象化劳动预付给工人。"④ 工资的支付是以资本家利润的实现为前提的，资本家只不过是把工人的劳动创造以"支付工资"的名义返还给工人而已。

另一方面，"劳动力只有在它会把生产资料当作资本来保存，把自身的价值当作资本再生产出来，并且以无酬劳动提供追加资本的源泉的情况下，才能够卖出去。所以，劳动力的出卖条件不管对工人怎样有利，总要使劳动力不断地再出卖，使财富作为资本不断地扩大再生产"⑤。也就是说，不管工资怎样上涨，资本家既然会雇用工人，总是因为工人能够给他提供一个超过其工资水平的利润回报，因为"工资按其本性来说，要求工人不断地提供一定数量的无酬劳动"⑥。一旦所雇工人人数超出资本增殖需要，出现多余，那么仁慈的资本家先生总会很看得开地说一句："好聚好散，请你们离开吧"，把这些多余工人退回到劳动力市场，抛向街头。

无论工资如何上涨，它总是包含着为资本创造剩余价值的必然，工资上涨往往出现在经济繁荣期，这个时期资本积累异常迅速，每个资本都在急剧膨胀，相比于工资上涨，资本所获利润增加幅度更大，速度更快。"相对地说，即同剩余价值比较起来，劳动力的价值还是不断下降，从而工人和资本

① 《资本论》第 1 卷，人民出版社 2004 年版，第 202 页。
② 《资本论》第 1 卷，人民出版社 2004 年版，第 654 页。
③④ 《资本论》第 1 卷，人民出版社 2004 年版，第 655 页。
⑤⑥ 《资本论》第 1 卷，人民出版社 2004 年版，第 714 页。

家的生活状况之间的鸿沟越来越深"，① 这就是隐藏在工资上涨运动现象背后的本质。这一点早已被资本主义经济发展的事实所证明，工资增长日益落后于利润增长已经成为一种不可否认的现实趋势。

## 四、劳动力市场中的工资运动

劳动力市场是工资运动的直接场所，不管工资运动受何种因素驱动，最终都要在劳动力市场上表现出来。资本主义工资运动受"劳动力价值规律"制约，即工资在本质上由劳动力价值决定，但同时受劳动力供求变动以及劳资之间斗争状况的影响而围绕劳动力价值上下波动。这就是劳动力市场上表现出来的工资运动形式，劳动力价值规律是工资运动的一般规律。

资本主义条件下，"相对过剩人口是劳动供求规律借以运动的背景"，② 劳动力市场上相对过剩人口表现为失业工人与就业工人之间的"恶性竞争"。"工人阶级中就业部分的过度劳动，扩大了它的后备军的队伍，而后者通过竞争加在就业工人身上的增大的压力，又反过来迫使就业工人不得不从事过度劳动和听从资本的摆布。"③ "劳动供求规律在这个基础上的运动成全了资本的专制"，④ 并且成为调节工资的决定因素。也就是说，劳动力市场上劳动力供求变动对工资的影响是通过相对过剩人口变动对工资的调节来体现的。

"如果工人阶级提供的并由资本家阶级所积累的无酬劳动量增长得十分迅速，以致只有大大追加有酬劳动才能转化为资本，那么，工资就会提高，而在其他一切情况不变时，无酬劳动就会相应地减少。但是，一旦这种减少达到这样一点，即滋养资本的剩余劳动不再有正常数量的供应时，反作用就会发生：收入中资本化的那部分减少，积累削弱，工资的上升运动受到反击。"⑤ 换句话说，如果经济处在繁荣期，生产发展很快，资本积累速度也很快，以

① 《资本论》第 1 卷，人民出版社 2004 年版，第 597~598 页。
② 《资本论》第 1 卷，人民出版社 2004 年版，第 736 页。
③ 《资本论》第 1 卷，人民出版社 2004 年版，第 733 页。
④ 《资本论》第 1 卷，人民出版社 2004 年版，第 737 页。
⑤ 《资本论》第 1 卷，人民出版社 2004 年版，第 716 页。

致于资本家为了适配不断增加的剩余价值资本化的需要，必须不断地投入追加劳动，资本家对劳动量需求增大。在追加劳动量通过增加劳动时间，提高劳动强度或劳动熟练程度仍不能满足的时候，资本家就会雇用更多劳动力，增加对劳动力的需求，从而迫使工资提高。但如果工资一直提高达到这样一个点，即在这一点上追加剩余价值的资本化并不能满足资本增殖需要，那么，资本家就会降低剩余价值积累率，缩减生产，积累削弱，相应的就是减少劳动量，在已经增大的劳动效率（相比于工资上涨之前）情况下，最直接的结果就是更多工人被解雇，这些被"游离"出来的劳动力又回到劳动力市场，增加了劳动市场中"产业后备军"的供给，使得工资开始下降，重新下降到适合资本增殖需要的水平。

在劳动力市场，工资变动受到劳动力供求状况影响，反过来，工资涨落也会促使劳动力供求发生变动。通常工资变动会引导劳动力在不同行业之间，或不同领域之间流动。然而，这只是劳动力市场的表象运动，隐藏在这种表象背后的是资本的绝对操控力，不管是工资涨落，还是劳动力供求变动，最终都要取决于资本增殖需要。这种本质特征在考察社会总体的劳动力供求状态时会更加明显地显现出来。

劳动力市场作为决定工资水平的直接场所，阶级斗争也在这一领域产生直接效果。其表现形式是资本家总是想方设法压低工资，但工人通过组织工会等形式进行反抗，从而决定了工资水平与劳动力价值之间的偏离程度，这种偏离"取决于资本的压力同工人的反抗这二者的力量对比"。[1] 但是，决定阶级间的力量对比，进而影响劳资双方市场议价能力的根本因素，是工人阶级和资本家阶级在资本主义生产方式中的地位。[2]

在资本主义社会中，资产阶级控制着一切生产资料和生活资料，而劳动者则已经自由得一无所有，除自身劳动力所有权之外就别无他物，"在资本的公式中，活劳动对于原料、工具和劳动过程中所必需的生活资料，都是从否

① 《资本论》第 1 卷，人民出版社 2004 年版，第 597 页。

② 方敏、赵奎：《解读马克思的工资理论》，载于《政治经济学评论》2012 年第 3 期。

定的意义上，即把这一切都当作非财产来发生的关系"①。所以，很明显，在生产资料资本主义私有制占统治地位的社会，工人阶级所处的是绝对从属的地位，而资本则处于绝对主导的地位，这就决定工人在工资运动谈判中处于弱势地位。因此，马克思说："工人必须把他们的头聚在一起，作为一个阶级来强行争得一项国家法律，一个强有力的社会屏障，使自己不致再通过自愿与资本缔结的契约而把自己和后代卖出去送死和受奴役。"② 工人阶级要想保障工资运动有利于自己，只有团结起来同资本家阶级作坚决斗争，才能争得一个起码的劳动条件和工作日法律制度的重新安排。

综上，劳动力市场是工资运动所借以实现的场所，不管是因为劳动力价值变动，还是因为市场上劳动力供求关系变化，抑或是因为劳资双方市场谈判力量出现变化，抑或是最核心的因素资本积累对工资运动提出新的要求，所有这些因素都会带来工资在劳动力市场的运动。

### 五、结论与启示

马克思的工资理论蕴含了工资运动理论，但马克思本人及其后来研究者都没有对其进行过单独论述。本文立足于不同视角，更加关注从运动中来理解资本主义工资本质，这无疑更符合马克思的辩证思维方法。因此，从马克思工资理论中析出工资运动理论加以专门论述，不仅是马克思工资理论发展的需要，也是进一步深化理解马克思工资理论的需要，具有较大理论意义和现实意义。

通过理论探析可知，应该从四个维度去理解马克思工资运动理论：第一，马克思工资理论中不仅给出了工资质的规定，也给出了工资量的规定。工资量取决于劳动力价值量，等于劳动价格与一定时间限定内劳动量的乘积，这是现实经济中判定工资高低涨落的基本规则；第二，资本主义工资运动总是以资本增值需要为转移，不论是长期中工资变动，还是短期中工资波动，资

---

① 《马克思恩格斯全集》第46卷（上），人民出版社1979年版，第500页。
② 《资本论》第1卷，人民出版社2004年版，第349页。

本及其积累的需要才是最根本的决定因素；第三，工资运动总是伴随着利润运动，而且利润运动决定着工资运动；第四，劳动力市场不过是工资运动借以表现的场所，真正起决定作用的因素都不产生于劳动力市场本身，而是产生于资本主义私有制这个资本主义社会的根本制度。

与工资一样，工资运动也是资本主义经济中特有的经济现象。随着我国市场化改革的深入以及企业经营方式日趋多样化，劳动雇佣关系在劳动关系中的比重日益增大，劳动力市场对职工收入分配的调节功能迅速增强，[①] 因此工资运动理论对我国工资形成机制的市场化改革具有重要的借鉴意义。首先，我国以公有制为主体的基本经济制度决定了工资的市场化改革不应该成为"资本的专制"，市场机制不应该成为资本压低工资的杠杆；[②] 其次，要正视寓于市场经济的劳动力价值规律对工资运动的决定作用，政府只能引导工资运动，而不能用行政力量干预工资运动；最后，要打破"资本的专制"，只能彻底消灭雇佣劳动制度，因为只有这样才是符合历史唯物主义的工资理论。

（原文发表于《当代经济研究》2016 年第 1 期）

---

[①] 李志远：《解读马克思关于资本主义工资决定的历史和道德因素》，载于《马克思主义与现实》2008 年第 3 期。

[②] 王云中、吕丽娟：《劳动报酬进入上升通道及进一步提高的措施研究》，载于《管理学刊》2005 年第 2 期。

# 马克思经济学中的个人工资量系统决定模型分析

黄文义　任　力[*]

## 一、引言

马克思在《资本论》第 1 卷第六篇《工资》中，提出了工资运动的理论，他将其归纳为两种类型："第一，工资随着工作日长度的变化而变化。第二，执行同一职能的不同工人的工资之间存在着个人的差别"[①]。直观的理解是，劳动力市场上一个人的工资有波动，不同人的工资高低不同。因此，个人工资量的确定是现实工资运动的前提或者起点，而劳动力价值是确定工资水平的起始点（王云中等，2012）[②]。不过诚如马克思所言："工资的实际运动显示出一些现象，似乎证明被支付的不是劳动力的价值，而是它的职能即劳动本身的价值"[③]，劳动力市场上工资运动呈现各种形式，掩盖了其背后劳动力价值本质。时至今日，劳动力价值是工资的本质规定虽然是马克思经济学中的一个常识，然而劳动力价值与工资毕竟是本质与现象的关系，并不能将两者毫无差异地加以等同。马克思从纷繁复杂的工资运动中抽象出劳动力价值这个共同本质，而劳动力价值如何决定工资他却没有给出具体答案，现有文献也没有针对这一方面进行系统论述。因此，要利用马克思经济学分析现实工资运动，就必须探究劳动者个人工资量的决定机制，分析劳动力价值在个人工资决定中的表现形式。

马克思的工资理论可以理解为，工资运动与劳动力价值之间存在一定的

---

[*] 黄文义，三明学院经济学院，博士，副教授。任力，厦门大学经济学院，博士，教授，博士生导师。

[①][③] 《资本论》第 1 卷，人民出版社 2004 年版，第 621 页。

[②] 王云中、张成、沈佳坤：《社会功能工资模型的构建》，载于《当代经济研究》2012 年第 7 期。

函数关系，本文所要探析的正是工资与劳动力价值之间存在何种函数关系？即通过构建个人工资量的系统决定模型来具体呈现劳动力价值对工资的决定作用，并以此来分析劳动力市场中实际工资运动的各种形式。众所周知，马克思对工资范畴的分析目的是要揭示资本主义工资背后的剥削实质，对工资运动并没有作专门论述（黄文义和杨继国，2016）[①]，故而他所提出的"劳动力价值"实际上是"劳动力价值一般"，这固然可以揭示工资本质及其背后的剥削实质，但在分析个人工资实际运动时却难免陷入困境。因此，要用马克思经济学来分析个人工资量的涨落差异，就必须从马克思的劳动力价值一般发展出特定劳动力价值概念，并由此构建个人工资量的系统决定模型。

### 二、马克思劳动力价值理论中的一般概念及其阐释困境

工资由劳动力价值决定是马克思在《资本论》中所阐述的一个基本原理，它揭示的是工资的本质以及隐藏在工资现象背后的剥削实质。这是马克思在《资本论》第 1 卷中论述工资的主要目的。由该书结构可以知道，在第六篇《工资》之后，马克思随即在第七篇中用大量篇幅来论述《资本的积累过程》，而在阐释资本主义积累的一般规律时，他揭示了相对过剩人口对工资变动的调节作用。从中可知，不管是单独论述工资还是在分析资本积累中论述工资，马克思都是从一般意义层面上加以解释的。

1. 马克思劳动力价值理论中的一般概念

马克思劳动力价值理论揭示了工资的本质，它是马克思整个工资理论体系的一个重要组成部分，主要涵盖了马克思对劳动力价值的研究内容。马克思认为劳动力价值除了包含维持劳动者本人生存所必需生活资料价值、维持劳动者家属生存所必需生活资料价值以及劳动者接受教育和训练所支出费用之外，还包含历史和道德的因素，即工人及其家属所必需的生活资料及其教育费用，且其数量和构成并不是一成不变，在不同国家或同一国家的不同历史时期，由于社会经济文化条件的变化，它们会跟着发生变化。这种变化在

---

① 黄文义、杨继国：《马克思工资运动理论探析》，载于《当代经济研究》2016 年第 1 期。

现实劳动力市场上表现出来就是不同劳动者之间会由于自身素质因素的差异而对工资的要求不一样。一般的历史趋势是：工人所必需生活资料的范围与质量会伴随社会经济条件的发展变化而随之进行相应调整，使工人生活水平能够大体上适应社会发展水平。

在第六篇《工资》中，马克思首先揭示了工资是劳动力价值或价格的转化形式，继而分析了工资形式以及工资的国民差异。所有这些分析其目的都在于揭示资本主义工资表象下的剥削实质，而对于劳动力市场上工资运动的各种形式，以及如何利用劳动力价值来解释这些各种各样的工资形式，正如马克思所说："阐述所有这些形式是属于专门研究雇佣劳动的学说的范围，因而不是本书的任务"①，他并没有进行专门论述。而在第五篇第十五章《劳动力价格和剩余价值的量的变化》以及在第七篇《资本的积累过程》中，马克思用大量篇幅来阐释劳动力价值与剩余价值之间的相对运动，同时揭示资本主义积累中工资随着产业后备军的变化而变化的一般规律，其目的也在于揭示在资本主义积累中资本家对工人阶级必要劳动力价值的侵占，进一步揭露资本主义工资表象下的剥削实质。因此，可以说马克思在《资本论》第1卷中对工资范畴的论述其主要目的就是揭露资本主义工资，以及资本主义制度的剥削本质。正是基于上述原因，马克思在其劳动力价值理论中对"劳动力价值"的分析只需要提出一般意义上的概念即可，即马克思所提的是"劳动力价值一般"，而无须将一般概念"具体化"。

一般概念上的劳动力价值揭示出工资的本质，抑或工资由劳动力价值决定，从而劳动力价值的大小也就规定了工资量的基本维度。那么，应该如何在工资决定公式中体现出劳动力价值的决定作用？马克思在论述"计时工资"时，虽然提到对工资形式的研究属于雇佣劳动学说的范畴而没有加以进一步阐述，但他仍然提到要对"计时工资"和"计件工资"这两种占统治地位的基本形式进行简单说明，并提出了工资决定公式的一般规定。他说"一般规律就是：如果日劳动、周劳动等等的量已定，那么日工资或周工资就决定于

① 《资本论》第1卷，人民出版社2004年版，第623页。

劳动价格，而劳动价格本身或者是随着劳动力的价值而变化，或者是随着劳动力的价格与其价值的偏离而变化。反之，如果劳动价格已定，那么日工资或周工资就决定于日劳动或周劳动的量"①。可见一定时间内的工资额取决于两个因素：一是这段时间内的劳动量；二是这个时期相对应的劳动价格，即一定时间限度内工人工资量等于劳动价格与这段时间内工人所提供劳动量的乘积，其公式是：工资量＝劳动价格×劳动量。如果以 P 表示劳动价格，以 L 表示劳动量，则一定时间内工资量 W 的公式就是：

$$W = P \times L \tag{1}$$

式（1）理解需要确认三点：一是"劳动力总是按一定时期来出卖的"②，因此工资量的计量如果没有一个时间限定就会失去意义，通常工资计量时间有一个工作日、工作周或者工作月，相应工资形式就采取了日工资、周工资或月工资形式；二是所谓"劳动价格"是指单位时间内劳动力价值，也就是"1 个劳动小时的价格"，"是劳动力的日价值除以普通工作日的小时数所得之商"③，即劳动价格＝劳动力的日价值/一定小时数的工作日；三是所谓"劳动量"是指劳动者在一定时间内的劳动耗费量，一定数量工人在一定时间内所能提供的劳动量通常受到劳动时间 T、劳动者熟练程度 ρ 以及劳动强度 μ 这三个因素的制约，后两个因素共同决定了特定时间内的劳动效率（黄文义和杨继国，2015）④。若用 LF 表示劳动力数量，则一定时间内一定数量工人所提供的劳动量 L 的公式为：

$$L = LF \times T \times \rho \times \mu \tag{2}$$

结合式（1）和式（2）以及劳动价格公式就可以得到工资决定一般公式，劳动力价值对工资的决定作用主要体现在对劳动价格的决定上。因为工人生理上的极限以及社会法律限制使得一个工作日内的工作小时数和一个工人在一定时期内的劳动效率，从而所能提供的劳动量都存在一个极值。由上

---

① 《资本论》第 1 卷，人民出版社 2004 年版，第 625～626 页。
② 《资本论》第 1 卷，人民出版社 2004 年版，第 623 页。
③ 《资本论》第 1 卷，人民出版社 2004 年版，第 626 页。
④ 黄文义、杨继国：《马克思经济学的劳动力供求曲线模型探析》，载于《经济学家》2015 年第 12 期。

文分析可知马克思在《资本论》中所论述的是劳动力价值的一般概念，故而工资决定的一般公式在分析各种各样的工资运动形式时就难免会陷入困境。

2. 劳动力价值一般概念的阐释困境

劳动力市场上现实工资运动首先总是表现为个人工资运动，而个人工资运动的起点在于个人工资量的确定。在劳动力市场上，个人工资正是各种各样工资形式的表现载体，就工资形式而言：有最基本的计时工资和计件工资；有按支付时间长短划分的日工资、周工资、月工资以及年薪等；有按照工资性质划分的基本工资、岗位工资、技能工资、工龄工资以及奖励工资等。但不管怎样，这些工资形式总是以个人工资为载体，故而从工资运动角度它们总是表现为个人工资运动，同时在个人工资运动的基础上，工资又会表现为平均工资，并根据计量对象不同可以划分为行业平均工资、地区平均工资以及社会平均工资。如前文所述，马克思将工资运动归结为两类：一是工资随工作时间长短而变化；二是执行同一职能工人工资存在个人差异，这两类个人工资运动在劳动力市场上更为直观的现象是：同一个人的工资有涨落变化，不同人的工资高低不同。那么，如何利用工资决定的一般公式来阐释这两种工资的实际运动形式？在进行这项工作之前首先需要说明的是，现实经济中影响工资运动的因素很多，包括劳动者个人自身因素和外在经济环境因素，本文从劳动力价值角度进行阐释关注的是劳动者个人因素。因此，刚才的问题就可以转化成以下这些问题：劳动力市场上为什么劳动者会分层次？有些劳动者属于高层次人才，从事复杂劳动，而有些劳动者则属于低层次人才，从事简单劳动，他们之间工资差异巨大，是什么原因导致他们之间的工资差异？同时为什么同一个人工资会出现涨落？劳动力价值的决定作用在其中是如何体现的，以及劳动者个人因素与劳动力价值之间的关系怎样？

对于上述这些问题的回答就是探寻劳动力价值对工资运动的阐释过程，由前文分析工资决定的一般公式可知，影响工资量的因素包括：劳动价格和劳动量，其中劳动价格由劳动力价值和劳动时间决定，而劳动量则受劳动时间、劳动熟练程度和劳动强度的制约。可见，劳动力价值对工资量的决定作用主要体现在对劳动价格的决定上，而劳动时间和劳动效率由于前文所说的

原因存在极值，故劳动力价值成为阐释工资运动的关键变量。由于马克思在
《资本论》中所提的是劳动力价值的一般概念，因而在他看来，劳动力价值在
工资运动中的作用主要体现在两个方面：首先，马克思把劳动力价值当成一
个平均范畴，他说："与劳动力价值相一致的工资是劳动能力的平均价格，就
是我们所说的平均工资。"① 可见马克思认为劳动力价值决定的是一个平均工
资的量，而平均工资作为一个平均数范畴却恰恰消除了个人工资量之间的差
异性。其次，马克思把劳动力价值当成个人工资运动的收敛值，他说："劳动
（劳动力——引者注）的市场价格，如同其他一切商品的市场价格一样，在长
时期里会与它的价值相适应；因此，不论怎样涨跌，也不论工人如何行动，
他所得到的，平均起来只会是自己劳动（力）的价值"②，但他并没有说明劳
动力价值如何在个人工资的涨跌中起决定作用。正因为如此，用工资决定的
一般公式来阐释各种类型的个人工资运动时不可避免地陷入了困境：在影响
工资量的因素中劳动时间固然可以解释马克思所说的工资随工作日长短而变
化的现象，然而作为决定工资的关键性变量，劳动力价值却只是作为一个平
均范畴出现，这就决定了劳动价格也只能是以平均范畴出现，故工资决定的
一般公式只能阐释平均工资的涨跌变化，却难以阐释个人工资运动的各种
形式。

　　综上可知，要用马克思经济学来全面阐释个人工资运动的各种形式，就
必须从马克思的劳动力价值一般发展出针对劳动者个人的特定劳动力价值概
念——个别劳动力价值和个别社会劳动力价值，并由工资决定的一般公式发
展出个人工资量的系统决定公式。

### 三、特定劳动力价值概念及其之间的相互联系

　　所谓特定劳动力价值概念是指针对不同的工资范畴要用不同劳动力价值
概念来阐释，例如在阐释个人工资运动时，要用针对劳动者个人的"个别劳

---

① 《马克思恩格斯全集》第47卷，人民出版社1979年版，第52页。
② 《马克思恩格斯全集》第16卷，人民出版社1964年版，第164页。

动力价值"和"个别社会劳动力价值"来解释,而在个人工资运动的基础上要阐释平均工资时,则相应地要用某一计量范围的"社会劳动力价值"概念来说明,包括地区、行业以及整个社会三种情况,与平均工资的计量类型相对应。

1. 特定劳动力价值概念辨析

由前文分析可知,个人工资运动不同于平均工资,劳动力市场所呈现出来的各种工资运动和工资形式正是个人工资运动的结果。可见对现实工资运动进行阐释的首要任务是对个人工资运动进行阐释,然后以此为基础可解释平均工资的变化情况。在劳动力市场上,劳动者首先是作为个体存在,每个劳动者所接受的教育程度、所掌握的技能水平、所拥有的工作经验以及所具有的工作能力等素质因素,都或多或少存在差异,这就导致每个劳动者之间的异质性。因此,从劳动力价值的角度,每个劳动者都会有一个属于自己的劳动力价值,也就是"个别劳动力价值"。按照马克思的定义,在假定个人已经存在的前提下,劳动力价值由生产劳动力所必要的劳动时间决定,"是维持劳动力占有者所必要的生活资料的价值"[1]。延承马克思的这一定义可知,劳动者的个别劳动力价值由生产和再生产该劳动力的个别劳动时间决定,是该工人所需必要生活资料的价值,是指劳动者应该具有的劳动力价值,也称作"劳动力的正常价值",等于劳动力价值的最低限度加上社会发展所需求的劳动力价值中历史或社会要素应该扩大的部分(刘同德,1990)[2]。这个概念应该从两个方面理解:一从纯人类学角度,每个人相差无几,他们完全再生产所需必要生活资料也无差异,因而从这个角度他们的个别劳动力价值是一致的;二从现实社会发展角度,每个劳动者相互异质,他们因为自身素质因素的差异使得完全再生产所需资料也会存在差异,每个劳动者都有不同的个别劳动力价值。此外,对劳动者而言,他同时又是一个"社会人",决定其劳动力价值的必要生活资料价值依然是由生产这些生活资料所需的社会必要劳动

---

[1]　《资本论》第 1 卷,人民出版社 2004 年版,第 199 页。

[2]　刘同德:《试论当代资本主义社会劳动力价值的发展趋势》,载于《青海师范大学学报》(社会科学版)1990 年第 3 期。

时间决定，而且其个别劳动只有得到社会承认才能成为社会劳动。因此，每个劳动者同时还有一个"个别社会劳动力价值"，它是"个别劳动力价值"中为社会所承认的那部分价值，体现了个别劳动力价值中的一种"社会性规定"。换句话说，劳动者的个别社会劳动力价值是指劳动者出卖劳动力所得的劳动力价值，也就是马克思在《资本论》第 3 卷中所说的"劳动力的实际价值"①，亦即人们通常所称的劳动力价值。

正如一般商品存在个别价值和社会价值一样，从劳动者整体角度，劳动力商品还存在"社会劳动力价值"，是一定时期内社会中工人平均而言所需生活资料的价值。但不同于一般商品，劳动力商品并不是按照社会劳动力价值出卖，而是按照个别社会劳动力价值出卖。类似个人工资加以综合平均得出平均工资，劳动者个人劳动力实际价值加总再平均就是社会劳动力价值。因此，社会劳动力价值概念本身，它的存在意义除了决定平均工资水平在长期中的变动趋势，还有就是为个别劳动力价值中的"社会性规定"提供一个参考标准。

2. 特定概念之间的相互联系

上文分析可知劳动者的个别社会劳动力价值是个别劳动力价值中为社会所承认的那一部分价值，可见这两者之间存在一个稳定的函数关系。具体而言，个别社会劳动力价值等于个别劳动力价值乘以劳动者的社会承认系数，而社会承认系数则取决于劳动者个人素质因素，即如果他受教育水平和劳动技能越高，工作经验和能力越强，那么他的社会承认系数就会越高，反之亦然。假若以 PLFV 表示个别劳动力价值，用 PSLFV 代表个别社会劳动力价值，用 $\beta$ 表示劳动者的社会承认系数，则 PSLFV 的公式为：

$$\text{PSLFV} = \text{PLFV} \times \beta，\text{其中} 0 \leqslant \beta \leqslant 1 \tag{3}$$

$$\beta = f(edu, tech, exp, abi, \cdots)，f'_{edu} > 0, f'_{tech} > 0, f'_{exp} > 0, f'_{abi} > 0 \tag{4}$$

式（4）中 $0 \leqslant \beta \leqslant 1$ 表示劳动者个别劳动力价值中被社会承认的范围，是劳动者素质因素的增函数，包括受教育程度 edu、技能水平 tech、工作经验

---

① 《资本论》第 1 卷，人民出版社 2004 年版，第 973 页。

exp 以及工作能力 abi 等。对于两个极端情况，其一，β=0 表示劳动者个别劳动力价值并不被社会所承认，这种情况下其个别社会劳动力价值为零，从而工资水平为零。这就是劳动力市场中那些愿意工作却找不到工作的劳动者，也就是所谓"非自愿失业者"，他们拥有个别劳动力价值，因为他们的劳动力生产也需要必要生活资料，然而因为找不到工作而得不到社会承认，使得个别劳动力价值因为工资为零而得不到补偿。其二，β=1 表示劳动者个别劳动力价值完全被社会所承认，他的私人劳动同时也是社会劳动，个人得到完全再生产。这只有在完全自由社会制度中才能实现，在任何私有制社会制度下，包括目前中国社会主义社会，都不能实现。因此，在现有社会制度下，β 通常处在 0 到 1 之间，劳动者个别劳动力价值只能部分实现，需要注意的是这里个别劳动力价值是在自由社会制度下让劳动者完全再生产所需的生活资料价值，也就是前文所说的劳动力正常价值。

综上分析可知，一般情况下，劳动者个别社会劳动力价值 PSLFV 小于个别劳动力价值 PLFV，同时应该看出，PSLFV 正是前文所述的劳动力实际价值，故而有劳动力实际价值小于劳动力正常价值。这就是为什么劳动者要通过接受教育和培训来提高自身劳动技能的原因，其目的就是提升自身的社会承认系数，从而提升其劳动力实际价值，因为劳动力实际价值越高，他从社会所能取得的劳动报酬就越高。

## 四、个人工资量系统决定模型及其阐释作用

前文中我们阐述了个人工资量及其运动的特定劳动力价值概念，可知直接决定个人工资量的不是个别劳动力价值，而是个别劳动力价值中被社会所承认的那部分价值，即个别社会劳动力价值。马克思经济学意义上的劳动力价值可以概括为劳动者作为一个"人"的需要（李志远，2008）①，因而劳动者的个别劳动力价值 PLFV 也应该从劳动者作为"人"的需要加以阐释，具

---

① 李志远：《解读马克思关于资本主义工资决定的历史和道德因素》，载于《马克思主义与现实》2008 年第 3 期。

体包括劳动者个人生活所需必要生活资料价值、他抚养子女所需家庭必要生活资料价值、让他接受教育培训的费用以及他作为一个"人"所需的价值补偿。

1. 个人工资量系统决定模型

在确定了劳动者个别社会劳动力价值后，就可探析个别工资量的决定模型。按照马克思提出的"一般规律"，以日工资为例，假设劳动者 j 在一个工作日内提供的劳动量为 $L_j^d$，他的劳动价格为 $P_j$，那么他的日工资量 $W_j^d$ 就是：

$$W_j^d = P_j \times L_j^d \tag{5}$$

其中，$L_j^d$ 表示劳动者 j 在一个工作日内提供的劳动量，在工作日时长一定情况下，取决于他的劳动效率，也就是他的劳动生产率，很显然日工资额是劳动生产率的增函数。因而将式（2）稍加修改就可以得到劳动者 j 个人在一个工作日 T 内所提供劳动量的决定公式：

$$L_j^d = T \times \rho_j \times \mu_j \tag{6}$$

同时，劳动者的劳动生产率又取决于他的 edu、tech、exp 以及 abi 等素质因素，因而可以得出 $L_j$ 也是 edu、tech、exp 以及 abi 的增函数，即：

$$L_j = g(edu, tech, exp, abi, \cdots), \ g'_{edu} > 0, \ g'_{tech} > 0, \ g'_{exp} > 0, \ g'_{abi} > 0 \tag{7}$$

类似前面，劳动者的个别社会劳动力价值或者说实际劳动力价值 PSLFV 对个别工资量的决定作用正是体现在对个别劳动价格的决定作用上，从而劳动者 j 的劳动价格 $P_j$ 的决定公式为：

$$P_j = \frac{PSLFV_j^d}{hour^d} \tag{8}$$

式（8）中，$PSLFV_j^d$ 表示劳动者 j 的实际日劳动力价值，$hour^d$ 表示一定小时数的工作日，由上述式（6）可知 $T = hour^d$。此外，式（3）点出了个别社会劳动力价值与个别劳动力价值之间的相互关系，且劳动者 j 的个别劳动力价值 $PLFV_j$ 取决于四个因素：他个人所需必要生活资料价值 $live_j$、抚养子女所需必要生活资料价值 $family_j$、他接受教育培训的费用 $edu_j$ 以及他作为一个"人"所需价值补偿 $HB_j$，其中 $HB_j$ 也是其素质因素的增函数，也就是说一个劳动者素质越高，他越可能被社会所接受，那么他作为一个"人"的需要就越有可能得到满足。由此可以得到劳动者 j 的个别劳动力价值 $PLFV_j$ 及 $HB_j$ 的公式：

$$PLFV_j = live_j + family_j + edu_j + HB_j(edu,\ tech,\ exp,\ abi,\ \cdots) \qquad (9)$$

$$HB_j = h(edu,\ tech,\ exp,\ abi,\ \cdots),\ h'_{edu} > 0,\ h'_{tech} > 0,\ h'_{exp} > 0,\ h'_{abi} > 0$$

$$\qquad\qquad (10)$$

至此，决定个人工资量的所有因素已经全部囊括，将式（3）到式（10）所有公式合并加以适当修改即可得到劳动力市场中个人工资量的系统决定模型，见式（11）。该式所揭示出来的信息是：劳动者个人工资量等于他在一定时间内提供的劳动量与其劳动价格乘积。他在特定时间内所能提供的劳动量取决于他的素质因素（受教育程度、技能水平、工作经验以及工作能力等）。他的劳动价格取决于他的个别社会劳动力价值，即他的个别劳动力价值中为社会所承认的实际价值，是劳动者的日劳动力实际价值除以一个工作日中小时数的商。而实际劳动力价值则等于个别劳动力价值与社会承认系数的乘积，其中社会承认系数是其素质因素的增函数。

$$
\begin{cases}
W_j^d = P_j \times L_j^d \\[2mm]
P_j = \dfrac{PSLFV_j^d}{hour^d} \\[3mm]
PSLFV = PLFV \times \beta,\ 其中\ 0 \leqslant \beta \leqslant 1 \\[2mm]
PLFV_j = live_j + family_j + edu_j + HB_j(edu,\ tech,\ exp,\ abi,\ \cdots) \\[2mm]
HB_j = h(edu,\ tech,\ exp,\ abi,\ \cdots),\ h'_{edu} > 0,\ h'_{tech} > 0,\ h'_{exp} > 0,\ h'_{abi} > 0 \\[2mm]
\beta_j = f(edu,\ tech,\ exp,\ abi,\ \cdots),\ f'_{edu} > 0,\ f'_{tech} > 0,\ f'_{exp} > 0,\ f'_{abi} > 0 \\[2mm]
L_j = g(edu,\ tech,\ exp,\ abi,\ \cdots),\ g'_{edu} > 0,\ g'_{tech} > 0,\ g'_{exp} > 0,\ g'_{abi} > 0 \\[2mm]
L_j^d = T \times \rho_j \times \mu_j
\end{cases}
$$

$$\qquad\qquad (11)$$

在劳动力市场上，个人工资运动呈现出来的涨落差异最直观原因是劳动者自身素质能力的异质性，即他们各自素质因素存在差异，这与冯毅和李实（2013）[①]

---

① 冯毅、李实：《农民工的工资差距及其变动》，载于《中国经济问题》2013 年第 4 期。

和罗润东等（2014）① 实证分析的结论一致。他们分别研究了中国农民工的工资差异及其变动以及国有部门和非国有部门之间的工资差异，结论都发现劳动力禀赋特征差别是造成工资差异的显著性因素。在所有素质因素中，劳动者接受教育培训无疑是最核心的要素，因为为劳动者提供教育培训不仅可以提高劳动者本身的劳动生产率，从而提高工资水平和企业收益，而且对于用教育培训熟练劳动者的这个劳动本身，也是属于价值形成过程的一个前置阶段，其作用与活劳动一样创造了新价值（孟捷和冯金华，2017）②。当然，应该看到教育本身的现实功能在实现劳动再生产的同时，也再生产了社会生产关系（谢富胜和李安，2008）③，故而更要关注教育的普及及其公平性对于提高劳动者收入水平，追求幸福生活的重要意义。上述式（11）所揭示的正是劳动者素质因素在个人工资量中的作用机制：劳动者素质因素的变化差异导致他在一定时间内所提供劳动量及其个别社会劳动力价值的变化差异，使得个人工资出现涨落差异。

2. 模型对个人工资运动的阐释

本文将式（11）称作"个人工资量系统决定模型"，它全方位展现了影响个人工资及其运动的各种因素，从表象的劳动者素质因素，到本质的劳动者个别社会劳动力价值。在劳动力市场上，对于不同劳动者而言，正是劳动者素质因素不同导致的异质性使得劳动者出现异化，有些属于高层次人才，从事复杂劳动，有些属于低层次人才，从事简单劳动。可见在劳动力市场上，不同劳动者提供的劳动是有差异的，这种差异性决定了我们所寓于分析的劳动力市场是属于不完全竞争市场中的垄断竞争市场。造成劳动者之间工资差异巨大是因为他们的素质因素通过影响劳动者的社会承认系数和个别劳动力价值，从而对个别社会劳动力价值产生影响，使不同层次劳动者之间的实际

① 罗润东、付光新、李煜鑫：《我国国有部门与非国有部门工资决定及差异研究》，载于《中国经济问题》2014 年第 2 期。

② 孟捷、冯金华：《复杂劳动还原与产品的价值决定：理论和数理的分析》，载于《经济研究》2017 年第 2 期。

③ 谢富胜、李安：《人力资本理论与劳动力价值》，载于《马克思主义研究》2008 年第 8 期。

劳动力价值差异巨大①。同时不同素质因素还带来劳动者一定时间内提供劳动量的差异，进而造成不同劳动者之间的工资差异。对于同一个劳动者而言，在长期中他的素质因素可以通过多种渠道发生变化，从而改变劳动生产率，进而改变他在一定时间内所能提供的劳动量和他的社会承认系数，后者又促使其实际劳动力价值从而劳动价格产生变化，这两个因素作用下其工资水平自然发生变动。

首先，不同个人之间工资的高低差异现象。对于不同层次劳动者而言，尤其是对高级熟练与简单非熟练劳动者来说，他们的素质因素存在巨大差异，使得他们在一定时间内提供的劳动量以及社会承认系数从而劳动力实际价值进而劳动价格都会出现较大差别，这些因素使得他们的个人工资量因为劳动量和劳动价格的不同而出现差异。正常情况是：熟练劳动力的社会承认系数更高，也就是说他们的个别劳动力价值中"社会性规定"部分越多，这不但意味着他们可以在市场上更容易找到工作，并且可以索要更高工资。同时他们的劳动生产率更高，一定时间内提供的劳动量更多，又可以促使其工资提高。加之他们的素质因素更好意味着在劳动中为雇主创造剩余价值的能力越强，又可以为他们挣得更多的奖励性工资部分，而对于简单劳动力而言则是另一种相反情况。因此，在分割成不同局部的劳动力市场上会相应形成头等市场和次等市场，各个市场上的工人之间存在巨大的工资差异②。对于同一层次的劳动者来说，除了由于非市场因素造成的"同工不同酬"现象外，还存在由于潜在能力与现实能力差别而引起的具有相同教育水平劳动者工资的差异。在本文定义的素质概念中，凡是能够造成劳动者自身素质变化的因素均包括在内，能力尤其是为雇主创造剩余价值的能力是很重要的一个因素，因

①　"比社会的平均劳动，较高级、较复杂的劳动，是这样一种劳动力的表现，这种劳动力比普通劳动力需要较高的教育费用，它的生产要花费较多的劳动时间，因此具有较高的价值"（参见《资本论》第1卷，人民出版社2004年版，第230页），这里"价值"显然是指较高的实际劳动力价值。

②　头等市场上劳动者的劳动生产率高，多为管理和技术人员，平均收入高，就业稳定，解雇率低，同时企业内部的控制相对较弱，以资本与工会的合作为主。次等市场上的劳动者大多是半技术、粗工，他们收入低，就业不稳定，解雇率和流动率都较高，且企业内部的控制较强，以机械化和监工为特征。

此这种工资差异在这里同样可以得到解释。

其次，同一个人工资的涨落变动现象。短期中，他会因为加班得到加班工资而使工资上涨，根据系统公式（11），容易知道，所谓加班就是在正常工作日之外额外的工作时间，这种直接延长劳动时间的做法显然增加了工人提供的劳动量。至于在加班时间内小时工资比较高的原因是在额外劳动时间内，劳动者的劳动消耗会更快，因为额外劳动对劳动者来说就意味着更大的劳动强度，这会提高他的实际劳动力价值，从而他在加班时间内的劳动价格就更高。长期中，劳动者可以通过干中学不断再接受教育和培训来提高自身劳动技能等素质因素，或者获得升迁机会从而使劳动者作为一个"人"的需要得到更多满足。这些一方面会提高他的实际劳动力价值，进而提高他的劳动价格，另一方面会提高他在一定时间内所提供的劳动量，这两方面因素作用下，劳动者工资会出现上涨。

此外，应该看到本文通过构建的个人工资量系统决定模型分析个人工资运动，更多的是基于在垄断竞争特质的劳动力市场中劳动者异质性导致劳动价格与提供劳动量的差异。如果要将其用于分析工资的运动过程，则还要考虑特定历史时期劳动力供求关系以及劳资关系的影响。以中国改革开放之后工资水平变化为例，可知微观层面上劳动者劳动力价值的实现困境（张晨和冯志轩，2014）[1] 和宏观层面上劳动者报酬比重的下降（齐昊，2011）[2]，都是由于随着社会主义市场经济体制的建立，生产关系格局发生变化，原来相对和谐的劳动关系变成了具有内在矛盾的劳资关系所导致。

综上所述，劳动力市场中个人工资运动的本质原因在于劳动者实际劳动力价值会出现变动和差异，而个人工资运动的直接原因在于劳动者素质因素，即受教育程度、技能水平、工作经验以及工作能力等，会出现变动和存在差异。

---

① 张晨、冯志轩：《资本积累视角下的劳动力价值：识别、测算与中国现实》，载于《经济学家》2014 年第 6 期。

② 齐昊：《劳动者报酬比重下降的'非典型'事实：马克思主义的解读》，载于《当代经济研究》2011 年第 10 期。

## 五、结论与启示

在马克思经济学中，劳动力价值是工资的本质规定已是学界共识，然而马克思在《资本论》中分析的只是劳动力价值一般，这固然可以揭示资本主义工资的本质及其剥削实质，但不足以全面阐释劳动力市场中个人工资量的决定及其运动，之后的马克思主义学者也没有就这一方面进行专门论述。因此，本文立足于马克思经济学的基本原理，从马克思的劳动力价值一般发展出特定劳动力价值概念，并在此基础上构建了个人工资量的系统决定模型，从而实现了利用马克思经济学来全面阐释劳动力市场上个人工资的各种运动形式，是对马克思工资理论的一个发展，具有较大理论意义。同时，在马克思工资理论基础上提出具体的个人工资量决定模型，对新时代推进改革中如何更好提高劳动者工资水平，从而尽早实现人民美好生活，具有较大现实意义。党的十九大上提出要"提高就业质量和人民收入水平"①，很显然，提高就业质量从而提高人民收入水平，就是要增加劳动者工资水平。工资水平提高对于人们追求美好生活至关重要，而如何才能做到在不影响企业创造价值，促进经济增长的前提下，保证劳动者工资水平的持续提升，确是需要深入研究的课题。从本文结论中可以得到想要的答案，那就是通过普及高等教育并提供各种持续的职业技能培训，不断提高全体劳动者的素质因素，一方面可以保证劳动者本身获得较高工资水平，另一方面又可以为企业创新注入不竭的人力资源动力支撑，从而达到劳动者与企业之间的"双赢"：劳动者获得更高工资收入，企业通过持续创新获得更好的利润收入。

（原文发表于《中国经济问题》2018 年第 3 期）

---

① 2017 年 10 月 18 日，习近平代表第十八届中央委员会向中国共产党第十九次全国代表大会作了题为《决胜全面建成小康社会 夺取新时代中国特色社会主义伟大胜利》的报告。

# 工资平等还是劳动平等

## ——从马克思对蒲鲁东工资平等理论的批判说起

程　彪　李慧明*

在《什么是所有权?》中，蒲鲁东提出了一个最直观的问题："资本家用5万法郎购买生产原料，用3万法郎支付工资，却得到20万法郎的利润。为什么工人阶级不断的劳动，还依旧赤贫?"① 这一问题直接道出了政治经济学工资理论的矛盾——个人所得的报酬与其付出的劳动不相等的矛盾。蒲鲁东认为，这是引发一切社会问题的根源，因此绝对不能忽视和回避。这一问题也是蒲鲁东之所以吸引马克思的思想关注的一个重要原因。虽然马克思绝不赞同蒲鲁东在工资问题上的绝对平等主义的主张，但无可否认的是，这一问题本身也构成了马克思的政治经济学批判的理论切入点。今天重新面对这一问题，重新回顾马克思对蒲鲁东工资理论的批判，不仅有助于我们厘清马克思与蒲鲁东在工资、劳动、平等等问题上的根本区别，而且有助于我们深入理解马克思的劳动平等思想。

### 一、绝对平等：蒲鲁东的工资平等理论

通过对空想社会主义者以及古典政治经济学的工资理论的双重批判，蒲鲁东形成了自己的"绝对平等"的工资平等理论。蒲鲁东把正义等同于平等，认为空想社会主义者所设想的"多劳多得"、"按才分配"，不仅制造了"劳动"、"才能"、"工资"三者之间的不平等，还造成了人们社会地位的不平等

---

　　* 程彪，哲学博士，吉林大学哲学社会学院、吉林大学哲学基础理论研究中心教授，博士生导师，研究方向为马克思主义哲学，哲学基础理论。李慧明，吉林大学哲学社会学院博士研究生，研究方向为马克思主义哲学。

　　① 蒲鲁东:《什么是所有权?》，孙署冰译，商务印书馆2009年版，第225页。

和社会冲突，因而是不正义的①。

首先，蒲鲁东批判了圣西门、傅立叶主义者"按劳分配"、"多劳多得"的思想。蒲鲁东指出，"多劳多得"原则得以成立的前提是把劳动作为工资的唯一标准。然而，由于不同劳动者在体力、劳动量和劳动时间等方面的差异，"多劳多得"不仅会造成劳动者之间在工资报酬上的不平等，而且还会造成人们之间的社会斗争。因此，蒲鲁东认为"多劳多得"与正义、平等是相悖的。一个在精力和体力方面都占尽优势的劳动者用 6 小时就能完成自己的所有工作，而他又由于自身优势去抢占他人的工作，试问他的这种行为正义吗？我们不能因此把"地球当作一个巨大的战场"②。蒲鲁东认为，在社会范围内，一个人的劳动对于他人的劳动或财产来说则可能意味着否定与剥夺。这样的劳动必然是不正义的。

同样，蒲鲁东认为，与"按劳分配"一样，空想社会主义者的"按才分配"原则也是不成立的，它同样会造成收入的不平等和社会冲突。像政治家、诗人、学者这些拥有"卓越智慧"的人，虽然天赋优越、才智卓越，但却不能因此而要求更高的报酬。所有人，无论天赋才智如何，在社会中都是平等的，他们只是所处的社会职位不同，对社会的贡献不同，但没有高低贵贱之分，因而应当获得同样的工作报酬。因此，蒲鲁东反对将更多的社会地位、财富和特权给那些卓越的人，认为工资平等可以酬偿所有的天赋，天赋的优越性正是财富平等的基础，因为对于社会来说，"才能是人的固有义务"③。为维护这种绝对平等的工资理论，蒲鲁东预设每种技能的数量与社会的需求必须是相等的：一方面，生产者只是根据社会的需求进行生产或发挥自己的才智；另一方面，社会既尊重每个人的不同职务，又遵循"工资绝对平等"的定律。蒲鲁东用他特有的辩证法说道，才能的不平等是工资平等的必要前提④。在蒲鲁东看来，"多劳多得"、"按才分配"原则都没有考虑到与劳动直

---

①　蒲鲁东：《什么是所有权?》，孙署冰译，商务印书馆 2009 年版，第 56～164 页。
②　蒲鲁东：《什么是所有权?》，孙署冰译，商务印书馆 2009 年版，第 154～155 页。
③　蒲鲁东：《什么是所有权?》，孙署冰译，商务印书馆 2009 年版，第 175 页。
④　蒲鲁东：《什么是所有权?》，孙署冰译，商务印书馆 2009 年版，第 164 页。

接相关的两个概念："协作"与"生产资料"。"协作"在蒲鲁东这里指的是工人集中进行劳动的一种社会形式。在这种协作劳动中，每个劳动者的劳动虽然有差异，但就它们对社会的贡献而言却是完全平等的。如果不考虑这种协作的社会形式，而仅仅根据单个劳动者的劳动来支付其工资，就会造成工资的差异，就会引起社会矛盾，平等也就无从谈起了。资本家正是在"按劳分配"的幌子下，仅仅按照单个劳动者的劳动来支付工人工资的。而生产资料，即便像土地的一样无限或取之不尽，也不能按照"按劳分配"或"按才分配"的原则进行生产。

其次，蒲鲁东激烈地批判了古典政治经济学以劳动价值论为基础的工资理论，特别是萨伊的工资理论。在蒲鲁东看来，萨伊工资理论的根本错误在于没有把生产资料的价值问题计算在内。萨伊认为，商品的价值由于所耗费的劳动量不同因而必然是不同的，此外，商品的价值还取决于商品的具体效用，受人们的需要、偏好、时尚等因素的影响，因而是不断变动的，这样必然会得出工资不平等的结论。蒲鲁东则认为，产品的实际价值不仅源于生产该产品所占用的劳动时间，而且还包括它所消耗的生产资料的价值，而劳动时间的价值是平等的，因而工资也必须是平等的。蒲鲁东指出，《伊利亚特》的诗篇、一双鞋和钻石的价值有何不同？不仅在于它们的生产者或创作者的劳动或所牺牲自由不同，而且还在于它们所耗费生产资料的价值不同，不同的生产资料本身就具有完全不同的价值。[1] 蒲鲁东认为，萨伊只确定了产品的"内在价值"与"相对价值"而没有确定商品的"绝对价值"，商品的"绝对价值"应等于生产该商品时所耗费的"劳动时间"和"生产资料的费用"[2]。而商品的"构成价值"又不同于商品的绝对价值，而是商品通过交换中得到社会承认，作为社会财富所具有的社会价值。工资的确定不能以产品的价值为依据，而只能以劳动时间的价值为依据，而每个人在劳动时间上则是绝对平等的。在此基础上，蒲鲁东否认"劳动时间越长，生产的价值就越大"这

---

① 蒲鲁东：《什么是所有权?》，孙署冰译，商务印书馆 2009 年版，第 170~173 页。
② 蒲鲁东：《什么是所有权?》，孙署冰译，商务印书馆 2009 年版，第 170~171 页。

一工资不平等的定律。因此，他既反对延长工人的劳动时间，也反对工人罢工和增加工资的要求。他认为，增加劳动时间，并不能增加劳动时间的价值，而且还会使劳动者牺牲更多的自由，这是不平等、不自由和不正义的体现。在此可以看出，蒲鲁东在劳动时间问题上显然误解了古典政治经济学的劳动价值理论，混淆了产品所凝聚的劳动时间的多少（劳动价值量）问题与工人的劳动时间的长短（工作日）问题。

蒲鲁东的工资平等理论，力求实现收入的绝对平等，实现他心目中的社会正义。蒲鲁东深知，这种绝对平等和正义必然要求采取同样"绝对"的方式去制定经济原则和组织社会。工资平等理论要求整个社会根据可供利用物资的数量，计算劳动者的人数并分派工作，所有人都具有同样的完成某种社会任务的能力，人的劳动都是平等的，工资也是平等的，社会才是正义的①。所以，蒲鲁东所主张的绝对平等不仅指劳动平等，还包括生产、分配、交换以及消费领域的平等，是整个社会的平等。这也就是他设计的新社会，建立在"公共正义"而非"私人正义"基础上的未来社会。

## 二、乌托邦幻想：蒲鲁东工资平等理论的根本缺陷

马克思认为，蒲鲁东的绝对平等的工资理论以及在此基础上所规划的新社会都是不可能实现的乌托邦幻想，无论是平等劳动或正义劳动的观点，还是人人平等、社会互助的理想，都是脱离社会历史现实的抽象观念，没有深入到资本主义生产方式的本质去揭示不平等与社会矛盾的根源。蒲鲁东的工资理论与社会理想，其实质不过是一种回避资本主义社会矛盾的小生产者的幻想。

首先，马克思指出，蒲鲁东的工资平等理论以及作为其基础的劳动平等、社会正义等观念，都是一些脱离实际的抽象观念，仍然局限于黑格尔主义的思想逻辑之中。蒲鲁东是从一种前资本主义的小生产者的角度来理解平等、正义等观念的，他把正义理解为绝对平等。在一个人人平等的社会中，所有

---

① 蒲鲁东：《什么是所有权？》，孙署冰译，商务印书馆2009年版，第288~289页。

人，无论行业、职位、天赋、贡献，甚至也不论劳动的多少，都是平等的，不存在高低贵贱之分。蒲鲁东甚至提出，人的需要和负担都应该是相同的①。每个人都平等地参加劳动，他所生产的产品的"构成价值"是相同的，即每种产品作为社会财富的价值是同等的。每个人平等地参与社会，为社会作出的贡献也是相同的，从社会获取同样的工资报酬。这样就不会出现工资的不平等与劳动不平等现象，能够从根本上消除各种各样的社会矛盾。在蒲鲁东看来，这种平等的劳动就是正义的劳动。蒲鲁东说，"如果一个人在自己休息的时候让另一个人去劳动，这个人的行为就是不正义的，他就是资本家"②。同样，不平等的劳动也就是不正义的，因为不平等的劳动必然会制造"竞争"和"斗争"。蒲鲁东认为，不正义的经济活动是由人好逸恶劳的贪婪本性、不正义的劳动所造成的。而如何保证个人的劳动一定能够成功地社会化，蒲鲁东则寄希望于个人在道义上的义务和社会对个人的监督。这样就回避了资本主义社会现实，停留在抽象的"正义"、"平等"观念范围内来批判资本主义社会的不平等、不正义。蒲鲁东激烈批判了资本与劳动的矛盾，这是蒲鲁东远远超过国民经济学家的地方。国民经济学仅仅把劳动看作是为了生存的一种手段，蒲鲁东把劳动看作"绝对的平等、正义"。

马克思认为，蒲鲁东陷入了"绝对平等"的幻觉，他没有看到不平等是由资本主义社会的本质所带来的，他不可能深入剖析与批判资本主义社会；恰恰相反，蒲鲁东完全采纳了黑格尔思辨哲学的方法，并且像黑格尔主义者一样，颠倒了现实关系与理论范畴的关系，把本是现实关系的理论表现的经济范畴当成现实的本质与决定性因素，忽视了各个经济范畴的历史性，反而把它们看作是产生于"观念"中的概念。蒲鲁东认为，政治经济学不过是由一些公式或规律所组合起来的学说，仍然停留在观念范围内，将经济活动当作在"绝对观念"中的运动。"当蒲鲁东谈到理性中的系列即范畴的逻辑顺序的时候，他肯定地说，他不是想论述与时间次序相一致的历史，即蒲鲁东先

---

① 蒲鲁东：《什么是所有权？》，孙署冰译，商务印书馆 2009 年版，第 159 页。
② 蒲鲁东：《什么是所有权？》，孙署冰译，商务印书馆 2009 年版，第 271 页。

生所认为的范畴在其中出现的历史顺序。他认为那时一切都在理性的纯粹'以太'中进行"①。马克思批判指出，蒲鲁东把黑格尔的"唯心主义辩证法"重新移植到"政治经济学"的地基上，通过黑格尔的辩证法来消解各个经济学范畴里的消极方面，保留其积极的方面，自以为实现了对政治经济学和共产主义的双重批判与超越，实际上仍然处于这二者之下。"他希望成为合题，结果只不过是一种合成的错误"②。

其次，蒲鲁东虽然看到了社会的不平等，看到了资本和劳动的矛盾，但是却幻想通过平均财产、集中生产、互助联合等方式解决矛盾，充分体现出其思想的乌托邦性质和小生产者的立场。蒲鲁东认为，要在现实中实现这种绝对平等与正义的社会理想，必须消灭所有权，平均财产，或将资本平均化。"在劳动平等的条件下，让每个人都得到一份相等的财富"③。这样，即使这样做会使人们的私心有怨言，但人们却无从反驳。蒲鲁东特别强调，在财产平均的基础上，社会应实行"集中生产的方式"或"互助联合"的生产方式。把所有人都集中起来进行生产，然后把交换以后剩余的所有产品全部交给社会或集体所有，这样一来就可以实现绝对的平等了。实现以"社会化生产"为主要内容的经济社会是蒲鲁东的理想。按照蒲鲁东的设想，在这个理想社会中，个人必须平等地参与劳动，而且个人的劳动也平等地被社会所承认。个人的劳动是在个人与社会的"绝对和谐"关系下的社会活动，个人与社会之间进行交换，而非人与人之间进行交换。社会不过是人们相互之间互助联合的产物。马克思指出，蒲鲁东完全忽视了"平等的占有"是国民经济学家提出的观念。与此同时，蒲鲁东对个人与社会的理解都是抽象的，仍然没有跳出资产阶级的市民社会观念：一方面把个人理解为孤立的原子式的个人，另一方面把社会理解为个人的外在的相互关系，因此不可能深入揭示资本主义社会的内在矛盾。正如马克思在《1844 年经济学哲学手稿》中指出

---

① 《马克思恩格斯文集》第 1 卷，人民出版社 2009 年版，第 607 页。
② 《马克思恩格斯文集》第 1 卷，人民出版社 2009 年版，第 617 页。
③ 蒲鲁东：《什么是所有权?》，孙署冰译，商务印书馆 2009 年版，第 271 页。

的，在蒲鲁东工资平等理论中，社会被理解为抽象的资本家①。蒲鲁东所看到的只是人们之间的不平等，而没有认识到在现实生活中个人是隶属于一定的阶级，在资本主义社会中，人们之间的不平等从根本上说是资产阶级与无产阶级的对立，是资本和劳动的分裂。如果说存在所谓的绝对平等，那么只是工人作为抽象的劳动力在资本面前的平等，在赤贫面前的平等。这也充分透露出了蒲鲁东思想的"法国小农（后来是小资产者）的立场和眼光"②，企图保留早已被历史所扬弃了的小农土地所有权形式。

与马克思主张通过无产阶级革命推翻资本主义制度不同，蒲鲁东反对暴力革命，甚至认为工人罢工是违法的，认为不必通过政治斗争和经济斗争而仅仅通过经济改良就可以实现社会变革，幻想通过寻求一条"科学的道路"，通过不分阶级的社会合作，取消财产的垄断权，将资本普遍化或财产平均化，取消货币，代之以劳动小时券，建立互助银行，最终实现社会平等与正义。马克思认为，蒲鲁东回避社会矛盾和阶级斗争，充分体现出小资产阶级的软弱性与妥协性，他的社会改造方案也只不过是小资产阶级不切实际的乌托邦幻想。

在工资问题上，马克思与蒲鲁东的出发点是一致的，都是如何解决无产阶级的贫困问题，然而马克思认为，蒲鲁东的工资平等理论没有挖掘出工资背后的深层原因，没有触及到资本主义经济关系的实质，因而只能停留于关于工资平等、正义劳动、社会和谐等的抽象观念与乌托邦幻想之中。在《1844 年经济学哲学手稿》中，马克思就认识到工资问题的实质乃是劳动问题，异化劳动是资本与劳动的分离以及无产阶级贫困化的根本原因。只有通过无产阶级革命，根本消除资本主义私有制，扬弃异化劳动，实现人的解放，才有真正的平等可言。以此为基础，马克思深入到资本主义生产方式的揭露与批判之中。

---

① 《马克思恩格斯文集》第 1 卷，人民出版社 2009 年版，第 607 页。
② 《马克思恩格斯文集》第 3 卷，人民出版社 2009 年版，第 17～18 页。

### 三、劳动解放：马克思的劳动平等思想的实质

通过对蒲鲁东的工资平等理论的批判，马克思进一步明确了自己的劳动平等的思想。对马克思而言，劳动平等的实质是劳动解放，即消除异化劳动，使劳动作为人的类本质或自由自觉的生命活动得以充分自由地发挥，从而实现每个人的个性自由发展。劳动平等意味着每个人都能够平等地发展或实现自己的类本质或自由个性，这要求在社会生产力高度发展的基础上，根本改变资本主义生产方式，建立社会主义公有制，有计划地组织社会生产，实现"各尽所能，按需分配"的分配方式，消除阶级对抗以及个人与社会的抽象对立，真正建立起"自由人的联合体"。

首先，马克思的劳动平等观是对平等的一种实质性理解。马克思早在《黑格尔法哲学批判》和《论犹太人问题》中就已经超越了资产阶级的抽象法权对平等（以及自由、人权等）的形式化理解，并把这种资产阶级法权意义上的平等（以及自由、人权）归结为"市民社会的成员的权利"，指认为一种"利己的人的权利、同其他人并同共同体分离开来的人的权利"①。在此基础上，马克思把平等问题同社会革命或人的解放直接联系一起。在《1844年经济学哲学手稿》和《神圣家族》中，马克思肯定了蒲鲁东的功绩，即揭露了资本主义社会中的形式平等的假象，并把社会不平等的根源归结为所有权垄断，把工资与劳动问题结合起来。马克思同时指出，蒲鲁东仍然是以国民经济学的观点批判国民经济学，蒲鲁东承认人的活动的一切本质规定，但只是在异化的、外化的形式中来承认。蒲鲁东虽然"得出了有利于劳动而不利于私有财产的结论"②，但是却没有触及私有财产的本质即异化劳动问题，因而消灭所有权也就只是一句口号。"蒲鲁东所要求的工资平等，也只能使今天的工人对自己的劳动的关系变成一切人对劳动的关系"③。也就是说，蒲鲁东只是局限于交换与分配领域要求工资的平等，而没有进入到劳动或生产领域要求根本改变资本主义生产方式。马克思则认为"工资和私有财产是同一

---

① 《马克思恩格斯文集》第 3 卷，人民出版社 2009 年版，第 182～183 页。
② 《马克思恩格斯文集》第 1 卷，人民出版社 2009 年版，第 166 页。
③ 《马克思恩格斯文集》第 1 卷，人民出版社 2009 年版，第 167 页。

的"，"工资是异化劳动的结果，而异化劳动是私有财产的直接原因"①。要消除私有财产必须消除劳动的异化性质，也只有消除异化劳动才能有真正的平等可言。这是马克思在《1844 年经济学哲学手稿》中所阐述的共产主义理念的核心。

其次，马克思在《1844 年经济学哲学手稿》中把劳动理解为人的生命活动，理解为人的类本质。消除劳动的异化性质，使劳动回归人的本质，也就使个人获得了通过劳动进入社会、实现个性自由全面发展的平等机会。虽然蒲鲁东的工资平等理论把平等问题与劳动问题联系起来，但是他对劳动的理解却没有超出国民经济学的视界，劳动被看作人的体力才智的付出与自由的牺牲，这样也就与国民经济学家一样把人仅仅看作是工人或劳动力。蒲鲁东所谓的劳动平等也只是抽象的劳动时间的价值的平等，或个人作为抽象的劳动力的平等，社会平等也就只是个人作为社会成员的抽象平等，理想的平等与正义的新社会也就停留于所有社会成员之间的不分高低贵贱地同等地参与劳动、互助合作。在马克思看来，蒲鲁东没有认识到劳动与资本的分离是社会不平等的深刻根源，也没有认识到社会的阶级性与对抗性，幻想回到前资本主义的小占有者的所有制形式，在平均财产的基础上建立社会平等与正义。而马克思则深刻地指出，蒲鲁东没有考虑即使在小（"平等"）占有制度下也仍然起作用的商品生产的现实矛盾②。在《1844 年经济学哲学手稿》中，马克思就已经不再抽象地谈论劳动，而是揭露与批判劳动的异化，并认为异化劳动是国民经济学所由以出发而未加批判的前提，通过揭露和批判这一前提，马克思从根本上超越了国民经济学，也超越了蒲鲁东的工资平等理论。在《德意志意识形态》、《哲学的贫困》、《雇佣劳动和资本》、《共产党宣言》以及《资本论》等文本中，马克思则逐渐深入到资本主义生产方式的内在矛盾，揭示出资本主义生产方式一方面推动了社会生产力的巨大发展，另一方面使社会生产力成为一种凌驾于人之上的抽象的统治力量，成为一种阻碍社会发

①　《马克思恩格斯文集》第 1 卷，人民出版社 2009 年版，第 167 页。
②　《马克思恩格斯文集》第 1 卷，人民出版社 2009 年版，第 785 页。

展的破坏性力量。在具体层面上，马克思把劳动区分为体力劳动和脑力劳动，区分为简单劳动和复杂劳动；对于劳动时间，马克思则继承了古典政治经济学的劳动价值论，把劳动时间作为价值的尺度，并提出了"社会必要劳动时间"这一科学概念作为破解商品价值与价格矛盾以及剩余价值秘密的钥匙。马克思通过对异化劳动或雇佣劳动的批判，通过对资本主义生产方式的具体解剖与批判，展现了一个劳动解放、个性自由发展的理想社会前景。

最后，需要强调的是，马克思把劳动平等的实现诉诸消除异化劳动或雇佣劳动，从根本上改变资本主义生产方式，推翻资本主义社会制度，这也就是消除个人与社会的抽象对立，真正建立"自由人的联合体"。马克思立足于资本主义社会化大生产的现实基础，强调人的社会性本质，把劳动理解为一种社会性的活动。劳动作为人的社会性活动，是个人进入社会并与社会有机联系的最基本的途径或形式，在资本主义现代化大生产与全球化的时代，这一点更为明显。因此，马克思既把劳动理解为人的类本质，又在现实性上把人的本质理解为一切社会关系的总和①。劳动的解放作为人的解放的实质内涵，也就是消除个人与社会的对立，重建个体与社会的有机统一，社会也就真正成为自由人的联合体，每个人也就获得了个性自由全面发展的现实条件。这也就是马克思所理解的共产主义。马克思对共产主义或自由人的联合体的理解，与蒲鲁东对互助联合的新社会的设想有着本质的不同。蒲鲁东仍然局限于国民经济学的观点，把人理解为孤立的个体，并在抽象的个人活动的层面上来理解劳动，把社会不平等归结为劳动者个体之间的矛盾与冲突，蒲鲁东没有认识到资本主义生产方式的巨大功绩，他所理想的新社会是回到前资本主义的小生产者所有制，并在此基础上建构一种互助联合的新社会，其实质也不过是孤立的个人或小生产者之间的外在关系。马克思则从根本上批判和超越了资产阶级政治经济学，肯定劳动以及人的社会性本质，把社会不平等的根源归结为资本主义生产方式，并认为只有在社会生产力高度发

---

① 《马克思恩格斯文集》第 1 卷，人民出版社 2009 年版，第 500 页。

展的基础上才能消灭资本主义制度，变资本主义私有制为社会主义公有制，使社会生产力真正成为全体社会成员的现实生活条件，为每个人的个性自由全面发展创造条件。这样的社会也就是实现了个人与社会有机统一的"自由人的联合体"。

（原文发表于《晋阳学刊》2019 年第 1 期）

# 第二编 马克思工资理论的当代价值

# 马克思工资市场定位理论

## ——资本主义市场均衡工资模型

### 白暴力 傅辉煌[*]

马克思的工资理论主要包括工资的本质、工资的形式和工资的市场定位三个部分。工资本质的理论阐明了资本主义工资本质上是劳动力的价值而不是劳动的价值，揭示了资本主义的剥削关系；工资形式的理论阐明了各种形式的工资不过是劳动力价值的表现形式，揭示了在工资形式上所形成的资产阶级经济学的颠倒的、虚幻的认识；工资市场定位则阐明了劳动力价值范畴的市场形成机制，揭示了在资本主义经济中，市场运行必然将工资定位在劳动力价值水平，从而保证资本主义生产关系的确立。工资市场定位理论在马克思经济理论中具有重要的地位，然而，学术界一直对此重视不足。马克思的工资市场定位理论主要体现在《资本论》第 1 卷的资本积累理论中。本文将在阐述马克思的工资市场定位理论的基础上，构建资本主义市场均衡工资模型。

## 一、资本积累量（投资）与工资市场定位：资本有机构成不变

在资本主义经济中，市场工资运行的机制保证了劳动力只有作为剩余价值的源泉才能出卖，确保了市场工资界限的实现。马克思首先是从资本积累，也就是投资，与市场工资的关系来讨论这个问题的。在这里，马克思假定资本有机构成不变。

1. 资本积累（投资）与市场工资的相互作用机制：均衡市场工资

一方面，资本积累会增加对劳动力的需求，导致工资的提高。这里，

---

* 白暴力（1954－），男，陕西西安人，北京师范大学当代经济理论研究中心教授、博士生导师，主要从事政治经济学与西方经济学比较研究。傅辉煌，北京师范大学经济与工商管理学院博士研究生。

"积累量是自变量,工资量是因变量"①。积累量 I 与工资量 ω 的关系可写为:ω = f(I) (见图1)。

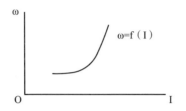

**图1 资本积累 I 的增加,导致工资 ω 的提高**

另一方面,工资的上升又导致利润的降低,从而降低资本积累的欲望。这里,工资率是自变量,资本积累量是因变量。这个关系可写为:

$$I = \phi(\omega) \tag{1}$$

上述关系也可用图 2 表示。

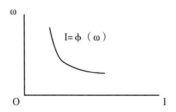

**图2 工资 (ω) 的上升降低资本积累 (I) 的欲望**

资本积累量与工资量这两个变量相互影响,共同决定。这也就是由方程组

$$\omega = f(I) \tag{2}$$

$$I = \phi(\omega) \tag{3}$$

联立求解,得出 $\omega_e$ 和 $I_e$。

----

① 《马克思恩格斯全集》第 23 卷,人民出版社 1972 年版。

资本积累量（投资）与工资量这两个变量的确定也可由图3表示。

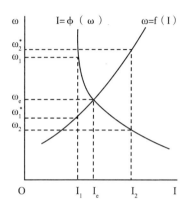

**图3 资本积累量（投资）量的确定**

图3中，$\omega_e$ 是符合积累量与工资率相互作用条件的均衡工资率。如果工资率高于 $\omega_e$，例如为 $\omega_1$，由资本积累曲线 $I = \phi(\omega)$ 确定的资本积累量为 $I_1$，而 $I_1$ 在工资率曲线 $\omega = f(I)$ 上确定的工资率为 $\omega_1^*$，低于 $\omega_e$；反之，如果工资率低于 $\omega_e$，例如为 $\omega_2$，由资本积累曲线 $I = \phi(\omega)$ 确定的资本积累量为 $I_2$，而 $I_2$ 在工资率曲线 $\omega = f(I)$ 上确定的工资率为 $\omega_2^*$，高于 $\omega_e$。在这种工资率与资本积累量的相互作用下，工资率最终都会达到 $\omega_e$。$\omega_e$ 的含义是：市场均衡工资的界限是必须保障资本家满意的利润。

2. 均衡市场工资的本质与界限

资本积累量就是工人的无酬劳动所生产的剩余价值中用于资本积累的部分，即

$$I = m_a \tag{4}$$

其中，$m_a$ 表示剩余价值中用于资本积累的部分。工人的工资则是工人的有酬劳动所形成的价值。所以，资本积累量和工资量不是资本量和工人数量这两个彼此独立的因素的关系，而是同一工人人口所提供的无酬劳动和有酬劳动的关系。

资本积累量与工资量的相互作用，实质上是：如果只有追加有酬劳动，

迅速增加的无酬劳动才会转化为资本，那么，工资就会提高；但是，如果有酬劳动的增加，使无酬劳动减少到不能正常提供剩余价值，那么，资本积累量就会减少，进而工资就会降低。市场均衡工资被限制在不侵犯资本主义制度，并保证资本主义制度的规模扩大的再生产的界限内。"在一种不是物质财富为工人的发展需要而存在，相反是工人为现有价值的增殖需要而存在的生产方式下，事情也不可能是别的样子。"①

　　资本主义的生产目的是生产剩余价值，劳动力只有作为剩余价值的源泉才能出卖，也就是说，工资必须低于劳动力再生产过程中形成的价值，或者说，有酬劳动必须低于劳动力在生产过程中生产的价值，必须提供无酬劳动。均衡市场工资率 $\omega_e$ 就是劳动力价值的货币表现，就是能保证剩余价值生产的工资率。下面还会进一步论证：资本主义市场机制会自动调节保持工资率适合于资本增殖的水平。这就是市场均衡工资的界限，"这个界限不仅使资本主义制度的基础不受侵犯，而且还保证资本主义制度的规模扩大的再生产"②。

## 二、相对过剩人口与工资市场定位：资本有机构成提高

　　前面，假定资本有机构成不变，但是，在资本积累过程中，资本有机构成是不断提高的。在资本有机构成提高的情况下，资本主义经济中必然会出现相对人口过剩的现象。相对人口过剩构成工资市场运行的基础，在这个基础上，市场工资必然定位在劳动力价格（价值）水平。

　　1. 相对过剩人口的生产：资本主义的人口规律

　　在社会资本积累过程中，存在着许多单个资本的资本集中，存在着原有资本的有机构成提高，所以，社会资本有机构成的提高比资本积累进行得更快，可变资本随总资本的增长而递减，对工人的需求会随着总资本的增加而递减。

　　虽然，随总资本的增长，可变资本即对劳动力的需求也会增大，但增加的比例越来越小。因为，首先，资本有机构成变革的间歇期越来越短；其次，

---

①② 《马克思恩格斯全集》第23卷，人民出版社1972年版。

为了吸收一定量的追加工人甚至继续雇佣在业工人，要求资本不断地积累，而资本积累又会加速资本有机构成的提高。

实际上，对劳动力需求的减少比可变资本相对减少得更快。这是因为：第一，通过对单位劳动支付等量工资的做法，较大的可变资本，在不增加工人的情况下，可以通过增加劳动的外延和内涵支配更多的劳动。第二，通过加强在内涵和外延上对劳动的剥削强度，同量资本可以在不增加工人的条件下，推动更多的劳动。第三，通过低级劳动力排挤高级劳动力，同量资本可推动更多的劳动力。

同时，产业后备军对在业工人形成压力，使其过度劳动，而在业工人的过度劳动又使失业人口增加，这加速了产业后备军的形成。因此，产业后备军的压力和在业工人的反作用加速了劳动的供给，并超过了资本对工人的需求。

可见，资本主义积累不断地并同其能力和规模成比例地生产出相对过剩人口，即超过资本增殖的平均需要的人口。但是，这却表现为好像是人口的绝对增加超过可变资本的增长。

综上所述，工人在生产资本积累的同时，也以日益扩大的规模生产出使自身相对过剩的手段。这就是资本主义生产方式所特有的人口规律。人口规律是历史的，不同社会阶段的人口规律是由不同的社会生产方式决定的。"每一种特殊的、历史的生产方式都有其特殊的、历史地起作用的人口规律。抽象的人口规律只存在于历史上还没有受过人干涉的动植物界。"①

2. 相对过剩人口构成资本主义劳动供求规律的基础

相对过剩人口不仅是资本主义生产方式的必然结果，同时，反过来，相对过剩人口也是资本积累的有力杠杆和资本主义生产方式的存在条件。资本主义生产是在突然膨胀和突然收缩的周期中进行的，它周期性地从生产中排斥出大量工人，又周期性地需要大量工人进入生产过程；这种周期性的运动需要一支后备军供其在需要时使用，相对过剩人口就构成这支产业后备军，

---

① 《马克思恩格斯全集》第 23 卷，人民出版社 1972 年版。

因而，成为资本主义生产方式的存在条件，成为资本主义经济的常态和基本现象。

相对过剩人口是资本主义经济的常态和基本现象，产业后备军对现役工人产生着重要的作用，所以，相对过剩人口构成劳动供求规律运动的背景，资本主义经济中的劳动供求规律以相对过剩人口的存在为基础。这是考察资本主义劳动供求规律和工资运动所必须考虑的。

劳动供求规律作用，是指在同一时点上社会总劳动的供给和需求的变化及其对工资（劳动力价格）的作用，而不是指在人口数量变化的期间劳动供给和需求的变化，也不是指各个生产部门间劳动力的流动。

为了进一步阐明资本主义市场劳动供求规律，马克思深入分析了资产阶级政治经济学关于劳动市场供求规律的教条，即所谓的"工资铁律"。

"工资铁律"认为工资的运动依存于人口的运动。按这个教条：第一，随着资本积累增加，工资会提高；第二，工资提高会刺激工人人口更快增加；第三，工人人口的增多，会使劳动力供应增多，达到一定程度，会导致工资下降；第四，而工资下降又会促进资本积累，并且抑制工人人口增长；第五，这将导致劳动力供不应求，工资又会提高。然后，又开始新的一轮循环。

"工资铁律"教条是错误的，劳动供求变化是在同一个时点上进行的，并非人口数量变化期间所产生的问题。人口因工资提高而增加，需要 16~20 年的时间。在这个期间内，工业周期已经进行，劳动力的需求与供给已经变化。例如，在 1849~1859 年，英国租地农场主因人口外流而感到劳动力缺乏，他们并没有提高工资或等人口数量增多，而是改进生产技术，使劳动力立即成为过剩。

"工资铁律"教条的错误，还在于混淆了两个问题：一个问题是人口在各个特殊部门间的分配；另一个问题是调节工资一般变动的规律。当某部门的利润高时，资本会大量流入，并且以高工资吸引大量工人流入；而工人流入数量增加到一定程度就会发生反作用，以致工资降低。这是劳动力在各部门间分配的规律，而资产阶级经济学家却把这个规律看作调节工资水平的一般规律。

3. 工资的市场定位：相对过剩人口基础上的劳动供求规律与劳动力价值经济关系的最终形成

相对过剩人口是劳动供求规律运动的背景。相对过剩人口调节资本主义工资变动，并且是劳动力价值经济关系最终形成的经济条件。

工资是由和工业周期相适应的产业后备军的膨胀与收缩来调节的。决定工资一般变动的不是工人的绝对人口的增减，而是其分为现役军和后备军的比例。产业后备军在停滞和中等繁荣时加压力于现役军，在工业危机和生产过剩时又抑制现役军的需求。相对过剩人口把劳动供求规律限制在绝对符合资本剥削欲的范围内。

图4可以用来说明这种状况：劳动力供给相对过剩条件下的劳动力市场均衡，决定了劳动者的工资被定位于劳动力价格（价值）的水平。

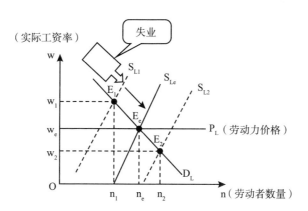

**图4　劳动力供给相对过剩条件下的劳动力市场均衡**

图4中，横轴n表示劳动者数量，纵轴w表示实际工资率，其中，$S_L$是劳动力供给曲线，$D_L$是劳动力需求曲线，$P_L$是劳动力价格曲线。劳动力价格是劳动力价值的货币表现。劳动力商品价值的决定，除了像其他商品一样取决于生产该商品的社会必要劳动时间以外，还包含一个历史和道德的因素。但是，在一定的时点上，劳动力价值是一个定值，因而，由劳动力价值决定的劳动力价格线$P_L$是水平直线。

在完全竞争劳动力市场上，劳动力供求基本平衡的条件下，假定：劳动力供给曲线为 $S_{L1}$，劳动力需求曲线为 $D_L$，这时，市场的均衡点为 $E_1$，市场均衡工资率和均衡劳动者数量分别为 $w_1$ 和 $n_1$。但是，实际上，均衡点 $E_1$ 是不存在的。因为，资本家的决策目标是单一的利润最大化，所以在劳动力供给过剩的条件下，资本家会利用失业压力迫使劳动力供给曲线一直从左上方向右下方移动。当劳动力供给曲线为 $S_{Le}$ 时，市场均衡点为 $E_e$，该点对应的劳动力市场均衡工资率和均衡劳动者数量分别为 $w_e$ 和 $n_e$。这时，均衡点 $E_e$ 在劳动力价格曲线上，因此，工资率 $w_e$ 正好等于劳动力价格。如果劳动力供给曲线继续向右下方移动，从 $S_{Le}$ 移动到 $S_{12}$，则市场均衡点从 $E_e$ 移动到 $E_2$，该点所对应的市场均衡工资为 $w_2$，因为 $w_2 < w_e$，即劳动者所得工资低于劳动力自身价格。这时，劳动者无法购买到生产、维持、发展和延续劳动力所必需的生活资料，因而，这种均衡在长期是不能存在的。上面的分析表明：在劳动力供给相对过剩的条件下，劳动力市场均衡点在劳动力价格线上，它所决定的均衡工资率正好等于劳动力价格。

综上所述，投资与市场工资的相互作用形成了市场均衡工资，在资本积累过程中，资本主义经济中必然会出现相对人口过剩的现象。相对人口过剩成为工资市场运行的基础，在这个基础上，市场均衡工资必然定位在劳动力价格（价值）水平上。马克思工资市场定位理论则阐明了劳动力价值范畴的市场形成机制，揭示了在资本主义经济中，市场运行必然将工资定位在劳动力价值水平，从而保证资本主义生产关系的确立。

（原文发表于《当代经济研究》2010 年第 5 期）

# 人力资本理论与劳动力价值

谢富胜　李　安[*]

为了解释经济增长中扣除物质因素和人口增长以后的"余差"问题，20世纪五六十年代，舒尔茨最先提出了人力资本理论。人力资本主要是人力资源中除了基本的数量特征之外的"技术、知识以及影响人的生产能力的属性之类的质量成分"[①]。人力资本理论在新古典经济学的分析框架下，从个人和社会的最优选择行为出发，应用成本—收益分析方法，在形式化和非形式化模型的基础上，衡量了人力资本投资的最优规模。该理论主张通过在市场经济条件下，配合政府的适当干预，扩大以国民教育为主的人力资本投资，以提高个人和社会的生产力水平和收入水平，实现国民收入分配的平等化和合理化。[②]

人力资本理论揭示了劳动的质在经济增长过程中所起的巨大作用，抛弃了新古典经济学关于劳动要素的同质性假说，将新古典分析方法扩展到教育与家庭等非市场领域。但人力资本理论关于人力资本投资的效果、教育的功能、收入分配等核心命题也招致主流学者的诸多批评。例如，谢弗尔指出，人力资本理论无法明确地区分消费与投资，也无法确定增加的收入中哪些是由人力资本投资带来的，因此无法由人力资本理论直接得出相应的政策建

---

　　[*] 谢富胜（1973－），中国人民大学经济学院副教授。李安（1986－），中国人民大学经济学院硕士研究生。

　　[①] T. W. Schultz. "Investment in Human Capital", *American Economic Review*, Vol. 51, No. 1, 1961：8.

　　[②] J. Mincer. "Investment in Human Capital and Personal Income Distribution", Journal of Political Economy, Vol. 66, No. 4. 1958, pp. 281－302, G. S. Becker, "Investment in Human Capital：A Theoretical Analysis", *Journal of Political Economy*, Vol. 70, No. 5, Part2：Investment in Human Beings, 1962：9－49.

议。[1] 斯彭斯指出，虽然更高的收入与更高的受教育水平正相关，但是它可能并不是人力资本投资的结果，而只是由个人能力的实际差异引起的。[2] 其他的批评还涉及如何衡量非工资收益和能力的差异等方面问题。

上述对人力资本理论的批评主要集中在如何计算人力资本投资的成本与收益方面，而未触及其核心问题，即劳动力的形成问题。人力资本理论从劳动力形成与资本形成在形式和技术上的相似性出发，把劳动力纳入了资本。这样一来，资本主义社会就"不是由两个对抗的阶级——无产阶级和资产阶级所组成，而是由两个彼此没有什么区别的资本家集团所组成的"[3]。鲍尔斯和金蒂斯指出，人力资本理论只是简单地把劳动力当作获取收入的手段，因而它只是一个非常片面的生产理论，它没有考虑社会再生产过程，尤其是生产关系的再生产的过程。[4]

近年来，人力资本理论在国内经济学界颇受欢迎。一些马克思主义经济学者认为，在所谓的"知识经济时代"，教育和培训都可以被理解为劳动者的投资行为，因而劳动力在一定条件下可以转化为资本。这些学者尝试用人力资本理论重新梳理马克思的劳动力价值理论。问题在于：第一，这种梳理并不契合马克思的本意，引入人力资本理论将会导致马克思主义经济学分析范式的内在矛盾。第二，作为一种片面的生产要素理论，人力资本理论并不能准确地把握劳动力的质的作用的本质和特征，需要发展马克思的劳动力价值理论以解释这种现实。第三，人力资本理论提倡扩大国民教育来缓解收入分配不平等问题，但资本主义国民教育的劳动力再生产功能服从于资本积累的需要，国民教育的发展并不能促进资本主义收入分配上的平等化。

---

[1] H. G. Shaffer. "Investment in Human Capital: Comment", *American Economic Review*, Vol. 51, No. 5, 1961: 1026 – 1035.

[2] M. Spence. "Job Market Signaling", *Quarterly Journal of Economics*, Vol. 87, No. 3, 1973: 355 – 374.

[3] 米列伊科夫斯基等：《现代资产阶级政治经济学批判》，商务印书馆1985年版，第451页。

[4] S. Bowles H. Gintis. "The Problem with Human Capital Theory – A Marxian Critique", *American Economic Review*, Vol. 65, No. 2, 1975: 75.

## 一、人力资本理论不能引入马克思主义经济学体系

### 1. 马克思对人力资本思想的批判

在马克思之前，古典经济学家即已提出过将劳动力视为资本的思想。例如：斯密认为，人的才能是固定资本的一种存在形式，这种才能必须通过接受不同形式的教育方可获得，而教育所花费的成本累积起来可以算作一种投资。人们通过教育所获得的才能就转化为一项资本，劳动者的收入就可以被理解为投资的利润。① 萨伊认为，从事所有职业的人们，都必须接受教育以积累自己的才能，从而人力资本投资活动就成为全社会的普遍行为，人们的劳动收入可分为"劳动的一般报酬"和与该报酬无关的利息收入两个部分。②

针对把劳动力看作资本，把劳动者的收入看作投资的利润或资本的利息的思想，马克思指出："资本主义思想方法的错乱在这里达到了顶点，资本的增值不是用劳动力的被剥削来说明，相反，劳动力的生产性质却用劳动力本身是这样一种神秘的东西即生息资本来说明。……不幸有两件事情不愉快地和这种轻率的观念交错着：第一，工人必须劳动，才能获得这种利息；第二，他不能通过转让的办法把他的劳动力的资本价值转化为货币。其实，他的劳动力的年价值只等于他的年平均工资，而他必须通过劳动补偿给劳动力的买者的，却是这个价值本身加上剩余价值，也就是加上这个价值的增值额。"③

为了揭示所考察对象的特点，对比分析是一种合理的分析手段。例如，马克思曾经指出，从直接生产过程来看，人的能力的发展"可以看作生产固定资本，这种固定资本就是人本身"④。但对比两个事物不能将二者等同起来。马克思对古典人力资本思想的批评表明，古典学者将相似因素绝对化而忽视了资本和劳动力之间的差异：

第一，在资本主义社会中，劳动力是一种特殊的商品。对于劳动者来说，劳动力的所有权不可以转让，唯一可以转让的是劳动力在一定期间的使用权，

---

① 斯密：《国民财富的性质和原因的研究》（上卷），商务印书馆1972年版，第257～259页。

② 萨伊：《政治经济学概论》，商务印书馆1963年版，第368～369页、第375页。

③ 《马克思恩格斯全集》第25卷，人民出版社1974年版，第528页。

④ 《马克思恩格斯全集》第46卷（下册），人民出版社1980年版，第225页。

但转让使用权时所获得的是劳动者应得的工资。这种不可转移的特性，使得劳动者不能像转让物质资本一样取得相当于资本价值的货币额。

第二，混淆了剥削的对象和手段。雇佣工人以工资形态获得的收入源泉只有在雇佣工人自己的劳动中才能实现，而资本以利润形态获得的收入源泉是别人的无偿劳动，不需要其所有者消耗任何劳动。劳动与资本是一对对立统一的经济范畴。"资本只有同非资本，同资本的否定相联系，才发生交换，……实际的非资本就是劳动"①。在资本主义生产关系下，雇佣劳动只有与资本发生关系才能成为现实的劳动力，才能成为价值增值的手段。

第三，混淆了剩余价值生产和分配。古典学者把资本的增值扩大到劳动者身上，认为劳动力本身也是能够自行增值的价值，劳动者也能够在全部剩余价值中分得属于自己的一部分了。这样，劳动者与资本家成为共同享有剩余价值的合作者，劳动者的被剥削和资本主义的本质被掩盖了。其实，雇佣工人的劳动在出卖后已经归于资本家，他无法支配自身的劳动，雇佣工人在生产过程中生产的剩余价值完全归于资本家所有和支配，雇佣工人得到的只是劳动力商品价值或价格的转化形式即工资。因而不可能获得自己劳动的增值额。

### 2. 人力资本理论中的资本与马克思主义经济理论体系中的资本存在着本质上的差异

古典经济学的资本理论包含着两个不同方面：对于未来收入的所有权和对生产资料的控制。而新古典经济学家继承了从萨伊开始的资本理论，完全抛弃了对生产的社会关系的分析，把生产理解为"资本"和"劳动"要素相结合的物质关系。费雪进一步将任何时候都存在的财富存量全部定义为资本，并区分了资本的两种属性：一是资本沉没投资的成本属性，二是资本提供服务流的贴现值。人力资本理论认为一切能够带来收入的要素都可以被定义为资本。由于人力的确可以为劳动者带来更高的未来收入，舒尔茨便顺理成章

---

① 《马克思恩格斯全集》第 46 卷（上册），人民出版社 1979 年版，第 231 页。

地把人力视为了资本①。但人力资本理论仅着眼于流通过程中的货币获得，而不考虑这种收入是剥削所得，还是被剥削所得。它将资本当作静止的生产要素，着眼于寻找均衡状态的分析，仅仅描述了投资能够提供收益这个表面现象。

马克思主义经济学的资本理论则从价值增值、资本的运动和生产关系三个角度揭示了资本的本质。第一，资本主义生产的目的和本质是不断地榨取剩余价值。价值增值是资本的本性；第二，运动是资本的存在形式。资本必须在不断地循环与周转中扩大资本积累的规模，实现价值增值；第三，资本是用来榨取劳动者的剩余劳动的手段。资本的增值不是来源于资本家自身的劳动，而是来源于它的对立面即生产过程中雇佣劳动者的劳动；所以资本是被物质外壳掩盖的资本剥削雇佣劳动的生产关系。在本质上，"资本不是物，而是一定的、社会的、属于一定历史社会形态的生产关系，它体现在一个物上，并赋予这个物以特有的社会性质"②。

尽管劳动力形成与资本形成"都要求牺牲目前的消费，吸收相当多的资金。未来的经济发展水平依存于这二者。两种投资按其性质来说，都提供长期生产的效力"③，但二者的相似性仅限于这些表面现象。如果将人力资本理论引入马克思主义经济学，改写劳动力价值理论，那么将会与马克思对于资本主义社会生产关系的分析产生矛盾："'人力资本'理论的资本概念，……把资本仅仅当成能够被利用来进行生产并在未来得到更大价值的物，回避资本是对劳动者无酬劳动的剥削关系，回避资本增值的根源，掩盖剩余价值创造过程的真实关系，并进而把占有无酬劳动的功能荒谬地赋予提供无酬劳动和被剥削的对象身上。"④

3. 人力资本理论掩盖了资本主义生产方式不可调和的内在矛盾

资本主义究竟是导致和谐还是导致冲突的一种社会制度是经济理论反复

---

① 舒尔茨：《报酬递增的源泉》，北京大学出版社 2001 年版，第 20～21 页。

② 《马克思恩格斯全集》第 25 卷，人民出版社 1974 年版，第 920 页。

③ 米列伊科夫斯基等：《现代资产阶级政治经济学批判》，商务印书馆 1985 年版，第 441 页。

④ 吴宣恭：《"人力资本"概念悖论分析》，载于《经济学动态》2005 年第 10 期。

论证的一个主题。古典经济学家对这一问题进行了详细的分析。马克思指出，李嘉图之后，经济理论"必须在古典经济学家朴素地描绘生产关系的对抗的地方，证明生产关系是和谐的"①。"在清除阶级作为经济学中心概念的各种努力中，人力资本理论是最新的、或许也是最后的一个步骤。"② 按照人力资本理论来看，"人们已经获得了具有经济价值的大量的知识和多种技能，从这个意义上来说，他们已经变成了资本家"③。即资本主义社会是由许多彼此没有什么区别的两个资本家集团所组成，这些资本家可以互相进行竞争，目的都是实现收入最大化。这样，人力资本理论就把资本家与雇佣工人、剥削者和被剥削者混为一谈，把劳资关系以及劳资对抗驱逐出对劳动力价值决定的解释之外了。

马克思主义经济学认为，资本是在运动中追求增值的价值，资本积累的连续性依赖于商品生产中价值的连续扩大，价值增值是通过生产中对活劳动的控制和剥削来实现的。社会资本再生产过程中各个资本之间的竞争使资本主义生产方式在技术上是动态的。"竞争无非是许多资本把资本的内在规定互相强加给对方并强加给自己。"④ 资本积累所导致的扩大再生产伴随着并依赖于劳资双方之间的对立和斗争。因此，资本主义生产方式本质上是充满矛盾的。资本主义生产方式不能正常运转是其内在结构性矛盾运动的必然结果，这种结构性矛盾的核心就是资本和劳动的关系。

所以，将人力资本理论引入马克思主义经济学，不仅会与马克思主义科学的资本概念相矛盾，而且必然会消解马克思主义经济学对资本主义生产方式的内在社会对抗性的动态分析，抛弃马克思主义经济学分析范式的核心，最终会丧失马克思主义经济学对资本主义社会发展规律进行分析的生命力。

---

① 《马克思恩格斯全集》第 46 卷（上册），人民出版社 1979 年版，第 4 页。

② S. Bowles, H. Gintis, "The Problem with Human Capital Theory – A Marxian Critique", *American Economic Review*, Vol. 65, No. 2, 1975：74.

③ 舒尔茨：《教育的经济价值》，吉林人民出版社 1982 年版，第 8 页。

④ 《马克思恩格斯全集》第 46 卷（下册），人民出版社 1980 年版，第 160 页。

## 二、劳动的质与劳动力价值①

人力资本理论的确认识到了劳动的质对资本主义经济增长的作用，但是它将劳动者积累知识和技能的过程看成是个人为获得较高收益进行选择的结果，而非一个社会过程。马克思主义经济学认为，资本积累过程规定了劳动力价值变动的弹性范围：最低能"维持身体所必不可少的生活资料的价值"②，最高"被限制在这样的界限内，这个界限不仅使资本主义制度的基础不受侵犯，而且还保证资本主义制度的规模扩大的再生产"③。在马克思的分析中，劳动力价值被当作是给定的。这样的假设在一定的抽象层面上有助于集中分析资本家是如何榨取剩余价值的，但诸如资本主义生产组织演变中所需要的技术和劳动技能、雇佣工人联合起来的集体力量与雇佣工人之间的分化对劳动力价值的影响机制等问题就没有得到系统地分析。

马克思对资本主义生产组织演变过程的分析表明，劳动者的技能必须适应资本主义各个部门具体劳动过程的主观或客观要求。在劳动技能一定的情况下，资本取得效益高低的关键在于对劳动时间和劳动强度的控制，而这种控制主要取决于资本和劳动之间的权力制衡关系。因此，劳动力的质和劳动力的价值，并不存在着一一对应关系。这就需要结合资本主义生产组织的演变来分析劳动者技能与劳动力价值之间存在的内在联系。

1. 从工场手工业到机器大工业阶段：劳动者技能下降与劳动力价值

工场手工业阶段的技术基础仍然是手工劳动，劳动者的技能在生产过程中起着相当大的决定作用，劳动过程的控制权依然在很大程度上掌握在劳动者手中。内部分工的发展使得劳动者的劳动被分割为不同的部分和级别，从事简单的手工劳动和从事复杂的手工劳动的劳动者所需要的技能水平出现了明显的区分，形成了劳动力的等级制度，造成了劳动者之间的工资差别。工

---

① 马克思在劳动力价值理论上着墨不多，这或许与那本没有写出的《雇佣劳动》有关。Harvey 对劳动力价值理论存在的问题进行了分析（参见 D. Harvey. *The Limits to Capital*, Chicago：University of Chicago Press，1982）。莱博维奇在放宽必要生活资料范围的假定下发展了马克思的劳动力价值理论（莱博维奇：《超越〈资本论〉》，经济科学出版社 2007 年版，第 107～190 页）。

② 《马克思恩格斯全集》第 23 卷，人民出版社 1972 年版，第 196 页。

③ 《马克思恩格斯全集》第 23 卷，人民出版社 1972 年版，第 681 页。

资作为劳动力价值的转化形式,其分化反映了劳动力价值的层级分化。但是,"虽然工场手工业……迫切要求在生产上对妇女和儿童进行剥削",但"这种倾向由于习惯和男工的反抗而遭到破坏"。虽然分工降低了工人的教育费用,从而降低了工人的价值,"但较难的局部劳动仍然需要较长的学习时间,甚至在这种学习时间已成为多余的地方,工人还竭力要把它保留下来"。例如,七年的学徒法在工场手工业末期还完全有效。"所以资本不得不经常同工人的不服从行为作斗争"①,以致于劳动力的价值和工资不能下降到对于资本来说合意的程度,工人通过对资本的反抗可以获得接近于劳动力价值数额的工资。

在机器大工业阶段,"机器使手工业的活动不再成为社会生产的支配原则……这个原则加于资本统治身上的限制也消失了,"② 劳动对资本的隶属关系转化为实际的隶属关系。机器的大规模使用要求劳动者能够完成由机器统筹的各项任务,服务于以机器体系为技术基础的分工与协作体系。"机器成了镇压工人反抗资本专制的周期性暴动和罢工等等的最强有力的武器……1830年以来的许多发明,都只是作为资本对付工人暴动的武器而出现的。"③④ 劳动者的劳动技能受到了机器的限定和替代,对劳动者的劳动技能要求趋于下降,这样培养一名劳动者就变得相对容易了。从资本的角度来讲,劳动力价值相对于剩余价值的下降,带来了更为丰厚的相对剩余价值和超额剩余价值,而劳动者的收入在国民收入中的比例则相对地下降了。此外,与工作阶梯相配合的工资等级制度,形成了具有不同劳动力价值的工人的分化和竞争,更有利于资本的控制和劳动力成本的下降。

但是正如后来的企业史学者所发现的,马克思在《资本论》第 1 卷中高估了机器对雇佣劳动的影响,在对劳动力价值的分析中没有考虑到车间中权力关系的作用,这并不符合英国历史的实际状况。尽管劳动力技能确实下降了,再生产劳动力的费用减少,但熟练工人控制着车间的生产决策,发展并

---

① 《马克思恩格斯全集》第 23 卷,人民出版社 1972 年版,第 406 页。
② 《马克思恩格斯全集》第 23 卷,人民出版社 1972 年版,第 407 页。
③ 《马克思恩格斯全集》第 23 卷,人民出版社 1972 年版,第 475 ~476 页。
④ "不是技术支配了生产的社会形式,相反是生产的社会关系极其广泛地支配了技术"(鲍尔斯、金蒂斯:《美国:经济生活与教育改革》,上海教育出版社 1990 年版,第 116 页)。

通过手工业行会与资本家进行抗争。工人利用当时的经济和政治形势，争取合理工资并减少劳动时间。他们一方面以下包制为基础按产品件数领取酬劳，另一方面以小时工资支付自己的团队助手，成为"工人贵族"①。

2. 福特制大规模生产阶段：劳动者去技能化与劳动力价值的决定

随着第二次工业革命的发展，资本主义生产组织发展到福特制大规模生产阶段。这一阶段的核心标志是泰勒制科学管理和流水线作业生产方式。泰勒制的核心在于造成劳动的概念与执行的分离；科学管理将关于组织劳动的信息控制在管理者手中，劳动者则完全丧失了对劳动过程的控制权，完全成为来自上层的命令（概念）的执行者。福特制大规模生产采用的流水线技术配合了概念与执行相分离的过程，机械化、自动化和标准化的流水线使得劳动者就像机器上的零件一样，成为一种可以互换的部件来使用的劳动，雇佣劳动"去技能化"为近乎同质的机械手臂②，使其最终成为劳动过程的无生命的客观因素之一。与此同时，科学管理所实行的劳动概念与劳动执行的分离造成了一个凌驾于劳动过程之上的经理阶层，生产规模的扩大导致管理部门急剧膨胀，降低管理成本促使了管理活动的再分工，出现了以办公室工作为基础的纵向科层分工体系。这种去技能化的趋势与人力资本理论倡导的教育提高劳动者技能的观点正好相反，因此，人力资本投资并不能为现实的劳动者带来技能和收入的提高。

但同时，大规模生产导致的资本集中把相对同质的雇佣劳动力大军联系在一起。这种联系有利于建立工会和举行罢工。固定资本增长要求生产过程必须保持连续性，大规模生产的发展使资本更容易受到工人罢工的威胁，一旦资本"同活劳动的接触被中断，它就会丧失使用价值和交换价值"③。这意味着大规模生产不能完全阻止雇佣工人在生产中坚持自己的意志。劳资双方冲突的核心就表现为保障就业权和提高实际工资的斗争。20 世纪 30 年代后

---

① 拉佐尼克：《车间的竞争优势》，中国人民大学出版社 2007 年版。

② "科学越是被纳入劳动过程之中，工人就越不了解这种过程；作为智力产物的机器越是复杂，工人就越不能控制和理解这种机器"（布雷弗曼：《劳动与垄断资本》，商务印书馆 1978 年版，第 380 页）。

③ 《马克思恩格斯全集》第 23 卷，人民出版社 1972 年版，第 445 页。

期，随着美国工会势力的急剧扩大①和国家为了社会稳定进行的干预，汽车工会与三大公司最终签订的协议使工会获得了在年资保护、工资标准和工资级差三个方面对资方决定和职务结构讨价还价的权利：资方必须和工会一起共同决定工资结构；资历成为决定工人去留的主要依据。1948 年，美国汽车工会和通用汽车公司签订了《工资制定方案》（The Wage – Setting Formula）。WSF 成为全社会长期制定工资标准的依据。该方案规定工资每年按照劳动生产率的成长和消费物价指数的变化而增加。而经过价格调整的劳动生产率是整个生产能力的衡量指标。WSF 被许多工会化和非工会化工业部门接受和仿效。这样，劳资双方通过集体谈判确定工资的制度就被基本确立下来。在生产率提高的条件下，劳资双方的收益都得到了改进。所以劳动力价值的决定和实现是同一问题的两个方面，工人获得的工资额最终要考虑直接生产过程和全社会的劳动对抗程度和力量对比。

3. 后福特主义阶段：劳动技能的结构化与劳动力价值的分化

福特制使得大规模生产和大规模消费成为可能，资本主义经历了长达 20多年的黄金时期，但是其内在缺陷②却迫使资本主义企业不得不探索更为有效的生产组织形式；企业外部的市场需求改变了原有的"同质"化状态并趋于多样化。这就要求生产过程必须针对市场需求做出相应的快速调整。资本主义生产组织为了减少生产过程的刚性和非生产性劳动开支，提高生产效率和对市场供求的反应速度，对泰勒制的科学管理和纵向的科层制进行了改造，调整了劳动概念与劳动执行分离的旧有模式，逐渐形成以精益生产为代表的后福特主义企业组织。部分核心劳动者"去技能化"的趋势发生了反转。

---

① 1946 年版，几乎将近70% 的主要制造业工人都参加了工会；在农机工业、航空工业、肉类加工工业、有色金属工业、橡胶工业、造船工业和钢铁工业，80% ~100% 的工人参加了工会；而机械工业、石化工业参加工会的工人约为30% ~60% （M. Piore, C. Sabel. *The Second Industrial Divide*：*Possibilities for Prosperity*. New York：Basic Books，1984，P. 102）。

② 严格的等级制分工造成劳动者严重地"去技能化"，束缚了生产过程中劳动者的创造性，给提高生产效率带来困难；管理机构的膨胀造成非生产性成本增加；固定资本投资数额巨大，增加了经营风险和资本循环成本；科层制的管理体制造成生产组织缺乏灵活性；大规模生产造成了市场饱和，给企业增加利润造成障碍等等（谢富胜：《资本主义劳动过程：从福特主义向后福特主义转变》，载于《中国人民大学学报》2007 年第 2 期）。

后福特制企业采取弹性的工作和雇佣方式来实现生产的弹性：雇佣劳动者被分为能获得更多薪资、技能水平更高和职位稳定的核心工人和获得更低的薪资、技能水平较低、不需要培训、职位不稳定的边缘工人两部分。[①] 核心工人必须具备多种专业技能，并能对生产过程进行必要的自主控制，以适应对生产过程进行快速调整的需要。由于核心工人可以进行创造性劳动并直接从事企业经营的关键性活动，因此是企业竞争力的核心，而且不容易被取代。企业必须采取全职性的、安全性强的、高工资的长期雇佣策略以避免核心员工的流失。但必须指出的是，核心工人并没有工作标准制定上的参与权与收益分配上的决策权。边缘工人则通过劳动力规模的调整来向企业提供弹性，以应对变化的和不确定的产品市场需求。企业既可以通过短期合同、中介以及外购自我雇佣的方式来雇佣边缘工人，也可以通过下包以及分包的方式来利用小企业内部的雇佣工人来实现弹性。这种雇佣方式既可以满足工作时间和职务要求的变动，又可以对无法预测的市场变化做出迅速反应，还更能有效地降低单位劳动成本。

劳动力技能的结构化和劳动者进一步被划分为核心工人和边缘工人这两个事实与劳动过程历史演变趋势相符合，即劳动力价值的相对下降和劳动者的收入分化。这显然符合资本积累所要求的劳动力价值相对下降，并且劳动者进一步分化以保证劳动者不能组织起来反抗工资的下降。事实证明，弹性工作制与美英等国自 20 世纪 80 年代以来推行的新自由主义政策相结合，破坏了工人自主的集体社会力量。后福特主义弹性化的雇佣方式造成了工人的分割，对工人集体形成一个统一战略起到了阻碍作用。单个工人不得不适应这种转变以求生存。然而从整体角度看，发达国家劳动在国民经济份额中的比重是下降的。[②]

上述分析表明，劳动力的质适应资本积累的变化而不断变化，并且劳动力的质与劳动力价值并非一一对应的。劳动者的团结与分化是影响劳动力价

---

① 谢富胜：《企业网络：激进学者的分析范式》，载于《经济理论与经济管理》2006 年第 8 期。
② 耶茨：《从统计数字看当前美国工人阶级状况》，载于《国外理论动态》2006 年第 8 期。

值的重要因素。劳动者的知识、技能在劳动力市场中的价值实现等基本现象，只有结合劳资双方特定时期的权力关系才能得到正确的分析。

### 三、资本主义国民教育与劳动力再生产

人力资本理论认为，劳动者的劳动生产率直接取决于其技能的发展水平，而教育是提高劳动者技能的主要手段。因此，随着更多的人能够得到更多和更好的受教育机会，全社会的生产潜力会得到提高；人力资本理论进一步认为，更加平等地分配受教育机会可以带来社会资源的有效配置。平等化的市场化教育改革，可以提升社会整体的生产率水平，同时缓解不同群体间的收入不平等状况。[①] 该理论显然忽视了不同社会群体在种族、性别、年龄、民族、宗教等方面的差异对经济生活与受教育水平的影响，人力资本理论的教育观是脱离了社会生产关系的纯技术性讨论。马克思主义经济学认为，教育不是远离社会经济关系的"孤岛"，而是与社会经济关系联系紧密的"半岛"。应该从劳动力再生产和社会生产关系再生产两个角度综合地考察教育；教育是社会再生产过程的产物，并且服务于社会再生产过程。因此，将人力资本理论引入马克思主义经济学，从而将两种教育观同一化，会将教育在社会生产关系再生产中的功能简单化为一种生产要素再生产理论，将教育仅仅视为劳动力再生产过程中的一个没有内部结构和外部联系的"黑箱"，从而修正马克思主义的教育经济观点。

1. 资本主义国民教育与劳动力的再生产

劳动力的再生产是任何社会进行再生产的必要条件。对于任何社会，教育在促进劳动力再生产中具有显著的作用。劳动者的知识和技能只有符合特定社会劳动过程的主观或客观要求才能促进现实的生产力发展。在给定的技术和生产组织条件下，劳动者的技能水平代表了在劳动过程中，他完成必要劳动并提供剩余劳动的能力。教育的劳动力再生产功能直接服务于特定社会

---

① G. J. Papagiannis, S. J. Klees, R. N. Bickel. "Towarda Political Economy of Educational Innovation", *Review of Educational Research*, Vol. 52, No. 2, 1982：249 –250.

劳动过程的要求。

在资本主义制度下,劳动力再生产本质上是一个被资本主义物质和生产关系再生产引导的过程,而生产结构演化是由那些支配主导经济部门、追求剩余价值的资本力量所决定的。"为改变一般人的本性,使它获得一定劳动部门的技能和技巧,成为发达的和专门的劳动力,就要有一定的教育和训练。"① 伴随着机器大工业的确立,教育部门在某种程度上被重新组织起来,以生产为资本主义积累所需要的雇佣劳动的质,教育的发展发挥了将资本主义物质再生产过程和生产关系再生产过程联系起来的中介作用。但是在资本雇佣劳动的生产关系下,劳动生产力水平的每一次提高都会使得购买并使用劳动力的资本受益,从教育带来的高水平劳动生产率中受益的不是劳动者而是其所受雇于的资本。

随着大规模生产的发展,资本主义国民教育的性质发生了新的变化。"工业劳动和办公室劳动的不断变化的条件,需要一支日益'受过良好训练'、'受到良好教育'因而是日益'升级'的劳动人口,这一想法在日常谈话和学术性讨论中,几乎是被人们普遍接受的。"② 但是,教育的职能并不在于发展个人的能力,而是使个人的能力在教育过程中"平均化"、"退化"。"在城市环境中需要有阅读写作和简单演算的能力,这不仅仅是为了工作,而且也是为了消费,为了遵守社会法则和服从法律。"③ 因此,国民教育的普及与劳动生产率的提高之间并不存在着必然联系。例如,在 20 世纪 50 年代,美国受过高等教育的劳动力人数的年均增长率为 3%,60 年代的年均增长率为6%。但是,50 年代的劳动生产率年均增长率为 2.7%,60 年代的年均增长率并未超过这一水平,70 年代的年均增长率降到 1% 左右。④

2. 资本主义国民教育与生产关系的再生产

任何社会体制"得以长期顺利地运转,都需要有一种被广泛接受的意识

---

① 《马克思恩格斯全集》第 23 卷,人民出版社 1972 年版,第 195 页。
②③ 布雷弗曼:《劳动与垄断资本》,商务印书馆 1978 年版,第 391 页。
④ 曲恒昌、曾晓东:《西方教育经济学研究》,北京师范大学出版社 2004 年版,第 240 页。

形态来证明这个社会秩序和社会关系结构是合理的"①。因此，教育的经济功能必须再生产现有的社会生产关系。教育作为上层建筑的一部分传播了统治阶级的意识形态，并且通过提供一个表面上是公正、合理、平等的和选优任能的机制，将个人分配到不同等级的社会经济地位上去，使得生产关系合法化。

资本主义国民教育通过其内在的社会关系与资本主义劳动过程之间在结构上的对应性，实现了资本主义意识形态合法化的功能：第一，教育传授有利于维系和扩展现有社会经济关系的价值取向。这些"合法化"的价值取向，使劳动者在受教育的过程中形成了未来在雇佣劳动体制下需要的意识、工作状态和行为模式。第二，教育部门内部的管理体制与资本主义企业中的劳动控制体制存在对应性，这样使得劳动者在学校中适应了纵向的命令——服从体制和横向的竞争——合作体制。此外，对教学计划、内容、管理缺乏控制权力，追求与成绩无关的外在奖励分别体现了劳动过程中劳动的异化和工作激励机制。第三，不同等级的受教育水平与资本主义劳动力市场的层次性也存在对应性，教育实际上发挥了将不同水平的劳动者统合到相应层次的劳动力市场上的功能。第四，诸如种族、性别、年龄、民族、宗教、家庭背景等被认为与经济成就无关的意识形态也在教育过程中得到强化。

资本主义国民教育的"合法化"功能"在个人中培养一种普遍性的意识，这种意识将防止可能导致改变现存社会条件的社会结合力和批判意识的形成"②。所有受教育者最终要到劳动力市场中寻找自己的定位。这样，雇佣关系通过劳动力市场——在金字塔式的结构中雇主盘踞顶端，使得劳动力的层级架构得到维系。受教育的个人也就在统合的过程中完成了收入分配的过程，不平等没有消失而是进一步合理化了——因为这被认为是基于受教育者的个人能力、学习成就的收入分配方式。

### 3. 资本主义国民教育与收入分配平等化

尽管资本主义国家试图通过平等化教育改革来解决经济、社会发展中的

---

① 鲍尔斯、金蒂斯：《美国：经济生活与教育改革》，上海教育出版社1990年版，第83页。
② 鲍尔斯、金蒂斯：《美国：经济生活与教育改革》，上海教育出版社1990年版，第157页。

不平等问题，但是"现实生活证明，在资本主义条件下，教育制度不可能解决资本主义社会内部所固有的矛盾"①。"美国教育的历史并没有证实以下观点：学校已经成为经济地位或机会平等化的工具。"② 通过教育实现收入分配的平等化，有赖于社会基本层面的改革。

在资本主义条件下，不对现存的不平等经济体系进行改革，试图用教育来改良不平等的扩大化是不可能取得成效的。第一，尽管教育可以有助于提高劳动者的知识和技能，但是教育的直接受益者是资本的所有者，它不可能使劳动者致富，而只能使资本所有者更富。"由于国民教育的普及，就可以从那些以前没有可能干这一行并且习惯于较差的生活方式的阶级中招收这种工人。这种普及增加了这种工人的供给，因而加强了竞争。因此，除了少数例外，随着资本主义生产的进展，这种人劳动力价值会贬值。他们的劳动能力提高了，但是他们的工资下降了。"③ 第二，教育给予个人发展的空间与他的社会经济背景有很大关系，社会经济背景至少应该考虑家庭收入、父母财富、父母在劳动关系层级结构中的位置。父母的社会经济背景将通过教育"遗传"到下一代，从而造成不平等的"代代相传"。美国学者鲍尔斯在引入社会经济背景这个变量后发现，计量模型中教育时常对个人收入的决定作用远非人愿。第三，劳动力技能的差距与收入分配差距并不存在对应关系，收入分配差距拉大的根源在于资本主义的分配关系。在平等化教育改革进行的最普遍的美国，受教育机会的平等化并没有带来同步的收入分配平等化。例如，20世纪90年代以来，美国以各种形式表现出来的工资差距在缩小，但同时以企业高级经理为主的处于工资分配顶层的人其工资却迅速增加，远远高于所有其他的人。原因在于，"不论企业的劳动生产率提高得快还是慢、使用高科技还是低科技、经营得好还是不好，其首席执行官和他们的直接下属们的工资都是照样增长"④。

---

① 米列伊科夫斯基等：《现代资产阶级政治经济学批判》，商务印书馆1985年版，第437页。
② 鲍尔斯、金蒂斯：《美国：经济生活与教育改革》，上海教育出版社1990年版，第73页。
③ 《马克思恩格斯全集》第25卷，人民出版社1974年版，第336页。
④ 耶茨：《从统计数字看当前美国工人阶级状况》，载于《国外理论动态》2006年第8期。

## 四、结论

人力资本理论把所有能够带来更高的未来收益的生产性因素都归为资本，亦即把劳动力当作一项资本。在马克思主义经济学的分析范式下，资本在本质上是资本剥削雇佣劳动的生产关系。因此，用人力资本概念重新梳理马克思主义经济学中的资本理论和劳动力价值理论将使得科学的资本理论和劳动力价值理论庸俗化。

通过分析资本主义生产组织变迁过程中的劳动力技能与劳动力价值的变化与关系，表明雇佣劳动技能的发展可以直接归因于资本主义劳动过程对于劳动者的要求。雇佣劳动者积累的所谓"人力资本"并没有给自己带来"价值增值"。相反，他只是积累了更高水平的可供剥削的劳动条件。

资本主义国民教育的功能在于将劳动者统合到现有的社会经济结构、政治结构和观念结构中。教育通过再生劳动者的意识形态、与社会经济关系的对应性完成这一功能。在资本主义社会下，教育只是把不平等合法化，而并不能促进平等。要使教育促进个人的自由发展和社会的均衡发展，必须改革不平等的资本主义社会经济关系。

（原文发表于《马克思主义研究》2008 年第 8 期）

# 我国劳动力价值实现程度与劳动争议关系的实证研究

于桂兰　宋冬林[*]

## 引言

1991～2007 年，我国劳动争议案件总数量从 7633 件，增加到 350182 件；2007 年是 1991 年的 45.88 倍，16 年间增加了 342549 件。[①]

从全国情况看，劳动者的劳动报酬和保险福利权利被侵害是引起劳动争议的最主要原因。1997～2007 年的劳动争议总数量中，由劳动报酬、社会保险问题引起的争议，平均占了总量的 56.78%。[②] 从地区情况看，2000～2007 年，北京、辽宁、上海、浙江、广东因劳动报酬和社会保险问题引起的争议案件数，分别平均占当地劳动争议案件总数量的 64.32%、53.94%、67.26%、64.58% 和 55.36%。[③]

在市场经济条件下，劳动报酬的最主要体现形式是工资，而工资是劳动力价值的转化形式，反映了劳动力价值的实现程度。[④] 本文在相关文献综述的基础上，研究了全国和 12 个省（市）考虑通货膨胀因素前后职工工资总额和平均工资与劳动争议的关系，分析了考虑通货膨胀因素前后全国和 12 个省

＊ 于桂兰（1964－），吉林大学商学院教授、人力资源管理系主任。宋冬林（1957－），长春税务学院院长、教授，吉林大学经济学院博士生导师。

① 1993～2007 年的劳动争议案件数据，来源于 1994～2008 年《中国劳动统计年鉴》。1991 年、1992 年的劳动争议案件数据，来自"劳动争议处理统计数据"，中国劳动咨询网，http://www.51labour.com/law/Article/55.asp。

② 根据 1998～2008 年《中国劳动统计年鉴》中的劳动争议有关数据整理计算而得。

③ 地市间根据 1998～2008 年《中国劳动统计年鉴》中的劳动争议有关数据整理计算而得。

④ 劳动力价值的另一种重要体现形式是社会保险。因为社会保险数据中包括了非在职职工，难以作为职工保险的准确数据，所以，本文只以工资为主要指标来研究劳动力价值实现程度与劳动争议之间的关系。

（市）职工工资总额在 GDP 中所占比重的变化趋势，用统计分析数据显示了我国劳动力价值实现程度对劳动争议的影响程度。

## 一、文献综述

亚当·斯密没有使用过"劳动力价值"这一概念，但明确使用了劳动力概念。他认为，"每一个人对他自己劳动力的所有权，是所有其他财产权的原始基础，它是最神圣不可侵犯的"①。在亚当·斯密的《国富论》中，与劳动力价值构成有关的研究，主要是集中在对劳动工资问题的探讨上。他认为，劳动工资主要包含了维持劳动者个人、赡养子女和家庭的费用和教育培训费用②。马克思"把劳动力或劳动能力，理解为人的身体即活的人体中存在的、每当人生产某种使用价值时就运用的体力和智力的总和"③。因此，马克思认为，劳动力价值包括以下三个组成部分：（1）维持劳动者自身所必需的生活资料价值；（2）维持劳动力再生产、劳动者养活家属所必需的生活资料价值；（3）劳动者的教育训练费用。

何炼成、王金柱、刘明远和乔于桐、陈永正、须华斌，④ 从不同角度对劳动力价值的构成和实现等问题，进行了理论探讨。

劳动力价值的实现，体现的是劳动力价值与劳动力价格之间的关系。从形式上看，劳动力价值体现为以工资为主体的货币收入，而供求关系、社会历史和道德因素、工人与资本家的力量对比、政府与法律保护、生产资料所有制关系等，也是影响劳动力价值实现的主要因素。因此，劳动力价值与劳动力价格并不总是一致的，这也就自然地引出了劳动力价值实现

---

① 亚当·斯密：《国富论》，杨敬年译，陕西人民出版社 2001 年版，第 154 页。

② 亚当·斯密：《国富论》，杨敬年译，陕西人民出版社 2001 年版，第 89 页。

③ 《资本论》第 1 卷，人民出版社 1975 年版，第 190 页。

④ 何炼成：《关于劳动力商品论与劳动价值论、按劳分配与按要素分配之间的关系——兼评何雄浪、李国平与关柏春之争》，载于《经济评论》2005 年第 5 期；王金柱：《双产权制度论》，中共中央党校博士论文，2003 年，第 142 页；刘明远、乔于桐：《界定劳动力价值数量的一种思路及其现实意义》，载于《集宁师专学报》2003 年第 1 期；陈永正：《教育对劳动力价值形成作用新探》，载于《经济学家》2003 年第 4 期；须华斌：《劳动力价值的新特征及其对收入的影响》，载于《商业经济》2004 年第 8 期。

程度的问题。当劳动力价值实现程度低于劳动者能接受的水平时，劳动争议可能会产生。

### 二、数据来源与说明

本文主要数据来源于《中国统计年鉴》和《中国劳动统计年鉴》。由于工资的各个构成部分在统计年鉴中并没有区分开，因此，本文只能使用"工资总额"和"平均工资"，作为衡量劳动力价值实现程度的主要指标。

全国职工工资总额、平均工资、GDP、劳动争议案件数量的数据，来自《中国劳动统计年鉴》1995～2008年。

鉴于量化分析全国所有省份的数据工作量较大，因此，在采集地方数据时，我们最终选择了北京、山西、辽宁、吉林、黑龙江、上海、江苏、浙江、湖南、广东、四川、陕西共12个省市的情况进行分析。从地区分布上看，所选取的样本中有西部、中部、东部。既有东北三省，又有长江三角洲及珠江三角洲省市，可以客观反映我国各省市的发展水平差异显著的特点，样本具有一定代表性。

12个省市指标数据形成的来源与过程基本相同：其中各省市职工工资总额、平均工资和GDP的数据，来自《中国统计年鉴》1999～2008年，增长率数据是本文计算所得；劳动争议数据，来自1999～2008年《中国劳动统计年鉴》。1996年、1997年和1998年的《中国劳动统计年鉴》中，只有"分地区企业单位劳动争议委员会受理劳动争议情况"的数据；1999年《中国劳动统计年鉴》中，"分地区各级劳动仲裁委员会处理劳动争议情况"和"分地区基层工会劳动争议调解工作情况"两张表格中都有劳动争议受理数据，本文采用了"分地区各级劳动仲裁委员会处理劳动争议情况"的数据；从2000年开始，《中国劳动统计年鉴》只设"分地区劳动争议处理情况"一张统计表格；地区的GDP数据，来自《中国统计年鉴》1999～2008年。《中国统计年鉴》2006年表3－8中采用了经济普查后修订的数据，因此，2001～2003年的各地区国内生产总值，与各年鉴原来的相应数据不一致。本文采用了修订后的数据。①

居民消费物价指数的数据，来源于《中国统计年鉴》1996～2008 年。在《中国统计年鉴》中，没有 1978～1984 年的"居民消费价格指数"的数据，本文用同期的"城市（镇）居民消费价格指数"替代居民消费价格指数（见表 1、表 2）。

表 1　我国职工工资总额、平均工资、GDP 和劳动争议案件数量及增长率

| 年份 | 工资总额（亿元） | 增长率（%） | 平均工资（元） | 增长率（%） | GDP（亿元） | 增长率（%） | 劳动争议案件数量（件） | 增长率（%） |
|---|---|---|---|---|---|---|---|---|
| 1978 | 568.9 | — | 615 | — | 3624.1 | — | — | — |
| 1980 | 772.4 | 35.77 | 762 | 23.90 | 4517.8 | 24.66 | — | — |
| 1985 | 1383.0 | 79.05 | 1148 | 50.66 | 8964.4 | 98.42 | — | — |
| 1986 | 1659.7 | 20.01 | 1329 | 15.77 | 10202.2 | 13.81 | — | — |
| 1987 | 1881.1 | 13.34 | 1459 | 9.78 | 11962.5 | 17.25 | — | — |
| 1988 | 2316.2 | 23.13 | 1747 | 19.74 | 14928.3 | 24.79 | — | — |
| 1989 | 2618.5 | 13.05 | 1935 | 10.76 | 16909.2 | 13.27 | — | — |
| 1990 | 2951.1 | 12.70 | 2140 | 10.59 | 18547.9 | 9.69 | — | — |
| 1991 | 3323.9 | 12.63 | 2340 | 9.35 | 21617.8 | 16.55 | 7633 | — |
| 1992 | 3939.2 | 18.51 | 2711 | 15.85 | 26638.1 | 23.22 | 8150 | 6.77 |
| 1993 | 4916.2 | 24.80 | 3371 | 24.35 | 34634.4 | 30.02 | 12368 | 51.75 |
| 1994 | 6656.4 | 35.40 | 4538 | 34.62 | 46759.4 | 35.01 | 19098 | 54.41 |
| 1995 | 8100.0 | 21.69 | 5500 | 21.20 | 58478.1 | 25.06 | 33030 | 72.95 |
| 1996 | 9080.0 | 12.10 | 6210 | 12.91 | 67884.6 | 16.09 | 47951 | 45.17 |
| 1997 | 9405.3 | 3.58 | 6470 | 4.19 | 74462.6 | 9.69 | 71524 | 49.16 |
| 1998 | 9296.5 | -1.16 | 7479 | 15.60 | 78345.2 | 5.21 | 93649 | 30.93 |
| 1999 | 9875.5 | 6.23 | 8346 | 11.59 | 82067.5 | 4.75 | 120191 | 28.34 |
| 2000 | 10656.2 | 7.91 | 9371 | 12.28 | 89468.1 | 9.02 | 135206 | 12.49 |

---

①　为了节省版面，本文删除了 12 个省市"职工工资总额、平均工资、GDP 和劳动争议案件数量及增长率""增加通胀率因素后我国职工工资总额、平均工资和劳动争议案件数量及增长率"的原始数据。

续表

| 年份 | 工资总额（亿元） | 增长率（%） | 平均工资（元） | 增长率（%） | GDP（亿元） | 增长率（%） | 劳动争议案件数量（件） | 增长率（%） |
|---|---|---|---|---|---|---|---|---|
| 2001 | 11830.9 | 11.02 | 10870 | 16.00 | 97314.8 | 8.77 | 154621 | 14.36 |
| 2002 | 13161.1 | 11.24 | 12422 | 14.28 | 105172.3 | 8.07 | 184116 | 19.08 |
| 2003 | 14743.5 | 12.02 | 14040 | 13.03 | 117390.2 | 11.62 | 226391 | 22.96 |
| 2004 | 16900.2 | 14.63 | 16024 | 14.13 | 136875.9 | 16.60 | 260471 | 15.05 |
| 2005 | 19789.9 | 17.10 | 18364 | 14.60 | 183217.4 | 33.86 | 313773 | 20.46 |
| 2006 | 23265.9 | 17.56 | 21001 | 14.36 | 211923.5 | 15.67 | 317162 | 1.08 |
| 2007 | 28244.0 | 21.40 | 24932 | 18.72 | 249529.9 | 17.75 | 350182 | 10.41 |
| 平均 | — | 18.49 | — | 17.01 | — | 20.37 | — | 28.46 |

资料来源：根据1995～2008年《中国劳动统计年鉴》的相关数据整理计算所得①。

**表2　增加通胀率因素后我国职工工资总额、平均工资和劳动争议案件数量及增长率**

| 年份 | 居民消费物价指数 | 职工工资总额（亿元） | 调整后工资总额（亿元） | 调整后增长率（%） | 平均工资（元） | 调整后平均工资（元） | 调整后增长率（%） | 劳动争议案件数量（件） | 增长率（%） |
|---|---|---|---|---|---|---|---|---|---|
| 1978 | 100.7 | 568.9 | 564.92 | — | 615 | 610.70 | — | — | — |
| 1980 | 107.5 | 772.4 | 714.47 | 26.47 | 762 | 704.85 | 15.42 | — | — |
| 1985 | 109.3 | 1383.0 | 1254.38 | 75.57 | 1148 | 1041.24 | 47.72 | — | — |
| 1986 | 106.5 | 1659.7 | 1551.82 | 23.71 | 1329 | 1242.62 | 19.34 | — | — |
| 1987 | 107.3 | 1881.1 | 1743.78 | 12.37 | 1459 | 1352.49 | 8.84 | — | — |
| 1988 | 118.5 | 2316.2 | 1887.70 | 8.25 | 1747 | 1423.81 | 5.27 | — | — |
| 1989 | 117.8 | 2618.5 | 2152.41 | 14.02 | 1935 | 1590.57 | 11.71 | — | — |
| 1990 | 103.1 | 2951.1 | 2859.62 | 32.86 | 2140 | 2073.66 | 30.37 | — | — |
| 1991 | 103.1 | 3323.9 | 3220.86 | 12.63 | 2340 | 2267.46 | 9.35 | 7633 | — |

① GDP数据来自《中国劳动统计年鉴》2005年、2006年、2007年和2008年；职工工资总额数据，1990年、1992～2007年的数据，来自《中国劳动统计年鉴》1994～2006年，中国统计出版社。1994～2004年的GDP数据，在2005年和2006年的劳动统计年鉴中数据有差异，本文采用的是2005年劳动统计年鉴的数据。1993～2007年劳动争议案件数据，根据《中国劳动统计年鉴》1994～2008年有关劳动争议的数据整理计算而得。1991年、1992年的劳动争议数据，来自"劳动争议处理统计数据"，中国劳动咨询网，http://www.51labour.com/law/Article/55.asp。

续表

| 年份 | 居民消费物价指数 | 职工工资总额（亿元） | 调整后工资总额（亿元） | 调整后增长率（%） | 平均工资（元） | 调整后平均工资（元） | 调整后增长率（%） | 劳动争议案件数量（件） | 增长率（%） |
|---|---|---|---|---|---|---|---|---|---|
| 1992 | 106.4 | 3939.2 | 3687.09 | 14.48 | 2711 | 2537.50 | 11.91 | 8150 | 6.77 |
| 1993 | 114.7 | 4916.2 | 4193.52 | 13.74 | 3371 | 2875.46 | 13.32 | 12368 | 51.75 |
| 1994 | 124.1 | 6656.4 | 5052.21 | 20.48 | 4538 | 3444.34 | 19.78 | 19098 | 54.41 |
| 1995 | 117.1 | 8100.0 | 6714.90 | 32.91 | 5500 | 4559.50 | 32.38 | 33030 | 72.95 |
| 1996 | 108.3 | 9080.0 | 8326.36 | 24.00 | 6210 | 5694.57 | 24.89 | 47951 | 45.17 |
| 1997 | 102.8 | 9405.3 | 9141.95 | 9.80 | 6470 | 6288.84 | 10.44 | 71524 | 49.16 |
| 1998 | 99.2 | 9296.5 | 9370.87 | 2.50 | 7479 | 7538.83 | 19.88 | 93649 | 30.93 |
| 1999 | 98.6 | 9875.5 | 10013.76 | 6.86 | 8346 | 8462.84 | 12.26 | 120191 | 28.34 |
| 2000 | 100.4 | 10656.2 | 10613.58 | 5.99 | 9371 | 9333.52 | 10.29 | 135206 | 12.49 |
| 2001 | 100.7 | 11830.9 | 11748.08 | 10.69 | 10870 | 10793.91 | 15.65 | 154621 | 14.36 |
| 2002 | 99.2 | 13161.1 | 13266.39 | 12.92 | 12422 | 12521.38 | 16.00 | 184116 | 19.08 |
| 2003 | 101.2 | 14743.5 | 14566.58 | 9.80 | 14040 | 13871.52 | 10.78 | 226391 | 22.96 |
| 2004 | 103.9 | 16900.2 | 16241.09 | 11.50 | 16024 | 15399.06 | 11.01 | 260471 | 15.05 |
| 2005 | 101.8 | 19789.9 | 19433.68 | 19.66 | 18364 | 18033.45 | 17.11 | 313773 | 20.46 |
| 2006 | 101.5 | 23265.9 | 22916.91 | 17.92 | 21001 | 20685.99 | 14.71 | 317162 | 1.08 |
| 2007 | 104.8 | 28244.0 | 26888.29 | 17.33 | 24932 | 23735.26 | 14.74 | 350182 | 10.41 |
| 平均 | — | — | — | 18.19 | — | — | 16.80 | — | 28.46 |

资料来源：根据 1995~2008 年《中国劳动统计年鉴》的相关数据整理计算所得。① 计算公式为：调整后职工工资总额 = 调整前职工工资总额 − 调整前职工工资总额×（物价指数 − 100)/100；调整后职工平均工资 = 调整后职工平均工资 − 调整前职工平均工资×（物价指数 − 100)/100。

### 三、理论模型建立

通过观察职工工资总额（包括调整后）、职工平均工资（包括调整后）、GDP 与劳动争议数量的散点图，我们发现职工工资总额（包括调整后）、职工平均工资（包括调整后）、GDP 五个变量与劳动争议数量之间存在着线性关系。因为职工工资总额（包括调整后）、职工平均工资（包括调整后）与 GDP 之间存在着共线性，即它们之间具有相关关系（见图 1~图 5）。

---

① 本表中的原始数据来源，与表 1 相同。

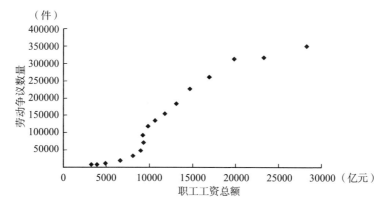

图1　职工工资总额—劳动争议数量散点图

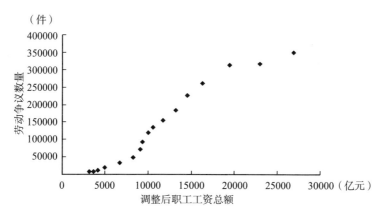

图2　调整后职工工资总额—劳动争议数量散点图

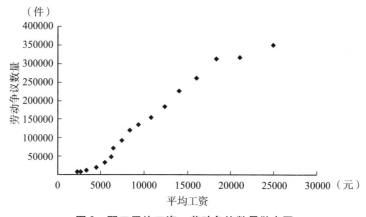

图3　职工平均工资—劳动争议数量散点图

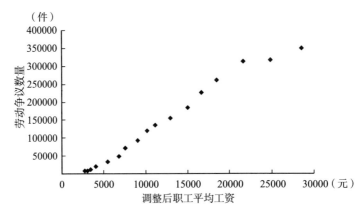

**图 4　调整后职工平均工资—劳动争议数量散点图**

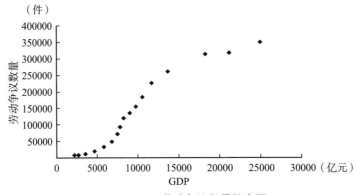

**图 5　GDP—劳动争议数量散点图**

　　因此这五个变量无法放入一个回归方程进行分析，需要分别以职工工资总额（包括调整后）、职工平均工资（包括调整后）、GDP 为自变量，以劳动争议数量为因变量建立三个线性回归方程：y = a + bx。

　　根据前文我们对全国情况的比照分析，此处仍然分别以职工工资总额（包括调整后）、职工平均工资（包括调整后）、GDP 为自变量，以劳动争议数量为因变量建立五个线性回归方程：y = a + bx。

### 四、计量数理分析

1. 全国情况的计量数理分析

（1）以职工工资总额为自变量，劳动争议数量为因变量，建立一元线性

回归方程 $y = a_1 + b_1 x$。

通过回归模型总结表和方差分析表可知（见表 3、表 4），R 系数和调整后的 $R^2$ 系数分别为 0.929，0.924，均在 0.9 以上，说明所建立的回归方程有着非常好的回归效果，方程的拟合度较好。F = 195.556，且在 1% 的显著性水平下，是显著的，即拒绝回归系数为 0 的假设，说明回归方程所包含的自变量是合理的，所建立的方程具有良好的显著性与回归效果。

表 3　　　　　　　职工工资总额—劳动争议回归模型总结表

| R | 决定系数 | 调整后决定系数 | 标准差 |
|---|---|---|---|
| 0.964[a] | 0.929 | 0.924 | 32532.28515 |

表 4　　　　　　职工工资总额—劳动争议模型方差分析表 ANOVA[b]

| 模型 | 平方和 | 自由度 | 均方差 | F | Sig. |
|---|---|---|---|---|---|
| 回归 | 2.070E11 | 1 | 2.070E11 | 195.556 | 0.000[a] |
| Residual | 1.588E10 | 15 | 1.058E9 | | |
| Total | 2.228E11 | 16 | | | |

通过回归系数表（见表 5）可知，回归方程的常数项为 −60327.780，自变量系数为 16.640，且二者在 1% 的显著性水平下，具有显著的线性关系。因此，劳动争议数量 = −60327.780 + 16.640 × 职工工资总额。分析回归方程可知，职工工资总额每变化 1 个单位，则劳动争议数量相应地变化 16.640 个单位。

表 5　　　　　职工工资总额—劳动争议模型回归系数表 Coefficients[a]

| 模型 | 未标准化回归系数 | | 标准化回归系数 | t | Sig. |
|---|---|---|---|---|---|
| | B | 标准差 | β 系数 | | |
| 调整后工资总额 | −60327.780 | 16264.416 | | −3.709 | 0.002 |
| | 16.640 | 1.190 | 0.964 | 13.984 | 0.000 |

通过回归模型总结表和方差分析表可知（见表6、表7），$R^2$ 系数和调整后的 $R^2$ 系数分别为0.951、0.948，均在0.9以上，说明所建立的回归方程有着非常好的回归效果，方程的拟合度较好。F = 293.200，且在1%的显著性水平下，是显著的，即拒绝回归系数为0的假设，说明回归方程所包含的自变量是合理的，所建立的方程具有良好的显著性与回归效果。

表6     调整后职工工资总额—劳动争议回归模型总结表

| R | 决定系数 | 调整后决定系数 | 标准差 |
|---|---|---|---|
| 0.975[a] | 0.951 | 0.948 | 26889.48414 |

表7     调整后职工工资总额—劳动争议模型方差分析表 ANOVA[b]

| 模型 | 平方和 | 自由度 | 均方差 | F | Sig. |
|---|---|---|---|---|---|
| 回归 | 2.120E11 | 1 | 2.120E11 | 293.200 | 0.000[a] |
| Residual | 1.085E10 | 15 | 7.230E8 | | |
| Total | 2.228E11 | 16 | | | |

通过回归系数表可知（见表8），回归方程的常数项为 -56543.900，自变量系数为16.975，且二者在1%的显著性水平下，具有显著的线性关系。因此，劳动争议数量 = -56543.9 + 16.975 × 职工工资总额。分析回归方程可知，职工工资总额每变化1个单位，则劳动争议数量相应地变化16.975个单位。

表8     调整后职工工资总额—劳动争议模型回归系数表 Coefficients[a]

| 模型 | 未标准化回归系数 | | 标准化回归系数 | t | Sig. |
|---|---|---|---|---|---|
| | B | 标准差 | β 系数 | | |
| 调整后 | -56543.900 | 13128.577 | | -4.307 | 0.001 |
| 工资总额 | 16.975 | 0.991 | 0.975 | 17.123 | 0.000 |

（2）以职工平均工资为自变量，劳动争议数量为因变量，建立一元线性回归方程 $y = a_2 + b_2x$。

通过回归模型总结表和方差分析表可知（见表9、表10），$R^2$ 系数和调整后的 $R^2$ 系数分别为 0.973、0.971，均在 0.9 以上，说明所建立的回归方程有着非常好的回归效果，方程的拟合度较好。F = 544.242，且在 1% 的显著性水平下，是显著的，即拒绝回归系数为 0 的假设，说明回归方程所包含的自变量是合理的，所建立的方程具有良好的显著性与回归效果。

表9　　　　　　　　　　职工平均工资—劳动争议模型总结表

| R | 决定系数 | 调整后决定系数 | 标准差 |
|---|---|---|---|
| 0.986[a] | 0.973 | 0.971 | 19961.76923 |

表10　　　　　　　　职工平均工资—劳动争议模型方差分析表 ANOVA[b]

| 模型 | 平方和 | 自由度 | 均方差 | F | Sig. |
|---|---|---|---|---|---|
| 回归 | 2.169E11 | 1 | 2.169E11 | 544.242 | 0.000[a] |
| Residual | 5.977E9 | 15 | 3.985E8 | | |
| Total | 2.228E11 | 16 | | | |

通过回归系数表可知（见表11），回归方程的常数项为 -39760.993，自变量系数为 17.423，且二者在 1% 的显著性水平下，具有显著的线性关系。因此，劳动争议数量 = -39760.993 + 17.423 × 职工平均工资。分析回归方程可知，职工工资总额每变化 1 个单位，则劳动争议数量相应地变化 17.423 个单位。

表11　　　　　　　职工平均工资—劳动争议模型回归系数表 Coefficients[a]

| 模型 | 未标准化回归系数 | | 标准化回归系数 | t | Sig. |
|---|---|---|---|---|---|
| | B | 标准差 | β 系数 | | |
| （常数）平均工资 | -39760.993 | 9048.001 | | -4.394 | 0.001 |
| | 17.423 | 0.747 | 0.986 | 23.329 | 0.000 |

通过回归模型总结表和方差分析表可知（见表12、表13），$R^2$系数和调整后的$R^2$系数分别为0.983、0.982，均在0.9以上，说明所建立的回归方程有着非常好的回归效果，方程的拟合度较好。F = 890.896，且在1%的显著性水平下，是显著的，即拒绝回归系数为0的假设，说明回归方程所包含的自变量是合理的，所建立的方程具有良好的显著性与回归效果。

表12　　　　　　　　调整后职工平均工资—劳动争议模型总结表[b]

| R | 决定系数 | 调整后决定系数 | 标准差 |
|---|---|---|---|
| 0.992[a] | 0.983 | 0.982 | 15684.10197 |

表13　　　　　　调整后职工平均工资—劳动争议模型方差分析表 ANOVA[b]

| 模型 | 平方和 | 自由度 | 均方差 | F | Sig. |
|---|---|---|---|---|---|
| 回归 | 2.192E11 | 1 | 2.192E11 | 890.896 | 0.000[a] |
| Residual | 3.690E09 | 15 | 2.460E8 | | |
| Total | 2.228E11 | 16 | | | |

通过回归系数表可知（见表14），回归方程的常数项为 - 36558.972，自变量系数为17.716，且二者在1%的显著性水平下，具有显著的线性关系。因此，劳动争议数量 = - 36558.972 + 17.716 × 职工平均工资。分析回归方程可知，职工工资总额每变化1个单位，则劳动争议数量相应地变化17.716个单位。

表14　　　　调整后职工平均工资—劳动争议模型回归系数表 Coefficients[a]

| 模型 | 未标准化回归系数 | | 标准化回归系数 | t | Sig. |
|---|---|---|---|---|---|
| | B | 标准差 | β 系数 | | |
| （常数）平均工资 | - 36558.972 | 6992.298 | | - 5.228 | 0.000 |
| | 17.716 | 0.594 | 0.992 | 29.848 | 0.000 |

（3）以 GDP 为自变量，劳动争议数量为因变量，建立一元线性回归方程 $y = a_3 + b_3 x$。

　　通过回归模型总结表和方差分析表可知（见表 15、表 16），$R^2$ 系数和调整后的 $R^2$ 系数分别为 0.962、0.959，均在 0.9 以上，说明所建立的回归方程有着非常好的回归效果，方程的拟合度较好。F = 375.552，且在 1% 的显著性水平下，是显著的。

表 15　　　　　　　　　　GDP—劳动争议回归模型总结表

| R | 决定系数 | 调整后决定系数 | 标准差 |
|---|---|---|---|
| 0.981[a] | 0.962 | 0.959 | 23886.86824 |

表 16　　　　　　　　　GDP—劳动争议模型方差分析表 ANOVA[b]

| 模型 | 平方和 | 自由度 | 均方差 | F | Sig. |
|---|---|---|---|---|---|
| 回归 | 2.143E11 | 1 | 2.143E11 | 375.552 | 0.000[a] |
| Residual | 8.559E09 | 15 | 5.706E8 | | |
| Total | 2.228E11 | 16 | | | |

　　通过回归系数表可知（见表 17），回归方程的常数项为 -47713.978，自变量系数为 1.772，且二者在 1% 的显著性水平下，具有显著的线性关系。因此，劳动争议数量 = -47713.978 + 1.772 × GDP。分析回归方程可知，职工工资总额每变化 1 个单位，则劳动争议数量相应变化 1.7724 个单位。

表 17　　　　　　　　GDP—劳动争议模型回归系数表 Coefficients[a]

| 模型 | 未标准化回归系数 | | 标准化回归系数 | t | Sig. |
|---|---|---|---|---|---|
| | B | 标准误 | β 系数 | | |
| （常数）GDP | -47713.978 | 11222.983 | | -4.251 | 0.001 |
| | 1.772 | 0.091 | 0.981 | 19.379 | 0.000 |

　　通过回归分析，本研究针对全国的数据，共得出三个回归方程：

（1）劳动争议数量 = -60327.780 + 16.640 × 职工工资总额

劳动争议数量 = -56543. 900 + 16. 975 × 调整后职工工资总额

（2）劳动争议数量 = -39760. 993 + 17. 423 × 职工平均工资

劳动争议数量 = -36558. 972 + 17. 716 × 调整后职工平均工资

（3）劳动争议数量 = -47713. 978 + 1. 772 × GDP

在工资总额—劳动争议，平均工资—劳动争议的模型中，调整后的回归系数都大于调整前的回归系数（16. 975 > 16. 640，17. 716 > 17. 423），说明调整后的工资总额和平均工资对劳动争议的影响要大于调整前的工资总额和平均工资对劳动争议的影响，也就是说，如果考虑物价上涨因素，按实际工资来计算，工资总额与平均工资对劳动争议的影响程度更大。所以，在考虑物价上涨因素后，如果物价上涨，名义工资也提高，因为"货币幻觉"等原因，劳动争议数量会下降；如果物价上涨，而名义工资不提高，劳动争议数量会增加。

2. 广东等 12 省市的计量结果分析

通过各省职工工资总额—劳动争议回归模型统计表可知（见表 18），无论是调整前还是调整后，$R^2$ 系数和调整后的 $R^2$ 系数均在 0. 6 以上，说明所建立的回归方程有着非常好的回归效果，方程的拟合度较好。各省的 F 值在 1% 的显著性水平下，是显著的。

表 18 各省职工工资总额—劳动争议回归模型统计表

| 省份 | 调整前 | | | 调整后 | | |
|------|--------|--------|--------|--------|--------|--------|
| | $R^2$ 系数 | 调整后 $R^2$ 系数 | F | $R^2$ 系数 | 调整后 $R^2$ 系数 | F |
| 北京 | 0. 908 | 0. 897 | 79. 331 *** | 0. 918 | 0. 908 | 89. 650 *** |
| 山西 | 0. 931 | 0. 922 | 107. 924 *** | 0. 932 | 0. 924 | 110. 440 *** |
| 辽宁 | 0. 689 | 0. 651 | 17. 765 *** | 0. 698 | 0. 661 | 18. 515 *** |
| 吉林 | 0. 777 | 0. 749 | 27. 805 *** | 0. 795 | 0. 770 | 31. 084 *** |
| 黑龙江 | 0. 825 | 0. 803 | 37. 588 *** | 0. 820 | 0. 797 | 36. 377 *** |
| 上海 | 0. 958 | 0. 952 | 180. 941 *** | 0. 963 | 0. 959 | 209. 625 *** |
| 江苏 | 0. 678 | 0. 638 | 16. 869 *** | 0. 674 | 0. 633 | 16. 525 *** |

续表

| 省份 | 调整前 | | | 调整后 | | |
|------|--------|--------|--------|--------|--------|--------|
| | $R^2$ 系数 | 调整后 $R^2$ 系数 | F | $R^2$ 系数 | 调整后 $R^2$ 系数 | F |
| 浙江 | 0.958 | 0.953 | 181.982 *** | 0.962 | 0.957 | 200.218 *** |
| 湖南 | 0.894 | 0.881 | 67.531 *** | 0.910 | 0.899 | 80.759 *** |
| 广东 | 0.688 | 0.648 | 17.603 *** | 0.691 | 0.653 | 17.930 *** |
| 四川 | 0.932 | 0.924 | 109.757 *** | 0.930 | 0.921 | 105.585 *** |
| 陕西 | 0.659 | 0.616 | 15.433 *** | 0.669 | 0.627 | 16.140 *** |

注：* 表示 $p < 0.1$，** 表示 $p < 0.05$，*** 表示 $p < 0.01$。

通过回归系数表（见表19）可知，全部回归方程的回归系数通过 T 检验，说明职工工资总额与劳动争议数量之间在表中的各地区都具有显著的线性关系。

表19　　　　　各省市职工工资总额—劳动争议模型回归系数表

| 省份 | 调整前 | | | 调整后 | | |
|------|--------|--------|--------|--------|--------|--------|
| | 回归模型 | B | T | 回归模型 | B | T |
| 北京 | 职工工资总额 | 11.454 | 8.906 *** | 调整后职工工资总额 | 11.721 | 9.468 *** |
| 山西 | 职工工资总额 | 6.298 | 10.389 *** | 调整后职工工资总额 | 6.671 | 10.509 *** |
| 辽宁 | 职工工资总额 | 14.840 | 4.215 *** | 调整后职工工资总额 | 16.236 | 4.303 *** |
| 吉林 | 职工工资总额 | 19.018 | 5.273 *** | 调整后职工工资总额 | 21.096 | 5.575 *** |
| 黑龙江 | 职工工资总额 | 11.724 | 6.131 *** | 调整后职工工资总额 | 12.847 | 6.031 *** |
| 上海 | 职工工资总额 | 23.398 | 13.451 *** | 调整后职工工资总额 | 24.408 | 14.478 *** |
| 江苏 | 职工工资总额 | 29.328 | 4.107 *** | 调整后职工工资总额 | 31.074 | 4.065 *** |
| 浙江 | 职工工资总额 | 11.765 | 13.490 *** | 调整后职工工资总额 | 12.301 | 14.150 *** |
| 湖南 | 职工工资总额 | 14.961 | 8.218 *** | 调整后职工工资总额 | 16.283 | 8.987 *** |
| 广东 | 职工工资总额 | 22.666 | 4.196 *** | 调整后职工工资总额 | 23.991 | 4.234 *** |
| 四川 | 职工工资总额 | 15.668 | 10.477 *** | 调整后职工工资总额 | 16.993 | 10.275 *** |
| 陕西 | 职工工资总额 | 5.197 | 4.114 *** | 调整后职工工资总额 | 5.618 | 4.017 *** |

注：* 表示 $p < 0.1$，** 表示 $p < 0.05$，*** 表示 $p < 0.01$。

通过各省职工平均工资—劳动争议回归模型统计表（见表20）可知，无论是调整前还是调整后，$R^2$ 系数和调整后的 $R^2$ 系数均在 0.5 以上，说明所建立的回归方程有着非常好的回归效果，方程的拟合度较好。

表20　　　　　　　各省职工平均工资—劳动争议回归模型统计表

| 省份 | 调整前 | | | 调整后 | | |
|---|---|---|---|---|---|---|
| | $R^2$ 系数 | 调整后 $R^2$ 系数 | F | $R^2$ 系数 | 调整后 $R^2$ 系数 | F |
| 北京 | 0.931 | 0.922 | 107.303 *** | 0.941 | 0.933 | 126.619 *** |
| 山西 | 0.954 | 0.949 | 167.823 *** | 0.955 | 0.950 | 170.322 *** |
| 辽宁 | 0.790 | 0.764 | 30.070 *** | 0.804 | 0.779 | 32.737 *** |
| 吉林 | 0.843 | 0.824 | 42.995 *** | 0.862 | 0.844 | 49.771 *** |
| 黑龙江 | 0.841 | 0.821 | 42.280 *** | 0.836 | 0.815 | 40.711 *** |
| 上海 | 0.987 | 0.985 | 588.608 *** | 0.986 | 0.984 | 567.992 *** |
| 江苏 | 0.812 | 0.788 | 34.523 *** | 0.813 | 0.790 | 34.843 *** |
| 浙江 | 0.960 | 0.955 | 191.560 *** | 0.958 | 0.953 | 184.646 *** |
| 湖南 | 0.923 | 0.914 | 96.093 *** | 0.935 | 0.927 | 115.249 *** |
| 广东 | 0.713 | 0.677 | 19.892 ** | 0.713 | 0.677 | 19.906 ** |
| 四川 | 0.960 | 0.955 | 191.593 *** | 0.956 | 0.950 | 172.506 *** |
| 陕西 | 0.679 | 0.639 | 16.927 *** | 0.689 | 0.651 | 17.763 *** |

注：* 表示 $p<0.1$，** 表示 $p<0.05$，*** 表示 $p<0.01$。

通过回归系数表可知（见表21），全部回归方程的回归系数通过 T 检验，说明职工平均工资与劳动争议数量之间在表中的各地区都具有显著的线性关系。

表21　　　　　　　各省职工平均工资—劳动争议模型回归系数表

| 省份 | 调整前 | | | 调整后 | | |
|---|---|---|---|---|---|---|
| | 回归模型 | B | T | 回归模型 | B | T |
| 北京 | 职工平均工资 | 0.565 | 10.359 *** | 调整后职工平均工资 | 0.578 | 11.253 *** |
| 山西 | 职工平均工资 | 0.224 | 12.955 *** | 调整后职工平均工资 | 0.237 | 13.051 *** |
| 辽宁 | 职工平均工资 | 0.604 | 5.484 *** | 调整后职工平均工资 | 0.649 | 5.722 *** |

续表

| 省份 | 调整前 | | | 调整后 | | |
|---|---|---|---|---|---|---|
| | 回归模型 | B | T | 回归模型 | B | T |
| 吉林 | 职工平均工资 | 0.396 | 6.557 *** | 调整后职工平均工资 | 0.061 | 7.055 *** |
| 黑龙江 | 职工平均工资 | 0.453 | 6.502 *** | 调整后职工平均工资 | 0.487 | 6.380 *** |
| 上海 | 职工平均工资 | 0.600 | 24.261 *** | 调整后职工平均工资 | 0.619 | 23.833 *** |
| 江苏 | 职工平均工资 | 1.958 | 5.876 *** | 调整后职工平均工资 | 2.075 | 5.903 *** |
| 浙江 | 职工平均工资 | 0.846 | 13.841 *** | 调整后职工平均工资 | 0.889 | 13.588 *** |
| 湖南 | 职工平均工资 | 0.553 | 9.803 *** | 调整后职工平均工资 | 0.595 | 10.735 *** |
| 广东 | 职工平均工资 | 2.499 | 4.460 ** | 调整后职工平均工资 | 2.655 | 4.462 ** |
| 四川 | 职工平均工资 | 0.766 | 13.842 *** | 调整后职工平均工资 | 0.825 | 13.134 *** |
| 陕西 | 职工平均工资 | 0.170 | 4.114 *** | 调整后职工平均工资 | 0.184 | 4.215 *** |

注：* 表示 $p < 0.1$ ，** 表示 $p < 0.05$ ，*** 表示 $p < 0.01$ 。

通过各省 GDP—劳动争议回归模型统计表可知（见表22），$R^2$ 系数和调整后的 $R^2$ 系数均在 0.5 以上，说明所建立的回归方程有着非常好的回归效果，方程的拟合度较好，各省的 F 值均在 1% 的显著性水平下。

表22  各省 GDP—劳动争议回归模型统计表

| 省份 | $R^2$ 系数 | 调整后 $R^2$ 系数 | F |
|---|---|---|---|
| 北京 | 0.947 | 0.941 | 143.390 *** |
| 山西 | 0.957 | 0.951 | 177.166 *** |
| 辽宁 | 0.722 | 0.687 | 20.759 *** |
| 吉林 | 0.842 | 0.822 | 42.555 *** |
| 黑龙江 | 0.804 | 0.779 | 32.766 *** |
| 上海 | 0.980 | 0.978 | 395.059 *** |
| 江苏 | 0.733 | 0.699 | 21.935 *** |
| 浙江 | 0.977 | 0.974 | 339.018 *** |
| 湖南 | 0.924 | 0.915 | 97.331 *** |
| 广东 | 0.679 | 0.639 | 16.936 ** |

续表

| 省份 | R² 系数 | 调整后 R² 系数 | F |
|------|---------|---------------|---|
| 四川 | 0.921 | 0.911 | 93.630 *** |
| 陕西 | 0.659 | 0.617 | 15.491 *** |

注: * 表示 $p < 0.1$, ** 表示 $< 0.05$, *** 表示 $p < 0.01$。

通过回归系数表可知,全部回归方程的回归系数通过 T 检验,说明 GDP 与劳动争议数量之间在表中的各地区都具有显著的线性关系(见表 23)。

表 23 各省 GDP—劳动争议模型回归系数表

| 省份 | 回归模型 | B | T |
|------|---------|---|---|
| 北京 | GDP | 2.594 | 11.975 *** |
| 山西 | GDP | 0.822 | 13.310 *** |
| 辽宁 | GDP | 1.319 | 4.556 *** |
| 吉林 | GDP | 1.450 | 6.523 *** |
| 黑龙江 | GDP | 1.295 | 5.724 *** |
| 上海 | GDP | 2.349 | 19.876 *** |
| 江苏 | GDP | 1.904 | 4.683 *** |
| 浙江 | GDP | 1.317 | 18.412 *** |
| 湖南 | GDP | 1.340 | 9.866 *** |
| 广东 | GDP | 1.911 | 4.115 ** |
| 四川 | GDP | 1.545 | 9.676 *** |
| 陕西 | GDP | 0.589 | 3.936 *** |

注: * 表示 $p < 0.1$, ** 表示 $p < 0.05$, *** 表示 $p < 0.01$。

通过对 12 个省份数据的比较分析(见表 24),在工资总额—劳动争议,平均工资—劳动争议的模型中,各个省份调整后的回归系数都大于调整前的回归系数,说明调整后的工资总额和平均工资对劳动争议的影响要大于调整前的工资总额和平均工资对劳动争议的影响,也就是说,如果按照实际工资来计算,工资总额与平均工资对劳动争议的影响将变大。可以看出,在考虑物价上涨因素后，如果物价上涨，名义工资也将提高，因为"货币幻觉"等原因，劳动争议数量会下降；如果物价上涨，而名义工资不提高，劳动争议数量会增加。

**表 24** 各省回归模型汇总表

| 省份 | 调整前 | 调整后 |
|------|--------|--------|
| 北京 | 劳动争议数量 = 346.231 + 11.454 × 职工工资总额<br>劳动争议数量 = − 1230.290 + 0.565 × 平均工资<br>劳动争议数量 = 501.308 + 2.594 × GDP | 劳动争议数量 = 221.210 + 11.721 × 调整后职工工资总额<br>劳动争议数量 = − 1357.415 + 0.578 × 调整后平均工资<br>劳动争议数量 = 501.308 + 2.594 × GDP |
| 山西 | 劳动争议数量 = − 44.179 + 6.298 × 工资总额<br>劳动争议数量 = − 21.322 + 0.224 × 平均工资<br>劳动争议数量 = 90.502 + 0.822 × GDP | 劳动争议数量 = − 142.988 + 6.671 × 调整后工资总额<br>劳动争议数量 = − 110.869 + 0.237 × 调整后平均工资<br>劳动争议数量 = 90.502 + 0.822 × GDP |
| 辽宁 | 劳动争议数量 = − 2944.837 + 14.840 × 工资总额<br>劳动争议数量 = − 712.335 + 0.604 × 平均工资<br>劳动争议数量 = − 1093.390 + 1.319 × GDP | 劳动争议数量 = − 3755.561 + 16.236 × 调整后工资总额<br>劳动争议数量 = − 1177.626 + 0.649 × 调整后平均工资<br>劳动争议数量 = − 1093.390 + 1.319 × GDP |
| 吉林 | 劳动争议数量 = − 3131.459 + 19.018 × 工资总额<br>劳动争议数量 = − 1326.807 + 0.396 × 平均工资<br>劳动争议数量 = − 884.614 + 1.450 × GDP | 劳动争议数量 = − 3749.608 + 21.096 × 调整后工资总额<br>劳动争议数量 = − 1628.428 + 0.428 × 调整后平均工资<br>劳动争议数量 = − 884.614 + 1.450 × GDP |
| 黑龙江 | 劳动争议数量 = − 2133.119 + 11.724 × 工资总额<br>劳动争议数量 = − 766.413 + 0.453 × 平均工资<br>劳动争议数量 = − 1243.503 + 1.295 × GDP | 劳动争议数量 = − 2657.645 + 12.847 × 调整后工资总额<br>劳动争议数量 = − 1066.101 + 0.487 × 调整后平均工资<br>劳动争议数量 = − 1243.503 + 1.295 × GDP |
| 上海 | 劳动争议数量 = − 2380.526 + 23.398 × 工资总额<br>劳动争议数量 = − 241.456 + 0.600 × 平均工资<br>劳动争议数量 = − 22.101 + 2.349 × GDP | 劳动争议数量 = − 2912.852 + 24.408 × 调整后工资总额<br>劳动争议数量 = − 540.794 + 0.619 × 调整后平均工资<br>劳动争议数量 = − 22.101 + 2.349 × GDP |

续表

| 省份 | 调整前 | 调整后 |
|---|---|---|
| 江苏 | 劳动争议数量 = 3848.696 + 29.328 × 工资总额<br>劳动争议数量 = 2370.621 + 1.958 × 平均工资<br>劳动争议数量 = 7501.481 + 1.904 × 调整后GDP | 劳动争议数量 = 2605.114 + 31.074 × 调整后工资总额<br>劳动争议数量 = 1079.876 + 2.075 × 调整后平均工资<br>劳动争议数量 = 7501.481 + 1.904 × 调整后GDP |
| 浙江 | 劳动争议数量 = 2034.180 + 11.765 × 工资总额<br>劳动争议数量 = −3977.585 + 0.846 × 平均工资<br>劳动争议数量 = −423.601 + 1.317 × GDP | 劳动争议数量 = 1740.653 + 12.301 × 调整后工资总额<br>劳动争议数量 = −4581.176 + 0.889 × 调整后平均工资<br>劳动争议数量 = −423.601 + 1.317 × GDP |
| 湖南 | 劳动争议数量 = −3092.382 + 14.961 × 工资总额<br>劳动争议数量 = −2536.908 + 0.553 × 平均工资<br>劳动争议数量 = −2611.280 + 1.340 × GDP | 劳动争议数量 = −3565.181 + 16.283 × 调整后工资总额<br>劳动争议数量 = −2891.032 + 0.595 × 调整后平均工资<br>劳动争议数量 = −2611.280 + 1.340 × GDP |
| 广东 | 劳动争议数量 = 397.690 + 22.666 × 工资总额<br>劳动争议数量 = −11437.723 + 2.499 × 平均工资<br>劳动争议数量 = 4922.228 + 1.911 × GDP | 劳动争议数量 = −1172.086 + 23.991 × 调整后工资总额<br>劳动争议数量 = −13778.403 + 2.655 × 调整后平均工资<br>劳动争议数量 = 4922.228 + 1.911 × GDP |
| 四川 | 劳动争议数量 = −26163670 + 15.668 × 工资总额<br>劳动争议数量 = −2345.280 + 0.766 × 平均工资<br>劳动争议数量 = −1834.383 + 1.545 × GDP | 劳动争议数量 = −3205.207 + 16.993 × 调整后工资总额<br>劳动争议数量 = −2841.542 + 0.825 × 调整后平均工资<br>劳动争议数量 = −1834.383 + 1.545 × GDP |
| 陕西 | 劳动争议数量 = 640.921 + 5.197 × 工资总额<br>劳动争议数量 = 628.136 + 0.170 × 平均工资<br>劳动争议数量 = 969.791 + 0.589 × GDP | 劳动争议数量 = 512.584 + 5.618 × 调整后工资总额<br>劳动争议数量 = 502.886 + 0.184 × 调整后平均工资<br>劳动争议数量 = 969.791 + 0.589 × GDP |

## 五、职工工资总额占 GDP 比重的变化趋势

从全国总体情况看，改革开放后，我国一直实行低工资高增长模式。经济以年均 9.6% 的速度上升，相当于同期世界经济年均增长速度的 3 倍以上，但城乡居民收入增长一直低于 GDP 增速。2007 年 1 月 9 日国家统计局的数据表明，以人均 GDP 几年前就超过 5000 美元的苏州为例，从 2000 年到 2005 年，GDP 按现价计算增长了 1.6 倍，财政收入增长了 3.5 倍，而城市居民人

均纯收入仅增长了 53.7%。① 考虑物价上涨因素前后，我国职工工资总额占 GDP 的比例，从 1978 年以来总体上处于下降趋势，近年来才有所回升。考虑物价上涨因素以前，我国职工工资总额占 GDP 的比例在 1980 年达到最高点，为 16.99%，2004 年为最低点，下降到 10.57%；考虑物价上涨因素后，1980 年也达到最高点，为 15.72%，2004 年也降到最低点，下降到 10.16%；从 1978 年到 1998 年，加入通货膨胀因素后，职工工资总额占 GDP 的比重，明显低于不考虑通货膨胀因素前，差距最大的时间出现在 1994 年，二者相差 3.75%；1998 年以后，加入通货膨胀因素前后，职工工资总额占 GDP 的比重变化不明显（见表 25、图 6）。

表 25　　　　　全国职工工资总额占 GDP 的比重（1978～2007 年）

| 年份 | 职工工资总额（亿元） | 居民消费物价指数 | 调整后职工工资总额（亿元） | GDP（亿元） | 调整前比重（%） | 调整后比重（%） |
|---|---|---|---|---|---|---|
| 1978 | 568.9 | 100.7 | 564.92 | 3645.2 | 15.61 | 15.50 |
| 1980 | 772.4 | 107.5 | 714.47 | 4545.6 | 16.99 | 15.72 |
| 1985 | 1383.0 | 109.3 | 1254.38 | 9016.0 | 15.34 | 13.91 |
| 1986 | 1659.7 | 106.5 | 1551.82 | 10275.2 | 16.15 | 15.10 |
| 1987 | 1881.1 | 107.3 | 1743.78 | 12058.6 | 15.60 | 14.46 |
| 1988 | 2316.2 | 118.5 | 1887.70 | 15042.8 | 15.40 | 12.55 |
| 1989 | 2618.5 | 117.8 | 2152.41 | 16992.3 | 15.41 | 12.67 |
| 1990 | 2951.1 | 103.1 | 2859.62 | 18667.8 | 15.81 | 15.32 |
| 1991 | 3323.9 | 103.1 | 3220.86 | 21781.5 | 15.26 | 14.79 |
| 1992 | 3939.2 | 106.4 | 3687.09 | 26923.5 | 14.63 | 13.69 |
| 1993 | 4916.2 | 114.7 | 4193.52 | 35333.9 | 13.91 | 11.87 |
| 1994 | 6656.4 | 124.1 | 5052.21 | 48197.9 | 13.81 | 10.48 |
| 1995 | 8100.0 | 117.1 | 6714.90 | 60793.7 | 13.32 | 11.05 |
| 1996 | 9080.0 | 108.3 | 8326.36 | 71176.6 | 12.76 | 11.70 |
| 1997 | 9405.3 | 102.8 | 9141.95 | 78973.0 | 11.91 | 11.58 |
| 1998 | 9296.5 | 99.2 | 9370.87 | 84402.3 | 11.01 | 11.10 |
| 1999 | 9875.5 | 98.6 | 10013.76 | 89677.1 | 11.01 | 11.17 |

① 定军：《谁的 GDP：居民收入增长一直低于 GDP 增长》，载于《21 世纪经济报道》2007 年 1 月 12 日。

续表

| 年份 | 职工工资总额（亿元） | 居民消费物价指数 | 调整后职工工资总额（亿元） | GDP（亿元） | 调整前比重（%） | 调整后比重（%） |
|---|---|---|---|---|---|---|
| 2000 | 10656.2 | 100.4 | 10613.58 | 99214.6 | 10.74 | 10.70 |
| 2001 | 11830.9 | 100.7 | 11748.08 | 109655.2 | 10.78 | 10.71 |
| 2002 | 13161.1 | 99.2 | 13266.39 | 120332.7 | 10.94 | 11.02 |
| 2003 | 14743.5 | 101.2 | 14566.58 | 135822.8 | 10.85 | 10.72 |
| 2004 | 16900.2 | 103.9 | 16241.09 | 159878.3 | 10.57 | 10.16 |
| 2005 | 19789.9 | 101.8 | 19433.68 | 183217.4 | 10.80 | 10.61 |
| 2006 | 23265.9 | 101.5 | 22916.91 | 211923.5 | 10.98 | 10.81 |
| 2007 | 28244.0 | 104.8 | 26888.29 | 249529.9 | 11.32 | 10.78 |

资料来源：根据《中国统计年鉴》和《中国劳动统计年鉴》1995～2008 年的相关数据整理计算所得①。

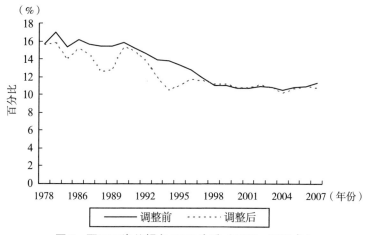

图6　职工工资总额占 GDP 比重（1978～2007 年）

从各地区情况看（参见图7～图18），北京、山西、辽宁、吉林、黑龙江、上海、江苏、浙江、湖南、广东、四川、陕西 12 个省市，考虑物价上涨因素前后，其工资总额占 GDP 的比重的总体趋势变化不大，基本都处于下降状态。但

---

① GDP 数据来自《中国劳动统计年鉴》2006 年；职工工资总额数据，1990 年、1992～2005 年的数据来自《中国劳动统计年鉴》1994～2006 年，中国统计出版社。其中 1994～2004 年的 GDP 数据，在 2005 年和 2006 年的劳动统计年鉴中数据有差异，本文采用的是 2006 年《中国劳动统计年鉴》的数据。

各地情况略有差异：上海市在 2004 年、2005 年达到最低点，此前处于下降趋势，此后，有明显回升；浙江省在 2004 年及以前，职工工资总额占 GDP 的比重，基本处于 7. 93 ~ 8. 61 之间的平稳状态，此后，开始上升；黑龙江、湖南下降幅度一直比较小，近年又有回升；北京、山西、陕西长期处于下降趋势中，近年才略有回升；吉林、辽宁、江苏、广东、四川等一直处于下降趋势中。①

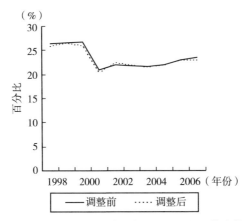

**图7 北京市职工工资总额占 GDP 比重的趋势**

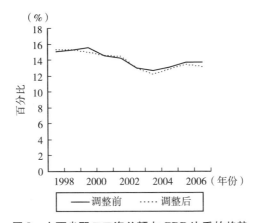

**图8 山西省职工工资总额占 GDP 比重的趋势**

① 为节省版面，本文删除了增加"通胀率"因素前后 12 个省市职工工资总额占 GDP 比重的变化等原始数据表。

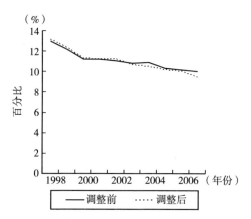

**图 9　辽宁省职工工资总额占 GDP 比重的趋势**

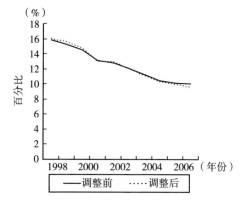

**图 10　吉林省职工工资总额占 GDP 比重的趋势**

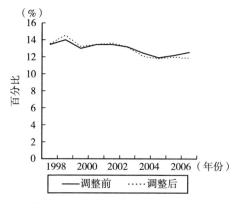

**图 11　黑龙江省职工工资总额占 GDP 比重的趋势**

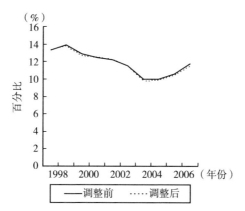

**图 12　上海市职工工资总额占 GDP 比重的趋势**

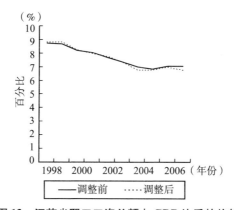

**图 13　江苏省职工工资总额占 GDP 比重的趋势**

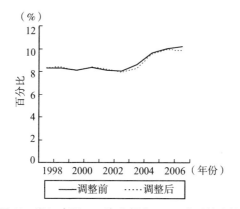

**图 14　浙江省职工工资总额占 GDP 比重的趋势**

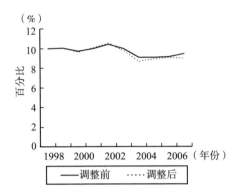

**图 15　湖南省职工工资总额占 GDP 比重的趋势**

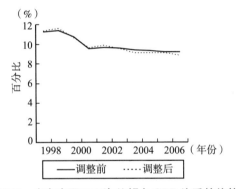

**图 16　广东省职工工资总额占 GDP 比重的趋势**

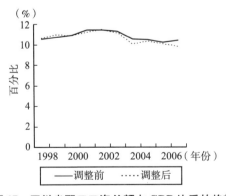

**图 17　四川省职工工资总额占 GDP 比重的趋势**

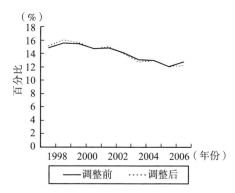

图 18　陕西省职工工资总额占 GDP 比重的趋势

## 六、结论

通过全国的数据分析，比较职工工资总额、职工平均工资、GDP 的回归系数绝对值可知，职工工资总额的回归系数最大，表明职工工资总额对于劳动争议数量的影响程度最高。而职工平均工资的系数要大于 GDP 的系数，则职工平均工资对于劳动争议数量的影响要高于 GDP。因此，三者对于劳动争议数量的影响程度依次为职工工资总额、职工平均工资和 GDP。

通过 12 省市的回归模型汇总表，我们不难发现：职工工资总额的回归系数分布于 5.197 ~ 29.328 区间，调整后职工工资总额的回归系数分布于 5.618 ~ 31.074 区间，职工平均工资的回归系数分布于 0.170 ~ 2.449 区间，调整后职工平均工资的回归系数分布于 0.184 ~ 2.655 区间，表明四者对于劳动争议数量的影响程度由高至低依次为调整后职工工资总额、职工工资总额、调整后职工平均工资、职工平均工资，且影响非常显著。由此可见，劳动者的劳动报酬与劳动争议存在较强的线性关系，劳动报酬对劳动争议的影响程度较大。

通过以上分析，我们进一步认识到：（1）与经济高速增长相比，以工资形式体现的我国劳动力价值实现程度偏低；（2）伴随工资的增长，劳动争议数量也在增加，说明劳动者未能从经济增长中获取与之相适应的收入增加，职工工资未能形成正常增长机制；（3）伴随 GDP 的增长，劳动争议数量在增加，则说明劳动报酬在国民收入分配中的比重未能与国民财富的增长同步增加。我们知道，和谐社会必须建构在和谐劳动关系的基础上。如果劳动者不能分享经济增长带来的财富，经济增长是难以持续的，和谐社会也是难以建立的。

要解决劳动争议问题，必须从根本上提高我国劳动力价值实现程度。对此，党的十七大报告明确提出，初次分配和再分配都要处理好效率和公平的关系，再分配更加注重公平。要逐步提高工资收入在国民收入分配中的比重，提高劳动报酬在初次分配中的比重。着力提高低收入者收入，逐步提高扶贫标准和最低工资标准，建立企业职工工资正常增长机制和支付保障机制。

（原文发表于《马克思主义研究》2009 年第 6 期）

# 资本积累视角下的劳动力价值：
# 识别、测算与中国现实

张　晨　冯志轩*

## 一、引言

劳动力价值理论是马克思主义政治经济学中非常重要的部分。一方面，劳动力价值理论是劳动力商品理论的基础，在遵循等价交换的价值规律前提下解开了"资本总公式的矛盾"，从而使劳动价值论真正成为科学。另一方面，劳动力价值的转化形式——工资，是政治经济学的核心范畴，不仅是工人阶级的收入形式而且使剩余价值理论得以确立。按照马克思的理解，在资本主义中，劳动力成为商品在市场上"自由"买卖，因此，其价值的决定也应遵循商品价值的决定方式即价值规律。正如马克思所说："同任何其他商品的价值一样，劳动力的价值也是由生产从而再生产这种特殊物品所必需的劳动时间决定的。……生产劳动力所需要的劳动时间，可化为生产这些生活资料所需要的劳动时间，或者说，劳动力的价值，就是维持劳动力所有者所需要的生活资料的价值。"[1] 但是，劳动力价值决定的具体细节有其特殊性。众所周知，对于劳动力价值的决定，马克思提出了具体的三个部分：在正常状况下维持自身生活所需的生活资料的价值；维持工人家庭和代际再生产的生活资料的价值；教育和培训的费用。

然而，虽然劳动力价值理论具有如此重要的地位，但由于马克思本人对它的论述较为简单，这使得学者们在对劳动力价值进行测算时遇到了许

---

* 张晨，中国人民大学经济学院副教授。冯志轩，中国人民大学经济学院博士研究生。

[1] 《资本论》第 1 卷，人民出版社 2004 年版。

多困难。

首先，构成劳动力价值的三个部分在界定上存在模糊。例如，有学者提出，劳动力商品的价值形成也应该包含物化劳动转移和活劳动凝结两个部分，而构成劳动力价值的三个部分却主要是强调了物化劳动的转移。[①] 但将活劳动引入劳动力的再生产会引起很多问题，因为无论是教育、养育下一代还是消费行为本身，都需要花费一定的时间，这些时间是否形成价值很难界定。另外，养育下一代所需的费用应该计入当代人的劳动价值中，还是应当计入下一代的劳动力价值中，也存在难以界定的问题。

其次，马克思指出，"所谓必不可少的需要的范围，和满足这些需要的方式一样，本身是历史的产物"[②]，因此，虽然马克思坚决反对以"工资铁律"的方式把劳动者的生活资料理解为生理上的最低限度，但在劳动力价值的具体测算上，却不得不面临需要确定所谓"必不可少的需要的范围"应该包括哪些内容，如何根据历史条件变化动态调整的难题。

再次，劳动力价值所包含的三个部分主要说明了劳动力再生产的"自然需求"，而忽视了阶级斗争在劳动力价值形成过程中的作用。马克思强调了阶级关系在劳动力价值决定中的作用，他指出："和其他商品不同，劳动力的价值规定包含着一个历史的和道德的要素"，因为劳动力价值的组成"主要取决于自由工人阶级是在什么条件下形成的，从而它有哪些习惯和生活要求。"[③]但是，劳动力价值理论却未对这一点作出系统说明，以至于劳动力价值仿佛是机械地被决定从而独立于阶级斗争历史的。鲍尔斯、金蒂斯甚至认为从普通商品价值的决定直接推导到劳动力商品价值的决定是不能成立的，劳动力并不是真正意义上的商品，它不是由资本主义而是由家庭生产的，不是由资本家而是由工人个人出卖的，劳动力商品的出卖本身也是不能等待的，因此这些显著的区别使得决定商品价值的机制不能自动适用于劳动

① Harvey P. "Marx's Theory of the Value of Labor Power: An Assessment", *Social Research*, 1983.
②③ 《资本论》第 1 卷，人民出版社 2004 年版。

力商品。① 约翰·罗默甚至放弃了劳动力价值理论，直接将剥削理论建立在劳资博弈关系上。②

因此，虽然对劳动力价值的经验测算层出不穷，但普遍都会受到基于上述困难的质疑。莱博维奇从《资本论》写作计划的角度对马克思在劳动力价值问题上的简化进行了辩护。他认为马克思对于劳动力价值理论颇为简略的论述来源于他的计划，在写作有关资本的内容时，马克思仅仅试图通过假定劳动力价值在一个时期内是不变的量来简化分析，关于劳动力价值的问题要留待六册计划中雇佣劳动一册来解决。③ 莱博维奇的看法启发我们，应当以马克思在《资本论》第 1 卷中的论述为基础，但又必须跳出通过直接界定劳动力价值三个部分的僵化框架来进行劳动力价值的测算。

## 二、资本积累与劳动力价值识别的"无储蓄原则"

上述讨论说明，根据马克思在《资本论》第 1 卷的直接表述，以劳动力价值的三个部分测算虽然简单、直接、易于理解，但会在理论上遇到三重困难：一是无法准确界定劳动力价值三个部分的确切内涵；二是无法准确界定必需品的内容和动态变化；三是无法反映阶级关系对于劳动力价值的影响。为了克服这些问题，我们必须跳出通过直接界定劳动力价值三个部分的僵化框架来进行劳动力价值的测算。事实上，马克思的资本积累理论为我们理解劳动力价值的决定提供了克服上述问题的思路。在《资本论》第 1 卷第七篇中，马克思认为劳动力价值的决定是嵌入资本积累过程之中的，而资本积累的一般规律则决定了工人获得的工资稳定于包含三个部分的劳动力价值水平。马克思对于这一看法的论证包含了两种机制。

首先，假设不存在技术进步，随着资本积累的不断持续，对于劳动力的需求将不断增长，并将逐渐达到充分就业状态，在供给稳定的劳动力市场，

---

① Bowles, Samuel, Gintis. "Herbert. Structure and Practice in the Labor Theory of Value", *Review of Radical Political Economics*, Vol. 12, No. 2, 1981: 1 – 26.

② 约翰·罗默：《在自由中丧失：马克思主义经济哲学导论》，经济科学出版社 2003 年版。

③ 莱博维奇：《超越〈资本论〉：马克思的工人阶级政治经济学》，经济科学出版社 2007 年版。

这会引起工资的逐渐上升。而工资的上升将使得利润率相应地下降，而利润的下降将会导致积累的资本来源和积累的动力都出现下降，积累速度放缓，进而会使得劳动力供求的形势发生变化，失业工人开始出现，工人工资开始下降，从而利润率逐步得到恢复，开始下一个周期的循环。因此，资本积累既决定了工资的波动又同时控制了工资的波动幅度，工资虽然有短期波动，但从周期或长期来看，工资将恰好等于劳动力再生产的费用。

接下来，如果存在技术进步，即资本积累将会引起资本有机构成提高，从而使得对劳动力的需求将会相对减小。同时，由于机器的引入，熟练工人和男性工人可以为非熟练工人和女性工人所替代；劳动生产率的提高使得小生产者和小资本家在竞争中破产，也转变为雇佣劳动者；而资本也会逐步将非资本主义的地区资本主义化。这一切都导致劳动力供给绝对的增加，从而产生了产业后备军。产业后备军的产生会导致劳动力市场的系统性变化，意味着劳动力市场难以达到均衡，而是存在着长期的供给过剩，从而使工人获得的工资只能停留在劳动力再生产的水平上。

根据上述两个机制，在资本积累的理论框架下，工资作为劳动力价值的转化形式恰好稳定于由三个部分组成的劳动力再生产费用，这是由资本积累的一般规律所保证的。因此，在资本积累过程中，工人所获得的工资只能满足其生活必需品的消费，不可能拥有个人或家庭的系统性储蓄。这提供给我们一种识别劳动力价值的反向思路，从而能够避免直接从三个部分界定和测算劳动力价值的困难，也就是说，如果我们观察到某个工人或其家庭没有拥有系统性的储蓄，那么我们可以将其收入反向识别为其个人或其家庭的劳动力价值水平。我们将这一思路称为劳动力价值识别的"无储蓄原则"。

劳资力量对比和阶级关系会对劳动力价值造成影响，但却不足以改变劳动力价值识别的"无储蓄原则"，因为资本积累成就了资本专制，而工人的阶级斗争仅仅能够将工资提高到在一定社会历史条件下能够满足工人过上正常社会生活的必需品价值的水平，也就是劳动力价值水平，而不可能使工人获得剩余价值。首先，工人的联合，特别是就业工人和失业工人的联合存在困难。曼德尔曾提出，工资的调节过程远要比其他市场价格调节的方式更复杂，这个调节过程要依赖工人阶级的组织程度和战斗觉悟，失业的压力传导到工资上的必要一环是失业工人组织的涣散对有组织工人战斗型的削弱。其次，工人的斗争和对抗并不意味着能够将工资提高到他们满意的水平，只要工人的联合仅仅针对劳动力市场从而仅仅是针对个别和特殊的资本，而不是整体的资本，那么工人的力量就不可能真正有效地对抗资本的力量。正如莱博维奇所指出的那样："作为生产资料的拥有者，资本能够决定是否应用某种生产资料机器应用途径，并且排除其他生产资料的应用。由于资本摄取了社会劳动成果，所以它能够决定应当投入生产的劳动的范围和特殊属性。就好像媒介于出卖劳动力的单个劳动者和生产有机体的组成部分之间一样，作为劳动产品的拥有者，资本同样媒介于生产者和消费者之间，媒介于生产生产资料的工人和利用生产资料的工人之间，同时也媒介于社会的头脑和社会的手之间。它控制着社会劳动的分工。所有联合劳动者的力量都转化为资本的力量，资本成为社会的独裁者。"① 因此，一方面，工人的工资不可能上升到威胁资本积累的水平，工资的波动仍将会从属于资本积累的波动，如马克思所说："积累量是自变量，工资量是因变量，而不是相反"②；另一方面，工人不可能持续性、系统性获得剩余价值，即工人及其家庭不可能拥有储蓄。总之，即使考虑到阶级关系和阶级斗争对于劳动力价值的影响，也不会影响劳动力价值识别的"无储蓄原则"。

相关实证研究也支持"工人无储蓄"的结论。在著名的论文《老板们在做什么》中，马格林反驳了弗里德曼和莫迪利安尼等人提出的储蓄来自跨期消费选择的观点，认为工人根本无法根据自己的偏好在不同时期选择自己的储蓄和消费，他利用美国1950～1968年的数据发现，工人的长期消费倾向几乎精确地等于1，这表明长期来看，工人收入的增长没有带来任何系统性的储蓄。③

---

①　莱博维奇：《超越〈资本论〉：马克思的工人阶级政治经济学》，经济科学出版社2007年版。

②　《资本论》第1卷，人民出版社2004年版。

③　Marglin S. A. "What do bosses do? part II", *Review of Radical Political Economics*, Vol. 7, No. 1, 1975：20－37.

### 三、基于"无储蓄原则"的劳动力价值测算方法

基于劳动力价值识别的"无储蓄原则",我们试图构建一个新的劳动力价值测算方法,这个方法的核心思想就是以工人"无储蓄"作为识别其劳动力价值即其再生产费用的条件。工人的劳动力价值可以定义为在一定的社会历史条件下,恰好满足其被认为合理的生活水平的价值量或收入,这个收入既不会使工人压缩必要开支导致劳动力萎缩再生产或系统性的负债,也不会使工人产生稳定的可供投资的储蓄。在一个社会当中随着收入的升高,各种消费逐渐增加,需要逐渐地得到满足,直至收入的增加速度开始稳定地快于消费的增加,导致稳定的储蓄的出现,收入和消费关系发生变化的那个临界点,我们就依据"无储蓄原则"识别为劳动力价值。已有的方法都试图规定什么是"必要的",从而必然导致某种主观性。而基于"无储蓄原则"的测算方法并不试图否认通过界定"必需品"测算劳动力的可能性,而是利用社会经济行为所显示的实际消费作为界定的"必需品"的依据。这种反向识别的方法,能够解决劳动力价值识别和测算的困难,因为,工人的消费—储蓄决策所体现的社会标准已经将劳动力价值三个部分的确切内涵、必需品的内容和动态变化以及其所处阶级关系包含在内。

需要强调的是,在现实中,我们往往能观察到家庭储蓄在现象上普遍存在,但事实上其中有一部分的目的是用于应付未来发生的必需品支付,而不是由于收入大于劳动力价值所导致的单纯结余,而且这部分储蓄本身并不是以投资为目的的。例如,为家庭成员未来受教育所准备的储蓄,这笔资金是有明确的支出对象并从已有的收入中扣减出来的,不能因为家庭某一期收入的变化而随意挪用的,因而其灵活性并不比食品、穿着更大,事实上属于必需品。因此,在劳动力价值的测算中需要对为购买必需品而进行预先储蓄的部分进行调整。

我们认为这种储蓄主要包括这样几个方面:

一是耐用消费品。购买耐用消费品往往不是依靠一期的收入就能够进行购买的,因此家庭会为了购买耐用消费品而进行储蓄,其基本特点是在购买

之前进行若干期的储蓄，而在储蓄完成之后在一期之内转化为消费。

二是教育。教育的支出尤其是非义务阶段的教育也需要事先进行储蓄，但是它与耐用消费品的不同之处在于首先储蓄的时间长短受到自然因素的限制，从一个家庭开始储蓄到需要接受教育的家庭成员开始接受相应的教育的时间是固定的，不能像耐用消费品那样，在购买总价确定的前提下家庭自由决定单期储蓄水平和储蓄时间长度的相互关系；教育的支出也不像耐用消费品那样可以在一期之内全部支付出去，而是要在整个受教育持续时间之内均匀地支付出去。另外教育的支出还具有一定的不确定性，因为家庭成员最终能够接受的教育的类型和长短并不是完全由家庭成员决定的，而是存在一定程度上的随机因素。

三是医疗。这里主要是指非单期收入能够直接消化的数额较大的医疗支出，而不包括那些日常的保健和常见病的治疗，因为大额医疗支出与储蓄紧密相关。这种医疗支出更为复杂，因为它既有可能在多期内支出，也可能在一期内支出，这二者之间的选择是随机的。另外，由于人们无法准确预测自己未来的健康状况，因而是否发生大额医疗支出以及具体的支出量也具有很强的随机性和不确定性。这就要求家庭以一种更为稳妥的方式进行防范，因此家庭会在一个基本上能够覆盖可能会发生的主要支出的基础上进行储蓄。

四是居住。购房支出属于投资还是消费存在争论，但我们认为，唯一的自住房购买应属于消费，因为大多数人并不能通过购买自住房获得投资收益或差价，而只是提供给自己居住空间，类似于耐用消费品。所以，唯一的和合理面积的购房支出应该视为消费性支出，因而购房所必需的储蓄也属于对必需品的储蓄。在具体测算中，可以利用当期与房屋有关的消费数据测算针对房屋购买所需的储蓄。

以上分析主要是针对个体家庭的分析，但是由于所能够用于劳动力价值测算的数据都为反映一个整体情况的平均数，因此，需要使用一些简单的数学方法，对总体数据进行处理，使其能够考察个体家庭的储蓄与反映到统计数字上的整体储蓄之间的联系。

首先，假设经济中的家庭是均质的（我们的测算方法将会按收入组来进行区别，而各个收入组内的家庭消费行为上存在类似的性质），每一期其他消费支出为 A，这一消费直接由当期的收入提供。B 为一个家庭所需要的耐用消费品的支出，它由 x 期的储蓄提供，并在一期内消费掉（这里 x 是由家庭自主决定的，因此单期储蓄量 B/x 也是由家庭自主决定的）；C 为一个家庭所需要的教育支出，由 y 期的储蓄提供，y 为外生给定的值，同时会在 w 期内消费掉，而这种支出以一个 p 的概率得以实现。D 为医疗支出，为了分析的方便，我们舍象掉医疗支出在支出期数上的随机性，假设其将在 1 期内支出，并且由 j 期的储蓄提供，j 也是外生给定的，同时这笔支出发生的概率为 q。而购房支出 E 与耐用消费品支出的假设一致，而储蓄的期数为 t 是由家庭决定的。

根据无投资性储蓄的原则，那么对于一个没有在当期进行大宗支出的家庭而言，其收入应该等于当期的消费支出 A 和各项必需的储蓄之和，所以其收入 f 应该有如下等式：

$$f = A + \frac{1}{x}B + \frac{1}{y}C + \frac{1}{j}D + \frac{1}{t}E \tag{1}$$

接下来，我们假设社会中有 n 个家庭，每一期当中有 b 个家庭购买了耐用消费品，而有 c 个家庭支付了教育的支出，d 个家庭支付了医疗支出，e 个家庭支付了购房支出，那么社会总支出 F 就会表示为：

$$F = nA + bB + c\frac{C}{w} + dD + eE \tag{2}$$

那么，当统计部门核算总的消费支出时平均的支出结构 f' 会表现为以下的情况：

$$f' = \frac{F}{n} = A + \frac{b}{n}B + \frac{c}{nw}C + \frac{d}{n}D + \frac{e}{n}E \tag{3}$$

而统计口径上的储蓄 s 将等于：

$$s = f - f' = \left(\frac{1}{x} - \frac{b}{n}\right)B + \left(\frac{1}{y} - \frac{b}{nw}\right)C + \left(\frac{1}{j} - \frac{d}{n}\right)D + \left(\frac{1}{t} - \frac{e}{n}\right)E \tag{4}$$

现在，进一步假设耐用消费品和住房的购买行为是均匀地分布在整个时间段上的，那么，在当期就有：

$$x = \frac{n}{b} \qquad t = \frac{n}{e} \tag{5}$$

从而关于 s 的等式将变为：

$$s = f - f' = \left(\frac{1}{y} - \frac{c}{nw}\right)C + \left(\frac{1}{j} - \frac{d}{n}\right)D \tag{6}$$

这就表明，在考虑均匀分布的购买行为时，进行了平均的统计数据中对某一物品的最终支出包含了对它进行的储蓄，也就是说，一部分人在当期的大规模支出被平均到每个人身上之后的值和未进行消费的人的相等，这在统计上是简单而直观的，因此我们不需要另外的调整来估算这些储蓄。因此我们只需要考虑教育和医疗这两部分的储蓄即可。

为教育和医疗所进行的储蓄将面临不确定性问题。由于每一个家庭都会按照它在将来进行医疗和教育支出来储蓄，但是实际上人群中只有 p 和 q 比例的人会分别发生教育支出和医疗支出，设 c′ 和 d′ 是在没有不确定性的情况下按照人口比例所应该支出的人数，因此，人群中发生这两项支出的人数 c 和 d 就可以分别写成：

$$c = c'p \qquad d = d'q \tag{7}$$

因此，s 的等式可以进一步写成：

$$s = f - f' = \left(\frac{1}{y} - \frac{c'p}{nw}\right)C + \left(\frac{1}{j} - \frac{d'q}{n}\right)D \tag{8}$$

进一步假设医疗支出在人群中是均匀分布的，则有：

$$j = n/d' \tag{9}$$

从而有：

$$s = \left(\frac{1}{y} - \frac{c'p}{nw}\right)C + \frac{d'}{n}(1 - q)D \tag{10}$$

因此，统计数据中显示出的医疗支出的平均值将是：

$$\bar{D} = \frac{d}{n}D \tag{11}$$

而医疗储蓄值则是：

$$D_s = \frac{d'}{n}(1 - q)D \tag{12}$$

那么，就有：

$$D_s = \frac{1-q}{a}\overline{D} \qquad (13)$$

同样，教育的支出行为与人群结构相关程度更高，故不能直接采用均匀支出的假设。统计数据中教育的支出为：

$$\overline{C} = \frac{c}{nw}C \qquad (14)$$

教育的储蓄值为：

$$C_s = \left(\frac{1}{y} - \frac{c'p}{nw}\right)C \qquad (15)$$

从而有：

$$C_s = \frac{C}{\left(\dfrac{1}{y} - \dfrac{c'p}{nw}\right)} \qquad (16)$$

这样我们就有了一个利用现有的消费情况和少量其他数据估算必要的储蓄的方法，将现实中的消费与所估算出的必要储蓄相加得到"无储蓄原则"下的劳动力价值。下面，我们将以中国的数据为基础，利用这一方法对中国的劳动力价值进行测算。

### 四、中国劳动力价值的测算

由于数据和方法的限制，劳动力价值的测算在中国较少有人讨论。李钟瑾等讨论了中国的生存工资问题，其生存工资的概念基本上与劳动力价值的概念相近，这一文献在讨论生存工资时采用了城镇七等分收入统计数据，将低收入户的人均可支配收入作为城镇生存工资的估算值。[①] 但是这一方法不尽合理，因为城镇低收入户的收入未必能够真正保证其获得正常的生活水平，尤其是在不同的收入不平等程度之下低收入户的生活状态完全不同，贫富差距越大，低收入户的收入就越偏离正常的生活水平。而使用上述基于"无储蓄原则"的劳动力价值识别方法可以帮助我们尽可能地解决劳动力价值测算

---

① 李钟瑾、陈瀛、齐昊、许准：《生存工资、超时劳动与中国经济的可持续发展》，载于《政治经济学评论》2012 年第 3 期。

中所遇到的问题。

在使用中国数据对中国的劳动力价值进行具体识别和测算之前，需要考虑应该使用哪些数据来代表测算方法中的若干参数。在医疗支出方面，我们使用 45 岁以上居民两周患病率的平均值作为患病概率 q 的近似值，因为居民两周患病率指标指的是居民在受调查之前两周以内是否患病的比率，可以作为居民生病概率的近似。在教育支出方面，由于中国目前实行九年制义务教育，而新增劳动力平均受教育年限为 11 年，所以需要依靠自费解决的教育年限平均为 2 年，所以我们设需要个人支付的教育年限 w = 2；同时，由于平均受教育年限 11 年是位于高中阶段，所以我们使用高中、中专入学率 82.5% 来近似表示入学率 p；而进入高中的平均年龄为 15 岁，所以将 y 近似等于 15，并采用对应 15 岁入学子女的父母平均年龄 35 ~ 40 岁人口组占总人口比例作为需要为子女支付教育费用的人口比例 c′/n 的近似，从而可以估算为教育进行的储蓄。

另外，理论上来说，购房支出类似于耐用消费品，在若干期储蓄之后会在一期内支出，在假设人群均匀分布的情况下为了房屋购置而发生的储蓄能够反映在总的支出之中，因而不用调整。但是由于中国统计口径中居住支出中并不包含购房支出，我们采用计算房租贴现和的方法来获得，并相应地将这一部分必需品的储蓄扣减出来。

接下来，我们将讨论如何通过收入七等分组数据来识别和测算中国的劳动力价值。该数据来自国家统计局城市社会经济调查总队的三年期定点入户调查数据，将调查样本按收入水平由低到高分为最低收入户、低收入户、中等偏下户、中等收入户、中等偏上户、高收入户和最高收入户七个组别，分别占总样本量的 10%、10%、20%、20%、20%、10% 和 10%，另外在最低收入户内部还提供收入最低的 5% 的困难户的数据。调查数据包含这些样本家庭的收入、消费、就业和人口等主要数据，能够最大程度满足我们测算的需要。

基于劳动力价值识别的"无储蓄原则"，有两种方法可以确定与劳动力价值相匹配的收入组别。第一种方法是根据每一分组的支出数据核算出其实际应该进行的必需品的储蓄，然后与实际的储蓄相对比，二者刚好相等的一组就可以作为获得了劳动力价值的一组,因此其可支配收入就等于劳动力价值。第一种方法的优势在于思路直观,但问题在于,随着收入组别的升高,支出中可能逐渐包含了一些非必需品的因素。例如,更高收入的组别可能享受了更好的饮食、更好的住房、更好的教育等等,但是这些可能并不都属于必需品。因此根据这些支出调整得到的必需品储蓄可能偏高,可能会高估劳动力价值。

第二种方法是选择某一收入组别为基准,将这一组的支出作为必需品的最低限度,然后加上理论上应该进行的必需品储蓄水平,而不管其实际的储蓄是否能够支持这个储蓄水平,将这样获得的理论值作为劳动力价值的估计。这一方法的优势在于可以将非必需品排除出去,但前提是这个组别的选择要合适。在实际运用中,我们选择低收入组作为基准组别,因为,该组别的支出足够低到明显排除所有的非必需品。但是,随着收入组别的下降事实上必需品的支出也会降低,比如购买质量较差的必需品等等,因此,这种方法也可能低估了劳动力价值。

为了避免前两种测算方法的问题,一个折中的办法是将二者测算结果的均值作为劳动力价值,记之为方法三。我们用以上三种方法分别对三个年度数据进行了测算。测算结果见表1。

表1　　　　　　　　　　　中国劳动力价值的估算　　　　　　　　单位:元

| 年份 | 劳动力价值（方法一） | 对应的收入组别 | 劳动力价值（方法二） | 对应的收入组别 | 平均的劳动力价值（方法三） | 对应的收入组别 |
|---|---|---|---|---|---|---|
| 2000 | 9434 | 高收入组 | 4242 | 中等偏下收入组 | 6838 | 中等偏上收入组 |
| 2005 | 12603 | 中等偏上收入组 | 5649 | 中等偏下收入组 | 9126 | 中等收入组 |
| 2010 | 17224 | 中等收入组 | 9471 | 中等偏下收入组 | 13348 | 中等收入组 |

资料来源:根据各年度《中国统计年鉴》相关数据估算。

从以上测算中我们可以得出如下结论:

第一,三种测算方法各有其意义,而就2010年的情况而言,方法一和方法三的测算结果均显示,我国目前的劳动力价值大体等于城镇居民中等组的收入。根据方法三的测算，2010 年，我国的劳动力价值为 13348 元，这一结果基本符合我们的直观感受，2010 年，各地最低工资的全国平均值为 6747元，当年的劳动力价值水平大约是其两倍；另外，2010 年我国城镇居民人均可支配收入为 19109 元，2011 年中国城镇居民人均可支配收入中位数为 19118元（首次公布），而 2010 年劳动力价值水平大约是二者的 70%。这一方面说明，《劳动法》规定的最低工资并不足以使劳动力完成再生产，另一方面则说明社会中等的收入水平在实现劳动再生产后能够略有结余。

第二，方法一和方法三均说明，单就获得劳动力价值的情况而言，可以获得社会正常的生活水平的家庭比例越来越高，因此，在此意义上，中国的收入分配并没有恶化，甚至呈现出了改善的趋势。通过表 1 可以看到，采用方法一测算的结果显示，2000 年只有高收入组能够获得使其劳动力能够完全再生产的劳动力价值，2005 年为中等偏上及以上的组别，2010 年则为中等收入及以上的组别。也就是说，根据方法一的测算，在 2000～2010 年，中国有更多的人的收入达到了正常的劳动力再生产所需要的水平。而根据方法三，从 2000～2005 年，更大比例的家庭获得了劳动力价值，而在 2005～2010 年，这一比例则基本稳定，中等收入组及以上获得了劳动力价值。

第三，尽管呈现出改善的趋势，但这并不意味着中国的收入分配状况较好。相反，以方法一和方法三的测算结果来看，城镇居民中尚有 40% 的居民的收入处于劳动力价值以下，意味着这部分居民难以通过收入完成正常的劳动力再生产，无法达到"正常"的社会生活水平。这不仅意味着这部分居民的生活水平令人忧虑，而且这一状况长期持续必然会导致整体经济的结构失衡，表现为工资品消费不足、经济持续依赖高投资或出口等。

## 五、结论

劳动力价值理论是马克思主义政治经济学中非常重要的部分，但对劳动力价值的经验测算存在诸多困难。本文将劳动力价值决定置于资本积累的视角下，探讨了技术变化及阶级关系对于劳动力价值的影响，并提出了以"无储蓄原则"识别劳动力价值的新方法。这一方法使我们得以避免劳动力价值测算的问题。根据这一方法，本文在中国的统计口径之下，利用居民教育、医疗和住房支出方面的信息，测算出居民为购买必需品而需要进行的储蓄，并依据"无储蓄原则"测算了中国全国平均的劳动力价值。测算结果表明，尽管存在改善的趋势，但是中国的收入分配形势实际上非常严峻，目前，城镇中约有40%的居民的收入低于劳动力价值水平，即难以通过自身收入实现正常的劳动力再生产。

上述状况不仅意味着约40%的城镇居民的生活水平令人忧虑，而且如此高比例居民的收入低于劳动力价值将会使经济面临全面失衡的问题。一方面，工资长期低于劳动力价值依赖于工人向资本积累提供的各种"劳动补贴"，而这种状态的持续势必加剧社会矛盾①；另一方面，由于大量工人的工资处于劳动力价值以下，因此，工资基金所对应的对于本国工资品的需求可能将萎缩到正常需求水平以下，从而导致内需不足。同时，由于内需所引致的有效需求不足，经济可能将会面临更为严重的剩余价值实现困难，要解决这一困难，只能采取以外需代替内需、以积累取代消费、以奢侈品消费取代工资品消费等主要方式，从而使经济表现为内需不足、对投资和出口的持续依赖以及严重的消费两极分化等失衡状态。② 因此，必须对这一问题有清晰的认识和足够的重视。从长期来看，改变这种工资低于劳动力价值的普遍状况有赖于推进经济发展方式改变，而逐步提高最低工资，使最低工资达到劳动力价值则应是短期的有效选择。

（原文发表于《经济学家》2014 年第 6 期）

---

① 孟捷、李怡乐、张衔：《非自由劳工与现代资本主义劳动关系的多样性》，载于《贵州大学学报》（社会科学版）2012 年第 6 期。

② 张晨、冯志轩：《技术落后、过度剥削与经济失衡》，载于《马克思主义研究》2013 年第 9 期。

# 马克思主义政治经济学视角下的农民工工资增长问题：理论与经验

余小琴　马梦挺[*]

## 一、引言

在 2004 年我国东南沿海出现"民工荒"之后，农民工的工资增长问题曾引起广泛关注，尤其在 2010 年前后，学界围绕"中国是否到达刘易斯转折点"这一议题展开了十分热烈的讨论。[①] 然而，近年来相关的讨论却开始变少。研究热度的冷却，首先是因为此前的讨论使我们对农民工的工资增长规律已经形成了一些较为清晰的认识，但另外一个不能忽视的原因是，自 2015 年以来农民工的工资实际上并没有延续此前高速增长的态势。如表 1 所示，我们可以将 1993 年以来我国农民工工资的增长趋势划分为三个阶段：2004 年之前，工资增长比较缓慢近乎停滞；[②] 2004～2015 年则是工资高速增长的阶段，尤其在 2010 年至 2015 年之间，农民工工资的增速显著地超过了人均实

* 余小琴，中国人民大学经济学院博士研究生。马梦挺，复旦大学马克思主义研究院讲师。

① 蔡昉：《人口转变、人口红利与刘易斯转折点》，载于《经济研究》2010 年第 4 期；范红忠、连玉君：《家庭内部和家庭外部的农村剩余劳动力及民工荒：基于湖北汉川的农户调查》，载于《世界经济》2010 年第 11 期；蔡昉、都阳：《工资增长、工资趋同与刘易斯转折点》，载于《经济学动态》2011 年第 9 期；丁守海：《劳动剩余条件下的供给不足与工资上涨——基于家庭分工的视角》，载于《中国社会科学》2011 年第 5 期；Y. Yao，K. Zhang. "Has China Passed the Lewis Turning Point? A Structural Estimation Based on Provincial Data"，*China Economic Journal*，Vol. 3，No. 2，2010：155 – 162；X. Zhang，J. Yang，S. Wang. "China Has Reached the Lewis Turning Point"，*China Economic Review*，Vol. 22，No. 4，2011：542 – 554。

② 读者应注意，这一阶段以月收入表示的农民工工资增速的停滞与农民工年收入的高速增长是并行不悖的。在农村尚存在大量剩余人口的前提下，即便工资率不变，更多的非农就业机会和就业时间也将显著提升农村居民的收入水平。

际 GDP 和城镇单位就业在岗职工工资的增速；① 但是这一高速增长的趋势并没有延续，2015 年之后农民工工资的增速再次降到人均实际 GDP 和城镇单位就业在岗职工工资增速以下。

表1　　　　　　　　　　　分时段农民工月收入的实际增长率　　　　　　单位：%

| 时间段 | 第一阶段 | | 第二阶段 | | 第三阶段 |
|---|---|---|---|---|---|
| | 1993～2001 年 | 2001～2004 年 | 2004～2010 年 | 2010～2015 年 | 2015～2019 年 |
| 农调队提供的农民工月收入增长率 | 2.9 (a) | 5.2 | 11.1 | — | |
| 固定观察点提供的农民工月收入增长率 | 1.8 | 1.9 | 8.6 | — | |
| 农民工监测调查报告中的农民工月收入增长率 | — | — | 8.8 (b) | 11.1 | 3.4 |
| 城镇单位就业在岗职工年工资增长率 | 9.6 | 12.3 | 12.2 | 8.3 | 6.7 |
| 人均实际 GDP 增长率 | 8.4 | 9.1 | 10.7 | 7.4 | 6.2 |

注：（a）这里计算的是 1995～2001 年的实际增长率。

（b）这里计算的是 2008～2010 年的实际增长率。

（c）表格内数据均为增长率。工资或收入的实际增长率指在名义增长率的基础上扣减了居民消费价格指数的增长率。2020 年的经济形势受到了新冠疫情的较大影响，故表格中并没有纳入 2020 年的数据。根据国家统计局发布的《2020 年农民工监测调查报告》，2020 年我国农民工月收入名义增长率为 2.8%，同期居民消费价格指数增长率为 2.5%。

资料来源：国家统计局农调队数据来自：卢锋：《中国农民工工资走势：1979—2010》，载于《中国社会科学》2012 年第 7 期；国家统计局农村固定观察点数据来自：毛学峰、刘靖：《中国农民工工资：概念澄清与数据核准》，载于《北京社会科学》2016 年第 1 期；其余数据来自国家统计局历年《农民工监测调查报告》和国家统计局网站。

---

① 在这一阶段，劳动者报酬占收入法 GDP 的份额也开始上升。皮凯蒂（T. Piketty）等人的一项关于我国收入分配差距的研究也揭示 2010～2015 年是我国收入分配结构发生明显改善的时期。参见：T. Piketty, L. Yang, G. Zucman. "Capital Accumulation, Private Property, and Rising Inequality in China, 1978–2015", *American Economic Review*, Vol. 109, No. 7, 2019：2469–2496。

本文旨在从马克思主义政治经济学的角度探讨我国农民工的工资增长问题。促成我们这一问题意识主要有以下四个原因。第一，如表 1 所呈现的农民工工资增长的三个阶段为本文的分析提供了一个更加全面的经验起点，此前的讨论基本上局限于关注前两个阶段的变化。第二，正如我们将在下文指出的，此前基于刘易斯二元经济理论对农民工工资增长问题的讨论，实际上最终将关注点转向了农民工的劳动力再生产。从劳动力再生产的角度讨论工资问题是马克思主义政治经济学传统的理论进路，因而这里存在着理论对话和借鉴的空间。第三，既有的从马克思主义政治经济学角度对农民工工资增长问题的讨论，主要借助"半无产化"这一概念。[1] 但在我们看来，"半无产化"这一概念并没有真正抓住农民工的政治经济学内涵。第四，在当前加快构建"双循环"新发展格局的背景下，讨论工资问题具有更为突出的意义。从马克思主义政治经济学的角度看，处于经济循环过程核心的是工资—利润和消费—投资这两组关系。而从劳动力再生产的角度讨论工资问题，也就是从消费到工资是比较容易被研究者忽略的一条逻辑路径。[2] 此外，对农民工劳动力再生产过程和工资的讨论亦可视为"生活需要"的中国特色社会主义政治经济学的重要组成部分。[3]

## 二、基于刘易斯二元经济理论对农民工工资增长问题的讨论

在进入本节的正题之前，有必要对刘易斯本人的观点和国内学者在讨论中所采用的刘易斯 – 拉尼斯 – 费景汉模型有所区分。孙小雨曾指出，刘易斯二元经济理论存在着马克思主义和新古典主义两种可能的解释路径。[4] 刘易斯 – 拉尼斯 – 费景汉模型实际上是经拉尼斯（Ranis）等人改造，新古典化之

① 赵丁琪：《"民工荒"的政治经济学分析》，载于《西安财经学院学报》2013 年第 6 期；H. Qi. "Semi – Proletari – Anizationina Dual Economy：The Case of China"，*Review of Radical Political Economics*，Vol. 51，No. 4，2019：553 – 561。

② 陈享光：《消费和储蓄的政治经济学考察——兼论我国消费储蓄政策》，载于《经济纵横》2018 年第 8 期。

③ 胡乐明：《"生活需要"的政治经济学分析》，载于《马克思主义研究》2019 年第 11 期。

④ 孙小雨：《对刘易斯理论的两种可能的解释——兼评关于中国经济转型的争论》，载于《政治经济学评论》2017 年第 1 期。

后的刘易斯二元经济模型。①② 齐昊（Qi）明确指出了两者的三点区别。③ 第一，刘易斯本人界定的剩余劳动力并不局限于农业，更接近马克思所说的产业后备军。④ 第二，刘易斯－拉尼斯－费景汉模型将刘易斯转折点之前的工资水平与农业产出联系在一起。刘易斯本人虽然也经常将农业平均产出作为生存工资的替代，但这只是刘易斯的一个简化处理。⑤ 刘易斯实际上考虑了更多可能影响到工资的因素。甚至可以认为假设在所谓古典阶段工资不会随着资本积累而提高也只是刘易斯所做的一个简化。这就牵涉到第三点：刘易斯本人的观点要比刘易斯－拉尼斯－费景汉模型更注重资本积累。刘易斯二元经济模型根本上强调的是很多发展中国家在发展的初期，因为存在大量的剩余人口，工资的增长并不会挤压利润，于是就可能形成一个十分有利于资本积累的阶段。刘易斯明确注意到在实际的历史经验中，即便在所谓古典阶段工

---

① G. Ranis, J. C. Fei. "A Theory of Economic Development", *American Economic Review*, Vol. 51, No. 4, 1961: 533 – 565.

② 新古典化之后的刘易斯二元经济模型的一个显著特点是偏重边际分析，而刘易斯本人在一篇1972年的文章中明确表示："既然这个模型需要的仅仅是这样一个事实，即在当前工资水平下供给超过需求，就没有必要提及蓄水池中单位劳动的边际生产力，除了要注意它必须要低于现代部门提供的工资。如最初的文章所说（指1954年的文章——引者）：'边际生产力是否为零或者接近为零，对我们的分析来说并不那么重要。'提及边际生产力可能就是个失误，因为这仅仅导致了无关的和无休止的争论。"参见：W. Lewis. "Reflections on Unlimited Labor", in D. Marco and L. Eugenio, eds., *International Economics and Development*, New York and London: Academic Press, 1972: 75 – 96。引文由笔者根据英文原文翻译，下同。其实，在1954年的文章中，刘易斯开宗明义："本文的写作基于古典的传统，做出的是古典的假设，提出的是古典的问题。"参见：W. Lewis. "Economic Development with Unlimited Supplies of Labour", *The Manchester School of Economic and Social Studies*, Vol. 22, No. 2, 1954: 139 – 191。

③ H. Qi. "Semi – Prole Tarianizatienina Dual Economy: The Case of China", *Review of Radical Political Economy*, Vol. 51, No. 4, 2019: 553 – 561。

④ 除农业剩余人口外，刘易斯提到的剩余人口还包括码头工人、园丁这样的临时工（casual-jobs），小商贩、家仆、未进入劳动力市场的妇女以及马克思意义上的技术性失业人员。刘易斯并没有在理论上反对马克思的产业后备军理论，而只是从战后西方主要发达国家的经验出发，确认了资本积累的主导趋势是降低而非扩大就业（Lewis, 1954）。其实就连这一立场也被刘易斯在1972年的文章中所放弃，因为"不断扩大的城市失业已经成为70年代的重大问题"。W. Lewis, "Reflections on Unlimited Labor", in D. Marco and L. Eugenio, eds., *International Economics and Development*, New York and London: Academic Press, 1972: 75 – 96。

⑤ "古典经济学家通常认为工资由生存性消费所要求的水平决定，在有些情形下这可能是正确的。然而，对于大部分人口是自耕农的经济而言，我们有一个更加客观的指数。劳动力所能得到的最低水平现在由农民的平均产出确定……"参见：W. Lewis, "Economic Development with Unlimited Supplies of Labour", The Manchester School of Economic and Social Studies, Vol. 22, No. 2, 1954: 139 – 191。

资增长也并非完全停滞，然而在他看来，只要工资的增长依然低于劳动生产率的增长，他的模型就是成立的。[①] 换言之，刘易斯的二元经济理论并不是一个工资理论，而是一个针对发展中国家的资本积累或经济增长理论。这就可以解释为何在有关工资的细节问题上，刘易斯本人的表述经常是含混不清的。但是，国内学者在讨论农民工工资增长问题时，基本上都将刘易斯二元经济理论作为一个工资理论来对待。

直观地看，刘易斯二元经济理论的确可以很好地解释表 1 中农民工工资增长前两个阶段的变化。在第一个阶段，因为传统部门（主要是农业部门）存在大量的剩余劳动力，现代部门面对的是生存工资水平上劳动力的无限供给，故工资增长较为缓慢。随着传统部门剩余劳动力的耗尽，经济遂进入劳动力稀缺的第二个阶段，此后工资水平将随着劳动力需求的增长而增长。于是，2004 年我国东南沿海地区出现的"民工荒"以及之后农民工工资的高增长被一部分学者看成是中国到达刘易斯转折点的标志。[②] 但这一判断实际上也并未取得广泛的共识，主要原因是各种估算似乎都表明，我国的农业部门依然保存着规模不小的剩余劳动力。[③]

于是问题转换成如何理解劳动力剩余情况下的供给不足。对于这个问题的回答有两种观点值得予以特别重视。第一种观点强调劳动力的年龄结构。[④] 这一观点注意到了在家庭联产承包责任制之下我国的农业经营基本是"老人种地"这一情况，而城市现代部门短缺的却是青壮年劳动力。因此，各种估算所表明的仍

---

① "这个模型的目的是提供一种机制，以解释一个由资本主义生产形式引起增长的经济体，在它的早期阶段，国内储蓄占国民收入的份额为何会快速上涨。" W. Lewis, "Reflections on Unlimited Labor", in D. Marco and L. Eugenio, eds., *International Economics and Development*, New York and London: Academic Press, 1972: 75 – 96.

② 蔡昉：《人口转变、人口红利与刘易斯转折点》，载于《经济研究》2010 年第 4 期；蔡昉、都阳：《工资增长、工资趋同与刘易斯转折点》，载于《经济学动态》2011 年第 9 期；Y. Yao, K. Zhang. "Has China Passed the Lewis Turning Point? A Structural Estimation Based on Provincial Data", *China Economic Journal*, Vol. 3, No. 2, 2010: 155 – 162; X. Zhang, J. Yang, S. Wang. "China Has Reached the Lewis Turning Point", *China Economic Review*, Vol. 22, No. 4, 2011: 542 – 554.

③ 关于农业剩余劳动力的估算方法和结果的讨论，参见蔡万焕：《论刘易斯拐点理论对中国经济的适用性》，载于《马克思主义研究》2012 年第 3 期。

④ 蔡昉：《人口转变、人口红利与刘易斯转折点》，载于《经济研究》2010 年第 4 期。

有一定规模的农业剩余劳动力在构成上主要是 45 岁以上的中老年人，很难说这部分劳动力还严格地构成城市现代部门的劳动力蓄水池。明确这一点之后就不难理解为何蔡昉经常将刘易斯转折点的到来和人口红利期的消失放在一起讨论。①

图 1 是斯威齐给出的马克思相对过剩人口理论的图示，其中 A 表示每年新进入劳动力市场的人口，E 和 F 表示退休的劳动力，这些流量因较强的人口学特征具有一定稳定性和可预测性。② 由图 1 可知，农村的新增劳动年龄人口要直接形成对城市现代部门的劳动力供给约束，前提是农村传统部门中为城市现代部门所需要的青壮年劳动力基本都已经被城市现代部门吸收了。而根据一些调查资料，我国 2004 年前后农村剩余劳动力的情况很可能符合这一前提。如国务院发展研究中心一项覆盖 17 省区 2749 个行政村的调查显示，超过 7 成的村庄认为本村能够外出打工的青年劳动力已经出去了。③ 2006 年一项对长江三角洲 16 个城市的调查亦发现，就业的城市农民工中年龄在 45 岁以上的只有 6.3%。④

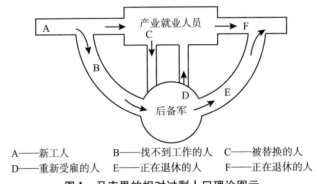

A——新工人　　　B——找不到工作的人　　C——被替换的人
D——重新受雇的人　E——正在退休的人　　F——正在退休的人

**图 1　马克思的相对过剩人口理论图示**

资料来源：保罗·斯威齐：《资本主义发展论》，商务印书馆 2000 年版。

---

① 蔡昉在其文章中明确表示："人口转变与二元经济发展过程有着共同的起点、相关和相似的发展阶段特征，以及在相当程度上重合的过程，进而人口转变所促成的人口红利期，是二元经济发展的一个阶段。因此，论证人口红利的消失与证明刘易斯转折点的到来，实际上是同一项学术工作。"参见蔡昉：《人口转变、人口红利与刘易斯转折点》，载于《经济研究》2010 年第 4 期。

② 斯威齐：《资本主义发展论》，陈观烈、秦亚男译，商务印书馆 2000 年版。

③ 此处资料引自侯东民等：《从"民工荒"到"返乡潮"：中国的刘易斯拐点到来了吗?》，载于《人口研究》2009 年第 2 期。我们无从得知该调查的具体年份，但可以确定是 2009 年之前。

④ 侯东民等：《从"民工荒"到"返乡潮"：中国的刘易斯拐点到来了吗?》，载于《人口研究》2009 年第 2 期。

另一种观点强调农民工家庭分工结构的约束。如范红忠和连玉君在概念上区分了家庭内部和家庭外部的农村剩余劳动力。[①] 从家庭外部，也就是从整个农业生产的角度看，当前我国的农业部门还存在数量不小的剩余劳动力。但是在家庭联产承包责任这一经营制度下，家庭外部意义上的过剩将体现为家庭内部农业生产的兼业性。虽然仅凭家庭所承包的土地面积并不能使家庭内的剩余劳动力得到充分利用，但是却可以与家庭内部必需的家务劳动，以及一些简单的家庭手工业、村庄附近的散工结合起来。在这个意义上这些劳动力并不一定是全然过剩的。丁守海也注意到类似的情况，并表达为家庭分工对劳动力供给的约束。[②] 他利用国家统计局在 1999 ~ 2005 年对内蒙古、甘肃两省区 15 个县 1500 个农户的调查数据发现，农民工外出务工的供给价格将随着家庭留守人数的减少边际递增，尤其是最后一名成年留守人员的外出即举家迁移，往往需要非常高的供给价格（见表 2）。在丁守海看来，既有的工资水平实际上并不能帮助农民工家庭负担举家迁移的成本，因而即便在总量意义上存在着过剩劳动力，城市现代部门依然将遭遇供给不足的情况。

表 2　　　　　　　　　　　　　留守劳动力的保留工资均值

| 家庭留守劳动力人数（个） | 1999 年 | 2000 年 | 2001 年 | 2002 年 | 2003 年 | 2004 年 |
|---|---|---|---|---|---|---|
| 1 | 406 | 381 | 376 | 431 | 471 | 522 |
| 2 | 359 | 339 | 340 | 381 | 393 | 431 |
| 3 | 330 | 312 | 317 | 349 | 351 | 380 |
| 4 | 314 | 297 | 298 | 326 | 333 | 357 |
| 5 | 319 | 295 | 303 | 322 | 316 | 360 |

注：保留工资均按当地物价指数折算为 1999 年的可比水平。
资料来源：丁守海：《劳动剩余条件下的供给不足与工资上涨——基于家庭分工的视角》，载于《中国社会科学》2011 年第 5 期。

---

[①] 范红忠、连玉君：《家庭内部和家庭外部的农村剩余劳动力及民工荒：基于湖北汉川的农户调查》，载于《世界经济》2010 年第 11 期。
[②] 丁守海：《劳动剩余条件下的供给不足与工资上涨——基于家庭分工的视角》，载于《中国社会科学》2011 年第 5 期。

　　对于这两种观点，我们以三点评论作为本节内容的小结。第一，这两种对劳动力剩余情况下供给不足的解释并不矛盾。农民工的家庭分工，也就是务农还是务工、留守还是外出、家内还是家外，在很大程度上是以年龄、代际、性别为依据的。在现实中，青壮年及男性多外出务工，而中老年及女性多留守农村，从事农业经营并兼顾家务。第二，在上文我们指出了将刘易斯转折点的到来和人口红利期的消失放在一起讨论在经验层面的合理性，但这一合理性只是相对的。绝不能以为劳动年龄人口的下降就必然意味着就业在未来将不再可能是我国需要应对的一个突出问题。根据马克思的相对过剩人口理论，现代市场经济中劳动力市场的正常运行在根本上无法脱离一个劳动力蓄水池作为工资调节机制的必要环节，并且城市现代产业部门实际上也具备一定的修复、重塑这一劳动力蓄水池的能力。否则就很难理解，虽然劳动年龄人口的下降至今依然是确定不移的趋势，但在 2015 年之后农民工工资高速增长的趋势却并没有得到延续。第三，上述两种观点实际上最终都聚焦到了农民工家庭中的年龄和分工结构，用马克思主义的术语来说，就是将农民工的工资问题还原到了农民工以家庭为单位的劳动力再生产过程。与刘易斯在分析时将劳动力视为原子化的个人不同[①]，一旦将家庭作为劳动力再生产的基本单位，我们马上就可以看到农民工劳动力再生产过程的特殊性。简而言之，农民工的生计并不单独依赖工资性收入，作为一种理想型的农民工，其劳动力再生产过程至少包含了三个要素：（1）非农就业带来的务工收入，（2）农业经营收入；（3）非货币化的包括照料、辅导功课、洗衣、做饭、日常采购等在内的家务劳动。这一劳动力再生产过程的直接体现，就是农民工家庭成员根据年龄、代际、性别在务农还是务工、留守还是外出、家内还是家外等方面呈现的分工。而在刘易斯的二元经济模型中，劳动力要么在农村传统部门就业，要么在城市现代部门就业，两者只能取其一。正如齐昊指出

---

　　① W. Lewis. "Economic Development with Unlimited Supplies of Labour", The Manchester School of Economic and Social Studies, Vol. 22, No. 2, 1954：139 - 191; W. Lewis, "Reflections on Unlimited Labor", in D. Marco and L. Eugenio, eds., International Economics and Development, New York and London：Academic Press, 1972：75 - 96; 刘易斯：《二元经济论》，施炜等译，北京经济学院出版社 1989 年版。

的，我国农民工呈现的恰恰是一种中间状态。[1]

### 三、为什么"半无产化"概念无法把握农民工的政治经济学内涵

在已有的文献中，马克思主义学者大多习惯用"半无产化"（semi-prole-tarianization）这一概念来描述我国农民工既务农又务工这样一种兼业状态。[2]从概念本身来看，"半无产化"强调的是在家庭联产承包责任制下，农民工依然占有一定的生产资料这一事实，农民工并不是马克思所说的自由到一无所有的无产工人。在最近的一篇文章中，齐昊就用"半无产化"这一概念来解释农民工的工资增长问题。[3]　首先，因为农民工处于"半无产化"状态，所以城市的现代部门可以用低于城市生存工资水平的工资率雇用农民工，反过来也因为农民工在城市就业的工资水平无法负担其家庭完全迁移到城市之后的生活成本，农民工会保持在"半无产化"的状态。其次，农民工的劳动力再生产成本会随着城镇化的推进而提高。具体而言有三个原因。第一，城镇化的推进使得农民工的劳动力再生产更多地发生在城市，而城市各项生活开支显然比农村更高。第二，城镇化的推进将逐渐改变农民工的身份认同，带来生活方式的改变。第三，农民工身份认同的改变也将给予农民工在工资方面更强的议价能力。齐昊正是用城镇化进程中农民工劳动力再生产成本的提高来说明 2004～2015 年之间农民工工资的增长趋势。

然而不难发现，齐昊在具体解释中所采用的农民工特征实际上与"半无产化"这个概念所强调的生产资料占有并无多大的联系。如果坚持从生产资料占有的角度来阐释农民工的政治经济学内涵，按照传统马克思主义的分析进路，逻辑似乎应当是：农民工因为尚占有一定的生产资料只是在形式上隶属于资本，相比实质隶属的无产工人将拥有更强的议价能力。如此一来，农

---

①③　H. Qi. "Semi - Proletarianization in a Dual Economy：The Case of China", *Review of Radical Political Economics*，Vol. 51，No. 4，2019：553 –561.

②　赵丁琪：《 "民工荒" 的政治经济学分析》，载于《西安财经学院学报》2013 年第 6 期；H. Qi. "Semi - Proletarianization in a Dual Economy：The Case of China"，*Review of Radical Political Economics*，Vol. 51，No. 4，2019：553 –561.

民工的工资水平应当更高而非实际情况中的更低。正是在这个意义上,我们认为"半无产化"这一概念并没有抓住我国农民工的本质属性。其实,齐昊在具体解释中所侧重的是以下两点。第一,农民工的生计除工资性收入外还有农业经营性收入作为补充。但是在现实生活中,我们看到即便是城市工人也并非完全只有工资性收入。将劳动力价值简化为工资品的价值是马克思在《资本论》第1卷抽象水平上所做的一个假定。[1] 而且,如马克思主义的女性主义经济学家所做的那样,一旦将家务劳动纳入劳动力再生产过程的视野,劳动力的再生产过程并不完全依靠工资性收入更是相当普遍的情况。[2] 第二,农民工的家庭居所在农村,因而生活成本更低。这一点更是与生产资料占有无关,而是反映了农民工以家庭为单位的劳动力再生产过程与在城市现代部门就业的劳动过程在空间上的分离。

在我们看来农民工的政治经济学内涵并非在于其依然占有一定的生产资料这一特征。正如黄宗智所指出的,在人多地少的人地矛盾前提下,我国小农家庭自明清以来就难以仅靠农业经营来维持生计,于是具有"过密化"生产的特征。[3] 在当前的社会背景下,我国农民工户均不足十亩的农地面积,其经济功能已经越来越多地体现为一种社会保障。比如,当年龄较大的农民工无法继续外出务工时,在承包地上务农就相当于获得了一种失业和养老保障。而对农村集体土地的承包经营权其实也不过是国家针对农村居民的一系列制度安排中的一项,与农民工劳动力再生产关系密切的另一项制度是农村居民有权向村集体申请宅基地建房。于是,我们主张对农民工的政治经济学分析应当侧重其特定制度条件下劳动力再生产过程的特殊性。这实际上也是"半无产化"概念在具体解释农民工工资增长时所采

---

① 孟捷:《劳动力价值再定义与剩余价值论的重构》,载于《政治经济学评论》2015年第4期。

② J. Gardiner, S. Himmelweit, M. Mackintosh. "Women's Domestic Labour", *New Left Review*, Vol. 89, No. 1, 1975:47-58; S. Himmelweit, S. Mohun. "Domestic Labour and Capital", *Cambridge Journal of Economics*, Vol. 1, No. 1, 1977:15-31; 李怡乐:《家务劳动社会化形式的演变与资本积累》,载于《马克思主义与现实》2017年第3期;李洁:《重新发现"再生产":从劳动到社会理论》,载于《社会学研究》2021年第1期。

③ 黄宗智:《明清以来的乡村社会经济变迁:历史、理论与现实》,法律出版社2013年版。

用的视角，也是上文所述基于刘易斯二元经济理论讨论农民工工资增长问题最终的落脚点。

### 四、制度内嵌的劳动力再生产过程与农民工工资

1. 作为一种理想型的农民工家庭及其劳动力再生产过程

从劳动力再生产的角度考虑工资问题是马克思主义政治经济学的传统进路，工资只是劳动力价值的货币表现，而劳动力这种特殊商品的价值又由生产和再生产劳动力这一商品所需生活资料的价值决定。[①] 劳动力成为商品又依赖两个历史条件："一方面，工人是自由人，能够把自己的劳动力当作自己的商品来支配，另一方面，他没有别的商品可以出卖，自由得一无所有，没有任何实现自己的劳动力所必需的东西。"[②] 如孟捷和李怡乐所指出的，马克思实际上在一个比较高的抽象水平上分析工人的劳动力再生产过程，这里至少包含着这样两个假定：第一，工人的劳动力再生产完全依赖工资品；第二，工人的无产阶级化和劳动力商品化是同一个过程。但就现实中工人的劳动力再生产过程而言，工人及其家庭成员的再生产并不可能完全依赖工资品。[③] 孟捷、李怡乐提到了劳动力再生产过程除工资品之外的另外两个要素：一是家务劳动；二是国家对工人的制度保护，比如国家的转移支付等。孟捷、李怡乐将劳动力的商品化程度界定为劳动力再生产过程对工资品的依赖程度。显然，这样一来劳动力商品化和无产阶级化将不再是完全一致的同一过程。孟捷、李怡乐进一步借鉴了波兰尼的"内嵌"这一概念来分析劳动力这一特殊的商品。[④] 在波兰尼看来，劳动力与土地、货币一样，在实际历史进程中都只

---

[①] 在马克思的叙述中，劳动力价值包括三个部分：（1）在正常生活条件下工人自己需要的生活资料价值；（2）工人子女需要的生活资料价值；（3）一定的教育和训练费用。参见：《马克思恩格斯全集》第 23 卷，人民出版社 1972 年版，第 194、195 页。

[②] 《马克思恩格斯全集》第 23 卷，人民出版社 1972 年版，第 192 页。

[③] 孟捷、李怡乐：《改革以来劳动力商品化和雇佣关系的发展——波兰尼和马克思的视角》，载于《开放时代》2013 年第 5 期；孟捷：《劳动力价值再定义与剩余价值论的重构》，载于《政治经济学评论》2015 年第 4 期。

[④] 孟捷、李怡乐：《改革以来劳动力商品化和雇佣关系的发展——波兰尼和马克思的视角》，载于《开放时代》2013 年第 5 期。

是虚构的特殊商品。劳动力总是内嵌于具体的某种非市场制度结构当中，它的过度商品化常常导致剧烈的社会冲突，因而总是引起相应的社会保护运动。现实的历史进程是市场力量作用下的劳动力商品化趋势与非市场的制度力量作用下的去商品化趋势之间的矛盾运动。①

我们在上文已经指出，"半无产化"这一概念很可能夸大了农民工从事农业经营在生产资料占有意义上的功能，一个更加现实的选择是将农业经营理解为一种保护性制度。于是，在下文中我们将从制度内嵌的劳动力再生产过程这一角度来阐释农民工的政治经济学内涵，进而分析其工资增长问题。这一进路至少有两个优势。第一，"制度内嵌的劳动力再生产过程"可以将农民工劳动力再生产过程中更多的制度因素纳入考量，而不是仅仅注重农业经营。在我们看来，这更加符合我国农民工的实际。第二，这一理论进路同时也赋予了国家在以人为核心的"新型城镇化"历史进程中一个更加能动的角色。

让我们来考虑一种作为理想型的农民工劳动力再生产过程。假设这一农民工家庭由三代组成。最年长的一代祖父祖母，及第三代孙儿孙女留守农村，作为家庭中坚的青壮年夫妇则外出打工。祖父祖母一方面照顾孙辈，料理家务，另一方面也经营家庭农业。② 青壮年夫妇在外打工的收入，虽然也有一部分要应付在外的日常开支，但大部分还是带回农村老家。假设整个家庭的再生产过程发生在农村老家，忽略在务工地的日常开支。

以家庭为单位的劳动力再生产，通俗地讲就是劳动者的生计，存在两种主要的途径：一种是通过货币收入在市场上购买必需的生活资料，一种是直接通过家庭劳动以自给的方式来"生产"生活资料。后一种途径也包括通过自给性劳动来完成必需的家庭功能，即家务劳动。对上述理想型的农民工家庭而言，这两种再生产途径又对应着三种类型的劳动，如表3所示。首先是受雇劳动，劳动者通过出卖自己的劳动力获得工资性的货币收入，再用货币收入购买必需的生活资料。这是马克思所侧重的劳动力再生产过程。需要指

---

① 波兰尼：《巨变——当代政治和经济的起源》，黄树民译，社会文献出版社2013年版。
② 祖父祖母自然也可能在附近找一些非农工作，但作为一种理想型，我们忽略这种情况。

出的是，某些法律意义上的自雇劳动也可以归到受雇劳动的范围，比如夫妻店、外卖骑手等等，虽然这些工作类型具有小生产者的形式，但实质上却隶属于商业或互联网资本，是一种隐蔽的受雇劳动。其次是家务劳动，包括照料、辅导功课、洗衣、做饭、日常采购等等，直接是一种自给性的家庭劳动，因为它的劳动和消费统一于家庭内部，不存在一个市场过程使其价值货币化，所以容易遭到忽视。这是马克思主义的女性主义经济学所侧重的再生产过程。

表3　　　　　　　　　劳动力再生产的两种途径与三种劳动类型

| 劳动类型 | 受雇劳动 | 家务劳动 | 农业经营劳动 |
|---|---|---|---|
| 再生产途径 | 货币收入 | 家庭自给性劳动 | 家庭自给性劳动 + 货币收入 |
| 发生场域 | 城市（现代） | 农村（传统） | 农村（传统） |
| 家庭分工 | 青壮年/男性 | 老年/妇女 | 老年/妇女 |

最后是农民工所特有的农业经营劳动，它是两种再生产途径的混合。家庭农业经营的收成，一部分用于自给，一部分在市场上销售以换取货币收入。农业经营劳动虽然也具有家庭劳动的形式，但与家务劳动不同的是存在一个市场过程使其价值货币化。从再生产途径量的比例来看，农业经营劳动的意义也更多地体现为获取货币收入。例如根据2019年《全国农产品成本收益资料汇编》，2018年我国三种粮食平均主产品亩产为449.3公斤，当年每亩平均销售344.05公斤，占到主产品产量的76.6%。然而如果从农民工家庭分工的性别、代际差异以及劳动所发生的空间出发，农业经营劳动则更接近家庭自给性劳动的性质。从家庭分工看，农业经营劳动主要由在劳动力市场上就业相对困难的老年或妇女承担，与家务劳动一起形成了兼业。从劳动发生的空间看，农业经营劳动与主要的家务劳动一样，发生在农民工家庭所在的乡村。甚至从劳动特点来看，农业劳动与家庭内部的生育、照料等"再生产劳动"相似，并不完全适用于均质的外部钟点时间，而更接近一种有其自身节律、需要等待的内部时间。①

---

① 李洁：《重新发现"再生产"：从劳动到社会理论》，载于《社会学研究》2021年第1期。

农民工以家庭为单位的劳动力再生产的两种途径及三种劳动类型，具体组合内嵌于一个具有层次性的制度结构，因而表现出与城市劳动者家庭的差异。如图2所示，农民工所内嵌的制度结构的最外围是国家对农村的制度安排。例如，农村的土地集体所有制保障了农户承包土地从事农业经营和从村集体申请宅基地建房的权利，这是城市户籍的劳动者所不具有的。同时，农村居民在教育、医疗等方面享受的公共服务在城乡二元制度下也长期与户籍制度绑定，农村居民在享有农村基本公共服务的同时，在一定程度上又被排斥在城市的公共服务体系之外，其在城市的就业也表现出低保障、低福利、缺乏法律保护的非正规性。[1] 制度结构的第二层是农村社会，它既是国家制度的载体，也是农民工主要社会关系发生的场域，因而是其行动意义和认同的来源。相比城市，乡村社会也对应着更低的生活标准。制度结构的最内层则是家庭，是劳动力再生产的基本单位，在制度结构前两个层次的形塑下表现为某种家庭分工模式。

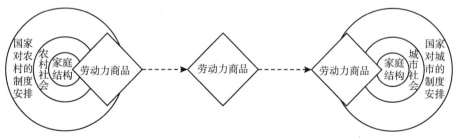

**图2　城镇化过程中农民工的制度脱嵌与再嵌**

用向量 $c = (c_1, c_2, \cdots, c_n)$ 表示平均意义上理想型的农民工家庭再生产所必需生活资料的范围和数量，并将其在形式上化约为一天的量。这里的生活资料也包括以家务劳动形式获得的某些自给性服务。以变量 $b_i$ 表示生活资料 i 是否需要从市场上购买的0—1变量，$b_i = 1$ 表示该生活资料从市场上购

---

① 黄宗智：《中国被忽视的非正规经济：现实与理论》，载于《开放时代》2009年第2期。

买，$b_i = 0$ 表示通过家庭内部自给性劳动来满足[①]。以 $\lambda_i$ 表示市场上生活资料 i 的社会必要劳动时间。如果将劳动力价值定义为劳动者家庭为维持再生产需要从市场上购买的生活资料的价值，那么劳动力日价值 $\lambda_l$ 就可以表示为

$$\lambda_l = \frac{c\hat{B}\lambda' - a/m_a}{l} \tag{1}$$

其中矩阵 $\hat{B}$ 表示以系数 $b_i$ 为对角元素的对角矩阵，向量 $\lambda$ 表示生活资料的价值向量，l 表示家庭中外出务工的人数。农业经营所取得的货币收入则被视为一种社会保障基金，与其他国家补贴一起统称为保障性收入 a，$m_a$ 则表示劳动时间的货币表现系数。以向量 p 表示生活资料的市场价格向量，则劳动力的日价格，也就是工资率 w 为

$$w = \frac{c\hat{B}p' - a}{l} \tag{2}$$

可见，符合劳动力价值的农民工工资水平取决于五个因素。第一，农民工以家庭为单位进行劳动力再生产所必需的生活资料的范围和数量 c。在《资本论》中，马克思指出这一必需生活资料的范围本身"包含着一个历史和道德的因素"[②]。换言之，这一必需生活资料的范围并不纯粹是生理和家庭功能意义上的必要，它还是具体社会关系网络下身份认同的产物。例如在今天，很多农民工外出务工主要是为了应付在住房、子女婚姻等"人生任务"上的高昂开支。农民工家庭在这些方面的消费支出甚至带有"炫耀""攀比"的心态。但是，绝不能将这种"炫耀""攀比"简单地理解为消费主义之下的非理性行为。农民工，尤其是所谓老一代农民工的生活场域主要还是老家所在的乡村社会，需要通过后者来获得实践的意义和认同。因此，用布尔迪厄的话来说，他的消费行为需要服从这一具体场域中地位的维持与竞争的逻辑[③]。在住房、子女婚配、后事等"人生任务"上的圆满程度关乎家庭在村社中的体面和尊严。就本文的范围而言，只需要指出劳动力再生产必需

---

① 有些生活资料类别一部分在市场上购买，一部分通过家庭自给性劳动获得。对于这种情况，总是可以通过细分生活资料的分类来加以区分的。

② 《马克思恩格斯全集》第 23 卷，人民出版社 1972 年版，第 194 页。

③ 布尔迪厄：《区分——判断力的社会批判》，刘晖译，商务印书馆 2015 年版。

生活资料的范围和数量，受制于劳动力再生产所发生的场域就足够了，即等式（2）中的 c 由劳动力再生产所内嵌的制度结构中的第二层所决定。一般而言，家庭居所依然在农村的农民工家庭，其劳动力再生产所需生活资料的范围和数量应当小于家庭居所在城市的城市劳动者家庭，两者对"体面"的认知对应着不同的标准。

第二，农民工劳动力再生产的商品化程度 $\hat{B}$。这也与劳动力再生产过程所内嵌的制度结构直接相关。相比城市生活，农村生活的劳动力商品化程度更低。这一方面是因为城市本身就表明一种更加商品化的生活方式，那些传统上由家庭内部劳动来满足的自给性服务，如托儿所、饭店、课后的辅导等，只有在人口更加聚集的城市才存在被市场替代的可能。另一方面，国家对农村地区的制度安排也相对地降低了农村生活的商品化程度。拥有承包地使得农民家庭的一部分主副食不需要去市场上购买，申请宅基地建房的权利也使农民并不需要像市民那样购买昂贵的商品房。

第三，生活资料的市场价格 p。同样的生活资料在城乡的价格不同，有些类别城市的价格更高，如食物、交通、教育、住房等等，有些类别则是农村的价格更高，特别是像家用电器这样的工业品。但总体上可以认为城市生活资料的价格更高。

第四，由国家制度提供的保障性收入 a。就典型的农民工家庭而言，a 主要是农业经营的货币收入，近年来也包括一定的耕地、养老等其他补贴性收入。有些地区的农民甚至还有集体经营性资产的收入分红。齐昊在具体分析时就将农业经营收入作为农民工的特殊属性来对待。[①] 但可以看到一旦将农业经营收入一般化为一种保障性收入，农民工在这一方面就不再有什么特殊性。城市劳动者在以城市为中心的制度结构下，同样会有一定的保障性收入，并且因为城市劳动者多为正规就业，保障水平甚至要比农民工高。

第五，家庭中外出务工的人数 l。本文重点考虑的是劳动力再生产的城乡

---

① H. Qi. "Semi - Proletarianization in a Dual Economy：The Case of China", *Review of Radical Political Economics*，Vol. 51，No. 4，2019：553 - 561.

差异，故假设 l 是一个常数。

　　从表 4 可以看到，外出农民工的工资平均只有城镇单位就业人员的一半，这还不包括两者在就业保障、福利方面的差距。这一差异即便在控制了受教育程度、劳动技能、就业行业等条件之后也依然存在，并被广泛认为是户籍歧视的结果。[1] 在我们看来，户籍歧视依然只是问题的表象，真正的根源是农民工家庭和城市劳动者家庭因为劳动力再生产过程所内嵌的制度结构不同，所造成的劳动力价值差异。在农村尚存在大规模剩余劳动力的前提下，农民工以家庭为单位的劳动力再生产过程与在城市就业部门的劳动过程在空间上的分离，使得城市现代部门可以按照低于城市劳动力价值的工资水平雇用农民工。这是我国在国际产业竞争中长期具备廉价劳动力优势的制度性原因。

表4　　　　　　　　　　　城镇单位就业人员和外出农民工的工资水平

| 年份 | 城镇单位就业人员年工资（元） | 外出农民工年收入（元） | 农民工年收入占城镇单位就业人员年工资的百分比（%） |
|---|---|---|---|
| 2008 | 28898 | 13400 | 46.37 |
| 2009 | 32244 | 14170 | 43.95 |
| 2010 | 36539 | 16900 | 46.25 |
| 2011 | 41799 | 20490 | 49.02 |
| 2012 | 46769 | 22900 | 48.96 |
| 2013 | 51483 | 26090 | 50.68 |
| 2014 | 56360 | 31080 | 55.15 |
| 2015 | 62029 | 33590 | 54.15 |
| 2016 | 67569 | 35720 | 52.86 |
| 2017 | 74318 | 38050 | 51.20 |
| 2018 | 82413 | 41070 | 49.83 |
| 2019 | 90501 | 44270 | 48.92 |

　　注：国家统计局网站及历年《农民工监测调查报告》。《农民工监测调查报告》报告的是外出农民工的月收入，这里以农民工外出务工 10 个月计算年收入。

---

　　[1]　姚先国、赖普清：《中国劳资关系的城乡户籍差异》，载于《经济研究》2004 年第 7 期；刘传江、程建林：《双重"户籍墙"对农民工市民化的影响》，载于《经济学家》2009 年第 10 期；章元、王昊：《城市劳动力市场上的户籍歧视与地域歧视：基于人口普查数据的研究》，载于《管理世界》2011 年第 7 期；万海远、李实：《户籍歧视对城乡收入差距的影响》，载于《经济研究》2013 年第 9 期。

2. 两类农民工家庭、家庭化迁移与农民工工资的增长

国家统计局在统计中界定的农民工指"户籍仍在农村，年内在本地从事非农产业或外出从业 6 个月及以上的劳动者"。[①] 我们在上文建构的作为一种理想型的农民工家庭，最关键的特征是家庭主要的居住场所依然在农村，由此限定了劳动力再生产发生的场域和再生产过程所内嵌的制度结构。虽然其中外出务工的家庭成员在外居住的时间很可能远远超过在老家的居住时间，但无论在主观认同还是消费支出上，却依然以农村生活为主。对比国家统计局所界定的农民工，显然还存在另外一种截然不同的农民工家庭类型。这类农民工家庭已经在城市取得了稳定居所并期望继续在城市发展，因而劳动力再生产的场域也由农村转移到了城市，发生了与农村社会制度结构一定程度的脱嵌，但因为依然是农村户籍，故又在相当程度上被排斥在城市的制度结构之外，尚未实现完全的再嵌。为了接下来叙述的方便，我们将前述家庭居所依然在农村的农民工家庭称为在村农民工家庭，而将已经在城市稳定居住的家庭称为在城农民工家庭。

对于在村农民工家庭和在城农民工家庭这两个概念，应当注意以下两点。第一，无论是在村农民工家庭还是在城农民工家庭，都是我们建构的理想型，突出的是劳动力再生产发生的场域进而内嵌的制度结构差异。现实的农民工家庭在类型上是多元的，并且存在很多介乎两者之间的情况。例如，即便是已经在城市稳定居住的农民工家庭，因为户籍的原因，子女依然需要回到户籍所在地参加中考和高考，这就使得在城农民工家庭的未成年子女很可能留守农村接受教育，并需要隔代照料。换言之，在城农民工家庭的一部分再生产依然有可能发生在农村。但就像在村农民工家庭的一部分再生产同样发生在城市一样，在概念层面对这些复杂情况予以抽象有利于我们更好地把握问题的实质。第二，在村农民工家庭和在城农民工家庭，与老一代农民工和新生代农民工有重叠之处，在城农民工家庭很可能主要是由 80 后、90 后新生代

---

① 参见国家统计局：《2019 年农民工监测调查报告》，2020 年 4 月 30 日，http：//www.stats. gov.cn/tjSj/zxfb/ 202004/t20200430_1742724. html.

农民工组成的核心家庭。我们没有采用更常用的老一代农民工和新生代农民工这一二分法，这是因为本文在根本上强调的是再生产过程所内嵌的制度结构差异，而非年龄和代际差异。

相比在村农民工家庭，在城农民工家庭劳动力再生产的场域从农村转移到了城市。根据等式（2），在城农民工家庭参照的必需生活资料的范围更大数量更多，劳动力商品化程度更高，同样生活资料的市场价格一般也更贵。而且在城农民工家庭在与乡村社会的制度结构脱嵌的同时，其实还尚未完全实现在城市社会制度结构中的再嵌。总之，在城农民工家庭的劳动力再生产，需要对应一个更高的工资水平。反过来说，也只有在能够取得更高水平工资的前提下，农民工家庭才会选择举家迁移到城市。[①]

在村农民工家庭和在城农民工家庭的劳动力再生产对应工资水平的差异，在经验上可以由两类家庭的边际消费倾向的区别来予以识别。这一识别策略的假设前提是：如果劳动者以家庭为单位的劳动力再生产所内嵌的制度结构差异不大，那么由制度结构以外的个别因素所引起的收入差异当表现出边际消费倾向递减的特征。相反，如果收入水平更高的在城农民工家庭的边际消费倾向反而更高，这说明在城农民工家庭相比在村农民工家庭，在劳动力再生产所必需的收入水平上存在质的差别。

用 $y_i$ 表示家庭收入，$c_i$ 表示家庭消费支出，用虚拟变量 $s_i$ 区分在城农民工家庭和在村农民工家庭，其中 $s_i = 1$ 表示在城农民工家庭，$s_i = 0$ 表示在村农民工家庭。建立如下计量模型

$$c_i = \beta_0 + \beta_1 s_i y_i + \beta_2 y_i + \beta_3 s_i + \sum \gamma_k x_k + u_i \qquad (3)$$

其中 $\beta_j$，$j = 1$，$2$，$3$ 以及 $\gamma_k$ 表示系数，$x_k$ 表示其他控制变量，$u_i$ 表示误

① 张晨和冯志轩在测算劳动力价值时亦区分了城乡，即默认劳动者的劳动力再生产存在城乡差异。然而，在本文的工作中，我们并不能直接以两类农民工家庭消费支出的差异来说明两者劳动力再生产的差异。这里存在着家庭收入与消费支出的辩证关系。从个别家庭看，消费支出是关于家庭收入的函数，但从劳动者整体看，却是消费支出的平均水平决定收入水平。由于在城农民工往往收入较高，因此其更高的消费支出也可以认为是由个别收入差异引起的。简而言之，直接以平均消费支出来说明两类农民工家庭劳动力再生产的差异存在自选择问题。参见张晨、冯志轩：《资本积累视角下的劳动力价值：识别、测算与中国现实》，载于《经济学家》2014 年第 6 期。

差项。于是在城农民工家庭的边际消费倾向为

$$\frac{\partial c}{\partial y}\bigg|_{s=1} = \beta_1 + \beta_2 \qquad (4)$$

在村农民工家庭的边际消费倾向为

$$\frac{\partial c}{\partial y}\bigg|_{s=0} = \beta_2 \qquad (5)$$

可见 $\beta_1$ 反映了在城农民工家庭和在村农民工家庭的边际消费倾向差异。

表 5 是我们以 2016 年中国家庭追踪调查数据（CFPS）为样本，识别在城农民工家庭分别相比在村农民工家庭和城市劳动者家庭边际消费倾向差异的回归结果。[①] 就模型（3）的识别策略而言，家庭追踪调查数据的优势在于：第一，CFPS 同时以个人和家庭作为调查对象，包含了较为丰富的家庭整体及家庭各成员的信息。第二，CFPS 根据调查地点区分了城乡两个部分，这使得我们可以利用农民工家庭接受入户调查的地点来界定在村农民工家庭、在城农民工家庭和城市劳动者家庭。具体的家庭类型界定策略为：（1）将入户调查发生在农村，户主为农村户籍，且工资性收入占家庭总收入比重超过 50%的家庭界定为在村农民工家庭；（2）将入户调查发生在城市，户主为农村户籍，且工资性收入占家庭总收入比重超过 50%的家庭界定为在城农民工家庭；（3）将入户调查发生在城市，户主为城市户籍，且工资性收入占家庭总收入比重超过 50%的家庭界定为城市劳动者家庭。消费支出 c 指食品支出、衣着支出、家庭设备及日用品支出、医疗保健支出、交通通信支出、居住支出、其他消费性支出和购房按揭支出的合计。[②] 其他控制变量包括户主的年龄及年龄的二次项[③]，户主的受教育水平，家庭存款，户主是否已婚，家中是否有 1

---

① 使用 2010 年、2012 年、2014 年的家庭追踪调查数据可以得到相同的结论，限于篇幅，这里只提供 2016 年的结果。不采用更新的 2018 年的数据是因为 2018 年数据的成人个体样本不足，导致我们无法确认家庭户主，进而无法确定家庭类型。

② 在所有消费支出中，居住及购房按揭支出具有很大的城乡差别。虽然从理论上说，这一城乡差别应当包含在本文所说的两类农民工劳动力再生产过程的差异之内，但出于稳健性考虑，我们以扣除居住及购房按揭支出之后的消费支出为被解释变量进行了回归，结论依然稳健。

③ 考虑到有些家庭以退出劳动力市场的长辈作为户主，这些样本的户主年龄并不能很好地反映家庭在生命周期中的阶段，在回归中我们剔除了户主年龄超过 60 岁的样本。

周岁以下儿童，家中是否有 1～3 周岁儿童，家中是否有 3～6 周岁儿童和家
中是否有 6～16 周岁儿童。

表 5　　　　　　　　　　三类家庭的边际消费倾向差异识别

| 变量 | (1) | (2) | (3) | (4) | (5) |
|---|---|---|---|---|---|
| | c | y | y | c | c |
| s·y | | | | 0.156 ** (0.061) | |
| q·y | | | | | 0.156 ** (0.070) |
| s | | 9707.067 *** (1283.215) | | 447.406 (3437.297) | |
| q | | | -11251.325 *** (2652.274) | | -18586.833 *** (5266.881) |
| y | 0.430 *** (0.033) | | | 0.286 *** (0.035) | 0.234 *** (0.051) |
| y·y | -0.000 *** (0.000) | | | | |
| 常数项 | -13815.902 (10021.862) | 14258.265 * (8216.924) | 23392.365 (18331.410) | 8570.918 (10115.886) | 23359.682 (16722.702) |
| 其他控制变量 | 是 | 是 | 是 | 是 | 是 |
| 样本数 | 6713 | 5140 | 3834 | 5017 | 3743 |
| R - squared | 0.215 | 0.125 | 0.149 | 0.137 | 0.200 |

注：括号内为稳健标准误差。
*** 表示 $p<0.01$，** 表示 $p<0.05$，* 表示 $p<0.1$。

在表 5 中，变量 s 是区分在城农民工家庭（s = 1）和在村农民工家庭
（s = 0）的虚拟变量，变量 q 是区分在城农民工家庭（q = 1）和城市劳动者
家庭（q = 0）的虚拟变量。回归（1）在不区分家庭类型的情况下识别边际
消费递减效应，可以发现收入 y 的一次项显著为正，二次项显著为负，说明总
体上家庭消费随着家庭收入的增长而增加，但边际消费倾向递减。回归（2）和
回归（3）分别说明，在城农民工家庭的收入比在村农民工家庭高，同时比城市

劳动者家庭低。

回归（4）比较了在城农民工家庭相比在村农民工家庭的边际消费倾向差异，可以发现家庭类型虚拟变量 s 与收入 y 的交互项系数显著为正，说明收入更高的在城农民工家庭，边际消费倾向反而更高。这在一定程度上支持了我们在上文的论述，即在城农民工家庭从农村迁移到城市，为完成劳动力再生产需要对应一个更高的工资水平。回归（4）结果的一个暗示是，虽然在城农民工家庭的收入水平更高，但实际面临的生活压力反而更大。其他学者也曾在相关研究中得出过类似的结论。例如，田丰利用 2006～2015 年 5 轮中国社会科学院社会综合调查数据发现在这 10 年当中，农民工收入水平提高的同时对自我社会地位的评价却在下降。① 类似地，陈飞和苏章杰利用 2010 年和 2013 年中国综合社会调查数据发现，农民工从农村迁移到城市，收入虽然增加了，但主观上对幸福感的自我评价反而下降了。② 回归（5）比较了在城农民工家庭相比城市劳动者家庭的边际消费倾向差异，可以发现虚拟变量 q、收入 y 的交互项系数同样显著为正。这说明，在城农民工家庭的生活压力不仅比在村农民工家庭大，实际上也比城市劳动者家庭大。

在农村尚存在青壮年剩余劳动力的前提下，农民工整体的工资水平应受在村农民工劳动力价值的调节。因而，总体上农民工的工资水平无法负担迁移到城市之后的劳动力再生产成本。但是说工资由劳动力价值决定，并不排斥个别劳动者之间存在收入差异，其中收入较高的农民工家庭将率先举家迁移，转变为在城农民工。随着青壮年剩余劳动力的耗尽，农民工工资提高，此时一方面将会有更多的农民工家庭发生家庭化迁移，另一方面整体农民工的劳动力价值也会随着更多的农民工家庭转化为在城农民工家庭而提高。根据历年的流动人口调查数据，在 2010 年至 2014 年之间的确形成了一次农民工家庭化迁移的浪潮。在 2004 年之前，所谓家庭化迁移主要指与配偶一起流

---

① 田丰：《逆成长：农民工社会经济地位的十年变化（2006～2015）》，载于《社会学研究》2017 年第 3 期。

② 陈飞、苏章杰：《城镇移民的幸福损失——基于期望水平理论的新解释》，载于《经济学动态》2020 年第 9 期。

动。与配偶一起流动并不意味着劳动力再生产的场域完全由乡入市。而在2010年之后，家庭化迁移中随迁子女和老人的比例显著增加。例如，根据流动人口动态监测调查数据，从2010年到2014年，0～17岁的流动儿童从4659万增加到5981万，留守儿童在流动人口子女中的比例下降为3成。45～64岁的流动人口的比例则从2010年的8.7%增加到2014年的12.7%。①

于是，可以看到，2004～2015年农民工工资高速增长是一个相对复杂的过程。农村青壮年剩余劳动力的耗尽，同时又叠加了新增劳动年龄人口下降的影响，最终造成了对城市现代部门，尤其是劳动密集型制造业的劳动力供给不足。但是这一供给不足所引起的工资上涨绝不能理解为工资对农民工劳动力价值的偏离，因为工资的高增长率反过来又导致更多的农民工家庭发生家庭化迁移。更多的农民工家庭从在村农民工转化为在城农民工，将在平均意义上提高农民工的劳动力价值，因此又可以认为2004～2015年农民工的工资增长是由劳动力价值上升推动的。

3. 在城农民工劳动力再生产过程的制度再嵌及面临的挑战

从制度内嵌的劳动力再生产过程这一角度出发，可以发现通常所说的农民工的市民化包含着两个过程（参见图2）。首先是农民工家庭对以农村为中心的制度结构的脱嵌。农民工的家庭居所及主要的生活场域由乡入市，就是一个脱嵌的过程。当然，这一脱嵌实际上还牵涉到一些更具体的制度调整，如农民工的村集体成员权是否需要退出以及如何退出的问题。其次，农民工的市民化还存在一个在城市实现制度再嵌的过程。从制度结构的最外围，即国家的制度保护这一层面来看，主要的问题是如何将农民工纳入到城市的公共服务体系当中，这就牵涉到一系列以户籍为中心的制度改革。关于这一点，目前已有大量的讨论，2014年以来相关的制度改革也在稳步推进当中，如实行差别化落户政策，稳步推进基本公共服务常住人口全覆盖，建立财政转移支付同农业转移人口市民化挂钩机制等等。

---

① 以上资料转引自汪建华：《流动人口家庭化的趋势、问题与应对》，载于《文化纵横》2017年第5期。

我们在这里想要有所展开的是另外一个在相关讨论中相对被忽视的问题。要实现农民工在城市的制度再嵌，除国家层面的制度保护之外，还有一个更为基础的前提，即农民工需要在城市获得稳定且正规的工作，并且这一工作的工资水平应该能够帮助农民工家庭完成在城市的再生产。否则，即便相应的基本公共服务到位，农民工也未必能够很好地融入城市生活。而正是在这一层面上，我们可能正面临着一些挑战。如表 1 所显示的，农民工的工资增速在 2015 年之后实际上又回落到一个相对较低的水平。从劳动力供给的角度来看，上文所谈到的自 2004 年以来的趋势，其实至今并无多大的变化。因此，造成 2015 年之后农民工工资增速下降的直接原因只能来自劳动力需求。从图 3 可以看出，外出农民工月收入和城镇单位就业人员月工资的实际增速趋势在 2015 年之前大相径庭，而在 2015 ~ 2019 年，尽管绝对水平有差异，但趋势却几近相同。这本身就暗示劳动力需求变化是 2015 年以来工资增速变化的主要原因。

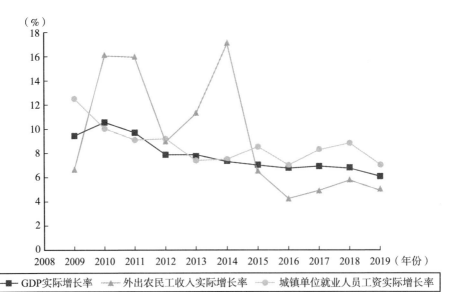

图 3 2008 ~ 2019 年外出农民工、城镇单位就业人员工资及 GDP 实际增长率比较

暂且可以将 2015 年以来农民工劳动力需求的变化归结为两个因素。第

一，由于中国经济步入"新常态"，整体的劳动力需求增速有所下降。第二，面对此前劳动力供给不足及工资上涨的局面，制造业作出了一系列反应。一个反应是通过引入自动化设备降低对人力成本的依赖。例如，根据国际机器人联合会的数据，从 2013 年到 2018 年，中国工业机器人市场销量连续第六年居世界首位。国内的机器人装机量已占到了全球市场的 36%①。另外一个反应是一部分劳动密集型制造业的内迁（与外移），同时引起的是一部分农民工的回流。从农民工劳动力再生产的角度看，制造业内迁使得部分农民工可以在离家更近的地域务工，虽然工资水平低一些，却可以更好地兼顾家庭。因此，由制造业内迁所引起的工资增速下降，甚至个别农民工工资的绝对下降一般不会对农民工的劳动力再生产产生很大的冲击。真正的挑战或许在于劳动密集型的低端制造业与在城农民工的劳动力再生产的匹配问题。在城农民工因为生活在城市，也期许能够在城市落脚扎根，因而他们既需要一个工资水平较高、具有一定上升空间的工作，同时为照顾家庭又需要有一定的灵活性。而劳动密集型的低端制造业在国际产业分工中的位置决定了它的盈利水平并不能支撑工资的进一步上涨，② 流水线的工作也不广泛地具有"干中学"的技能积累效应，并且低端制造业对劳动纪律的要求高，劳动时间长，使得这一工作在很大程度上只适合在村农民工家庭中没有过多家庭负担的未婚青年。这一矛盾在近年来似乎引起了农民工自我零工化的趋势，表现为换工率的提高，越来越偏好非正规的小时工，以及转向外卖、快递这样的平台零工经济。以上过程暗示农民工的市民化是一个循序渐进的长期过程，需要与我国产业结构的逐步升级相适应。

## 五、结论

本文遵循马克思主义政治经济学的传统进路，从劳动力再生产的角度讨论我国农民工的工资增速在过去呈现的三个阶段变化。无论是此前基于刘易

---

① 该数据转引自徐菁菁：《谁来当工人》，载于《三联生活周刊》2021 年第 18 期。
② 工业和信息化部副部长王江平在 2019 年"中国 500 强企业高峰论坛"上提到，中国制造业企业的平均利润率仅为 2.59%，2019 年 9 月 1 日，https://www.sohu.com/a/337919753_114988。

斯二元经济理论的讨论，还是以往马克思主义学者惯用的"半无产化"概念，对农民工工资问题的关注最终都聚焦到农民工以家庭为单位的劳动力再生产过程。本文借鉴波兰尼的"内嵌"这一概念，侧重农民工以家庭为单位的劳动力再生产过程所内嵌的制度结构，并且在分析上将制度结构具体化为国家、社会和家庭三个层次。

典型意义上的农民工，其以家庭为单位的劳动力再生产主要发生在农村，故内嵌于一个以农村社会为中心的制度结构。例如，集体所有制的土地制度赋予了农村居民家庭经营农地、申请宅基地建房的权利，农村生活也对应着一个比城市生活更低的"体面"标准，这在客观上降低了农民工家庭再生产所需要的工资水平。农民工的劳动力再生产过程和作为劳动力商品的劳动过程在空间上的城乡分离，使得农民工依靠只有城市单位就业人员一半的工资水平就能够完成劳动力再生产。这是我国形成廉价劳动力优势的制度原因。

在 2004 年之前，由于农村剩余劳动力的存在，农民工的工资增长长期停滞。大约从 2004 年之后，农村的青壮年劳动力开始耗尽，又叠加了新增劳动年龄人口下降的影响，劳动力供不应求导致工资上涨，尤其在 2010～2015 年，农民工的工资增速显著超过了人均实际 GDP 增速。但是这一供给不足所引起的工资上涨并不能简单理解为工资对劳动力价值的偏离，因为工资的高增长反过来又引起更多的农民工发生家庭化迁移。由于家庭居所从农村转移到城市，家庭化迁移之后的在城农民工一定程度上与农村的制度结构脱嵌，其劳动力再生产要求一个更高的工资水平。因此，农民工的家庭化迁移将在平均意义上提高农民工的劳动力价值。从这个角度看，又可以认为 2004～2015 年农民工的工资增长是由劳动力价值上升推动的。然而，受劳动力需求增速下降的影响，农民工工资高增长的趋势并没有在 2015 年之后延续。这显示了在城农民工的劳动力再生产和当前我国产业结构之间可能的矛盾，也说明农民工的市民化必然是一个循序渐进的长期过程，需要与我国产业结构的逐步升级相适应。

（原文发表于《政治经济学评论》2021 年第 6 期）

# 劳动工资的性质和决定的理论分析与现实意义

## 一、引言

劳动工资历来就是一个为理论界所密切关注的问题。之所以时至今天，我们还把这个问题提出来，固然是因为这个问题重要，值得研究，更重要的是我国现阶段收入差距越拉越大的现象比较严重，已经影响到社会的安定团结，到了非解决不可的时候了。人们普遍认为，收入差距拉大的原因，是资本利润侵蚀了劳动工资。所以，要解决这个问题，关键是调节资本收入和劳动收入的结构。对此，笔者认为，如果不把工资的性质和决定的问题弄清楚，劳动收入和资本收入的结构合理性就不可能弄明白。关于劳动工资的性质与决定的问题，有效用价值论和劳动价值论两种不同的认识。即便是劳动价值论者，也有不尽相同的意见。所以，有必要在比较分析二者关于劳动工资性质的认识的基础上，就工资如何决定的问题进行分析和研究。只有这样，才有可能提出关于劳动收入和资本收入的结构合理性的看法。因为在市场经济条件下，劳动工资是由劳动力市场决定的，因此，还需要把劳动力市场决定劳动工资的动态过程和运行机理弄清楚。认识劳动工资的性质及其决定是必要的，不过，也有必要在认识社会主义市场经济初级阶段劳动工资存在的问题的基础上，探讨促进和维护劳动收入和资本收入结构合理性的制度安排。

## 二、劳动工资性质的经典分析

关于劳动工资，斯密是这样认识的，如果用一句话概括就是，"劳动的自

* 李松龄，湖南大学经济研究中心教授、博士生导师，主要研究方向：价值理论与经济制度。

然报酬或自然工资由劳动生产物构成"①。就是说，在土地归劳动者私有，而且资本积累没有形成之前的自然状态下，全部劳动生产物就是劳动工资的内容，而且都归劳动者所有，这就是斯密对劳动工资性质的认识。不过，这种自给自足的生活是劳动生产力水平低下的结果，劳动者的物质生活并不丰富。当社会进步到文明状态时，即如斯密认识到的"土地私有和资本积累一出现，这种劳动者独享自己全部劳动生产物的原始状态便宣告结束了"②。在他看来，在文明社会里，土地私有者的地租，资本私有者的利润，也是劳动生产物的一部分，扣除后的劳动生产物才是劳动者的收入，即劳动工资。劳动工资的内容由全部劳动生产物变为扣除后的劳动生产物。斯密还认识到，劳动工资必须至少足够维持以出卖劳动为生的劳动者的生活，而且还得有点剩余，以赡养他的家庭。应该说，这就是最起码的劳动工资，马克思称之为劳动力的价值。斯密认识到了劳动工资必需的最低水平。同时，他认为劳动工资是一个动态变化的量，它随着国民财富的增长而增长。"对那些以工资为生的劳动者的需求，必然随着一个国家收入和资本的增加而增加。"③ 依他所见，各种劳动者在社会中所占的比例最大，他们的生活状况应该随着国民财富的增长而不断改善。"一个社会的绝大多数成员都处于穷困潦倒的境遇之中，那么这个社会绝不可能繁荣昌盛。"④ 这就说明，劳动工资除了劳动生产物的具体内容以外，还有不断增长的动态变化的性质。

　　李嘉图扬弃了斯密关于劳动工资的认识。他认为劳动者把劳动作为商品出卖，就同一般商品一样具有价格。这个自然价格的具体内容就是劳动力再生产需要的生活资料价格，或者说劳动的价值。⑤ 李嘉图将劳动工资视为劳动商品的价格，使之融入商品的性质。他在研究工资增长的时候，还发现了相对工资理论，认为劳动创造价值，价值中只有一部分是劳动工资，其余为资本利润，而且在与可变资本的比较中发现利润其实就是剩余价值。他从商品的价值和剩余价值的角度认识的劳动工资，能够揭示商品社会人与人的关系，

---

　　①②③④　斯密：《国富论》，北京联合出版公司 2014 年版。
　　⑤　李嘉图：《政治经济学及赋税原理》，商务印书馆 1976 年版。

这是比斯密的认识更加高明的地方。马克思因此认为，李嘉图是当时所有经济学家中唯一懂得剩余价值的人，并称赞李嘉图提出的相对工资理论是对劳动价值论贡献的巨大功绩之一。遗憾的是，李嘉图未能正确区分劳动和劳动力是两个不同的概念，也就不能说明资本与劳动相交换同价值规律相矛盾的道理。

马克思批判性地吸收了斯密和李嘉图的工资理论。他认为劳动者出卖的不是劳动，而是劳动力。"劳动要作为商品在市场上出卖，无论如何必须在出卖以前就已存在。但是，如果工人能使他的劳动独立存在，他出卖的就是商品，而不是劳动。"① 在他看来，"在商品市场上同货币占有者直接对立的不是劳动，而是工人。工人出卖的是他的劳动力。"② 劳动者只有在使用劳动力的时候才有劳动，而这时候劳动已经不再属于劳动者，而归雇佣者所有。劳动者只有他的劳动力是与生俱来的，能够出卖的是他的劳动力，而不是劳动。劳动力被作为商品出卖，它的价格就是劳动工资。马克思认为，雇佣者是以劳动力价格支付劳动者的劳动工资。因为劳动力的价值决定劳动力的价格，所以劳动工资其实质就是劳动力价值的转化。劳动力的使用价值是"价值的源泉，并且是大于它自身价值的源泉。这就是资本家希望劳动力提供的独特的服务"③。那么，劳动力的使用价值对劳动工资是否有影响呢？马克思没有直接说明，这同他研究的目的和对象很有关系，但并不是他没有这种认识。

马克思虽然是以劳动力的价值说明劳动工资的性质，但并不是他认为劳动力的使用价值就不影响劳动工资。其实，马克思运用剩余价值理论说明资本利润来源于剩余价值的转化，揭示了资本剥削劳动的本质，就是认为劳动力的使用价值生产的价值应该属于劳动者。这说明马克思是有把劳动力的使用价值作为劳动工资依据的想法，只是在资本主义社会不可能得到实现。在现代文明的社会里，劳动者要享受现代文明的成果，就必须拿出一部分劳动力使用价值生产的价值来交换这些成果，劳动工资也就不可能是劳动力使用价值生产的全部价值，马克思也认为这是社会文明的结果。所以，笔者认为

①②③　《资本论》第 1 卷，人民出版社 2008 年版。

探讨劳动工资的性质，既需要考虑劳动力的价值和劳动力的使用价值，也要考虑剩余价值如何分配，顾此失彼不符合文明社会的需要。西方经济学认为工资源于劳动的边际生产力，利润和地租源于资本的边际生产力和土地的边际生产力，这同马克思的关于劳动工资性质的认识和剩余价值理论是相违背的。

### 三、劳动工资决定的理论比较

斯密认为，劳动生产物是由劳动生产出来的，劳动者占有劳动生产物具有天然的合理性。这是他对没有土地私有和资本私有状态下的劳动工资决定的认识。不过，他又认为，在文明社会里，劳动工资不只是由劳动量决定，而是由劳动、资本和土地三种要素共同决定。"一个国家土地和劳动的全部年产物，也可以说其年产物的全部价格，都是由土地地租、劳动工资和资本利润这三大部分构成。这三个部分就是三个不同阶级民众的收入来源，也就是地主以地租维持生计，劳工以工资维持生计，雇主以利润维持生计。这三个阶级，乃是文明国家的三个最基本也是最主要的阶级。其他任何阶级的收入，追溯下去无不来源于这三个阶级的收入。"① 这就是有名的"三位一体公式"。在他看来，"三位一体公式"之所以必要，是因为土地、资本和劳动共同决定收入分配是社会文明的需要，这种认识有悖于他论述的劳动工资的性质。如果依据斯密的"三位一体公式"，土地、资本和劳动背后的那种人与人的剥削关系就难以说清楚了，所能看到的是三种收入的合理性和合法性，以及三个阶级的平等性。资本与劳动之间的剥削关系就被三个阶级收入分配的合理性和合法性湮没了。如果这样，土地地租和资本利润是剩余价值的转化形式，土地所有者和资本所有者对剩余价值的无偿占有是对农民和工人的剥削的结论就是一种没有依据的理论了。

李嘉图在斯密的劳动是价值的源泉的基础上，没有从劳动创造价值，劳动量决定价值，决定劳动工资水平的角度，说明劳动工资的决定问题，而是揭示劳动本身就是商品，劳动者的劳动收入就是由劳动商品的价格决定的道

---

① 斯密：《国富论》，北京联合出版公司 2014 年版。

理，提出劳动价格具有自然价格性质的概念。同时，他也认识到劳动的自然价格就相当于平均工资，就是劳动价值的转化形式。① 如果说价值决定价格的话，那么李嘉图的劳动工资决定理论就是劳动价值决定劳动价格，从而决定劳动工资的理论。不仅如此，他还认识到了劳动工资只是劳动创造的价值的一部分，而另一部分就是资本利润和土地地租。因此，劳动工资的决定，形式上表现为劳动交换中的劳动价格，而实际上土地和资本通过占有地租和利润对劳动工资也有非常大的影响。这种影响，本质上就是李嘉图在研究可变资本时发现的地租和利润是剩余价值的转化，或者说是劳动工资和剩余价值对立统一关系的作用。地主和资本家占有的地租和利润高一点，劳动者的劳动工资就会低一点，二者之间是一种此涨彼落的关系。劳动者的劳动工资，不是完全由劳动量决定，而是基于某种制度安排下的劳资双方的力量对比。比较斯密的劳动工资理论，李嘉图的这种认识能够揭示工人与资本家两个阶级利益上的对立，揭开了斯密的"三位一体公式"所谓的三个阶级的三种收入具有合理性与合法性的神秘面纱，这是马克思主义者非常认同的看法。

马克思始终如一地坚持劳动工资是由劳动力价值的转化形式——劳动力的价格决定的，而不是如李嘉图认为的劳动工资是由劳动价值的转化形式——劳动价格决定的认识。马克思认为，能够成为商品的是劳动力而不是劳动。而且，资本主义社会具备劳动力作为商品的两个条件，一是"劳动力只有而且只是被它自己的占有者即有劳动力的人当作商品出售或出卖，才能作为商品出现在市场上。劳动力占有者要把劳动力当作商品出卖，他就必须能够支配它，从而必须是自己的劳动能力、自己人身的自由所有者"②。二是"劳动力占有者没有可能出卖有自己的劳动对象化在其中的商品，而不得不把只存在于他的活的身体中的劳动力本身当作商品出卖。"③ 由此，他认为劳动力是商品，不同意斯密和李嘉图的劳动是商品的看法。如果说劳动力是商品，劳

---

① 李嘉图：《政治经济学及赋税原理》，商务印书馆 1976 年版。
②③ 《资本论》第 1 卷，人民出版社 2008 年版。

动力价值转化为劳动力价格，劳动力价格决定劳动工资，那么马克思就可以运用劳动力使用价值是价值的源泉的理论，得出劳动者能够生产出高于劳动力价值的剩余价值的结论，从而揭示资本与劳动之间的剥削关系。要实现劳动者能够占有劳动生产物而不被剥削的理想，就必须通过无产阶级革命，推翻生产资料私有制的资本主义制度，建立生产资料公有制的社会主义社会，实行由按劳分配决定劳动工资的分配制度。

不同于劳动价值论者的认识，西方经济学家克拉克认为，劳动、资本和土地都具有生产力，能够生产出财富，所以，工资、利润和地租是由各自的边际生产力水平决定的。这同马克思主义者的认识是背道而驰的。事实上，克拉克只是站在生产者，而没有站在劳动者的角度认识工资、利润和地租决定的道理，从而认为生产者按生产要素的边际生产力支付相应的报酬是合理的。因此，马克思主义者认为他们忽视了利润和地租的剩余价值属性，因而是一种庸俗化的收入分配理论。西方经济学家马歇尔认为在市场经济条件下，决定劳动工资、资本利润和土地地租的主体，不只是生产者一方，而是生产要素的需求者和供给者双方。生产者是生产要素的需求方，以边际生产力水平决定要素的报酬，有它合理的一面。生产要素的供给者不从事生产经营，则很难说清楚边际生产力水平有多高，而对生产要素形成的价格可能更清楚一些，因此对劳动工资决定的认识同生产要素需求方的想法是不完全一致的。劳动生产力水平有多高，生产者在生产过程中了解较多，感受较深；劳动者只是对生存需要、发展需要的生活资料价格有比较清楚的了解，所以，二者在市场上讨价还价的依据是不一样的，由此形成的价格决定劳动工资的水平。比较上述两种认识，笔者认为马歇尔的看法应该更加客观和全面一些。而且，我们可以将劳动价值理论同马歇尔的上述理论结合起来，更加深刻地揭示劳动工资形成的市场机理，说明不完善非均衡的市场经济存在剩余价值，存在资本与劳动在利益上的对立。不能因为我国是社会主义市场经济，就不能提或者不敢提资本与劳动的对立，或者否定存在资本利润侵蚀劳动工资的现象。只有正视现实，我们才有可能处理好劳动工资与资本利润的相互关系。

### 四、劳动工资形成的市场机理

在认识劳动工资的性质及其决定的理论基础上，笔者认为有必要探讨劳动工资形成的市场机理，这是因为我国正在建设和发展社会主义市场经济，劳动工资基本上由市场决定和调节。在这个问题的研究中，笔者先借鉴西方经济学的劳动力供求理论分析劳动工资决定的过程及其市场机理，然后再转化为劳动价值论的经济学语言。在劳动力市场上，劳动者作为劳动力的供给者提出劳动力的供给价格；生产者作为劳动力的需求者，提出劳动力的需求价格。在权利对等、竞争自由的市场条件下，二者讨价还价形成的劳动力市场价格决定了劳动工资。一般来说，劳动力需求价格要高于劳动力供给价格，劳动力的市场价格介于二者之间，劳动力的需求者能够获得劳动力的需求价格与市场价格之差，即所谓的劳动力的消费者剩余；劳动力的供给者能够获得劳动力的市场价格与供给价格之差，即所谓的劳动力的生产者剩余，二者都从劳动力的交换中获得利益，劳动力的交换得以实现。在劳动力供求失衡的情况下，劳动力的需求价格与供给价格是不一致的，存在一定的讨价还价空间，能够提供劳动力交换的生产者剩余和消费者剩余。当劳动力供求严重失衡时，也有可能出现劳动工资低于劳动力供给价格的情况。这是西方经济学家们对劳动工资决定的市场过程及其机理的论述。因为坚持劳动价值理论，长期以来我国有的学者对西方经济学理论不屑一顾，因而没有运用劳动价值理论分析和揭示劳动工资形成的市场过程及其市场机理。其实，运用劳动价值论对劳动工资的市场形成过程和市场机理进行解释要比西方经济学的理论解释更加合理，而且能够说清楚劳动剩余价值如何通过劳动力市场转移给生产者或者说资本所有者的道理。

实际上，劳动者对劳动力再生产需要的生活资料价值，是比较清楚的。生产者对劳动力的使用价值（即能为他生产多少价值）也是比较清楚的，即使不清楚，也可以不断地通过自我调节式的学习弄清楚。生产者以劳动力使用价值为依据提出劳动力需求价格，劳动者以劳动力价值为依据提出劳动力供给价格，二者讨价还价或协商的结果决定劳动力的交换价格，即劳动工资。劳动工资的水平比劳动力需求价格低，比劳动力供给价格高，生产者获得劳动力的消费者剩余，劳动者获得劳动力的生产者剩余，双方都从劳动力的交换中得到好处，交换成功。在劳动力商品的交换中，劳动力价值和劳动力使用价值同等重要地影响和决定劳动工资。这种认识不只是借鉴了马歇尔的以均衡价格为基础的分配理论，而且也符合马克思主义的基本原理。

不仅如此，运用劳动价值理论分析劳动工资的市场形成过程，还能说明剩余价值的流向及其运行机理，揭示市场经济条件下生产者和劳动者的分配关系。要说明这个问题，我们先得从劳动力使用价值的概念入手。劳动力的使用价值是什么呢？或者说是用什么来衡量的呢？马克思认为是用劳动力的使用——劳动生产的价值来衡量的。生产者以劳动力的使用价值为依据提出的劳动力需求价格反映的是劳动力使用价值生产的全部劳动价值。它与劳动工资之差就是剩余价值的一部分。劳动力的消费者剩余实质上就是剩余价值。剩余价值转化为资本利润，非均衡的劳动力市场是造就资本利润之源。劳动工资与劳动力价值的差额是劳动力的生产者剩余。劳动力的生产者剩余因而也可以说是剩余价值的一部分。在市场经济条件下，劳动者能够得到部分剩余价值。只有在劳动力市场均衡的时候，因为劳动力的交换价格与供给价格和需求价格相一致，劳动者才能完全占有劳动力的使用生产的全部价值。由此看来，市场经济并不必然产生资本剥削劳动的现象，劳动力均衡的市场就有可能避免这一现象。可是，劳动力市场的非均衡是绝对的，而均衡只是相对的，剩余价值被生产者占有的现象客观存在，不以人的意志为转移。所以，在社会主义市场经济条件下，因为市场不完善和非均衡，生产者占有剩余价值的现象客观存在，不能因为我国是社会主义国家，就认为社会主义市场经济不应该也不可能存在资本无偿占有剩余价值的现象。

与此相关的一个问题是虽然和劳动工资决定的关系不大，但笔者认为有必要说明，那就是提高劳动力市场的均衡程度，将影响生产者的资本利润，生产者还有投资和生产的积极性吗？笔者认为生产者在劳动力市场上获得劳动力的消费者剩余减少了，是可以通过不断创新从商品市场上获得的超额利润作为补偿的。我们知道，创新就是创新供给，就是创造稀少性，创造需求，从而会引起商品市场供求关系的变化，抬高创新商品的市场价格，使价格背离价值。于是，生产者就可以从创新中获得价格背离价值的超额利润，这是一种不同于马克思所说的剩余价值转化形式的利润。这就涉及到一个超额利润来源的问题。马克思认为超额利润也是剩余价值的转化形式，只不过是资本有机构成高的生产者获得的超额利润是由资本有机构成低的生产者的剩余价值平均或转移过去的。笔者认为这种认识有待商榷。创新引起的价格背离价值，是消费者愿意为创新商品的使用价值支付较高的价格引起的。消费者因为创新商品使用价值高而心甘情愿支付较高的价格，虽说是他的价值损失，却不存在谁剥削谁的问题。同时，价格背离价值形成的超额利润，因为是消费者的价值损失转移过来的，也不违背流通领域不生产剩余价值的理论。再说，在平均市场价格的条件下，资本有机构成低的商品价值高于平均市场价格，价值难以实现，不可能有剩余价值转移给资本有机构成高的生产者。当所有商品的价值都能实现，再按平均市场价格论证上述的剩余价值的转移，资本有机构成低的生产者也不可能把已经实现的剩余价值转移给资本有机构成高的生产者。商品市场因为创新而出现的非均衡，是生产者获得超额利润的来源。现在，我国提倡创新发展，更应该肯定超额利润的合理性和合法性。

### 五、劳动工资分配的社会实践

我国对劳动工资分配的实践经历了两个阶段，即社会主义计划经济阶段和社会主义市场经济阶段。在社会主义计划经济时期，实行的是按劳分配的原则，即按劳动能力分配，或者说以劳动力的使用——劳动或称劳动生产价值的能力为依据进行分配。而事实上，在社会主义计划经济时期，劳动工资的决定不能说没有考虑劳动能力，即劳动力的使用价值，但设计的主要依据还是劳动力的价值。为什么这样说呢？因为工厂的等级工资制和农村的等级工分制，级与级之间的工资差距不是很大，主要体现的是社会主义公平。劳动力价值的差别不是很大，即劳动力再生产所需要的生活资料价值，从公平的意义上讲或从劳动力再生产的角度上讲，人与人之间的差别不可能太大。只要公民享有公平的权利，就应该享有比较平等的生存需要、发展需要和享受需要。所以我们说，劳动力价值的差别不是很大，与等级工资制和等级工分制的情况基本相符，也与马克思关于劳动工资性质的论述相符，这是笔者认为社会主义计划经济时期按劳分配的依据主要是反映劳动力价值的原因。但是劳动力使用价值的差别是比较大的，有的人只能做重复劳动，有的人却能做创新劳动。所以，不把劳动力的使用价值作为劳动工资分配的一个重要依据，而只强调劳动力的价值，就不大可能充分发挥劳动力使用价值的作用。再说，即使按劳分配是指按劳动的量进行分配，即谁付出的劳动量多谁就应该多拿劳动工资，在现实的工资分配中也会出现一个非常复杂而难以解决的难题，那就是人类劳动有复杂劳动和简单劳动、创新劳动和重复劳动的区别，复杂劳动如何简化为简单劳动，是一个依靠计划难以实现的问题。马克思虽然提出了复杂劳动和简单劳动的概念，但他也没有说明如何通过计划实现复杂劳动简化为简单劳动的制度安排。他仅说过，"比较复杂的劳动只是自乘的或不如说多倍的简单劳动，因此少量的复杂劳动等于多量的简单劳动。经验证明，这种简化是经常进行的。一个商品可能是最复杂的劳动的产品，但是它的价值使它与简单劳动的产品相等，因而本身只表示一定量的简单劳动"①。可见，按劳分配真正的难点在于复杂劳动如何简化为简单劳动，而且依据马克思的上述说法，只有通过商品交换似乎才有可能实现。如果按劳动的量进行分配难以实现的话，劳动积极性也就不可能充分发挥出来。

社会主义需要发展生产力，社会主义计划经济的按劳分配制度既然难以充分调动劳动者的生产积极性，也就必须通过制度变革扬弃它。经过几十年来的改革，社会主义计划经济体制基本上转换为社会主义市场经济体制。价格机制、供求机制和竞争机制成为配置资源和生产要素的主要方式。劳动力作为一种生产要素，也需要通过市场机制进行配置。如果劳动力通过市场配置，那就必然要求它是商品。关于这个问题，20世纪90年代有过激烈的大讨论，基本上认为在市场经济条件下，劳动力不仅需要而且必须成为商品。事实上也是如此，改革开放以来，农民大量进城务工，土地留在农村，除了自身的劳动力，可以说一无所有。同时，除了户籍制度的束缚外，农民工的人

---

① 《资本论》第 1 卷，人民出版社 2008 年版。

身是自由的。劳动力作为商品的条件具备。于是，劳动工资不再由工资等级决定，而转变为由劳动力市场的价格决定，劳动力的供求关系和竞争关系因而影响劳动力的价格——劳动工资。因此，如果说在社会主义计划经济时期，劳动力价值是决定劳动工资的主要因素的话，那么，在社会主义市场经济时期，劳动工资就不只是受劳动力价值的影响，而且同样重要地要受劳动力使用价值的影响；或者说，要受劳动力供求关系和竞争关系的影响，即受市场机制完善程度的影响。我国社会主义市场经济体制建立的时间不是很长，市场机制不可能十分健全和完善；调控市场的经济手段和政策工具也不可能非常科学和完备。所以，在社会主义市场经济初级阶段，由劳动力市场决定劳动工资，难以达到劳动工资合理化的高度。改革开放初期，因为土地承包制极大地解放了农村劳动力，大量的农民工进城务工，造成了城市劳动力供给富余，劳动工资水平较低，有的甚至低于劳动力价值的情况。这是长期以来劳动工资低水平的一个重要原因。

既然劳动工资取决于劳动力市场，那么劳动力供给者和需求者作为市场的主体，其主体地位是否确立，权利关系是否对等，则是决定劳动工资水平的又一个重要方面。按理说，市场经济是法治经济，劳动者的市场主体地位和劳动权益必须受法律法规的保障。可是，我国社会主义市场经济处于初级阶段，对法律制度的重要性缺乏足够的认识，而且因为法律制度的建立需要一个较长的过程，所以有关劳动者主体地位和劳动权益保障的法律建设滞后，对劳动力市场运作规范不够，导致劳动者的主体地位和劳动权益难以得到保障。于是，生产者为了追求利润，延长劳动时间和增加劳动强度的行为有之；因为劳动力的供过于求和企业的市场主体优势，压低劳动工资的现象有之；通过雇佣童工攫取剩余价值的罪恶有之。有关行政部门为了地方经济发展，或者因为意识形态领域宽松，对这类行为管理不严。各级工会组织也因为长期以来作为党和政府的助手，缺乏市场意识，对劳动者的权益很少过问，或者说不知道以何种方式过问，导致劳动者的权益难以得到工会组织的支持和保障。从这种意义上说，劳动工资低水平既有市场法制建设不健全的原因，也有工会组织制度不适应市场经济而作为不够的影响。

劳动力市场只是决定劳动工资的主要矛盾，因为市场体系的整体性和有机联系性，资本市场和商品市场的不完善和非均衡也会通过对劳动力市场的影响而对劳动工资的决定发挥一定的作用。我国资本市场的不完善和非均衡，使得资本的收益偏高，人们从自身的利益出发，就会将资金投资于资本市场，而不是投资于实业部门，即便企业也是如此。资金过度涌向虚拟资本市场，实业部门就会因为缺少资金，生产难以发展和扩大，对劳动力的需求不可能增加，反而还会减少。这样就造成劳动力市场的供过于求，使得劳动工资偏离劳动力需求价格的幅度增大，即劳动力使用价值生产的价值中的劳动工资比例缩小。因此，资本市场的过度繁荣对实物资本的冲击，对劳动工资有影响，而且影响很大。某些商品市场的不完善和非均衡，使得某些商品生产者能够获得过高的收益，资本就会从一些收益较低或者没有收益的商品生产者那里游离出来，导致后者生产规模缩小，劳动力需求不足，形成劳动力的行业性供求关系失衡，从而使劳动工资降低或者劳动者失业。所以商品市场的不完善和结构性失衡也是部分劳动者工资水平降低的原因。如何进一步地规范资本市场和商品市场，并通过政策安排，抑制资本市场的过度繁荣，消除商品市场的结构性失衡，不仅能够减少过分的投机行为，而且能够繁荣商品市场，提高劳动工资水平。

如果把公共产品的供给和需求也视为市场行为的话，那么，它的供给者就是政府及其有关部门，需求者就是广大人民，主体就是劳动者。西方经济学就是这样认识公共产品的供给和需求的。我们借鉴这种认识来分析我国公共产品的供给和需求情况，说明它是如何影响劳动工资水平的。政府提供公共产品，需求者需要支付税费，税收因此可以说是公共产品的价格。税费是剩余价值的一部分，通过收入的初次分配和再分配，劳动生产的剩余价值的一部分也就转变为国家税收，形成公共产品的价格。所以笔者认为公共产品的价格是影响劳动工资的非直接，但却是相当重要的因素。税收是以所得税、营业税和增值税等形式征收的，所得税影响劳动者的可支配收入，营业税和增值税则影响企业的利润。公共产品的价格过高就会迫使国家增加税收，提高所得税和增值税等的数量，影响劳动者的收入水平和企业的利润水平。企业为了得到它应有的利润，也会压低劳动工资。税收不只是直接影响可支配的劳动收入，而且通过企业的传递作用，间接影响劳动工资。因此，我国劳动工资的低水平除了与劳动生产率不高的原因有关以外，税收偏重，挤占资本利润，导致资本利润侵蚀劳动工资也是一个非常重要的方面。我国公共产品的价格为什么偏高呢？这与行政人员人浮于事，不作为或者乱作为，行政效率不高，以及官员腐败等有关。因此，通过政治体制的改革，建立一个精简廉洁的政府，提供质高价廉的公共产品，对于提高劳动者的工资水平，服务于民和树立良好形象都有直接或间接的作用。

### 六、劳动工资分配的制度保障

现阶段我国的收入分配结构出现了不合理的现象，即劳动工资在国民收入中的份额过小，而资本收入的份额过大，产生了贫富差距不断拉大的社会问题。理论工作者于是对如何消除贫富差距问题进行了广泛的研究，并提出相应的提高劳动工资的政策措施和制度安排。笔者认为，劳动工资的多与少，合理或是不合理，不能简单地从收入结构中的你多我少的比较中去认识，而应该着眼于劳动工资的性质。如果认为劳动工资的性质是劳动力的价值，那么由劳动力价值决定的劳动力价格就是劳动工资的合理水平。不过，马克思认为劳动工资只是劳动者生产的价值的一部分，另一部分是剩余价值，转化为资本利润，被资本所有者无偿占有，对于劳动者来说，这是不合理，也是不公平的，必须建立公有制的制度安排和实行按劳分配的分配制度，才能保障劳动者的权益不受侵犯。我国通过新民主主义革命和社会主义革命，建立了生产资料公有制的制度安排和高度集中的计划经济体制，依据按劳分配原则决定劳动工资水平，目的就是为了实现劳动者付出多少劳动就应该得到相应的工资水平，消除剩余价值被资本所有者无偿占有，即人剥削人的不合理现象。应该说，这样的制度是保障劳动者权益的最好的制度安排。可是，人类劳动各种各样：简单劳动和复杂劳动，创新劳动和重复劳动，如何简化为同一的可以比较的劳动量，这是一个依靠计划的制度安排所难以解决的问题。就是说，即使按劳分配这样好的劳动工资分配制度在社会主义计划经济时代也没有名符其实地实行过，因此需要通过制度改革，设计更有利于劳动工资保障的制度安排。

依据马克思的认识，复杂劳动简化为简单劳动只能在商品市场上实现，可是，社会主义市场经济体制建立已经有几十年了，劳动工资的保障问题依然没有得到解决，反而出现贫富差距越拉越大的现象。这就说明，即便建立社会主义市场经济的制度安排，似乎也难以解决好复杂劳动简化为简单劳动，从而实现按劳分配的问题。前面所说的税收挤占资本利润，资本利润侵蚀劳动工资的现象比较严重，说明按劳分配在现有的市场经济条件下难以实现。所以，我们不得不根据我国社会主义市场经济的实际情况探讨劳动工资的制度保障问题。笔者认为，在社会主义市场经济条件下，劳动工资属于初次分配，是在劳动力的市场交换中形成的。劳动工资的不合理问题主要出在劳动力市场以及与劳动力市场相关的其他市场上。劳动力市场的不完善和非均衡，能导致劳动力的需求者通过资本杠杆占有过多的劳动剩余价值。所以，要把劳动工资维持在与劳动者付出的劳动量基本一致的水平上，就必须创新制度安排和科学制定宏观经济政策，不断地完善劳动力市场和提高劳动力市场的均衡程度。

我们知道，社会主义计划经济体制转变为社会主义市场经济体制，需要相应的法律法规维护市场的正常运行。比如，市场的主体地位和权益，市场运行的秩序等等就需要相应的市场法律法规作保障。然而，劳动力市场的法律法规建设，不只是滞后于商品市场，而且体系的完整性和规范性都不如商品市场。因为劳动力商品是个敏感的政治话题，传统的思想认识制约了劳动力市场与商品市场的同步发展，导致劳动力市场的建设落后于商品市场。现在，我国建立了劳动法、劳动权益保障法等法律法规，劳动者权益有了基本保证，但还不够健全，需要进一步地通过改革予以完善。如劳动者在劳动力市场的主体地位及其权益，就因为缺乏健全的法律法规而得不到有力的保障。农民工作为城市的一个弱势群体，在如何保障自身劳动权益中就始终处于不利地位，拖欠农民工工资的现象屡见不鲜就是例证。农民工因为缺乏技术，一般干技术分量不足的苦活、累活和脏活，不只是工作负荷重，工资水平低，而且缺乏劳动保障。某些外资或者私人企业，更是以延长劳动时间和增加劳动强度，榨取农民工的剩余价值，完成资本的原始积累。即便是国有企业也或多或少地存在延长劳动时间和增加劳动强度的现象。所以，保障劳动者的劳动权益，提高他们的工资水平，需要建立和健全相应的法律法规。同时，也需要建立和健全各种类型企业的工会组织，通过工会组织与企业主的谈判，保障劳动者的权益。然而，我国工会组织的工资谈判职能缺乏，即使有，也比较薄弱，这是需要进一步改革的地方。

建立和健全市场经济的法律法规能够促进劳动力市场的完善，有利于保障劳动者的工资水平，但还需要不断地提高劳动力市场的均衡程度。改革开放以来，我国经历了劳动力市场供求严重失衡到结构性失衡的过程。改革初期，因为城乡差别，大量的农民进城务工，在造就城市繁荣的同时，也形成了城市劳动力市场供过于求，劳动工资偏低的问题。农民工进城和城市劳动力的供过于求是个客观存在，也是形势发展的需要，不能通过把农民工赶回农村来缓和城市劳动力的供求关系，而只能通过发展城市经济，增强吸纳劳动力的能力来解决。经过几十年来社会主义市场经济的建设，城市经济水平极大提高，吸纳劳动力的能力大幅度地上升，应该说劳动力市场的供求关系有了明显的改善，劳动工资也相应地得到了提高。所以，笔者认为发展经济的制度安排是改善劳动力供求关系，提高劳动工资的有力保障。不过，在经济发展的过程中，劳动力供求的结构性矛盾又出现了。技术含量高的劳动力供不应求，技术含量低的劳动力供过于求。这就需要通过科技教育体制的变革，培养和提高劳动力的技术水平，以及制定合理的产业政策，调整经济结构来解决劳动力供求的结构性矛盾。不过，劳动力市场的非均衡是个客观存在，劳动工资份额偏低的现象难以避免，需要建立和健全最低工资标准和社会保障等的制度安排。近年来，尽管最低工资水平随着城市经济水平的提高而不断上升，医保、社会救济和转移支付等政策也基本形成，但仍需要进一步通过改革形成更高水平的劳动工资保障体系和社会保障体系。

劳动力市场的供求关系只是影响劳动工资的一个主要方面，劳动力市场的日益完善和均衡也只是实现劳动工资合理水平的一个方面。资本市场和商品市场的不健全和非均衡同样影响劳动工资水平。近年来，我国劳动者的工资收入虽然在不断提高，可是因为资本市场和商品市场的非均衡，价格上涨的速度较快，实际工资水平不一定有多大的上涨幅度。比如，劳动工资涨得再快，也没有房子的价格涨得快。物价上涨可能是因为商品的供给不足，也可能是因为流通中的货币量过多。除了实业发展受到虚拟资本市场的冲击而影响商品供给和抬高物价以外，货币发行过多恐怕也是一个重要的原因。所以，宽松的货币政策必然导致商品市场和资本市场失衡，而市场的非均衡就会影响劳动工资水平。市场的非均衡虽然可以通过市场的自我调节作用趋向于均衡，但需要付出较大的代价，而且见效很慢。运用结构性的宏观经济政策对非均衡的市场进行调节，不只是代价小，而且见效快。财政政策和货币政策是宏观经济政策的两个重要方面，科学而合理地运用财政政策和货币政策有利于促进市场的均衡。所以，需要坚持稳健的货币政策，调节市场上的货币流通量，促进商品市场和资本市场的均衡和稳定。同时，也需要运用积极的财政政策，支持公共产品的供给和实业的发展，缓和商品市场和资本市场的供求关系。只有这样，才可能出现一个均衡程度较高的市场体系，以保障和提高初次分配或称市场分配中的劳动工资水平。

市场的完善程度和非均衡程度固然与法律法规的健全程度和市场的发育程度相关，但也与我国政治体制改革相对滞后，权力干预市场有一定的关系。政府掌控土地的供给，土地市场缺乏平等竞争，权力寻租就会抬高土地价格和房子价格；证券管理部门腐败，滥用权力，资本市场就不可能完善；官商勾结，谋取不当钱财，劳动者的权益就难以得到保障；政府机构臃肿，人浮于事，税收就会挤占利润、利润就有可能侵蚀劳动工资。所以，只有经济体制的改革，而没有政治体制改革相配套，市场是不可能完善的，调控市场的能力也难以提高。所以说，完善的市场经济需要一个健全的政治体制，只有通过政治体制改革，造就一个廉洁实干的政府，才有可能形成比较完善的土地市场、资本市场、商品市场和劳动力市场，才有可能建立合理的税收体系。只有如此，才能够构建一个合理的劳动工资保障体系。

## 七、结论

综合上述分析，笔者认为有以下几点结论可供参考。一是在社会主义市场经济条件下，劳动工资不完全是传统意义上的劳动力价值的转化形式。尽管在社会主义计划经济时期，劳动工资基本上是基于保证劳动者的生存需要、发展需要和享受需要而制定出来的，而且成为一种习惯性的思维，但在社会主义市场经济时期，因为劳动工资是在劳动力市场上形成的，受劳动力的需求者和供给者的双重作用，因而不完全是劳动力价值的反映，而且也有劳动力使用价值的影响和作用。劳动工资即劳动力的价格介于由以劳动力使用价值为依据的需求价格和以劳动力价值为依据的供给价格之间，受劳动力供求关系和竞争关系的影响和制约。二是劳动工资是由劳动力市场价格决定的，所以劳动力市场的完善和均衡程度对劳动工资水平的影响很大。可以说，劳动工资水平低，主要是因为劳动力市场的不完善和非均衡引起的。因为不同类型的市场是一个有机的整体，任何一个市场的不完善和非均衡都会影响其他的市场，所以，资本市场和商品市场的不完善和非均衡也会作用于劳动力市场，对劳动工资的形成产生不利影响。三是在社会主义市场经济条件下，提高劳动工资固然可以依赖政策和制度方面的支持，但主要还是靠提高市场的完善程度和均衡程度。政府制定的社会保障制度、最低工资标准，以及人大制定的各种法律如劳动法、市场法等等，对保障和提高劳动工资有重要的作用。市场的自我调节和政府运用宏观经济政策促进市场均衡，以及建立健全法律法规，规范和完善市场，对保障和提高劳动工资更有不可替代的作用。因为权力干预市场不利于市场的完善，因此还需要通过政治体制改革约束权力的不当使用。

（原文发表于《贵州社会科学》2016 年第 10 期）

# 我国劳动力价值实现程度的指标构建、测度及影响因素分析

## ——基于马克思工资理论的视角

高　文*

## 一、引言

目前，我国处在经济转型的关键时期，制定最低工资标准、调节收入分配差距、扩大内需以及正确识别我国在国际分工体系中的位置等一系列的重大现实问题亟待解决，而影响上述问题的一个关键因素就是劳动者的工资（劳动力再生产的成本）。马克思的工资理论为我们解答上述问题提供了科学而有效的分析工具。该理论从劳动力价值、资本积累和阶级斗争等三个角度阐述了一个相互联系的工资决定机制，并分析了影响劳动力价值和实际工资的各类因素，为分析劳动力价值和实际工资之间的差距提供了依据。

国内学者于桂兰、宋冬林（2009）[①] 提出了劳动力价值实现程度这一概念，然而，由于该文研究侧重于劳动力价值实现程度与劳动争议的关系问题，所以较为粗略地将实际工资作为衡量劳动力价值实现程度的指标。本文认为依据马克思的工资理论，劳动力价值本身并不等同于实际工资，劳动力价值实现程度是劳动力价值与实际工资之间的差距问题。

因此，本文基于马克思的工资理论，构建劳动力价值实现程度的指标，并运用该指标对我国劳动力价值的实现程度做一定量分析，考察我国劳动

* 高文（1988－），女，中国人民大学经济学院博士生，研究方向：当代资本主义经济和中国经济改革与发展。

① 于桂兰、宋冬林：《我国劳动力价值实现程度与劳动争议关系的实证研究》，载于《马克思主义研究》2009 年第 6 期。

再生产的实际情况、劳动者的生存状况以及工资水平。这具有一定的理论和现实意义。

## 二、马克思的工资理论

马克思的工资理论是劳动力价值实现程度的理论基础。马克思从劳动力价值理论、资本积累理论和阶级斗争理论等三个不同的视角分析了资本主义的工资。国内外的学者各有侧重地分别从这三个角度对马克思的工资理论进行了深化和发展。然而，正如方敏、赵奎（2012）[①] 所论述的那样，这三个角度并不是孤立的，而是相互联系的一个统一的整体。劳动力价值理论是工资理论的起点，对工资作出了质的规定，即劳动力价值或价格的转化形式就是工资，而且劳动力价值量的变化会引起工资的变化[②]。资本积累给出了工资斗争的界限，在这个限度内，由资本积累决定的劳动力供求状况以及由这种状况决定的阶级力量对比，推动着工资围绕劳动力价值上下波动。另外，团结起来的工人阶级也只能在这个限度内，迫使资本家让步，从而获得工资的短暂提高。换言之，要打破由资本控制的工资运动规律，只能彻底消灭雇佣劳动制度。也就是说，劳动力价值给出了工资的"基准线"，而资本积累以及由其决定的阶级斗争则影响工资的限度和最终呈现，使工资在"基准线"上下波动。

## 三、劳动力价值实现程度的影响因素

如果以 LP 来表示劳动力价值，以 W 来表示实际工资，则劳动力价值的实现程度（The degree of realization of the value of labor）可以表示为：

$$DRVL = \frac{W}{LP} \times 100\% \qquad (1)$$

上述是该指标最简单的表达式，从形式本身上看，可以发现影响劳动力

---

① 方敏、赵奎：《解读马克思的工资理论》，载于《政治经济学评论》2012 年第 3 期。

② Kenneth Lapides. "Henryk Grossmann on Marx's Wage Theory and the 'Increasing Misery' Controversy", *History of Political Economy*, Vol. 26, No. 2, 1994.

价值实现程度的因素来自两个方面，一方面是影响劳动力价值大小的因素，另一方面则是影响实际工资的因素。

1. 影响劳动力价值量的因素

马克思在《资本论》中对劳动力价值的构成做了经典的论述，"同任何其他商品的价值一样，劳动力的价值也是由生产从而再生产这种特殊物品所必需的劳动时间决定的"①。由于劳动力存在于劳动者本身之中，所以劳动力价值可以归结为维持和再生产劳动力所有者所需要的生活资料的价值。它具体包括三个部分：在正常状况下维持工人本人生活所必需的生活资料的价值总和；维持工人家属子女生活所必需的生活资料的价值总和；为使劳动力获得一定的技能所需的教育和训练的费用。

劳动力价值的量会在一系列因素的作用下发生变化。一方面，当消费资料的生产率普遍提高时，生活资料价值的下降会带来劳动力价值的下降。另一方面，马克思在《资本论》中明确提出："所谓必不可少的需要的范围，和满足这些需要的方式一样，本身是历史的产物，因此多半取决于一个国家的文化水平，其中主要取决于自由工人阶级是在什么条件下形成的，从而它有哪些习惯和生活要求。因此，和其他商品不同，劳动力的价值规定包含着一个历史的和道德的要素。"② 这一"历史的和道德的因素"可以进一步细分为"地理和气候等自然因素"以及"风俗习惯、文明程度和阶级形成的社会条件等社会的历史因素"。可以说，自然因素给出了劳动力价值的"下限"（满足劳动者生存的底线），而历史因素则体现出了劳动力价值的伸缩性。至于劳动力价值的"上限"，则是在资本积累理论中体现出来的。另外，马克思还提到了工作日的长度、劳动强度和劳动生产力等三个影响因素。③ 由于这三个因素是在一般的劳动力价值的基础上，对劳动力价值（或工资）的群体性差异和个体性差异的一种进一步的细致分析，所以在考察一般性的劳动力价值时，

---

① 《资本论》第 1 卷，人民出版社 2004 年版，第 193 页。
② 《资本论》第 1 卷，人民出版社 2004 年版，第 199 页。
③ Kenneth Lapides. "Henryk Grossmann on Marx's Wage Theory and the 'Increasing Misery' Controversy", *History of Political Economy*，Vol. 26，No. 2，1994.

可以暂时不考虑这三个因素的作用。

　　2. 影响实际工资的因素

　　影响实际工资的因素主要来源于资本积累理论和阶级斗争理论。资本积累理论给出了劳动力市场供给和需求两方面因素。相对过剩人口是资本主义条件下"劳动供求规律借以运动的背景和前提"。资本的积累一方面扩大对劳动力的需求，另一方面又通过"游离"工人来扩大工人的供给。资本积累通过社会劳动生产率的提高，进而推动资本有机构成的不断提高，造成资本对劳动绝对需求量的增长速率落后于资本对劳动相对需求量的减少速率。与此同时，随着新机器的普遍采用、市场竞争的加剧和世界市场的形成，大量非熟练工人、女工、童工、破产的城市小生产者和中小资本家以及许多前资本主义社会的劳动力被带入雇佣工人的队伍中，使得劳动力的供给增加。如此一来，资本积累就造就了一支绝对隶属于资本、随时可供剥削的产业后备军。在资本主义经济的危机和萧条时期，劳动力的需求下降、供给增加，体现为产业后备军的相对膨胀，进而导致工资水平下降；在复苏和繁荣时期，劳动力的需求上升、供给下降，体现为产业后备军的相对收缩，进而推动工资水平上升。① 然而，工资水平的上升有个"最高限"，也就是资本积累的最低限，即"被限制在这样的界限内，这个界限不仅使资本主义制度的基础不受侵犯，而且还保证资本主义制度的规模扩大的再生产"②。

　　阶级斗争理论方面，在资本积累理论对工资水平的限度内，实际工资水平最终由作为阶级的资本家和工人的议价力量决定。议价力量根本上是由资本主义的生产方式资本积累所产生的资本家和工人阶级的地位所决定的。在此前提下，资本家和工人各自的组织程度和联合程度最终决定了双方的议价力量，甚至决定了斗争的结果。希法亭指出，在历史上资本家和工人的斗争形式大致经历了从"个别工厂主同各个工人的斗争"到"个别工厂主同工人

---

　　① 《资本论》第 1 卷，人民出版社 2004 年版，第 735～737 页。

　　② 当然，这里有一个基本的前提，即生产的高度社会化要求组织生产所需要的单个资本量很大，绝不是劳动者个体或是某个群体的在维持自身生活需要之后的结余所能够满足的。换言之，劳动者很难将结余的生活资料转为资本，从而"荣升"为资本家。

组织的斗争"，再到"企业家组织同工人组织的斗争"等三个阶段。① 其中，作为无产阶级组织的工会可以增强工人作为一个阶级的斗争力量。然而，作为资本主义生产方式的产物，雇佣劳动下的阶级斗争有其局限性，其只能延缓工资下降的趋势，却无法改变它的方向。简而言之，争取工资的阶级斗争仍然要服从于资本主义积累的一般规律。阶级斗争力量对比和议价能力归根结底是由资本积累对劳动力供求两方面的决定作用支配的。

因此，如图 1 所示，在资本主义条件下，工资斗争有它的限制："最低限"（记为 $W_1$）即生存的底线（一个社会中最基本的生存工资，可以认为是自然工资，在一切人类社会中可以满足活着的基本水平）；"最高限"（记为 $W_2$）则是无法改变劳动者出卖自身劳动力的命运，不"伤及"资本主义制度的基础，能够保证资本主义扩大再生产的工资水平。也就是说，实际工资 W 必然落入区间（$W_1$，$W_2$）内。再者，一个社会"正常水平"的、恰好实现劳动力价值的工资水平（记为 $W_0$，即 LP 所对应的货币额度，在不考虑通货膨胀因素的情况下，$W_0 = LP$）也是介于这两个限度之间。据此分析可以看出，实际工资可能低于劳动力价值且高于"最低限"，即 W 最终落入区间（$W_1$，$W_0$）；也可能高于劳动力价值且低于"最高限"，即 W 最终落入区间（$W_0$，$W_2$）。前者是未能完全实现劳动力价值，即表达式（2）；而后者是完全实现了劳动力价值，即表达式（3）。

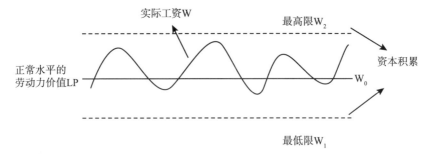

图 1　劳动力价值、资本积累和阶级斗争三位一体的工资决定机制

---

① 《资本论》第 1 卷，人民出版社 2004 年版，第 271 ~ 272 页。

$$DRVL = \frac{W}{LP} < 1 \qquad\qquad (2)$$

$$DRVL = \frac{W}{LP} > 1 \qquad\qquad (3)$$

### 四、劳动力价值实现程度指标的构建

从上面的分析来看，构建劳动力价值实现程度的指标关键在于构建劳动力价值函数。然而，对于该函数的表达式，学界并未达成共识。近年来国内外有关劳动力价值函数的争议主要集中在代际问题、家庭劳动问题、机会成本问题和劳动力商品的二重性问题四个方面。

1. 劳动力价值函数的争议及处理

（1）代际问题。

部分学者认为马克思对劳动力价值三部分构成的规定性描述与其劳动价值论不符。按照马克思劳动价值论的观点，劳动力价值作为一种商品，应由生产以及再生产出这种商品的社会必要劳动时间来决定，即劳动力价值的构成应该是该劳动者自出生直至该劳动者真正转化为现实的劳动力时，所耗费的一切生活资料和教育培训费用的总和。换言之，该观点只考虑同代人的问题，即劳动者养育子女的费用不算入其劳动力价值中。

该观点的问题在于：其一，关于劳动力价值中理应包含养育子女费用这一点，斯密等古典经济学家已经有所认识，"需要靠劳动过活的人，其工资至少须足够维持其生活。在大多数场合，工资还得稍稍超过足够维持生活的程度，否则劳动者就不能赡养家室而传宗接代了。……为赡养家属，即使最低级普通劳动者夫妇二人劳动所得，也必须能稍稍超过维持他俩自身生活所需要的费用"[1]。李嘉图也说，"劳动的自然价格是让劳动者大体上能够生活下去并不增不减地延续其后裔所必需的价格"[2]。其二，与社会和历史的发展不符。若按照当年劳动者作为子女时的所需，必然会与社会的发展脱节、会无

---

[1]　亚当·斯密：《国民财富的性质和原因的研究》，商务印书馆1997年版，第62页。
[2]　李嘉图：《李嘉图著作和通信集》，商务印书馆1981年版。

法满足劳动者对子女养育的正常需要。当然，也有部分学者考虑到了这个问题——只有当劳动者成为现实的劳动者时这部分幼年时的花费才能够补偿回来，且这之间是有一个近20年的时间差，并对这部分花费进行了保值和增值处理。然而，这种保值和增值仅仅是维持了当初价值在当今价值的不变，即对于历史性的耗费的补偿（这个时间差），仅仅考虑了时间价值的补偿，但却没有考虑社会的进步、经济的发展、人民生活水平提高等作用对于这部分耗费的影响。这些历史的因素会扩大养育阶段的需求满足程度和范围，体现在这部分耗费的商品的种类的增多、数量的增多以及品质的上升等。这些都是时间价值所无法考量的。这种方法低估了劳动力价值，体现的将是一种萎缩的劳动力再生产。因此，按照马克思的原意，劳动力价值应考虑代际关系，其三部分构成的论述是符合社会历史发展的、符合实际且科学的。

（2）家庭劳动问题。

针对家庭劳动是否应包含在劳动力价值中，国内外的学者大致分为以下两种观点。观点一在不考虑代际关系的前提下，认为既然劳动力是一种商品，那么生产和再生产该商品就需要生产资料（死劳动）和劳动（活劳动）。这里的生产资料就是生活资料，而劳动则是家庭劳动，包括父母的喂养等劳动，甚至包括劳动者自身的劳动。也就是说，把这些生活资料转移到劳动力商品中是需要活劳动的，而且这个活劳动在转移物质资料的过程中，还会创造新的价值，而这个新创造的价值也应算入劳动力价值。显然，按照这个逻辑，劳动力价值的构成应该是该劳动者自出生直至该劳动者转变为现实的劳动者时所耗费的一切生活资料和教育培训费用，以及父母和该劳动者自身的家庭劳动（活劳动）的总和。观点二认为，家庭劳动在前资本主义社会就有了，创造的是使用价值而不是价值，因而无须算入劳动力的价值中。[①]

---

① Philip Harvey. "Marx's Theory of the Value of Labor Power: An Assessment", Source: Social Research, Vol. 50, No. 2, Summer, 1983: 305 – 344.

本文认为前一种观点发现了马克思对于劳动力价值的规定性论述和其劳动价值论在表面上的分歧。该观点认为马克思对于劳动力价值构成的三个部分的论述是仅仅包含了生活资料和教育及培训费用这部分死劳动，所以才将家庭劳动单独提了出来。实际上，家庭劳动包含了劳动者维持家庭生活的劳动（如刷碗、扫地等），同时也包含了养育子女的劳动（如父母把食物喂给孩子，给孩子买充足的衣物，以及对于子女的单纯的陪伴等）。劳动者在家庭中的劳动是维持家庭存在的必要的劳动，是其基本的生活行为，所以这部分劳动的补偿已经包含在生活资料之中。反之，如果这部分劳动没有包含在生活资料当中，劳动者是无法完成再生产的，或者只是在进行萎缩再生产。甚至，劳动者在接受教育时对自己进行的自我的劳动投入，这种劳动是消费教育和培训资料所必需的，这个消费行为本身的耗费也是被包含在子女的养育费用当中的。因此，可以说家庭劳动的补偿是马克思对劳动力价值构成的规定性论述中的应有之义。另外，这部分家庭劳动也是通过劳动者劳动力价值的实现从雇主那里得到了补偿。后一种观点违背了马克思的劳动价值论。因为在前资本主义社会，劳动力还没有成为一种商品，家庭劳动当然只是创造使用价值；而在资本主义经济条件下，劳动力是一种商品，家庭劳动也是具有二重性的，其具体劳动创造的是使用价值，而抽象劳动创造的是价值。

（3）机会成本问题。

部分学者认为，"把一个人从简单劳动力到复杂劳动力生产期间所放弃的收入加进它的养育费，可以反映他自己为培养复杂劳动力所投入的时间和精力"[①]。即未满18岁的劳动者由于法律的限制，无法成为现实的劳动力，只能是单纯的消费者，而已满18岁的劳动者则有两个选择，一个是工作，另一个是继续学习深造。该观点认为，如果该已满18岁的劳动者放弃了工作而继续深造，那么该劳动者的劳动力价值中就应该加入放弃工作所能够带来的最大的收入，即机会成本。

本文认为该种观点是有逻辑错误的。其实，机会成本就是一种收入，而

---

① 郑志国：《劳动力价值的代际关系分析》，载于《当代经济研究》2011年第6期。

这个收入是以劳动力价值为基础的工资，这个里面本来就含着一个劳动力价值。如以一个在校的硕士生为例，该硕士生如果出去工作则只能是以本科生的身份来进行，那么按照上面的观点，则有（均摊是指在劳动者的工作期限内的每年的均摊费用）：

该硕士生的劳动力价值 = 每年的成年人生活费 + 养育子女的费用均摊 + 本科生时的教育费均摊 + 研究生教育费均摊 + 本科生的劳动力价值

然而，上式中的"本科生的劳动力价值"也是可以展开的。对上面的式子进行迭代，仅就生活费一项，就会发现，一个研究生的生活费将是本科生的2倍，高中生的3倍。显然，对于成年的劳动者而言，每年所必需的生活资料是一个较为稳定的没有个体差别的量。因此，考虑机会成本在逻辑上是行不通的，同时也不符合现实。

（4）劳动力商品的二重性问题。

人力资本理论将劳动力视为一种资本，对其投资（如教育和培训）就可以提高劳动力价值，从而使得劳动者创造更多的价值，进而获得更高的报酬。在该理论的指导下，典型的劳动力价值测度函数为期望价值法（由布鲁梅特、弗兰霍尔茨等人提出），如下面的式子所示，H 表示工资占总成本的比重，即 $v/(c+v)$，$R_t$ 为企业利润，即 $c-v-m$。该公式的含义是 n 时刻的劳动力价值等于劳动者自 n 时刻起在未来为企业所创造的利润在 n 时刻的现值的总和。

$$V_n = \sum_{t-n}^{T} \frac{R_t}{(1+i)^{t-n}} \times H \qquad (4)$$

另一种方法是以"劳动量"来确定劳动力价值的折现法，即"未来工资报酬折现法"（巴鲁克·列佛（Baruck Lev）和阿巴·施瓦茨（Aba Schwariz）提出），是说在时刻 y 上劳动力价值就等于劳动者在自 y 时刻起的工作期间所得到的工资在 y 这个时刻的现值的总和。具体而言，在折现率为 1+r 的情况下，在第 t 时刻时劳动者的工资为 $I_t$，那么折现到 y 时刻的价值就为 $I_t/[(1+r)^{t-y}]$。以此类推，将劳动者所有的工资折现到 y 这一时刻后，进行加总，这个"和"就是该劳动者在 y 时刻的劳动力价值。

$$V = \sum_{t-y}^{T} \frac{I_t}{(1+r)^{t-y}} \qquad (5)$$

前一种观点的问题在于，其一，该理论并未认识到劳动力商品的二重性，没有区分开劳动力价值和劳动力的使用价值这两个范畴。该理论实质上是突出强调了教育和培训对劳动力质（劳动力使用价值）的提升作用，而不是对劳动力价值的提升作用。其二，将劳动力也视为一种资本，其地位与资本等同，资本和劳动力都创造价值，也都创造剩余价值，从而二者按照比例来分享剩余。其实，劳动力不是资本，劳动才是创造价值、剩余价值的唯一源泉，这一点马克思在《资本论》中已经做了详尽的论述。其三，由于 $R_t = m$，即剩余价值＝总产品 $- c - v$，也就是说 $R_t$ 是通过 v 计算出来的，而 v 与 $V_n$ 是一回事，是 v 决定 v 的问题，逻辑不通。其四，从式子右边本身的含义来看，其计算的是劳动者凭借对自身劳动力的所有权，对企业的剩余的分享。也就是说，该式子并未给出工资的计算方法。在现实中，非公有制经济条件下的劳动者所获得的企业给予的总收入等于工资 V 加上劳动力所有权参与的企业剩余价值的分享额。后一种观点是一种本末倒置的方法。因为劳动力价值是工资报酬的决定基础，而不是相反。该方法并没有从内在的规定性来讨论劳动力价值的构成。

2. 劳动力价值实现程度的表达式

本文在修正张晨、冯志轩[1]（2014）提出的劳动力价值测度函数的基础上进一步构建了劳动力价值实现程度的测量指标。表达式如下：

修正前的劳动力价值：

$$\overline{LP} = \bar{f} + \frac{1-q}{q}\overline{D} + \left( \frac{1}{y} \cdot \frac{n}{c'} \cdot \frac{w}{p} - 1 \right)\overline{C} \qquad (6)$$

该劳动力价值的函数表达式有两点欠缺，其一，在我国的统计数据中，居住消费支出[2]和住房消费支出[3]均不包括购买住宅的支出，而这一笔费用在居民的生活资料中占据了相当的比例，所以应对此做修正 $r \cdot \bar{m} \cdot Price$；其二，

① 张晨、冯志轩：《资本积累视角下的劳动力价值：识别、测算与中国现实》，载于《经济学家》2014 年第 6 期。

② 居住消费支出指用于各种与居住有关的支出，包括住房、水、电、燃料方面的支出。

③ 住房消费支出指调查户用于住房的直接支出，包括房租、房屋维修支出、物业管理费、房屋装潢支出。

该表达式测度的是平均的以家庭为单位的劳动力价值，而家庭当中并不全是就业者，所以乘以"负担系数"S，修正为平均的个体劳动力价值。

修正后的劳动力价值：

$$LP = \left[ \bar{f} + \frac{1-q}{q}\bar{D} + \left( \frac{1}{Y} \cdot \frac{n}{c'} \cdot \frac{w}{p} - 1 \right)\bar{C} + r \cdot \bar{m} \cdot Price \right] \cdot S \quad (7)$$

劳动力价值的实现程度：

$$DRVL = \frac{W}{LP} \times 100 \quad (8)$$

式（7）和式（8）中所涉的变量及其含义如表1所示。

表1　　　　　　　　劳动力价值实现程度中的变量及其含义

| 名称 | 含义 |
|---|---|
| DEVL | 劳动力价值实现程度 |
| W | 就业者的实际工资 |
| LP | 劳动力价值 |
| $\bar{f}$ | 除去医疗、教育以外的基本的现金消费支出 |
| q | 每期医疗费用的支出概率 |
| $\bar{D}$ | 平均每人医疗支出费用 |
| y | 为实现未来某一期的教育支出而进行的教育费用储蓄期数 |
| $\frac{c'}{n}$ | 需要为子女支付教育费用的人口比例 |
| w | 需要个人支付的教育年限 |
| p | 每期需要支付教育费用的概率 |
| $\bar{C}$ | 平均每人教育支出费用 |
| r | 每期购买住房的概率 |
| $\bar{m}$ | 人均住房面积 |
| Price | 当期住宅商品房的单位售价 |
| S | （负担系数）平均每个家庭中就业者所负担的人口数（平均家庭人口数/平均家庭就业人口数） |

为便于利用统计中的数据，本文做了一些必要的假设。其一，由于数据的可得性，本文选用收入七等分的城镇居民家庭基本情况和现金收支数据进行测算，所以收入在一个水平上的家庭的消费行为是一致的。其二，由于耐用品、医疗、住房和教育等消费品的特殊性质，对其进行必要的假设，详见表2。其三，虽然住房从性质上讲类似于耐用品，但是我国统计口径中的居住支出中并不包含购房支出，所以这里用 $r \cdot \bar{m} \cdot Price$ 对 $\bar{f}$ 进行修正。

表 2　　　　对耐用品、医疗、住房和教育等消费品的性质描述及假设

| 名称 | 符号 | 性质 | 发生概率 | 假设 |
|------|------|------|----------|------|
| 耐用品 | B | 多期储蓄 x，1 期消费 | 一定会发生（未来某期） | x 由家庭自主决定 |
| 教育 | C | 多期储蓄 y，多期消费 w | 以概率 p 发生 | y 由外生给定 |
| 医疗 | D | 多期储蓄 j，多期消费 | 以概率 q 发生 | 在 1 期消费完，j 外生给定 |
| 住房 | E | 多期储蓄 t，1 期消费 | 一定会发生（未来某期） | t 由家庭自主决定 |

## 五、我国劳动力价值实现程度的测算及分析

本文选取了 2001 年、2006 年和 2011 年三年的收入七等分城镇居民家庭基本情况和现金收支数据来进行测算分析。借鉴张晨、冯志轩[①]（2014）中的近似方法：对于在某期发生医疗支出的概率 q，用我国 45 岁以上居民两周患病率的均值作近似。由于我国新增劳动力平均受教育年限为 11 年，其中 9 年为义务教育，所以需要资费的教育年限 w 为 2 年。这个年限相当于高中阶段，所以入学年龄为 15 岁，则 y = 15。用高中、中专入学率 0.825 来近似入学率 p。这部分子女的父母大致处在 35～39 岁之间，所以用这部分人口占比来估计需要为子女支付教育费用的人口比例为 c′/n。则将三年的数据带入式（7）、式（8）中，可以得到的结果如表 3 所示。

---

① 张晨、冯志轩：《资本积累视角下的劳动力价值：识别、测算与中国现实》，载于《经济学家》2014 年第 6 期。

**表3　本文涉及的变量、取值以及数据测算结果**

| 年份 | 组别 | 变量及取值 | | | | | | | 各组劳动力价值(元) | DRVL 各组劳动力价值实现程度(%) | 劳动力再生产的程度(基于PDI的计算)(%) | LP平均劳动力价值(元) |
| --- | --- | --- | --- | --- | --- | --- | --- | --- | --- | --- | --- | --- |
| | | PDI(元) | W(元) | f(元) | D̄(元) | C̄(元) | r | Price (元/平方米) | | | | |
| 2001 | 最低收入户(10%) | 2802.83 | 1882.74 | 2205.57 | 168.38 | 317.03 | | | 3772.89 | 28.04 | 41.74 | |
| | 低收入户(10%) | 3856.49 | 2674.66 | 2791.32 | 207.88 | 453.07 | | | 4566.04 | 39.83 | 57.43 | |
| | 中等偏下收入户(20%) | 4946.60 | 3487.48 | 3394.2 | 273.78 | 529.59 | | | 5378.02 | 51.93 | 73.66 | |
| | 中等收入户(20%) | 6366.24 | 4583.49 | 4135.33 | 335.52 | 660.70 | 0.013 | 2170 | 6369.13 | 68.25 | 94.80 | 6715.28 |
| | 中等偏上收入户(20%) | 8164.22 | 5967.59 | 5015.48 | 405.29 | 820.73 | | | 7542.57 | 88.87 | 121.58 | |
| | 高收入户(10%) | 10374.92 | 7439.91 | 5967.63 | 487.26 | 1040.60 | | | 8868.29 | 110.79 | 154.50 | |
| | 最高收入户(10%) | 15114.85 | 9831.37 | 7912.52 | 648.58 | 1273.10 | | | 11366.16 | 146.40 | 225.08 | |

续表

| 年份 | 组别 | 变量及取值 | | | | | | | 各组劳动力价值(元) | DRVL 各组劳动力价值实现程度(%) | 劳动力再生产的程度(基于 PDI 的计算)(%) | L̄P平均劳动力价值(元) |
|---|---|---|---|---|---|---|---|---|---|---|---|---|
| | | PDI(元) | W(元) | f(元) | D̄(元) | C̄(元) | r | Price(元/平方米) | | | | |
| 2006 | 最低收入户(10%) | 3568.73 | 2434.11 | 2782.43 | 234.50 | 406.05 | 0.029 | 3366.79 | 6840.95 | 18.08 | 26.51 | 13462.34 |
| | 低收入户(10%) | 5540.71 | 4040.28 | 3843.16 | 350.01 | 572.38 | | | 8297.50 | 30.01 | 41.16 | |
| | 中等偏下收入户(20%) | 7554.16 | 5669.97 | 4900.88 | 425.48 | 781.97 | | | 9705.68 | 42.12 | 56.11 | |
| | 中等收入户(20%) | 10269.70 | 7744.63 | 6267.48 | 590.45 | 1047.48 | | | 11663.03 | 57.53 | 76.28 | |
| | 中等偏上收入户(20%) | 14049.17 | 10579.93 | 7986.74 | 762.37 | 1469.14 | | | 15561.08 | 78.59 | 104.36 | |
| | 高收入户(10%) | 19068.95 | 14207.10 | 10247.94 | 1020.20 | 1901.68 | | | 18761.56 | 105.53 | 141.65 | |
| | 最高收入户(10%) | 31967.34 | 23724.14 | 16574.26 | 1311.35 | 3176.07 | | | 26863.83 | 176.23 | 237.46 | |

续表

| 年份 | 组别 | 变量及取值 | | | | | | | 各组劳动力价值(元) | DRVL 各组劳动力价值实现程度(%) | 劳动力再生产的程度(基于 PDI 的计算)(%) | LP 平均劳动力价值(元) |
| | | PDI(元) | W(元) | f(元) | D̄(元) | C̄(元) | r | Price(元/平方米) | | | | |
|---|---|---|---|---|---|---|---|---|---|---|---|---|
| 2011 | 最低收入户(10%) | 6876.09 | 5006.92 | 5305.53 | 483.62 | 642.70 | | | 9828.02 | 25.17 | 34.57 | |
| | 低收入户(10%) | 10672.02 | 7881.69 | 7053.43 | 579.16 | 876.73 | | | 11993.20 | 39.63 | 53.66 | |
| | 中等偏下收入户(20%) | 14498.26 | 10364.65 | 8949.92 | 759.82 | 1163.09 | | | 14535.19 | 52.11 | 72.90 | |
| | 中等收入户(20%) | 19544.94 | 14059.51 | 11480.04 | 911.03 | 1637.10 | 0.043 | 5357.1 | 17820.97 | 70.69 | 98.27 | 19889.14 |
| | 中等偏上收入户(20%) | 26419.99 | 18747.11 | 14785.89 | 1136.88 | 2238.14 | | | 22157.18 | 94.26 | 132.84 | |
| | 高收入户(10%) | 35579.24 | 25126.10 | 19238.13 | 1512.35 | 3155.73 | | | 28173.41 | 126.33 | 178.89 | |
| | 最高收入户(10%) | 58841.87 | 39817.11 | 28163.25 | 1959.80 | 5060.59 | | | 39870.11 | 200.20 | 295.85 | |

资料来源:《2013 中国城市(镇)生活与价格年鉴》。

如表 3 所示，可以得出以下六个重要的结果：

其一，城镇居民平均的劳动力价值呈现逐步上涨趋势。以 2001 年为基年，2006 年的劳动力价值增长近 1 倍，2011 年增长近 2 倍，表明我国城镇居民平均生活水平的大幅提高。七等分收入组，各自的劳动力价值也基本呈现出与总体相近的增长幅度，表明不论是收入低的人群还是收入高的人群的生活质量在这 10 年内都实现了非常大的改善。

其二，各个收入组的劳动力价值实现程度也呈现出递增的趋势，其随着组别的提高这一递增速率也更大。然而，该递增速率明显落后于各组劳动力价值的增长速率。这表明劳动者工资收入的提高速率落后于劳动者对生活水平需求的提高速率。

其三，结合图 2 可以发现，各年度内部，随着收入组别的提高（从最低收入组到最高收入组），劳动力价值的实现程度逐步提高，这表明越是收入高的人群，其工资对劳动力再生产的贡献越大。更具体地，能够凭借工资收入实现自身劳动力再生产程度达到 50% 以上的，2001 年是中等偏下收入组到最高收入组等 5 个收入组；2006 年为中等收入组到最高收入组；2011 年为中等偏下收入组到最高收入组。如果以劳动力价值实现程度 100% 为限，则这三年均只有高收入组和最高收入组人群可以实现劳动力价值。可见，从结构角度来看，近十年以来凭借工资实现劳动力再生产的人数比例是比较稳定的。

其四，结合上面的结果二和结果三，可以预计在各组劳动力价值实现程度均稳步提高的基础上，依赖工资实现劳动力价值的人数占比会提高，越过 100% 实现程度线的下一个组别将是中等偏上收入组，因为 2011 年该组已经达到了 94.26%。

其五，从劳动力再生产的实现程度来看，以 50% 为限，这三年均只有最低收入户无法达到，以 90% 为限，中等偏上收入到最高收入人群可以基本完全实现正常的劳动力再生产。这部分人数占比为 40%。换言之，我国城镇居民中有近 60% 的人是无法实现正常水平的劳动力再生产的。这体现在消费商品的数量、品质低于正常水平，尤其地体现在某些人因大单医疗费用无力承担而放弃治疗、因房价过高而选择租房居住。

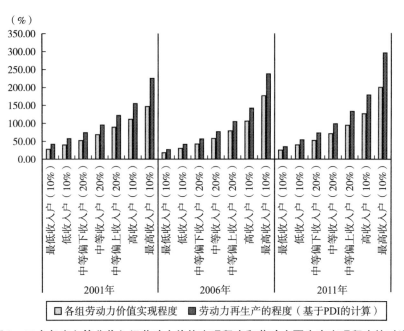

（%）

**图2　三个年度七等分收入组劳动力价值实现程度和劳动力再生产实现程度的对比**

资料来源：《2013 中国城市（镇）生活与价格年鉴》。

其六，结合结果三和结果五可以发现，依赖工资实现劳动力价值的人数占比20%远低于劳动力实现再生产的人数占比40%～50%之间。这表明，一方面我国劳动者的经营净收入、财产性收入和转移性收入等其他收入有所提高，对居民生活水平的提高作出了显著的贡献，我国收入分配有了一定的改观；另一方面也反映了工资在收入中占比过低的问题。这尤其体现在非公有经济的企业中。

从影响劳动力价值和实际工资的两方面因素，对上面的六个结果进一步分析，可以发现：在劳动力价值方面，其一，随着我国生产技术水平的提高、劳动生产率的提高，一方面生产单位消费品的社会必要劳动时间减少，单位消费品的价值下降，进而促使劳动力价值下降；另一方面，消费品的品质在提高，较低品质的消费品所含的价值量也在提高，这会促使劳动力价值的上升。其二，随着我国社会的进步和发展，人们的需要被满足的范围和程度在扩大，即劳动者消费的生活资料等总数量和品质都在上升，这会带来劳动力价值的提高。而且劳动力价值上升的力量明显大于下降的力量。在实际工资方面，其一，劳动力价值的提高决定了工资水平基准线的上升。其二，随着我国市场经济的发展，劳动力商品化程度的提高，尤其是 20 世纪 90 年代末劳动力市场的改革，造成了马克思所说的三类相对过剩人口，即流动的过剩人口、潜在过剩人口和停滞过剩人口。[①] 这些相对过剩人口形成了一支产业后备军，对我国的工资水平有向下的压力，且削弱了工人的议价能力。其三，总体上看，我国工人整体的议价能力有了一定程度的提高，但是其与资本斗争的发展趋势仍不容乐观。李怡乐、罗远航（2014）[②] 将工人的议价能力分为市场议价力、车间议价力和集体议价力三种类型，分析了自改革开放以来，尤其是 2008 年以来工人议价能力的上升情况。再有，工会方面，2011 年我国城镇就业人员的参与率达到 70% 以上，但是目前体制内的官方工会却没能较好地承担起为工人集体争取增长型利益的职能，这也迫使工人自发的体制外自下而上的抗议频发。另外，在知识经济的大背景下，对于高素质、高智力劳动者的需求相对增加了，这也在一定程度上提高了核心工人的议价能力。因此，劳动力价值的实现程度就是在这些因素的综合作用下形成的。

## 六、结论

处在经济转型的关键时期，我国面临制定最低工资标准、调节收入分配差距、扩大内需以及正确识别我国在国际分工体系中的位置等一系列的重大现实和疑难问题。马克思从劳动力价值、资本积累和阶级斗争三个角度阐述的工资理论为我们解答上述问题提供了科学的依据。基于该理论，本文构建了劳动力价值实现程度的测算指标，测算了我国劳动力价值的实现程度，发现整体上工资对我国居民劳动力价值实现的贡献在逐步提高，但仍有近 60% 的人无法凭借工资实现劳动力的再生产，中低收入人群，尤其是低收入人群

---

① 孟捷、李怡乐：《改革以来劳动力商品化和雇佣关系的发展——波兰尼和马克思的视角》，载于《开放时代》2013 年第 8 期。

② 李怡乐、罗远航：《工人议价力之构成的马克思主义经济学分析——2008 年以来中国工人议价力变化初探》，载于《财经科学》2014 年第 8 期。

的情况更为严峻。这反映出伴随着我国经济的持续稳定增长，居民工资水平的上涨幅度却明显滞后；更进一步地，分析了劳动力价值与实际工资之间差距的来自技术水平、社会的历史因素、劳动力供求关系和劳资双方的力量对比等方面的原因。可以看出，我国的劳动力价值实现程度不容乐观，这反映出我国有效需求不足，阻碍了相关企业在国际分工中的优势分析和重新定位，并严重制约了经济增长方式的转变。因此，提高居民，尤其是中低收入人群的工资收入水平、劳动报酬占比成为当务之急。

（原文发表于《经济问题探索》2015 年第 5 期）

# 基于马克思劳动力价值理论对农民工工资的分析

王胜利 *

## 一、马克思劳动力价值理论的主要内容

1. 劳动力价值一般的、平均的和标准质量的构成

马克思在《资本论》中指出："每一种商品的价值都是由提供标准质量的该种商品所需要的劳动时间决定"，① "同任何其他商品一样，劳动力价值也是由生产从而再生产这种特殊物品所必需的劳动时间决定的"，② 因此，劳动力价值是由提供一般的、平均的和标准质量劳动力价值的劳动时间所决定，而"生产劳动力所需要的劳动时间，可化为生产这些生活资料（指劳动者所需要的生活资料，引者注）所需要的劳动时间，或者说，劳动力的价值，就是维持劳动力的所有者所需要的生活资料价值"。③ 因此，马克思认为这些维持劳动力所有者的生活资料价值决定一般的、平均的和标准质量的劳动力价值，其主要是由维持、延续和发展劳动力所必需生活资料的价值构成。具体地说；一是维持劳动者自身生存所必需的生活资料价值。马克思指出，"劳动力的发挥即劳动，耗费人的一定量的肌肉、神经、脑等等，这些耗费必须得到重新补偿。劳动力所有者今天进行了劳动，他应明天也能够再在同样的经历和健康条件下重复同样的过程。因此，生活资料的总和应当足以使劳动者个体能够在正常生活状况下维持自己"④。二是延续劳动者家属生存所必需的

* 王胜利（1973 - ），男，陕西定边人，北京师范大学经济与工商管理学院博士研究生，西北政法大学经济管理学院讲师，研究方向为经济学理论及其应用。

① 《资本论》第 1 卷，人民出版社 1975 年版，第 163 页。

② 《资本论》第 1 卷，人民出版社 1975 年版，第 193 页。

③④ 《资本论》第 1 卷，人民出版社 1975 年版，第 194 页。

生活资料价值。因为"劳动力的所有者是会死的，因此，要使他不断出现在市场上（这是货币不断转化为资本的前提），劳动力的卖者就必须，像任何活的个体一样，依靠繁殖使自己永远延续下去，因损耗和死亡而退出市场的劳动力，至少要不断由相同数量的新劳动力来补充。因此，生产劳动力所必须的生活资料的总和，要包括工人的补充者即子女的生活资料，只有这样，这种特殊商品所有者的种族才能在商品市场上永远延续下去"。① 三是劳动者为了自身发展而受教育和训练的费用。因为"要改变一般人的本性，使他获得一定劳动部门的技能和技巧，成为发达的和专门的劳动力，就要有一定的教育或训练，而这就得花费或多或少的商品的等价物，劳动力的教育费随着劳动力性质的复杂程度而不同。因此，这种教育费——对于普通劳动力来说是微乎其微的——包括在生产劳动力所消耗的价值总和中"。② 这三者构成的劳动力价值是一般的、平均的和标准质量的劳动力价值。

这种一般的、平均的和标准质量的劳动力价值不仅在同一地域的不同时期是不同的，而且在不同的地域也是不同的，这是因为在不同的地域或者同一地域的不同时期构成劳动力价值的各个组成部分的生活资料及其价值量是不同的。马克思曾指出："劳动力的价值可以归结为一定量生活资料。因此，它随着这些生活资料的价值即生产这些生活资料所需要的劳动时间量的改变而改变。"③ 马克思在研究不同国家或地区的工资差异时进一步指出："在比较国民工资时，必须考虑到决定劳动力的价值量的变化的一切因素；自然的和历史地发展起来的首要的生活必需品的价格和范围，工人的教育费，妇女劳动和儿童劳动的作用，劳动生产率，劳动的外延量和内含量。"④ 这里尽管马克思研究的是不同国家劳动力价值的差异从而不同的工资差异，但其根本上是说明在不同国家或者不同区域和同一区域不同时期的一般的、平均的和标准质量的劳动力价值因为其内在构成部分及其价值量的变化而变化。

---

① 《资本论》第 1 卷，人民出版社 1975 年版，第 194 页。
②③ 《资本论》第 1 卷，人民出版社 1975 年版，第 195 页。
④ 《资本论》第 1 卷，人民出版社 1975 年版，第 613 页。

2. 劳动力价值变动的界限

即使是在同一区域或者同一时期，实际的劳动力价值并不是总是和平均的劳动力价值是一致的、相等的，它总是需要在一定的界限或范围内变动，决定这种范围主要有生理的和历史的或社会的要素。马克思指出："劳动力的价值或劳动的价值由于某些特点而与其他一切商品的价值不同。劳动力的价值由两种要素所构成：一种是纯生理的要素，另一种是历史的或社会的要素。劳动力价值的最低界限由生理的要素来决定。……所以这些必需的生活资料的价值，就构成劳动力的价值的最低界限。"①

实际上，这里马克思指出了劳动力价值的最低限度由维持自身生理的需要的价值决定。对此，马克思曾进一步指出："劳动力价值的最低限度或最小限度，是劳动力的承担者即人每天得不到就不能更新他的生命过程的那个商品量的价值，也就是维持身体所必不可少的生活资料的价值。假如劳动力的价格降到这个最低限度，那就降到劳动力的价值以下，因为这样一来，劳动力就只能在萎缩的状态下维持和发挥。"②

劳动力价值的最高界限主要是由社会的因素决定，而这些社会方面的因素也是在不断地变动的。马克思指出："除了这种纯粹生理的要素以外，劳动的价值还取决于每个国家的传统生活水平。……包含于劳动价值中的这一历史或社会的要素可能扩大，也可能缩小，甚至可能完全消失，以致除了生理上的界限以外什么也不会剩下。"③

当然，同样劳动力价值的最低限度和最高限度在经济和社会发展水平不同的国家或区域和同一个国家或区域的不同经济发展时期也是不同的。因此，需要根据具体的情况来确定。

3. 劳动力价值或价格的表现是平均工资，工资决定受其他因素决定

劳动力价值或价格的货币表现是工资，因此，一般的、平均的和标准质量的劳动力价值决定了平均工资，这也是公平的工资。对此，马克思指出：

---

① 《马克思恩格斯选集》第2卷，人民出版社1972年版，第199页。
② 《马克思恩格斯选集》第2卷，人民出版社1972年版，第196页。
③ 《资本论》第1卷，人民出版社1975年版，第200页。

"一天公平的工资，在正常情况下，就是保证劳动者按照他所处地位和所在国家的生活标准获得必要的生活数据，以保持他的工作能力和繁衍其后代所需要的薪俸。由于营业的好坏，实际工资额可能有时高于这个数额，有时低于这个数额；但是在正常情况下，这个数额应当是一切变动的平均数。"①

同时，工资变动根本上是由平均劳动力价值的变动来决定的，劳动力价值的变动限度从根本上决定工资的变动限度。首先，劳动力价值的最低界限决定工资的最低限度，对此，马克思指出："工资由自然规律调节；工资的最低限度是由工人维持和再生产自己的劳动力时身体上所必需的生活资料的最低限度规定的，也就是由一定的商品规定的。……他的劳动力的实际价值和这个身体最低限度是不一致的；……如果工人为再生产自己的工资价值所必需的工作日部分的最后界限，是他的工资的身体最低限度，那么，工作日的另一部分——代表他的剩余劳动的部分，即表示剩余价值的价值部分——的界限，就是工作日的身体最高限度，即工人在维持和再生产自己的劳动力的情况下每天一般可以提供的劳动时间的总量。"②

其次，劳动力价值的最高界限决定了工资的最高限度。当然工资的最高额虽然理论上是由劳动力价值最高限额决定，但是在资本主义社会，工资的最高额又受到利润的制约，正如马克思指出："我们虽然能确定工资的最低限度，我们却不能够确定工资的最高限度。……利润的最高限度受生理上所能容许的工资的最低限度和生理上所能容许的工作日的最高限度的限制。"③

劳动力价值决定工资变动的基础，劳动力价值的变动界限决定工资的最低限度和最高限度。但是市场上实际的工资不仅由劳动力价值决定，而且受到劳动力的供求关系及工人和资本家之间的竞争的影响。这里供求关系中存在的竞争主要体现在以下三方面。

第一，雇佣工人之间的竞争。工人都是出卖劳动力而获得工资，相互之间会竞相延长劳动时间和提高劳动强度，从而降低了劳动价格，结果降低了

---

① 《马克思恩格斯选集》第 25 卷，人民出版社 1972 年版，第 448～491 页。
② 《资本论》第 3 卷，人民出版社 1975 年版，第 971 页。
③ 《资本论》第 1 卷，人民出版社 1975 年版，第 200 页。

雇佣工人的实际工资水平。对此,马克思指出:"如果一个人完成一个半人或者两个人的工作,那末即使市场上劳动力的供给不变,劳动的供给还是增加了。由此造成的工人之间的竞争,使资本家能够压低劳动价格,而劳动价格的降低反过来又使他能够更加延长劳动时间",① 这样恶性循环的竞争使劳动力价格不断降低。这种竞争从整个社会来说,就会出现"决定工资的一般变动的,不是工人人口绝对数量的变动,而是工人阶级分为现役军和后备军的比例的变动,是过剩人口相对量的增减,是过剩人口时而被吸收、时而又被游离的程度"。②

第二,资本家之间的竞争。资本家的竞争对于工资水平的影响体现在正反两面,就正面而言,在工人供给不变,资本家之间的需求竞争有利于提高工人工资水平。但是,"劳动价格的提高被限制在这样的界限内,这个界限不仅使资本主义制度的基础不受侵犯,而且还保证资本主义制度的规模扩大的再生产"③。就反面而言,在雇佣工人供给不断增加时,资本家需求较小而竞相降低工资。对此,马克思指出:"工人之间的竞争,使资本家能够压低劳动价格,而劳动价格的降低反过来又使他能够延长劳动时间。但是这种对异常的即超过社会平均水平的无酬劳动量的支配权,很快就会成为资本家本身之间的竞争手段。"④

第三,资本家与工人或者说是资本和劳动之间的竞争。这种竞争实际上取决于劳动力商品买卖双方的供求状况。它是前两种竞争的基础,资本家与工人或者说是资本和劳动之间在劳动力商品供求方面的竞争引起工人之间和资本家之间的竞争,其结果可能引起短期劳动力工资的上涨或者下降。

具体地说,在资本有机构成和劳动供给不变的情况下,"对劳动的需求和工人的生存基金,显然按照资本增长的比例而增长,而且资本增长得越快,它们也增长得越快",一旦"积累的需要开始超过通常的劳动供给,于是工资

---

①　《马克思恩格斯选集》第 2 卷,人民出版社 1972 年版,第 600 页。

②　《马克思恩格斯选集》第 2 卷,人民出版社 1972 年版,第 699 页。

③　《资本论》第 1 卷,人民出版社 1975 年版,第 618 页。

④　《资本论》第 2 卷,人民出版社 1975 年版,第 600 页。

提高"，① 这种工资的提高有时甚至高于劳动力的价值。但是，由于随着资本家的不断积累和资本有机构成的不断提高，对劳动的需求相对减少，而劳动力的供给却不断增加，因此，劳动的供给大于劳动的需求，工资水平不断降低，甚至趋于工资的最低限度。恩格斯指出："一条规律把劳动力价值限制在必需的生活资料的价值上，另一条规律把劳动力的平均价格照例降低到这种生活资料的最低限度上。"② 这里前一条规律是指商品经济条件下的等价交换规律；后一条规律是指供求规律。尽管等价交换规律要求按照劳动力价值支付工资，但是资本主义劳动市场始终是劳动力的供给大于需求，这后一条规律就把工资抑制在合乎资本家自己需要的低水平上，从而使得工资成为最低工资或经常接近工资的最低限度。

为了保证劳动力的正常再生产，工人需要组织起来与资本家斗争，促使资产阶级政府建立最低工资制度维护工人阶级的利益。尽管通过工人有组织的斗争能够尽可能避免他们只是获得最低限度甚至更低的工资，但是由于资本主义生产资料私有制存在，从工资变动的长期发展来看，工人工资水平实际上总是不断下降并且趋于甚至低于工资的最低限额。

马克思的劳动力价值理论具有丰富的内涵和理论价值，运用马克思的劳动力价值理论对于分析中国特色社会主义条件下的农民工工资具有重要的指导意义。

### 二、农民工劳动力价值的理论分析和实际工资的估量

#### 1. 农民工劳动力价值的理论分析

根据马克思的劳动力价值理论，农民工劳动力的平均价值由维持、延续和发展劳动力的生活资料价值构成，其也有自身的变动界限。但是我国农民工劳动力价值变动具有自身的特点，它不仅受到自身生理和社会历史状况的影响，而且受到区域性劳动力生活资料价值量的影响，当前尤其是社会历史

---

① 《马克思恩格斯选集》第 2 卷，人民出版社 1972 年版，第 673 页。
② 《马克思恩格斯选集》第 22 卷，人民出版社 1972 年版，第 31 页。

和区域性的因素对于中国农民工劳动力价值的影响更为直接和具体，因此，需要以此为基础深入分析我国当前农民工劳动力价值及其变动界限。

我国当前农民工主要在农村的乡镇企业和城镇从业，而这两个区域因为生活资料不同从而形成不同的劳动力价值，下面分析不同区域农民工劳动力价值及其变动界限。

（1）乡镇企业农民工劳动力价值及其界限。

当农民从农业生产领域进入工业、商业领域成为工人后，他们也就变成了受产业资本和商业资本任意支配的雇佣工人，他们的生产和分配就完全由资本来决定。因此，乡镇企业农民工的平均劳动力价值是以一般的、平均的乡镇企业农民工所需要的生活资料价值为基础。主要包括维持自己的生活资料价值、延续后代和适应乡镇企业就业所需的培训费用等。不过，实际的劳动力价值是在一定界限内变动的，其最低限额取决于从业于农业的农民的劳动力价值，这是因为在乡镇企业就业的农民工是直接从农业剩余劳动力转移过来的，同时他们从事的大多是体力劳动，对劳动者素质要求不高，教育和训练费用比重很小甚至没有。因此，构成农民工劳动力价值组成部分的最低限度就是通过农业生产获得的生活资料价值。乡镇企业农民工劳动力价值的最高界限受乡镇企业的最低利润所制约。

（2）外出农民工劳动力价值及其界限。

外出农民工在城镇的就业主要集中于私营企业、外资企业和国有企业，他们受雇于私有资本、国际资本和国有资本。"尽管国有资本和私有资本、国际资本相比具有生产关系性质上的不同，但是在价值保值和增殖方面，三种资本没有什么区别。不论什么性质的企业，劳动者创造的剩余价值总是资本利润的最终来源。"[①] 因此，在这个区域，城镇就业的外出农民工平均的劳动力价值也是以一般性的、平均的外出农民工所需的生活资料价值为基础。主要包括外出农民工维持自己的生活资料价值、延续后代和适应城市就业所需的教育、培训、交通和生活费用等。

---

① 杨思远：《中国农民工的政治经济学考察》，中国经济出版社 2005 年版，第 240 页。

同样，外出农民工实际劳动力价值也是在一定的界限内变动的，不过因为外出农民工的生活资料不仅包括吃穿等生活资料，而且还包括在城市的交通、租赁居住等费用，同时，还需要进行一定的培训，因此，构成外出农民工劳动力价值组成部分的最低限度在于通过农业生产获得的生活资料价值和在城市生存所需要的交通等费用。总的说来，是比在乡镇企业就业的农民工最低工资高出一定的额度。

2. 农民工工资的分析和实际估量

（1）乡镇企业农民工和外出农民工工资的分析。

乡镇企业农民工的劳动力价值是其工资变动的基础。但是在乡镇企业就业的农民工的实际工资又是不同的，主要有：第一，对于专职于乡镇企业的农民工，因为他们具有较高素质或较多的劳动力耗费，同时又有从事农业生产的机会成本，因此报酬会更高一点，从而形成专职从业于乡镇企业的农民工工资；第二，在劳动力供给大于乡镇企业的需求情况下，乡镇企业雇主又有了降低劳动力价格的外在力量，因此，竭力降低劳动力价格，致使在一定时间，劳动力的价格等于从业于农业的农民劳动力价值。这个劳动力价格构成了乡镇企业农民工愿意继续工作的工资最低限度。

外出到城镇就业的农民工工资根本上是由劳动力价值决定的，但是在有农民工的城市劳动力市场上，本来城市劳动力的供给就大于需求，农民工的加入又进一步使供给大于需求；而户籍制度的存在又使得城镇劳动力和外出农民工在城市劳动力市场形成分层状态，致使外出农民工的实际工资远远低于城市劳动力市场的均衡价格。此外，因为外出农民工有农业生产性收入作为他们的最后生活保障，所以各种资本为了获得更多的利润而竞相雇佣并竭力压低农民工的工资。当然，外出农民工的工资并不是要求和乡镇企业一样的工资，因为到城市从业要增加消费资料、交通等费用，这些费用增加了农民工劳动力价值构成内容。因此，他们的工资比乡镇企业从业农民工的工资高。从理论上说，乡镇企业的平均工资构成了外出农民工的工资最低限度，但是，乡镇企业农民工和外出农民工在农村剩余劳动力供给远大于资本对于劳动力的需求时，他们的实际工资常常是低于工资的最低限度的。

关于乡镇企业农民工和外出农民工以各自的劳动力价值为基础，并由其劳动力市场供求决定的均衡价格即实际工资可以通过图1分析。

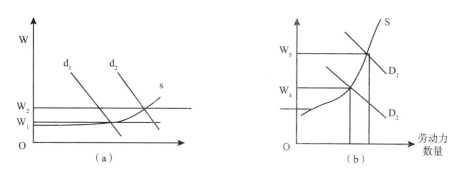

**图1　农村劳动力市场均衡价格、城乡劳动力市场均衡价格比较**

图1中，横轴代表劳动力数量，纵轴代表工资。图1（a）表示农村乡镇企业农民工劳动力市场的均衡状态，其中，s曲线表示农民工劳动力的供给曲线，在与农民工的劳动需求曲线$d_1$相交之前是一条水平线，$d_2$代表乡镇企业对专职农民工的需求曲线。$OW_1$代表从业于农业生产的就业人员需求和供给决定的劳动力价格，这个劳动力价格是指从业于农业的人均农民生产性收入。$OW_2$代表专职从业于乡镇企业的农民工的供给和需求决定的平均劳动力价格。但是因为农民工劳动力供给远远大于需求，在乡镇企业雇主降低工资的内在动力和劳动力供给大于需求的外在压力下，乡镇企业农民工的实际工资在$W_1$和$W_2$之间运动，最低界限将趋近工资的最低额$W_1$。图1（b）表示城市劳动力均衡状态，由于户籍制度的存在，城市劳动力市场形成两个均衡价格，一个主要是农民工的供给曲线S和需求曲线$D_2$决定的均衡价格$OW_4$，这里农民工供给曲线比较平坦，是因为农村剩余劳动力很大，需要进城从业的农民工几乎趋于无限，形成的均衡价格$OW_4$较之农村乡镇企业农民工劳动力市场的价格而言，因为有了增加的费用而提高，这个增加的费用在图1（b）中表现为$OW_4 - OW_2$的差额，同时，理论上讲，$OW_2$也是外出农民工可以接受的工资的最低限度；另一个均衡价格$OW_5$是由有城镇户籍的劳动力的供求决定的，这里城镇劳动力的供给曲线较之农民工的供给曲线是要陡一点，是因为

户籍制度的存在使得具有城镇户籍的劳动力供给相对有限，供给缺乏弹性。城镇劳动力均衡价格因为户籍制度的存在而比农民工价格高，这个高出的部分在图 1（b）中表现为 $OW_5 - OW_4$ 的差额。

（2）乡镇企业和外出农民工工资的实际估量（2004 年）。

根据对乡镇企业农民工和外出农民工的分析，以 2004 年的统计数据为依据，可以估算出 2004 年各类农民工的实际工资。根据国家统计局的统计，乡镇企业农民工的实际平均工资确定在人均月工资性收入约为 450 元左右[①]，即在图 1（a）中 $OW_2$ 为 450 元左右。这个工资比从事农业的收入高，所以农民愿意在乡镇企业生产。但是由于农业剩余劳动力的大量存在，愿意到乡镇企业就业的农民工供给大于需求，因此，乡镇企业雇主会不断地降低价格，直至和从业于农业的农民每个月的人均生产性收入 180 元相等[②]，即和图 1（b）中的 $OW_1$ 相等，这是农民工愿意接受的工资的最低限度，否则农民工就仍然愿意从业于农业。总之 2004 年乡镇企业农民工愿意接受的最低工资是 180元，平均工资是 450 元，实际工资是在 180 元到 450 元之间。

同时，在 2004 年，城镇职工每月工资大约 1333 元，而农民工平均工资为 780 元，[③] 2004 年城镇劳动力的价格比外出农民工每月高出 553 元左右。即在图 1（b）中，城镇职工的工资为 $OW_5$，城市农民工的实际工资为 $OW_4$，城镇职工和农民工的工资差额为 $OW_5 - OW_4$（为 533 元），而同时城市农民工的工资比乡镇企业农民工平均工资每月高出 330 元左右，即图 1（b）中 $OW_4 - OW_3$，为 330 元，比乡镇企业农民工最低工资高 600 元左右。

### 三、农民工工资低的原因及提高工资的对策

据此可以看出无论是从业于乡镇企业的农民工还是外出到城市从业的农

---

① 2004 年在乡镇企业的农民工按照 1.38 亿估算，农民工年人均可支配收入约为 5500 元，月人均可支配收入约为 450 元。

② 按照 2004 年乡村人口农业总生产性纯收入为 1.0584 万亿元、乡村从业人员约 4.9 亿人估算出乡村从业人员的生产性纯收入为 180 元。

③ 中国经济年鉴编委会：《中国经济年鉴》，中国经济出版社 2005 年版，第 106～141 页。

民工他们的工资都是很低的，而导致工资低的原因是多方面的，具体的原因有以下几方面。

首先，从农民工劳动力价值本身来看，无论是乡镇企业还是外出农民工都有农业生产的收入作为最低的生活保障，因此，农业生产收入的劳动力价值是农民工工资能够接受的最低工资，而当前农业生产收入即从事农业生产的农民劳动力价值是很低的，这是由农业技术水平低及农业劳动生产率低所造成的，所以农业劳动力价值低是导致农民工工资低的基础性原因。

其次，从农民工的需求方面来说，乡镇企业和城镇企业对于农民工的需求增长缓慢；同时，农民工工资低还在于农民工主要从业于民营企业，而"我国民营企业的产权制度基本上是古典产权制度，由生产资料所有权单一地决定企业决策。这种决策机制的目标是单一追求利润最大化，在劳动力市场上就表现为尽可能地压低工人的工资"。①

再次，从农民工的供给方面来说，尽管农民工供给大于需求是导致农民工工资低的原因，但是农民工整体素质不高也是农民工工资偏低的一个重要的原因。据调查，"农民工的受教育程度低，一半以上的农民工仅具有初中文化水平，普遍低于城镇常住人口的受教育水平"②。再加上农民工接受的技术培训少，这样的劳动力素质状况必然导致劳动力价格很低。

针对导致农民工工资较低的原因，要提高农民工的工资，相应地需要从以下几个方面采取措施。

第一，大力发展现代农业，提高农业从业人员的劳动力价值。要用现代科学技术装备农业；用现代科学技术改造农业；用现代产业体系提升农业；用现代经营形式推进农业；用现代发展理念引领农业；培养新型农民发展农业，提高农业水利化、机械化和信息化水平；提高土地产出率、资源利用率和农业劳动生产率；提高农业素质、效益和竞争力。通过发展现代农业，增加农业从业人员的产量和收入，从而提高农业从业人员的劳动力价值，是提

---

① 白暴力：《农民工工资收入偏低分析》，载于《经济经纬》2007 年第 4 期，第 75 页。
② 张鉴君等：《当前农民工劳动力价格问题研究分析》，载于《金融与经济》2006 年第 1 期。

高农业从业人员劳动力价值政策措施的长远的战略方向。

第二，对农民工需求方面而言，一方面要扩大对农民工的需求，当前需要进一步促进乡镇企业的发展，实现越来越多的农村剩余劳动力在当地就业，同时加快城镇化进程，促进城镇经济的发展，为农民工进城从业提供更多机会，以减轻农村剩余劳动力供过于求的状况；另一方面企业产权制度要向现代企业产权制度变革，通过建立现代企业产权制度，从内在机制上克服将工资定位在劳动力价值水平甚至更低的行为。

第三，从农民工供给来说，提高农民素质是解决农民工劳动力价格低的重要措施。当然，提高农民素质不仅需要农民自己意识到并且主动进行教育和培训，而且需要政府的扶持、资助，当前应该切实加大农村教育投资力度，真正在各地推行义务教育。另外，农民工在劳动力价格决定中处于弱势也是农民工工资很低并长期不变的重要原因，因此，健全维护农民利益的相关组织，增强与雇主工资定价谈判力量也是提高工资的重要保证。

第四，从政府来说，主要是要打破城乡分割状态，为农民工在各地从业提供平等的就业条件和获得合理的工资提供制度保证。一要逐步取消户籍制度，打破城乡二元结构，取消外出农民工在城市从业的各种限制性规定，从而为农民进入城市获得平等的就业机会提供制度保证；二要在社会保障方面逐步建立全国统一又反映各地具体情况的社会保障制度，使农民平等地享受社会保障、义务教育等方面的待遇；三要制定农民工劳动力保护的相关法律，比如制定涵盖全国城乡统一的最低工资法，以加强对劳务市场的监督和管理，强化对拖欠民工工资、劳动环境恶劣、安全无保障等突出问题的解决力度，切实维护农民工的合法权益。

（原文发表于《经济问题》2008 年第 4 期）

# 中国最低工资增长及其就业效应的马克思主义经济学解析

李怡乐*

## 一、引言

近年来我国各地最低工资标准显著提升，2010 年当年全国有 30 个省份调高了最低工资，平均增幅达到 24%。2010～2016 年间全国所有省级行政区域基本可以做到最低工资至多两年上调一次，京、津、沪等发达地区的最低工资标准则逐年上涨，上述三地最低工资的年均增速分别达到 12%、13% 和 11.8%。即使在经济增速放缓的背景下，2013～2015 年全国最低工资平均增幅依然可以达到约 10%，几乎与同期城镇单位就业人员工资增速持平，在扣除 2015 年 1.4% 的 CPI 增速后，最低工资实际增长约为 6%，高于 6.4% 的人均 GDP 增长①。那么，近年来最低工资提升的原因是什么？从外生政策干预的角度来看，有学者认为最低工资增长与 2008 年《劳动合同法》的正式出台相关联，是政府对劳动者权益保护力度的增强，但是可能造成劳动力成本快速上升从而抑制投资和就业增长。从社会与经济环境的内生变化来看：一方面，最低工资上涨与刘易斯转折点背景下普通技能劳动者增量供给减少、农民工市民化进程加速带动劳动再生产成本提升相关联，这就使得最低工资增长成为吸引潜在劳动力供给的必要选择；另一方面，2008 年经济危机之后制造业出口市场压缩，总需求结构更为倚重由普通劳动者增收带来的国内消费市场扩张，因而最低工资增长与经济结构的调整方向是一致的。然而，伴随

---

* 李怡乐（1986－），女，四川泸定人，经济学博士，西南财经大学经济学院讲师，主要从事马克思主义经济学研究。

① 以上数值及其计算根据国家统计局、人力资源和社会保障部发布的相关统计公报。

中国经济进入新常态，经济增速减缓、实体经济发展不景气，推动就业增长与促进劳动者增收间的协同匹配关系也在遭受更严峻的挑战，最低工资标准提升是否有确实的物质基础，又是否会导致失业增加，这些问题值得持续关注。

在新古典经济学研究视域中，最低工资制度被视为一种典型的外生政策干预，如果政府出于劳动保护的目的将工资抬高到市场出清价格以上，就可能造成就业的减少并导致工资提升不可持续。尽管近年来有不少国内外学者论及并在经验分析中发现，当存在劳动力市场买方垄断时，最低工资提升可能促进劳动力供给增加、对就业产生正的效应，但因为选取样本、历史背景和采用实证方法的差异，"经济学界对最低工资就业效应的方向还远未达成共识"。① 基于马克思主义经济学工资理论的研究视角，最低工资的标准变化并非绝对外生的政策导入，而是现实经济运行过程中，劳动者生存工资、资本积累条件以及劳资间力量博弈关系影响下的综合产物。最低工资制度同时也是政府引导的劳动与资本关系的协调，反映了劳动力再生产环境与资本积累所面临的历史条件的变动。如上所述，当前的社会与经济背景，同时包含了支持最低工资上升的条件与限制其增长的矛盾因素。本文将首先对马克思主义经济学视角的最低工资理论做系统阐释；再剖析中国近年来最低工资标准变动的原因以及可能的趋势；进而在实证分析中检验微观层面——最低工资标准变动对青年劳动力供给的影响，以及宏观层面——最低工资与地区间失业率变动的关联。

## 二、马克思主义经济学视角下的最低工资理论

马克思关于最低工资的研究建立在对古典经济学相关理论的借鉴基础之上，但同时融入了对异化劳动的批判和对劳动力再生产质量的关注，并逐渐引入由资本积累规律塑造劳动力供求并作用于工资分配的机制。在马克思写作的时期，最低工资尚未作为一项正式的劳动保护制度进入现代国家的经济

---

① Neumark D. and W. Wascher. "*Minimum Wages*", Cambridge：MIT Press, 2008.

法规体系。然而，伴随资本关系无限度扩张对社会再生产系统的挑战，以及工人阶级斗争性的增强，国家作为资本积累体制的调节者出台相应法规以协调积累的制度环境的呼声日渐高涨。1894 年之后，各国陆续出台有关最低工资的法律，成为了对劳资间分配关系的强制约束。后马克思时代，在马克思工资理论思想的基础上，左翼经济学的研究者倾向于将最低工资标准的变动视为劳资间相对力量和资本积累体制变化的反映，关注最低工资影响收入分配且进一步改变积累路径的机制。这就与新古典边际分析视角下，工资反映劳动的边际生产率水平，高于市场供求"均衡"的最低工资引致失业的观点从根本上相区别。下面对马克思主义经济学"最低工资"理论的演进与应用做具体阐释。

1. 资本运动规律影响下作为劳动力自然价格的最低工资——马克思与古典经济学的对话

古典经济学阶段的最低工资大致等同于劳动者维持生计的基本生存工资。斯密、李嘉图等学者都曾提及过马克思意义上"历史和道德"因素对生存工资的作用，并认可市场竞争机制会使得平均工资围绕其"自然价格"波动。然而，在穆勒、马尔萨斯等人的演绎中，受竞争调节和人口规律的作用，劳动的自然价格被等价于趋向绝对最低生存标准的工资水平，事实上抛弃了从重农学派，到斯密、李嘉图所暗含的工资受劳资双方讨价还价以及道德标准影响的观点。劳动力的"自然价格"即"最低工资"的论调，与"最低工资"即"工资下限的立法保护"的认识彻底相悖，前一种界定事实上认为后一种概念将造成失业的增加。时至今日，通过简单的劳动力供求模型反对最低工资的看法，亦不过是拉萨尔工资铁律的延续。[①] 劳动力商品的特殊性、最低工资与收入分配以及与宏观经济运行的复杂联动并未真正涉及。

在马克思的早期文献中，工资也曾被等价为满足基本生计的最低工资。然而，相比古典经济学家，此时马克思对最低工资的两个重要观点，奠定了其工资理论的显著特征。首先，让工资趋于劳动者生存绝对最低限度的，并

---

① 谢富胜、陈瑞琳：《马克思的最低工资学说》，载于《教学与研究》2016 年第 8 期，第 13～22 页。

非作为一种自然秩序的人口规律和市场机制，而是资本主义生产方式中的分工与竞争，让工人处于弱势，并陷入永久性的相对贫困。其次，尽管马克思认可劳动力供求在工资调节中的作用，但并不认为所谓人口规律必然将工资引向最低值，反而生产资本的增长有可能推动实际工资提升。① 这两点看法，事实上就将阶级力量对比和资本积累引入，与生存工资一同构成了后来马克思工资决定机制的三大要素。② 以 1867 年《资本论》第一卷的出版为标志，马克思的工资理论走向最终成熟，并在劳动力商品理论、剩余价值理论与资本积累理论之间构筑起有机关联。至此，作为劳动力价值货币表现形式的工资，不再是古典经济学意义上，受劳动力供求条件影响趋向于最低水平的自然价格，而是随着劳动力再生产环境、技术进步和资本积累诉求的转变而变动。

2. 反向运动过程中作为劳动力再生产保护机制的最低工资——波兰尼对马克思的补充

客观说来，在马克思的文本中，由于工人阶级的再生产，特别是家庭结构以及后来的福利国家，对劳动力再生产起到的作用没有得到专门阐释，劳动力价值的决定被进行了简化处理。乃至于有不少研究者认为，马克思沿用了古典经济学意义上的最低工资作为剩余价值分析的前提条件；同时，由于没有特别论及阶级斗争在社会再生产和资本积累进程中的自主性，也就使得莱博维奇提出，马克思资本积累视角下的工资理论，与古典经济学的人口论决裂得并不彻底。③ 产业后备军的存在提供了保证工资不脱离劳动力价值变化的引力中心，似乎亦支持了工资上升导致失业增加的强制调节过程，并且在对于马克思工资理论的传统解读中，由于更多强调资本积累对于选择技术类型具有绝对权力，④就限制了工人阶级斗争寻求收入改善的自主性空间。在莱博维奇看来，这是源于《资本论》以资本为中心的观察视角，若从雇佣劳动

① 谢富胜、陈瑞琳：《马克思的最低工资学说》，载于《教学与研究》2016 年第 8 期，第 13～22 页。

②④ 方敏、赵奎：《解读马克思的工资理论》，载于《政治经济学评论》2012 年第 3 期。

③ 孟捷：《劳动力价值再定义与剩余价值论的重构》，载于《政治经济学评论》2015 年第 4 期。

的角度出发，阶级斗争影响了分配的过程与结果，[①] 也就改变了宏观经济后续的运行轨迹。

值得注意的是，研究者们往往忽略了成熟时期马克思工资理论明确区分的"工资的最低限度"（wage minimum）是针对工人阶级的稳定再生产而言的，一个"合理的"最低工资标准要确保工资不至滑落到威胁劳动力生存的生活资料标准之下，确立这一标准对于资本关系的再生产而言同样是重要的，并因此会受到国家的干预和调节。[②] 这就与后来的波兰尼、奥康纳等学者的观点形成了呼应——为了保证劳动力这种关键"生产条件"的再生产不被损坏，国家政策会给予劳动力再生产、价值决定和使用价值发挥一定的保护。对于工厂法、失业保险，以及工人运动的结果，波兰尼提出，他压根不会去辩称这些制度没有影响到劳动力市场的流动和工资涨落，他承认，哪怕失业就是源于政府和工会的政策指向了与现有生产率不相协调的工资水平，也必须有工资、工作环境标准等保护劳动力商品之人的特性，才能让劳动力市场正常发挥功能，因为这些制度的目标本就是要干预劳动力的供求法则，使其从市场轨道中脱离出去。[③] 波兰尼这样一种看似不仅反市场原教旨主义，甚至反一般供求规律的观点，却表现为 19 世纪末以工人运动升级和劳动立法改进为代表的"社会保护运动"的发生，事实上推动了 20 世纪资本主义积累体制的演进，劳资间在生产与分配领域的妥协，为适应于大规模生产的技术标准的引入和消费市场扩张提供了可能。

3. 资本积累体制演变中体现劳工力量与收入分配的最低工资——当代西方马克思主义经济学的拓展

结合马克思与波兰尼的视角，当代社会中最低工资标准是经由市场力量与社会保护运动互动形成的，对劳动者生存所需及其劳动贡献的一种认同。因而，作为一项重要的劳动制度，最低工资标准的变化是劳资间相对权力关系演变的体现，历史经验显示，它也反映了一定时期一国收入分配状况的基本特征。

---

① 莱博维奇：《超越〈资本论〉——马克思的工人阶级政治经济学》，经济科学出版社 2007 年版。
② 谢富胜、陈瑞琳：《马克思的最低工资学说》，载于《教学与研究》2016 年第 8 期。
③ 卡尔·波兰尼：《大转型：我们时代的政治与经济起源》，浙江人民出版社 2007 年版。

在大卫·戈登（David Gorden）的论述中，最低工资下降是美国经济进入新自由主义时期以后资本权力上升、工资挤压加剧的典型表现。战后黄金年代（1948～1968 年之间），美国的实际最低工资上升了 50%。此后，由于资方持续向议会施压，在 1979～1989 的十年中，最低工资下降了约 1/3，最低工资相对于制造业平均工资的比例，从 1979 年的 43% 下降到 1989 年的 32%。而最低工资对工人平均收入状况的影响，一度并未得到应有的关注，究其原因在于，最低工资时常被认为只是与由青年人从事的兼职性工作有关。然而，戈登引述的大量资料却显示，20 世纪 80 年代至 90 年代初，最低工资变动及其产生的涟漪效应（ripple effect）影响到了约 1/4 的非农就业人口。1979～1988 年最低工资的下降甚至解释了同期收入不平等状况上升的 1/3。[①] 与此同时，尽管存在影响程度和范围的差异，最低工资增长对提升平均工资或抑制分配差距的正向作用，在国内外的经验研究中都得到了较为普遍的认同[②]。

从战后黄金年代到新自由主义阶段，实际最低工资从快速上升到明显下降，与之呼应的是，工人阶级的力量也经历了先上升后下降的历史变化。福特主义积累体制下，工人阶级收入增长、带动消费需求提升和生产扩张的良性循环机制，让位于劳资间分配冲突加剧、资本转向逐底竞争的全球化生产，以及倚靠金融修复短暂恢复利润的新自由主义积累体制。

4. 最低工资标准变动在宏观经济运行中的传导——激进政治经济学与后凯恩斯主义的综合

正如前文所述，最低工资上涨的就业效应并未取得一致的经验结果。[③] 在新古典经济学的边际分析视野下，工资变动对个人劳动供给的影响需要区分

① Gordon D. Fat and Mean. *The Corporate Squeeze of Working Americans and Myth of Managerial 'downsizing'*. New York：Martin Kessler books, the Free Press, 1996.

② 这一主题的研究可参阅 D. Neumark and M. W. Wascher, Minimum Wage Effects throughout the Wage Distribution. *The Journal of Human Resources*, 2004, 39（2）：425 – 450. 权衡、李凌：《上海提高最低工资标准的收入分配效应：实证与模拟》，载于《上海经济研究》2011 年第 4 期。马双、张劼、朱喜：《最低工资对中国就业和工资水平的影响》，载于《经济研究》2012 年第 5 期。

③ Neumark D. and W. Wascher. *Minimum Wages*. Cambridge：MIT Press, 2008.

替代效应与收入效应各自的大小；市场本身的竞争或垄断程度，以及劳动力需求曲线是否会随着宏观经济背景发生移动，这些都将对最低工资变动后就业的实际变化产生不确定影响。相对于新古典经济学，在马克思主义的工资理论中，劳动力的供给和需求本身受资本积累进程的塑造，劳动力供给的多少并非基于抽象理性人的计算，而是积累体制和劳动力再生产环境变化的结果。[①] 从这个意义上讲，产业后备军也并非只是用于平抑工资波动的被动存在，工资标准变动之后的生产效率提升和需求市场扩大，同样是维系资本循环的重要条件。事实上，当代激进政治经济学与后凯恩斯主义经济学之于最低工资的研究，也是以这一机制为核心进路的，包含着效率工资的供给效应和产能利用率提升的需求效应两个方面。

在激进政治经济学的研究中，影响劳动与资本相对权力变化的制度因素塑造了生产过程中的劳动强度与实际工资大小，[②] 以较高的最低工资为代表的更为和谐的劳资关系能够更显著地推动劳动生产率的长期增长与内生的技术创新。[③] 近年来，在后凯恩主义经济学的一些代表性研究中，工资提升对劳动生产率产生正面作用、通过供给效应推动长期增长的机制也得到了有力的验证。[④][⑤] 实证中只是因为实际工资与劳动生产率之间的格兰杰因果关系往往难以确定，使得工资增长对生产率提升的供给效应时常被掩盖。工资增长带来的正向供给效应，有助于改善劳资间分配的物质基础，从而避免了工资上升造成利润挤压，进一步导致投资缩减、失业率提升与工资下降的负向调整过程。

① Harvey D. *The limits to Capital*. Chicago：The University of Chicago Press，1982：381 – 384.

② Bowles S. , H. Gintis. "The Revenge of Homo Economicus：Contested Exchange and the Revival of Political Economy". *The Journal of Economic Perspective*，Vol. 7，No. 1，1993：83 – 102.

③ Buchele，Christiansen. "Labor Relations and Productivity Growth in Advanced Capitalist Economies"，*Review of Radical Political Economics*，Vol. 31，No. 1，1999：87 – 110.

④ Hein E. , Tarassow A，"Distribution, Aggregate Demand and Productivity Growth：Theory and Empirical Results for Six OECD Countries Based on a Post – Kaleckian Model"，*Cambridge Journal of Economics*，Vol. 34，No. 4，2010：727 – 754.

⑤ Vergeer R. , Kleinknecht A. "The Impact of Labor Market Deregulation on Productivity：a Panel Data Analysis of 19 OECD countries（1960 – 2004）". *Journal of Post Keynesian Economics*，Vol. 33，No. 2，2010：371 – 408.

与此同时，资本积累塑造劳动力供求的视角意味着，失业率水平更主要地取决于总需求状况，而非实际工资。这也就提出了改善工人的收入水平、扩张总需求与减少失业间可以形成良性循环体系。在垄断资本学派的代表人物福斯特看来，当代资本主义经济本身是以垄断定价和产能过剩为主要特征的，如果工会与垄断部门的谈判使工资份额上升，而工资份额上涨推动产能利用率提高和利润率上涨，则将抵消工资份额上升对投资的负面作用。① 作为后凯恩斯主义经济学的代表人物，拉沃（Lavoie）曾提出劳动力的名义需求取决于劳动生产率，有效需求则源于市场繁荣状况，收入分配向工人的倾斜，将通过增加有效劳动需求提升就业。② 在近期的研究中，他还注意到采取了一系列亲资本（pro - capital）制度的国家，例如，削弱最低工资立法、提升劳动力市场灵活性，以及抑制集体议价，其结果是工资增长缓慢，工资份额下降，收入差距的扩大，这样的做法尽管可以在出口市场竞争中取得优势，但是当面临海外市场整体经济不景气时则无以为继。③ 学者奥纳兰和加拉尼斯（Onaran and Galanis）的研究甚至发现，在美国、日本、韩国以及欧元区的几乎所有国家，都存在利润份额上升时，总需求下降的现象。④ 这也呼应了在全球性生产相对过剩的垄断资本主义时代，利润份额上升对投资带来的正面激励，会被工资份额减少、消费停滞和产能利用率下降对实现利润率的负面影响所抵消。

综上，立足于马克思主义经济学的视角分析最低工资标准变动的成因及其就业效应，就个人的劳动供给这一微观视角而言，需要比较最低工资标准与劳动力再生产成本、工人阶级的议价能力的相对变化，从而分析工人选择变化背后的经济与社会成因；就整体失业率变化这一宏观视角来看，要避免

---

① 福斯特：《马克思、卡莱茨基与社会主义策略》，载于《中国人民大学学报》2014 年第 2 期。

② Lavoie M. Real Wages and Unemployment with Effective and Notional Demand for Labor. *Review of Radical Political Economics*，2003，35（2）：166 – 82.

③ Lavoie M. , Stockhamme E. "Wage – led Growth：An Equitable Strategy for Economic Recovery"，Basingstoke and Geneva：Palgrave and ILO，2013.

④ Onaran, Galanis G. "Is Aggregate Demand Wage – ledor Profit – led? A Global model in M. Lavoie and E. Stock – hammer（eds），Wage – led Growth：An Equitable Strategy for Economic Recovery"，Basingstoke and Geneva：Palgrave Macmillan and ILO，2013.

将工资仅仅视为成本、将劳动力市场视为一般商品市场的做法，要考虑到工资上涨带来的正向的供给与需求效应。

### 三、近年来我国最低工资标准增长的成因与未来趋势

在 2004 年颁布《最低工资规定》时，我国的劳动保障部门曾给出了最低工资标准的确定方法：综合考虑城镇居民的生活费用、职工平均工资、社保和公积金缴纳情况，以及失业率和经济发展水平。常用的计算方法是以某一地区最低收入 20% 家庭的人均收入乘以就业者负担人口系数，或是以贫困家庭食物消费金额除以恩格尔系数形成基准，适度调节，同时参考国际上月最低工资标准相当于月平均工资 40% ~ 60% 这一标准。以 2006 年和 2007 年数据为基础，宁光杰曾考察过中国各地最低工资标准的设定依据，发现最低工资与失业率、人均 GDP、平均工资、外商投资占比、企业利润等指标的关系较为紧密。[①] 也就是说，我国各地的最低工资标准主要取决于与地方经济发展水平相关联的劳动者维持生计的最低标准，并且会受到投资提升和企业经营状况改善的积极影响。而近年来，我国各地最低工资的明显上涨取决于相互强化作用的两重背景：首先是经济增长体制转变更趋向于倚重内部需求扩张，并挖掘专业分工深化之供给侧创新动能；其次，最低工资制度的落实与其他的劳动以及社会保障制度协同，提升了劳动者的议价能力和工资水平，而这一政策变化又是在原有宏观经济失衡、刘易斯转折点背景下的积极调节，巩固了经济增长体制演变的必然。

20 世纪 90 年代中后期起，在中国经济的持续增长过程中，实际工资增速曾长期落后于劳动生产率的增长，致使工资份额在 1995 ~ 2007 年间以年均 5% 的速度下降，但是因为有出口需求的支持，入世后至 2007 年净出口对 GDP 增长的年均贡献率为 10%，工业企业产能利用率在此期间年均增速为 7.1%，使得企业利润率、投资也持续增长，中国一度建立起有效的利润驱动型增长体制。然

---

① 宁光杰：《中国最低工资标准制定和调整依据的实证分析》，载于《中国人口科学》2011 年第 1 期。

而，以 2008 年为拐点，美国经济危机波及全球市场的萧条（2008 ~ 2015 年间中国净出口对 GDP 的贡献有 5 年为负，年均贡献为 - 8.67%）①，提示中国经济增长更趋向于以国内消费市场扩大和供给创新能力提升为核心动力。在奥纳兰和加拉尼斯的研究中，所有经济体，无论总需求是由利润驱动还是由需求驱动，在排除净出口以后，国内需求增长必然是工资驱动的。② 事实上，扭转工资增长长期低于劳动生产率增长造成的宏观经济失衡，在 2008 年前后也是学界的重要呼声。③④ 海外市场萧条，与中国劳动保障制度改进、劳动力供求条件变化在时间点上的大致契合，加速了中国经济增长体制调整的进程。

从 1994 年建立，到 2006 ~ 2007 年基本完善并落实⑤，最低工资保障制度与 2008 年《劳动合同法》的出台相匹配，成为中国劳动立法乃至经济发展过程中标志性的历史事件。此后，劳动合同签订比例有所提升，工人维权意识增强，2010 年当年全国发生的工人维权活动出现一个小高峰。而在社会保障领域，不仅就业人口的参保比例快速增长，2007 年城镇医保也正式覆盖到无正规就业岗位或未就业的一般居民，农村医疗和养老保障亦开始建立。与劳动和社会保障相关的制度改进，一定程度上提升了工人与市场风险对抗的能力。与此同时，随着对中国刘易斯拐点临近的讨论增加，劳动力成本上升的预期加强。以人保部发布的我国城市劳动力市场上的岗位空缺与求职人数比来看，2001 ~ 2015 年间，尽管该比例曾于 2008 ~ 2009 年因经济危机有短暂下跌，但还是从 2001 年的 0.71 逐步攀升至 2015 年第一季度的 1.12。作为一种

---

① 根据国家统计局发布的相关数据测算。

② Onaran, Galanis G. "Is Aggregate Demand Wage - led or Profit - led? A Global model" in M. Lavoie and E. Stock - hammer（eds）, Wage - led Growth: An Equitable Strategy for Economic Recovery", Basingstoke and Geneva: Palgrave Macmillan and ILO, 2013.

③ 徐长生、刘望辉：《劳动力市场扭曲与中国宏观经济失衡》，载于《统计研究》2008 年第 5 期。

④ 龚刚、杨光：《从功能性收入看中国收入分配的不平等》，载于《中国社会科学》2010 年第 2 期。

⑤ 1994 年我国劳动部首次向各地区劳动部门提出了拟定最低工资标准的要求，直至 2003 年 31 个省（自治区、直辖市）建立起最低工资保障制度，更为翔实的《最低工资规定》于 2004 年才正式出台，2006 年起国务院明确要求最低工资标准每两年至少调整一次，并在此后将最低工资制度的严格执行作为一项重要的劳动监察内容。2007 年作为标志性的一年版，当年有 29 个省（区、市）调整了最低工资标准。

回应，农业转移人口市民化的重大历史工程，不仅是让现代城市的公共服务和福利待遇惠及全体劳动者所必须的，客观上也为支撑产业发展起到了稳定劳动力供给的作用。与此相关联，劳动力再生产环境的转变，尽管将推动工资增长，却也将提供巨大的消费增量，在劳动力成本上升的同时，辅助消化因海外市场缩水积压的过剩产能。

在上述背景下，2008 年之后工资份额出现回升，2010～2015 年第二和第三产业劳动生产率的年均增速为 8%，低于城镇单位就业人员的年均工资增速（11.2%）和最低工资年均增速（约 12%～15%）。然而，如上所述，这样的相对变化比例并不一定代表着对工资增长的物质基础的耗竭，而是对原本失衡的增长结构的调节。因为此轮工资增长，乃至于最低工资标准的提升，本就是基于已有劳动力供需条件和经济结构内生变化的结果，工资增长与近年来中国经济增长体制转变的方向相一致，政策调整只是基于宏观经济环境起到助推力的作用。

同时值得注意的是，尽管在 2010～2015 年间，各地最低工资年增速几乎都大于平均工资增速，但是由于初始值过低，其绝对值水平并未超过低收入家庭的一般生存所需。表 1 以城镇居民收入五等份中最低收入 20% 家庭的人均可支配收入，乘以家庭中每一就业者的平均负担人数，得到劳动者的基本生存工资，对照同时期上海和成都两地的最低工资可以发现，目前处在全国最高和中等偏上水平的最低工资尚没有达到负担全国平均水平的最低收入家庭生存的标准①。上述 5 年间，城镇低收入家庭人均可支配收入的增速为 11%，最低工资增长只是略高于这一标准。与此同时，尽管近年来各地最低工资相对平均工资增速较快，最低工资与平均工资之比有所提升，但是 2015 年全国各省级行政区域最低工资的最高标准比当年各省平均工资的均值约为 31%，其中北京仅为 18.5%，上海为 22%，四川为 27%，尚远低于该比例 40%～60% 的国际标准。因而，当前最低工资的上涨首先是对过去绝对和相

---

①  考虑到一般的最低工资标准没有包含企业为工人缴纳的社会保险、住房公积金，以及发放的其他福利。此处，选择以全国较高水平的最低工资比照平均水平的可支配收入。

对水平都过低状态的一种补课，最低工资依然有相对更快速增长的空间。

表1 生存工资、城镇职工工资、最低工资标准的比较

| 年份 | 城镇最低收入20%家庭年人均可支配收入（元） | 就业者负担人口系数 | 最低收入20%家庭月生存工资（元） | 法定月最低工资（上海）（元） | 法定月最低工资（成都）（元） | 城镇单位就业人员平均工资（元） |
|---|---|---|---|---|---|---|
| 2010 | 7605 | 1.99 | 1261 | 1120 | 580 | 3045 |
| 2011 | 8789 | 1.98 | 1450 | 1280 | 850 | 3483 |
| 2012 | 10353 | 1.95 | 1682 | 1450 | 1050 | 3897 |
| 2013 | 9895 | 1.95 | 1608 | 1620 | 1200 | 4290 |
| 2014 | 11219 | 1.95 | 1823 | 1820 | 1400 | 4697 |
| 2015 | 12230 | 1.95 | 1987 | 2020 | 1500 | 5169 |

资料来源：根据各年度《中国统计年鉴》以及人社部发布相关数据计算和整理。

### 四、最低工资增长与青年劳动力供给、地区失业率间的经验关联

最低工资变动的就业效应是劳动经济学经验研究的传统问题。然而，即使在新古典经济学的视域中，受劳动力市场结构特征的影响、政策实施监督力度的不同，乃至于数据样本和实证方法的差异，都使得最低工资的就业效应存在大量相反的经验结果。[1]

与既往研究一般将"最低工资标准"视为绝对的外生政策导入不同的是，在前述经济增长体制转变、劳动力供求结构及其议价能力变化的背景下，我们判断，最低工资的增长是顺应经济结构调整的合理演变，这一变化将有助于推动潜在劳动力供给，特别是保留工资相对更高的新生代农民工劳动力供给。同时，依照前文所述激进政治经济学和后凯恩斯主义经济学的观点，最低工资提升也是收入分配状况向普通劳动者倾斜的表现，如能带动工资驱动型增长体制的良性循环，就将对投资、就业与增长产生正面的影响。因而，我们分别关注最低工资对青年劳动力供给的直接效应，以及与地区间失业率

---

① 丁守海：《最低工资管制的就业效应分析——兼论〈劳动合同法〉的交互影响》，载于《中国社会科学》2010年第1期。

间可能的关联。

1. 最低工资对青年劳动力供给的直接效应

基于中国家庭金融调查（CHFS）2013 年的数据，关注 16～30 岁之间经济活动人口中受雇佣群体劳动参与的真实意愿，剔除学历为硕士及以上的样本①。表 2 提供了样本中青年劳动力的个人特征（平均年龄为 24 岁，42% 为农村户籍，就业率为 59%，劳动参与意愿 63.7%）、家庭特征，以及匹配的 80 个区县的地域特征②宏观变量的描述统计。

**表 2                16～30 岁青年样本特征变量描述统计**

| 变量名 | 平均值 | 标准差 | 变量名 | 平均值 | 标准差 |
|---|---|---|---|---|---|
| 微观变量 | | | 宏观变量 | | |
| 是否就业 | 0.594 | 0.491 | 2012 年月最低工资 | 962.5 | 193.6 |
| 去年劳动时间（小时） | 1981 | 1029 | 2012 年小时最低工资 | 8.960 | 1.726 |
| 劳动参与意愿 | 0.637 | 0.481 | 2012 年人均 GDP | 64009 | 67475 |
| 有劳动能力者劳动参与意愿 | 0.879 | 0.326 | 2012 年登记失业率 | 0.0441 | 0.0241 |
| 受雇佣的有劳动能力者劳动参与意愿 | 0.845 | 0.362 | 2012 年 CHFS 数据失业率 | 0.0565 | 0.0480 |
| 农村户籍 | 0.422 | 0.494 | 2012 人口自然增长率（‰） | 5.960 | 5.552 |
| 已婚 | 0.381 | 0.486 | 2012 年平均工资 | 46936 | 14928 |
| 男性 | 0.500 | 0 | 2012 年固定投资增长率 | 0.319 | 0.969 |
| 小学 | 0.0656 | 0.248 | 2012 年 GDP 增长率 | 9.870 | 8.803 |
| 初中 | 0.320 | 0.467 | 2012 年工资增长率 | 0.112 | 0.0672 |
| 高中及以上（不包括硕士及以上） | 0.589 | 0.492 | | | |

① 特别选择青年劳动力作为研究对象，是因为青年劳动力普遍进入劳动力市场时间较短，且受其劳动技能、工作经验等限制，收入和劳动供给尚具有不稳定性，最低工资对这一群体影响可能更大。同时排除这一年龄段中受最低工资直接影响可能较小的硕士及以上高学历群体，以及就业选择受限的在校学生群体。

② 由于 CHFS 调查以调查年份的前一年为对象，故使用《中国城市统计年鉴》（2012 年）数据进行匹配。

续表

| 变量名 | 平均值 | 标准差 | 变量名 | 平均值 | 标准差 |
|---|---|---|---|---|---|
| 年龄 | 23.50 | 4.072 | | | |
| 所在家庭有工作的人数 | 2.721 | 1.343 | | | |
| 所在家庭总人数 | 4.573 | 1.752 | | | |
| 0~6 岁人口数 | 0.653 | 0.888 | | | |
| 65 岁以上人口数 | 0.257 | 0.558 | | | |
| 所在家庭高等教育人数 | 0.376 | 0.677 | | | |
| 所在家庭净资产 | 656483 | 1.547e + 06 | | | |

采用式（1）所示的 Logit 模式，在控制个人和家庭特征影响的同时，考察最低工资对个人劳动力市场参与意愿的影响。

$$LFPR = \beta_0 + \beta_1 X_i + \beta_2 P_i + \beta_3 Q_i + \theta \ln(MW_j) + \epsilon \qquad (1)$$

其中，LFPR 表示劳动参与，为二元离散变量，$\ln(MW_j)$ 为所在地区 j 的最低工资标准对数，结合学界对我国劳动供给一般影响因素的研究，引入的控制变量个人特征 $X_i$ 包括年龄、受教育程度、户籍以及婚姻状况；家庭特征 $P_i$ 包括家庭总人数、0~6 岁人口数、65 岁以上人口数、家庭高等教育人口、有工作人数和净资产。同时，为避免最低工资对劳动供给的影响被地区间的差异覆盖，引入的地域特征 $Q_i$ 包括人口自然增长率、2012~2013 年当地工资增长率、CHFS2013 调查得出的地区失业率、GDP 增长率。表 3 对式（1）回归结果的总结显示，在逐步控制了个体、家庭、地域特征后，最低工资提升对青年劳动力的供给意愿存在显著的正向影响，并且回归系数以及标准误变化较小，表明结果的稳健性较高。

表 3 最低工资标准对 16~30 岁人群劳动意愿的影响（Logit 模型估计结果）

| 变量名 | 单因素 | 加入个体特征 | 加入家庭特征 | 加入地域特征 |
|---|---|---|---|---|
| 最低工资标准对数 | 0.13 ***<br>(0.03) | 0.07 *<br>(0.04) | 0.08 **<br>(0.04) | 0.08 **<br>(0.04) |

续表

| 变量名 | 单因素 | 加入个体特征 | 加入家庭特征 | 加入地域特征 |
|---|---|---|---|---|
| 个人特征 | — | 是 | 是 | 是 |
| 家庭特征 | — | — | 是 | 是 |
| 地域变量 | — | — | — | 是 |
| 准 $R^2$ | 0.0052 | 0.1158 | 0.2717 | 0.2719 |
| 样本量 | 3.038 | 3.038 | 2.952 | 2.934 |

注：本表回归系数已由边际效应的系数替代，括号中为标准差；＊＊＊、＊＊、＊分别表示在1%、5%及10%水平下显著。

上述实证结果与我们的预期一致，并且提供了重要的政策依据。在劳动力需求缺口扩大、潜在供给增长有限，且2008年以来劳动法规和社会保障体系一定程度提升劳动者议价能力，这一重大历史背景下，青年劳动力的保留工资增长，而原本过低的工资标准限制了其劳动力再生产的正常进行。根据国家统计局发布的"2016年农民工监测调查报告"，近年来由于青年劳动力供给的不足，农民工的平均年龄不断提升，但同时1980年及以后出生的新生代农民工已逐渐成为农民工的主体，占当年全国农民工总量的49.7%。以这一群体为观察对象，与上一代农民工相比，从职业技能来看，他们的受教育水平更高，更关注在城市的长期职业发展而不懂得农业生产，但是却往往以频繁的职业流动和"短工化"作为对工作环境、待遇不满的反抗[1]；从就业选择来看，他们的外出倾向更强，更愿意在大城市打工，在城市定居的意愿也更高，但主要受制于较低的收入和过高的住房成本；[2] 从身份认同来看，他们与新生代城市工人的职业生涯、消费特征区别缩小，由于参照系差异，他

---

[1]　据统计，2000年以后进入劳动力市场的农民工，其每份工作的平均持续时间为3.80年版，而2008年开始工作的农民工每份工作的平均持续时间却只有1.4年。从出生年份看，1981年和1991年出生的农民工，每份工作的平均持续时间分别为2.68年和0.93年。资料来源：汪建华：《新生代农民工的城市生活图景》，载于《文化纵横》2016年第3期。

[2]　国家统计局住户调查办公室：《新生代农民工的数量、结构和特点》，http：//www.stats.gov.cn/ztjc/ztfx/fxbg/201103/ t20110310_16148. html。

们对自身经济社会地位的认同甚至高于新生代城市工人;[①] 从行为模式来看,他们的消费倾向更高、反抗意识更强烈,集体行动更为频繁;[②] 从经济发展的历史背景来看,第一代农民工表现为资本积累进程中完全的剩余创造者,而新生代农民工在父、母辈创造的物质财富基础上,有了相对更大的职业选择与发展空间,经济增长结构的调整也推动他们从完全的生产者向消费者转变。从国家发展战略的角度看,早在 2010 年的中央一号文件,就将新生代农民工的市民化纳入了重要议事日程,并成为 2014 年以来新型城镇化的重要突破口,不仅因为这有助于推动青年劳动力供给,也将提供新常态下消费增长和专业分工深化的持续动力。因此,以提高最低工资标准为代表,改善低收入和青年就业者群体工资水平的举措,事实上成为了与市民化进程和增长战略转变相一致的必然选择;而下面的经验分析显示,当前最低工资的增长亦不足以威胁积累的正常进程并导致失业率提升。

2. 最低工资标准与地区失业率的关联

基于 2010~2013 年四年间《中国城市统计年鉴》的数据,考察 252 个地级市最低工资、人均 GDP、失业率、人口自然增长率、固定投资增长率、各产业增长率及占比等宏观数据,构筑面板数据。

$$UR = \beta_0 + \beta_j Q_j + \theta \ln(MW_j) + Z_{jt} + \epsilon \qquad (2)$$

式(2)通过固定效应回归测量最低工资变动与失业率水平的关系。其中 UR 为失业率,$\ln(MW_j)$ 为所在地区 j 的最低工资标准对数,$Q_j$ 为控制变量,$Z_{jt}$ 为时间趋势变量。控制变量组包含经济指标变量和其他变量,其中经济指标变量包括 GDP 增长率、人均 GDP、外商投资、固定投资、房地产投资、第二产业比重、第三产业比重,以控制经济繁荣程度和产业结构对失业的影响;其他变量为人口自然增长率和平均工资水平[③]。

固定效应模型提供的经验结果显示(见表4):与认为最低工资提升导致

---

① 李培林、田丰:《中国新生代农民工:社会态度和行为选择》,载于《社会》2011 年第 3 期。

② 卢晖林、潘毅:《当代中国第二代农民工的身份认同、情感与集体行动》,载于《社会》2014 年第 4 期。

③ 人均 GDP、外商投资、固定投资、房地产投资、工业企业数和平均工资均进行取对数处理。

资本外移、对普通劳动力技术替代，从而失业增长的观点相悖，近年来月最低工资标准提升10%，失业率反而在原有水平上降低0.21%左右。尽管失业率的下降程度不高，但是这一结果在控制了GDP与投资增速、产业结构、人口自然增长率等因素后依然是显著的，表现出较强的稳健性。这意味着，高最低工资与较低失业率的组合不仅仅是因为某地的经济发展状况繁荣提供了更多就业岗位和更优厚的分配基础，上述结果同时验证了当前我国最低工资标准的提升，至少不会直接导致失业率增长，并且与前一个微观层次的实证结果相呼应，即高最低工资通过吸引普通劳动者供给意愿增强、配合农民工市民化的历史进程，稳定劳动力供给，扩大消费市场，进而可能带动投资增长和就业增加，形成一个良性循环体系。

表4　　　　最低工资标准对失业率的影响（固定效应模型估计结果）

| 变量名 | 单因素 | 加入经济指标 | 加入其他变量 |
|---|---|---|---|
| 月最低工资对数 | − 0.0284 ***<br>（0.00479） | − 0.0306 ***<br>（0.00476） | − 0.0199 ***<br>（0.00472） |
| 经济水平变量 | — | 是 | 是 |
| 其他变量 | — | — | 是 |
| 时间趋势 | 是 | 是 | 是 |
| 常数项 | 0.249 ***<br>（0.0316） | 0.426 ***<br>（0.0983） | 0.407 ***<br>（0.124） |
| 样本数 | 1006 | 999 | 993 |
| 拟合优度 | 0.099 | 0.113 | 0.088 |

注：括号中为标准差；*** 、** 、* 分别表示在15%及10%水平下显著。

## 五、结论与启示

学者瓦尔德曼曾在一篇关于最低工资的综述文章中提出，最低工资增长带来失业提升的"正统"观点事实上一直遭受着理论和实证研究的挑战，但却给决策者和公众制造了根深蒂固的直观印象。其中关键的原因在于：主流经济学研究"反劳工"和"亲资本"的意识形态在 20 世纪 80 年代以后愈加盛行，反对一切市场干预的有效性，且对于所谓"效率"的关注远大于对人的生存状况和民主的关注。① 在最近关于"不平等"问题的研究中，也有学者提出不仅是经济学导论课程让简单的劳动力市场供求模型深入人心，高度依赖廉价劳动力的行业作为既得利益群体一直试图让最低工资保持在低水平，如果最低工资上涨后劳动密集型行业的失业率没有增长，意味着这些企业一直在享受低工资带来的"超额利润"。②

回归马克思主义经济学的视角，劳动力商品的特殊性意味着最低工资标准不仅是一种对于劳动力再生产的保护机制，也是劳资间相对权力关系制度化的表现，工人的存在不仅是作为剩余的创造者，也是消费增长与创新升级的源泉。最低工资提升标示着的劳动力再生产环境改善与劳资间的妥协，亦可能带动生产与消费更合理的对接，助推就业增长，表现为资本积累体制的重构。

在当前中国改革的时点上，最低工资标准提升与农民工市民化进程中劳动力再生产成本的变化、刘易斯转折点背景下劳动力供求结构改变以及公共政策保护性增强相关联；并且当前最低工资较快的提升是对过去过低标准的补课，尚没有达到国际上一般的最低工资制定标准。当然，由于最低工资标准在各地区执行力度的差异，企业可能通过加班来弥补月最低工资上涨造成的收益损失，以及登记失业率可能存在对真实失业情况的低估，本文经验结果的稳健性有必要随调查数据升级进一步检验，但还是为我们提供了以下重要的政策启示：

首先，面对传统人口红利消失、新生代农民工市场力量和行为模式的变化，普通劳动力成本提升是经济新常态下的常态趋势。顺应经济与社会发展的现实推力，合理提升最低工资标准，并保证其严格落实，是挖掘潜在劳动

① Levin - Waldman, Oren M. "Why the Minimum Wage Orthodoxy Reigns Supreme", Challenge Vol. 58, No. 1, 2015: 29 - 50.

② Kwak J. "*Economism: Bad Economics and the Rise of Inequality*". New York: Pantheon Books, 2017.

力供给的基本需要。

其次，尽管最低工资提升及其带动的平均工资增长拉高了企业运营成本，但是目前并没有充分的证据显示，企业可以普遍地通过劳动替代型技术及资本外移，提升失业率水平。反倒是全球性的生产相对过剩和海外市场萎缩，提示经济增长体制进一步发掘内部市场的分工深化与创新动力，这又与推动普通劳动者增收和推动农民工市民化的进程具有一致性。

综上，当前中国经济体的内生变化使得最低工资标准提升势不可挡，而上述变动对劳动力供给和就业市场产生的正向影响，将助推新常态下中国经济增长的动力机制进一步向工资驱动型增长转变。

（原文发表于《当代经济研究》2018 年第 7 期）

# 关于马克思的工资理论与我国制造业比较优势可持续性的思考

## 一、问题的提出：比较优势原理的一个隐含假定

比较优势原理是国际贸易理论的一大支柱。本义是指如果一个国家在本国生产一种产品的机会成本低于在其他国家生产该产品的机会成本，则这个国家在生产该种产品上就拥有比较优势。从这一原理出发，当前中国人力资源丰富，劳动力成本相对于发达国家而言很低，因此在制造业特别是劳动密集型制造业领域拥有较为明显的比较优势，事实也正是如此。然而，比较优势原理的存在却有一个隐含的假定：生产要素在经济发展的动态过程中必须得到必要的补充。劳动要素是在任何生产方式下从事任何产业都不可或缺的生产要素，在制造业的发展过程中，劳动要素的地位显得更加重要。一旦劳动要素的供给出现了相对减少，那么比较优势的作用将被削弱。出现上述情况，部分地是由于制造业生产规模将由此缩小，挤压制造业利润的绝对空间；部分地是由于劳动要素的价格将受供求关系影响上涨，挤压制造业利润的相对空间，甚至还有可能出现劳动要素供给中断这种极端的情形，此时比较优势将不复存在。劳动要素供给的减少，既可以在数量上体现为劳动力数量较之于延续比较优势所必须的劳动力数量的相对减少，又可以在质量上体现为劳动力素质的下降。因此，我国制造业的比较优势要想持续发挥下去，前提就是劳动要素从质和量上自始至终都能得到必要的补充。其实，这一前提正是马克思工资理论中劳动力实现再生产的必要条件。马克思在区分了劳动与

---

* 肖潇（1986－），男，北京大学马克思主义学院政治经济学专业博士生。

劳动力两个概念的基础上认为，"工资只是人们通常称之为劳动价格的劳动力价格的特种名称"①，本质就是劳动力的价值或价格。虽然在市场经济条件下，工资代表了劳动要素的价格，但是，从劳动价值论出发。工资并不是由劳动力市场的供给和需求决定的。劳动力作为商品的一种，"同任何其他商品的价值一样，劳动力的价值也是由生产从而再生产这种独特物品所必要的劳动时间决定的。就劳动力代表价值来说，它本身只代表在它身上对象化的一定量的社会平均劳动"②。而且，劳动力又是一种极其特殊的商品。虽然"和其他任何商品的价值一样，它的价值在它进入流通以前就已确定"③，但是"劳动力只是作为活的个人的能力而存在。因此，劳动力的生产要以活的个人的存在为前提。假设个人已经存在，劳动力的生产就是这个个人本身的再生产或维持。活的个人维持自己，需要有一定量的生产资料"④。因此，劳动力商品的特殊性决定了"劳动力的价值，就是维持劳动力占有者所必要的生活资料的价值"。⑤ 劳动力商品的特殊性还在于劳动力的价值有一个最低限度或最小限度，即"劳动力的承担者即人每天得不到就不能更新他的生命过程的那个商品量的价值，也就是维持身体所必不可少的生活资料的价值"⑥。如果劳动力的价值，也即工资降到这个最低限度或最小限度以下，劳动者的最低生活水平就无法得到保障，"劳动力就只能在萎缩的状态下维持和发挥"。从马克思关于工资的论述中不难发现，为了保证制造业劳动力的再生产，制造业的工资至少要达到某个特定的水平。

## 二、我国制造业工资水平的变动趋势及现状

在当前的国际分工体系下，中国的制造业在改革开放之后特别是加入世界贸易组织的十年间快速发展，根据中国统计年鉴的历年数据，制造业的增

---

① 《马克思恩格斯文集》第 5 卷，人民出版社 2009 年版，第 714 页。
② 《马克思恩格斯文集》第 5 卷，人民出版社 2009 年版，第 198 页。
③ 《马克思恩格斯文集》第 5 卷，人民出版社 2009 年版，第 202 页。
④ 《马克思恩格斯文集》第 5 卷，人民出版社 2009 年版，第 198 ~ 199 页。
⑤ 《马克思恩格斯文集》第 5 卷，人民出版社 2009 年版，第 199 页。
⑥ 《马克思恩格斯文集》第 5 卷，人民出版社 2009 年版，第 201 页。

加值由 1990 年的 6858 亿元增长到 2009 年的 110118.5 亿元，19 年间增长了 15.06 倍；从事制造业的法人单位数由 1996 年的 125.63 万个增加到 2010 年的 209.84 万个，14 年间增长了 67.03%；制造业产品出口额由 1980 年的 90.05 亿美元上升到 2010 年的 14960.69 亿美元，30 年间增长了 165.14 倍；制造业产品出口额占货物贸易出口总额的比重由 1980 年的 50.30% 上升到 2010 年的 94.82%；制造业的就业人数在 2010 年达到 3637.2 万人，这些使中国成为了名副其实的世界制造业大国。① 然而，从我国制造业工资水平的绝对和相对变动趋势来看，制造业工资的平均增速不仅落后于城镇就业人员平均工资增速，制造业工资水平与城镇就业人员人均工资之间的差距也基本上在逐年拉大。1980 年我国制造业人均工资为 752 元，当年城镇就业人员人均工资为 762 元；2010 年我国制造业人均工资为 30916 元，当年城镇就业人员人均工资为 36539 元。在这 30 年间制造业人均工资增长了 40.11 倍，而城镇就业人员人均工资在同期增长了 46.95 倍；制造业人均工资平均每年增长 13.09%，而城镇就业人员人均工资平均增长 13.69%，比前者高出 0.6 个百分点；制造业人均工资占城镇就业人员人均工资的比重由 1980 年的 98.69% 下降到 2010 年的 84.61%。如果将其与同期我国制造业的比较优势相联系，则不难发现其中有较为明显的相关关系。国际上通常用显示比较优势指数（RCA）来测量制造业比较优势强度的大小，显示比较优势指数越高，则代表国际竞争力越强。② 如果将 1980～2010 年中有统计资料的 27 个年度制造业人均工资占城镇就业人员人均工资比重与当年制造业显示比较优势指数组合做成散点图（见图 1），则可以呈现出二者具有较为明显的负相关关系，制造业显示比较优势指数越高，制造业人均工资占城镇就业人员人均工资比重越低。

---

① 文章中的数据来源如未作特殊说明，均来自历年《中国统计年鉴》：http：//www. stats, gov. cn/tjsj/qtsj/gjsj/。

② 制造业显示比较优势指数（RCA）的测算方法为：RCA，资料来源：程承坪、张旭、程莉：《工资增长对中国制造业国际竞争力的影响研究——基于中国 1980～2008 年数据的实证分析》，载于《中国软科学》2012 年第 4 期，并按照中国统计年鉴最新数据进行修正后递补 2009 年、2010 年数据，其中 2010 年数据为假定世界制造业产品出口规模维持 2009 年水平估算得出。

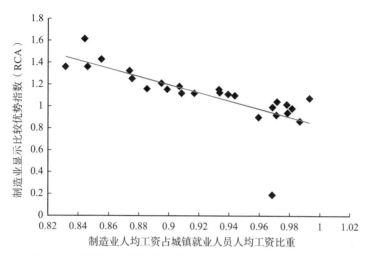

**图1　制造业显示比较优势指数（RCA）与制造业人均工资占城镇就业人员人均工资比重组合散点图**

特别地，制造业人均工资占城镇就业人员人均工资比重每降低1个百分点，制造业显示比较优势指数上升0.037。① 如果从制造业工资的总量上进行考察，1990年我国制造业增加值为6858亿元，制造业工资总额为1089.3亿元；2010年我国制造业增加值估计约为129596.4亿元，制造业工资总额为11140.8亿元。20年间，制造业增加值增长了17.90倍，而制造业工资总额仅增长了9.23倍；制造业增加值年均增速为15.52%，而制造业工资总额年均增速为11.75%，低于前者3.77个百分点。而同期我国就业人员工资总额由2951.1亿元上升到47269.9亿元，增长了15.02倍，年均增速为14.51%。如以制造业工资总额占制造业增加值的比重代表制造业的分配率，以就业人员工资总额占GDP的比重近似代表国民经济整体分配率，则通过图2可以看出20年间制造业的分配率一直低于国民经济整体分配率，并且二者之间的差距在前15年逐年拉大，到2005年时，制造业的分配率比国民经济整体分配率低出4.58个百分点，这一趋势仅在2006年之后有所缩小。另外，从增长

---

① 如以制造业显示比较优势指数为被解释变量，制造业人均工资占城镇就业人员人均工资比重为解释变量进行线性回归，得到方程为：判定系数，斜率项t值为 −5.37。

速度来看，制造业人均工资的增长速度也与制造业的生产效率提升不相适应。如果粗略地以制造业全员劳动生产率代表制造业的生产效率，从图 3 中可以看出，从 1990 年到 2010 年的 21 个年份里，制造业全员劳动生产率的增速有 15 个年份高于制造业人均工资的增速。因此，我国制造业的工资水平尽管在绝对量上有了大幅提高，但是在相对量上却是不断减少，在增长速度上长期滞后。

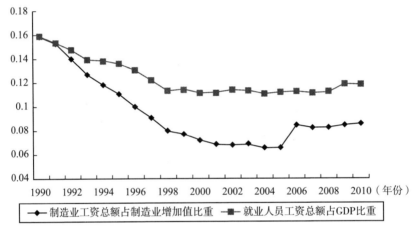

**图 2   制造业工资总额占制造业增加值比重与就业人员**
**工资总额占 GDP 比重变化趋势（1990～2010 年）**

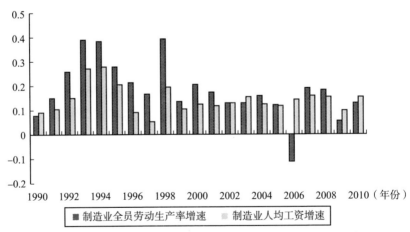

**图 3   制造业全员劳动生产率增速与人均工资增速比较（1990～2010 年）**

### 三、我国制造业劳动力的价值构成

马克思在明确工资的本质是劳动力的价值或价格之后，进一步地指出，"劳动力的价值，是由生产、发展、维持和延续劳动力所必需的生活必需品的价值决定的"①。首先，劳动过程中人的一定量的肌肉、神经、脑力等会有所耗费，这些耗费必须重新得到补偿，使其今后也能够以同样的精力和健康条件继续劳动。因此，劳动力的价值构成中首先包括维持劳动者自己所需要的各种生活资料的价值，而且，"生活资料的总和应当足以使劳动者个人能够在正常生活状况下维持自己"②。生活资料的数量和范围，"本身是历史的产物，因此多半取决于一个国家的文化水平，其中主要取决于自由工人阶级是在什么条件下形成的，从而它有哪些习惯和生活要求"，这其中同时也"包含着一个历史的和道德的因素"。其次，劳动者不仅要依靠工资来补充自身的消耗，还必须依靠工资来养育后代。因为生产过程的持续性要求劳动者作为一个活的个体永远延续下去，不断地再生产出工人本身，使得"因损耗和死亡而退出市场的劳动力，至少要不断由同样数目的新劳动力来补充。因此，生产劳动力所必要的生活资料的总和，包括工人的补充者即工人子女的生活资料"。③最后，要从事某项劳动，劳动者必须具备特定的素质和技能，因此必须要接受一定的教育和训练。因此，随着劳动力性质的复杂程度不同，某种程度的"教育费用——对于普通劳动力来说是微乎其微的——包括在生产劳动力所耗费的价值总和中"④。

但是，在当前的背景下，我国制造业劳动力的价值构成既有马克思所指的劳动力的价值构成的一般性，又有在经济体制、社会变迁以及传统道德文化影响之下极为特殊的几个方面。首先，我国制造业从业人员多半由"农民工"构成。也就是说，我国制造业领域的"工人"不是市场经济条件下完全意义上的产业工人，他们在社会上的主体身份仍是农民，户籍、家庭、养老

① 《马克思恩格斯文集》第 3 卷，人民出版社 2009 年版，第 56 页。
② 《马克思恩格斯文集》第 5 卷，人民出版社 2009 年版，第 199 页
③ 《马克思恩格斯文集》第 5 卷，人民出版社 2009 年版，第 199～200 页。
④ 《马克思恩格斯文集》第 5 卷，人民出版社 2009 年版，第 200 页。

等社会关系等都还在农村，主要的社会依托是农村的自家承包地。他们即使在完全失业的条件下，依然能够依靠回家务农养活自己。因此，制造业劳动力的价值不能低于劳动力来源地农业劳动力的价值。其次，我国的制造业从业人员还是一个具有全世界最高流动性的就业群体。一方面由于城乡二元体制造成了他们的工作地点与家庭所在地长期分离，在节假日期间为了与亲人团聚，就要付出一定甚至极高的旅行成本；而更主要的原因是在于他们不是工作所在城市的居民，没有城市居民权，无法享受城市人口的福利，即使在某些已经开始打破城乡二元体制的城市，他们也会因为高额的定居成本而无法生存，不得不四处流动。因此，从现代化与城市化伴随发展的大趋势看，制造业劳动力的价值构成应包括制造业从业人员定居城市的成本，主要是租房或买房的成本；即便是仅从短期来看，也至少应包括他们流动就业所产生的迁移成本。再者，由于工作所在地与家庭所在地的分离，使得许多正处于青壮年的制造业从业人员无法赡养老人和抚养子女。尽管近年来我国开始普遍实行新型农村社会养老保险制度，但是，我国传统的居家养老模式没有根本改变，而且当前绝大多数地区的农村养老金十分微薄，因此仍需要在制造业劳动力的价值构成中填补这一空缺。同样，制造业从业人员子女也多半无法随父母一同居住，产生了额外的抚养成本，即使有少数子女能够随父母一同前往城市生活，也会由于城乡生活水平的差异使正常的抚养成本提高，而且如果子女正处于义务教育阶段的话，抚养成本还会因此大大提高。此外，在现代化特别是经济社会转型的过程中，制造业从业人员在产业结构变迁的客观趋势下会不断产生跨行业甚至跨产业就业的内在要求，因此，面向他们的素质教育和职业发展教育比以往任何一个时期都重要。不仅如此，随着制造业从业人员队伍整体素质的提升，他们对于精神文化方面的需求也日益强烈。所以，在制造业劳动力的价值构成中，用于教育和精神文化方面的费用从绝对量和相对量上都应大大提高。

### 四、当前我国制造业中的劳动力萎缩问题

制造业劳动力在数量上的萎缩是相对而言的，表现为制造业用工缺口的

扩大。虽然近年来制造业的"用工荒"是在多重因素的影响下出现的,但工资水平的相对下降,逼近劳动力价值的最低限度却是根本原因。新古典经济学对"用工荒"现象的分析往往采用供给—需求的范式,指出制造业工资的提高是由劳动力供给减少、需求相对扩大引致的,然而正是这一分析范式掩盖了产生这一现象的根源。其实,伴随着制造业就业量的下降,制造业的货币工资的确是在上升,但实际工资却是下降了。根据一项最新调查显示,2011 年的 12 个月中,制造业仅有 5 个月的聘用量出现增长,整体聘用量全年呈下降趋势。在对 4 个重点行业的调查中,制造业劳务派遣人员的劳动报酬指数小于 100,剔除物价因素后,实际劳动报酬指数仅为 90.96,呈下降趋势。[①] 特别是在一些东部沿海地区,近年来物价上涨较快,在大中城市的生活成本急剧攀升,尽管制造业厂商提供的货币工资也有所上升,但依然无法弥补生活成本。因此,制造业的"用工荒"从这个意义上讲是"假性用工荒",是制造业就业量与工资水平的双重下降,而这一点是无法用供给—需求的分析范式进行解释的。从短期来看,由于我国制造业在国际分工的体系下处于产业链的最底端,产品大多附加值很低,或是仅仅从事简单的组装工序,在国际市场上的议价能力很弱;加之国内中小型制造业企业众多,技术研发十分落后,造成产品同质化严重,相互竞争非常激烈,使得本就极其微薄的利润变得更加难以维持,甚至不得不依靠把工资水平压低到劳动力价值以下来维持相对于国内同行的竞争优势,因此,改变制造业劳动力在数量上的萎缩,前景并不乐观。

2010 年发生的富士康"N 连跳"事件成为了近年来制造业劳动力质量上萎缩的真实写照。作为全球最大的电子产品制造企业,富士康集团连续 9 年成为中国大陆制造业位居第一的出口商,但是它在劳资关系的问题上却一直是饱受非议。凭借"相对较高"的工资,富士康从未遭遇"用工荒",但其对劳动力的掠夺性使用与流水线员工的工资相抵却是有过之而无不及。在富

---

① 李伯牙、宋斌:《制造业用工、薪酬双降珠三角现"假性用工荒"?》,载于《21 世纪经济报道》2012 年 4 月 10 日第 5 版。

士康，全员加班是家常便饭，员工如果不加班，每月仅能获得相当于法定的最低工资的底薪，因此大多数员工会"自愿"加班。而且富士康"自愿加班"的时间没有上限。根据调查显示，所有员工中每天工作10小时以下的只占19%，如果把每天工作时间换算成每月工作时间，则员工每月平均工作时间达260小时。而根据劳动法有关工作时间的规定，216小时大致可以作为每月工作时间的上限，以此为标准，富士康有85%的员工超时工作。如果把员工每月的工资收入与付出的总工时相比较，每小时的平均工资仅为7.06元。[①]而且，与长时间的劳动伴随的是不断提高的劳动强度。富士康的工作产量指标制定得极为苛刻，甚至在制定时就已将员工的加班时间计入在内，员工则只能被动接受并尽力完成，否则就要拖班完成。而且只要产量达到指标预期，指标就会被提升，据员工反映，在订单量大的时候，为按时完成订单，产量指标经常每天增加一次。[②]因此，员工的工资收入远远无法弥补在流水线上的体力消耗，尤其是超过特定劳动强度情形下的加速消耗。员工不仅要承受高强度、长时间的体力劳动，而且还要忍受精神上的痛苦和折磨。富士康集团采取所谓的"准军事化"管理，下级对上级必须绝对服从，生产过程中的每一个环节都有极其严格的惩罚性规定，员工稍有违犯，动辄就会遭到打骂和克扣工资。此外，员工被剥夺了一切业余文化生活，乃至于最基本的人际交往。由于工作时间过长，员工们每天相互之间的交流非常有限，甚至出现同住几个月相互之间仍不认识的现象。在人际关系疏离的状态下，工作上的压抑和精神上的苦闷缺少最基本的排泄渠道，很容易使心理压力转化为过激的举动，而员工接二连三地跳楼自杀正是他们在身体与精神上不堪忍受的集中爆发。

与劳动力在数量上和质量上萎缩有所不同的是，劳动力的潜在萎缩表现得不是那么明显，但也能够从侧面表现出来。2012年9月，教育部公布的仅

---

① 徐道稳：《生存境遇、心理压力与生活满意度——来自诛圳富士康员工的调查》，载于《中国人口科学》2010年第4期。

② 程平源、潘毅、沈承、孔伟：《囚在富士康——富士康准军事化工厂体制调查报告》，载于《青年研究》2011年第5期。

在义务教育阶段的"留守儿童"就已达 2200 万人。有很多"留守儿童"的父母一方或双方均在制造业企业中打工，而他们自己却长时间无法与父母团聚。而作为潜在的制造业劳动力来源，"留守儿童"群体的成长状况却着实令人担忧：一是亲情缺失的问题无法解决。调查发现"留守儿童"中 33% 的父亲、25% 的母亲外出 5 年以上，而且多数是在外省打工，打电话成为留守儿童与在外父母联系的唯一方式，甚至有约 2% 的父母与孩子常年无联系。① 由于长期与父母分离，儿童在面对自身变化、学习压力、人际交往等问题时，缺少父母的关怀，很容易对他们的心理健康和人格发展造成影响。二是监护缺位的问题极其严重。大部分"留守儿童"由祖父母代为监护，而老一辈由于身体条件和文化水平上的制约，对孩子往往无法周到照顾，更无法监督孩子的学业，特别是对于低龄儿童普遍缺乏科学喂养。三是学校教育与管理长期滞后。由于家庭监护的缺位，更多的责任被转嫁给学校，但学校又由于教育和专业资源匮乏，面对"留守儿童"的特殊需求时常常是有心无力。从目前来看，对于"留守儿童"进行较好管护的措施是在义务教育阶段实行寄宿制，即将他们统一安排在学校住读，但大部分农村中小学缺乏寄宿条件，即使是有寄宿条件的学校，条件一般也都较差。在这些因素的作用下，"留守儿童"从心智、身体到学业各方面都会受到不同程度的影响，而如果任由现在的状况发展，必然会制约日后制造业劳动力整体素质改进与生产率的提升。

　　总而言之，制造业的比较优势为我国改革开放之后特别是近 20 年来经济总量的快速增长奠定了基础，但只要这个比较优势是依靠制造业劳动力的萎缩换取的，那么它必定是不可持续的，以此获得的经济增长也背离以人为本的发展理念。但是，为了实现产业结构升级，我国在今后相当长的时间内仍需要依靠制造业比较优势进行积累，至少是短时间内无法立即摆脱对国外市场的依赖。此外，目前中国尚有 50.1% 的农村人口和 36.7% 的农业从业人口，有充足的劳动力储备，城市化和农业剩余劳动力的转移进程仍将持续，人力资源的禀赋优势决定了我国必须把制造业定位为支柱产业。因而，解决

---

① 全国妇联：《全国农村留守儿童状况调查报告（节选）》，载于《中国妇运》2008 年第 6 期。

制造业劳动力萎缩的问题迫在眉睫。笔者认为，当前最直接的手段就是提高制造业从业人员的工资收入，不仅要提高绝对量，也要提高相对量，遏止制造业人均工资与城镇就业人员人均工资差距逐渐拉大的态势。党的十八大报告提出的"要努力实现居民收入增长与经济发展同步、劳动报酬增长和劳动生产率提高同步，提高居民收入在国民收入分配中的比重，提高劳动报酬在初次分配中的比重"[1] 的分配原则在制造业中更应得到落实。其次，尽管与新兴工业化和转轨国家相比，我国制造业人工成本优势仍比较明显，2010 年，我国以美元计价的制造业城镇非私营单位职工小时工资率约为 2 美元，城镇私营单位职工小时工资率仅为 1.3 美元，[2] 当前制造业工资水平的提升理论上具有很大的空间，但由于我国在国际产业链中的被动地位，使得工资水平的提升会挤压出口企业的正常利润，因此在提高工资的同时必须给制造业企业尤其是中小型出口企业减税，达到劳资两利。最后，从长远看，一方面必须依靠科技发展提升制造业产品的技术含量，从而增加出口商品的附加值，为工资收入的进一步上升创造基本条件；另一方面也要注重制造业从业人员的全面发展，通过普及素质教育和职业发展教育，并开展丰富多彩文化生活，充实他们的精神世界。

（原文发表于《山东社会科学》2013 年第 10 期）

---

① 胡锦涛：《坚定不移沿着中国特色社会主义道路前进为全面建成小康社会而奋斗——在中国共产党第十八次全国代表大会上的报告》，人民出版社 2012 年版。

② 王宏：《制造业工资水平及其增长的最新国际比较》，载于《中国劳动保障报》2012 年 11 月 14 日第 3 版。

# 第三编　工资理论的比较与论争

# 工资理论比较研究

胡若南　　陈叶盛[*]

　　"只有当生产资料和生活资料的所有者在市场上找到出卖自己劳动力的自由工人的时候，资本才产生；而单是这一历史条件就包含着一部世界史"[①]。雇佣劳动以及工资的出现是货币、生产资料和生活资料转化为资本的关键，马克思主义政治经济学从分析商品开始，但将劳动力商品、工资作为资本主义生产方式的历史起点。在主流经济学中，可以与资本相互替代的劳动要素投入由工资水平决定，而且给定工资及失业率就可以推算通货膨胀等宏观经济变量。很多宏观经济模型可以没有资本，但通常都少不了工资和失业率，这从一个侧面反映了主流经济学对劳动在价值创造中的主体地位的认同。工资关系到广大雇佣劳动者的切身利益，但又不仅仅是一个收入分配的范畴，还与生产、交换和消费诸环节密切相关，并直接影响到社会再生产过程、宏观经济发展速度及结构比例、失业率与通货膨胀，成为当今政府立法和宏观调控的关注重点。因此，对工资理论进行比较研究，有助于加深我们对社会经济规律和资本主义生产方式的认识与理解，具有重大的理论和现实意义。

## 一、马克思主义的工资理论

　　马克思发展和完善了英国古典政治经济学的劳动价值理论，阐明劳动是惟一的价值源泉，只有劳动才是我们在任何时候都能够用来估计和比较各种商品价值的最后的和现实的惟一尺度；商品的价值是凝结在商品中的一般的

---

　　* 胡若南（1975－），男，中国人民大学经济学院博士研究生，主要从事资本论研究。陈叶盛（1980－），女，中国人民大学经济学院博士研究生，主要从事经济思想史研究。
　　① 《资本论》第1卷，人民出版社1975年版。

无差别的抽象劳动，商品的价值由生产商品的社会必要劳动时间决定，从而创立了以劳动价值论为基础的工资学说。马克思在早期著作《神圣家族》、《雇佣劳动与资本》、《共产党宣言》、《工资、价格和利润》中初步论述了工资。在随后发表的《资本论》第 1 卷中，不仅有专门的一篇研究工资理论，而且工资、劳动力价值/价格、可变资本及其相关范畴、相对过剩人口、工人收入、生活资料、工人消费等贯穿于整个《资本论》三卷本。在《剩余价值论》中，马克思还对相关的工资理论进行了分析和批判。在马克思主义政治经济学体系中，工资不仅是一个收入分配的范畴，还与生产、交换、消费密切相关，并直接影响到社会再生产、资本积累和资本的总过程，是理解和把握马克思主义政治经济学的关键。对工资相关理论进行梳理和总结，有助于加深对马克思理论的总体认识。

### 1. 工资的本质

古典政治经济学首先在价值的基础上对工资进行了分析，认为工资由独立于供求关系之外的因素即维持工人及后代所必需的生活资料的价值决定。威廉·配第考察英国法律对工资最高额的限制，将工资和生活资料的价值联系起来，"法律应该使劳动者只能得到适当的生活资料"[1]，平均工资是由劳动者"为了生活、劳动和延续后代"所必需的东西决定的。杜尔阁进一步分析了雇佣劳动出现的前提条件——劳动条件必须同劳动能力分离，"工人的工资，由于工人们相互间的竞争，只限于他的生活资料"[2]。亚当·斯密将平均工资称为工资的自然价格，工资必须足够维持工人生活，甚至"还得稍稍超过足够维持生活的程度，否则劳动者就不能赡养家室而传宗接代了"[3]。

马克思继承古典政治经济学研究成果，于 1844 年在《神圣家族》中论述了工资与利润的对立关系，1847 年在《雇佣劳动与资本》中阐明工资乃是一定商品——劳动力的价格，是维持工人生存和延续工人后代的费用。1848 年在《共产党宣言》中，工人变成了机器的单纯附属品，工资即工人为维持其

---

[1] 威廉·配第：《赋税论、献给英明人士、货币略论》，商务印书馆 1978 年版。
[2] 杜尔阁：《关于财富的形成和分配的考察》，商务印书馆 1961 年版。
[3] 斯密：《国民财富的性质和原因的研究》，商务印书馆 1972 年版。

生活所必需的生活资料的数额。1865 年在《工资、价格和利润》中明确区分了劳动力与劳动，工人所出卖的不直接是他的劳动，而是他暂时转让给资本家支配的他的劳动力，劳动力的价值是由生产、发展、维持和延续劳动力所必需的生活资料的价值来决定的，工资在长期内与劳动力价值相适应，工人每天劳动创造的价值超过劳动力价值的部分构成剩余价值或利润的基础。

在《资本论》第 1 卷中，马克思进一步从"资本是一种生产关系"的角度阐释了工资，认为劳动力是一种使用价值大于价值的特殊商品，劳动力的使用价值——劳动是价值创造的源泉，而其价值"同任何其他商品的价值一样，劳动力的价值也是由生产从而再生产这种特殊物品所必需的劳动时间决定的"，但"和其他商品不同，劳动力的价值规定包含着一个历史的和道德的因素"①。工资是劳动力价值或价格的转化形式，它围绕劳动力价值上下波动。在劳动过程中，工人转移生产资料的价值，并创造新价值加入产品中；在资本主义生产关系条件下，工人获得工资，劳动产品归资本家所有；工人每天创造的新价值超过其劳动力价值的部分为资本家无偿占有，而工资采取计时工资和计件工资的形式，使得工资表现为全部劳动的报酬，掩盖了工资背后隐藏的剥削关系。

2. 相对过剩人口与资本积累

在资本主义条件下，工资的变动受剩余价值生产和资本积累的双重影响，"决定工资的一般变动的，不是工人人口绝对量的变动"，而"是过剩人口相对量的增减，是过剩人口时而被吸收，时而又被游离的程度"②。相对过剩人口甚至成为资本主义生产方式存在的一个条件，工人人口本身在生产出资本积累的同时，也以日益扩大的规模生产出使他们自身成为相对过剩人口的手段。这就是资本主义生产方式所特有的人口规律，过剩人口同不存在的生产资料绝对量根本没有关系，而是同再生产的条件，同这些生存资料的生产条件有关，而这种生产条件同样也包括人的再生产条件，包括整个人口的再生

---

① ② 《资本论》第 1 卷，人民出版社 1975 年版。

产条件，包括相对过剩人口的再生产条件。

一个国家的资本主义生产方式越发展，这个国家的相对过剩人口就表现得越明显，从而造成可供支配的或失业的雇佣工人价格低廉和数量众多，出现了以相对过剩人口为基础的新的生产部门，其工资低于平均水平。

3. 工资与社会再生产的关系

在社会再生产过程中，可变资本在这里具备了双重职能，资本家把货币转化为活的劳动力，工人出卖自身的劳动力商品，获得货币工资，用于购买生活资料，维持其劳动力以便重新出卖。工资在资本家手中执行资本职能时，是商品价值的组成部分；在工人手中执行收入职能时，则是生活资料价值实现的重要手段。

而在扩大再生产条件下，积累的货币资本转化为可变资本还需要具备两个条件：其一，劳动后备军的存在，有失业工人随时可以雇佣；其二，必须有相应的消费资料，工人可以再生产自身的劳动力商品。工资、可变资本在社会再生产过程中不单纯是一个生产、收入或消费的概念，而且成为连接生产与消费、价值实现与实物替换的关键环节。

4. 工资与剩余价值、利润的关系

在工作日价值产品不变的条件下，工资和剩余价值是一种对立关系。工人工资减少，工作日中用于补偿劳动力价值的必要劳动时间缩短，剩余劳动时间延长，工人创造的剩余价值增多。

用于购买劳动力、支付工人工资的可变资本在生产过程中改变自己的价值，是剩余价值产生的源泉。资本家可以通过延长工作日、提高劳动强度、将工资压低到劳动力价值以下，降低劳动力商品价值的手段获取更多的剩余价值，也可以通过加速资本周转，以等量资本推动更多的劳动，从而获取更大的剩余价值。

在价值向生产价格转化的条件下，可变资本构成商品成本价格的重要组成部分，工资涨落对不同资本构成的商品的生产价格有不同的影响，工资下降导致剩余价值、剩余价值率和利润、利润率的提高，但剩余价值在不同资本构成的商品生产者之间进行了重新分配。

　　资本积累导致资本有机构成有不断提高的趋势，导致平均利润率有下降的趋势，同时相对过剩资本和相对过剩人口被资本周转期较长的部门如铁路建设吸收，可能导致工资的普遍上涨。

　　资本不是物，而是属于一定社会历史形态的生产关系，雇佣劳动和土地所有权也是历史规定的社会形式；一个是劳动的社会形式，另一个是被垄断的土地的社会形式。"一般剩余劳动，作为超过一定的需要量的劳动，必须始终存在"①，只不过它在资本主义制度下，转化为利润和地租，从价值形态上，作为生产者的产品而又与生产者相对立。

　　5. 孟德尔对工资的概括

　　孟德尔将马克思的工资理论称作"资本积累的工资理论"②，从资本积累的角度分析了工资长期运动规律。资本积累会使包括在劳动力再生产费用之内的消费品价值下降，在其他因素不变的情况下降低劳动力的价值，表现为实际工资的稳定。同时，使以前不包括在劳动力再生产费用之内的消费品价值的下降和产量的增加，包括到工人的最低生活水平中去，扩大劳动力价值的道义和历史方面的组成部分。如果劳动力的长期结构性供应不大大超过需求，资本积累将有利于劳动力价值的增长，但不能够上升到把作为资本积累源泉的剩余价值完全占去的水平。资本积累意味着对工人剥削的强化，使劳动力的再生产需要更高水平的消费，从而提高了劳动力的价值。

　　以资本主义生产关系为基础的资本主义分配关系不断地再生产出这些生产关系，还在分配领域和生产领域再生产出工人阶级斗争和阶级团结的物质基础。单个工人没有他所能依靠的经济资源，为提高工资，工人必须集体地组织劳动力的出卖——即工会化和劳资谈判，成为雇佣劳动制度下强有力的内在趋势，同时在整个经济的层次上调节实际工资波动并形成限制失业的基本政策。

　　6. 森岛通夫对工资及失业的数理分析

　　森岛通夫根据马克思关于劳动过程的分析，给出资本品、生活资料或奢

---

　　①　《资本论》第3卷，人民出版社1975年版。

　　②　孟德尔：《〈资本论〉新英译本导言》，中共中央党校出版社1991年版。

侈品的价值决定公式①，即商品的价值等于其消耗的劳动资料价值的转移加上劳动创造的新价值。

在对剩余价值和剥削的分析中，森岛通夫区分了劳动与劳动力，将工作日划分为必要劳动时间和剩余劳动时间：在资本主义生产方式下，必要劳动始终只能是工人的工作日的一部分，因此，工作日决不会缩短到这个最低限度。可是工作日有一个最高界限，它不能延长到超出一定的界限。在这里，必要劳动时间由劳动力商品的价值确定，等于生活资料的价值和对应生活资料份额的乘积。

森岛通夫由扩大再生产模型展开对相对过剩人口的分析，如果第Ⅰ、第Ⅱ部类比例保持不变，则整个社会的平均资本有机构成不变，对劳动的需求和工人的生存基金显然按照资本增长的比例而增长，而且资本增长得越快，它们也增长得越快。通过对资本扩大再生产条件下资本增长率和劳动需求增长率的比较，森岛通夫同意马克思的资本构成不变、对劳动力的需求随积累的增长而增长的观点。

## 二、主流经济学的工资理论

### 1. 新古典经济学的工资理论

克拉克从厂商利润最大化导出劳动力的边际生产率等于实际工资水平的论断；马歇尔的均衡工资论则包含了市场供给和需求的分析，他认为对劳动力的需求取决于消费、投资、政府购买、资本折旧以及利率决定的国民收入水平（IS—LM 模型）。

由新古典国民经济决定模型可知：财政政策和货币政策对实际工资率和就业水平没有影响，但随着总资本存量的增加，实际工资率和就业水平都会增加。

### 2. 凯恩斯主义的工资理论

凯恩斯对消费函数进行了深入分析，认为收入的绝对水平决定了消费，

---

① Michio Morishima. "*Marx's Economics: A Dual Theory of Value and Growth*". London: Cambridge University Press.

消费函数主要依赖于可支配收入。在未来不确定的情况下，价格变量（包括工资）呈刚性，当市场供求不均衡时，价格变量（包括工资）不会作出相应调整，而只有数量变化。在有效需求不足的情况下，短期内价格水平和名义工资水平均保持不变，实际工资水平也保持不变，劳动力的有效需求减少，出现非自愿失业。

一般而言，在公开市场操作的前提下，政府支出增加，导致就业水平增加；货币供应增加，使就业水平提高；当名义工资率增加时，在资本存量不变的前提下，就业水平降低。

在 LM 曲线的"古典区域"，积极财政政策仅能提高利率，而就业水平基本维持不变；在 LM 曲线的"流动性陷阱"中，货币政策对增进就业无效。

3. 货币主义的工资理论

弗里德曼和菲尔普斯认为，存在某种由真实而非名义因素决定的"正常的"或"自然的"失业率，货币政策不能永久性地解决失业问题。

如果对通胀率的预期稳定，则产出水平与通货膨胀变动之间存在替代性，为使通货膨胀保持在任何水平上，产出水平必须使失业率等于自然失业率。一旦失业率低于自然率的范围，通货膨胀就开始"爬行"。

4. 效率工资模型

夏皮罗和斯蒂格里茨建立了效率工资模型，企业支付高工资提高工人努力程度，同时使偷懒面临失业的惩罚，造成部分工人高薪就业而另一部分工人非自愿性失业，博弈的结果使工资水平和失业率处于均衡状态。

厂商选择适当的工资水平，使效率工资随努力成本、重新就业率、工作中止率及贴现率递增，随偷懒被查处的概率递减。充分就业条件下，劳动的边际产品等于效率工资，大于工人的努力成本，社会总福利增加。

## 三、工资理论的评价与比较

1. 理论分析基础

主流经济学以效用、边际和均衡分析为基础，在厂商理论方面，以利润最大化为目标，导出要素投入的均衡条件：要素的边际生产率等于要素的价格。在给定资本存量的条件下，厂商对于劳动力的需求使得劳动力的边际生产率等于实际的工资水平。由于劳动的边际生产率递减，呈现一条向右下方倾斜的劳动力需求曲线。提高工资收入可以增加工人的消费，提高工人的效用水平，但增加工作时间，减少工人享受闲暇的时间，收入效应和替代效应的均衡决定劳动供给水平。在通常条件下，劳动力供给随工资的增加而增加，劳动力供给曲线向右上方倾斜。劳动力需求曲线与劳动力供给曲线或给定工资水平的交点即均衡条件下的就业量和工资水平。

马克思主义政治经济学以劳动价值理论为基础，认为劳动是价值创造的惟一源泉，商品的价值由生产商品的社会必要时间决定，商品依照其价值等价交换；生产商品的劳动的二重性决定商品的二因素，具体劳动创造商品的使用价值，抽象劳动形成商品的价值，使用价值是商品的自然属性，价值是商品的社会属性，商品依据其价值等价交换；价格是商品价值的货币表现形式，受供求关系的影响围绕价值上下波动。

主流经济学用想象中的生产函数关系代替了对价值、劳动过程的分析，用主观心理因素——效用替代了使用价值，用边际分析取代了逻辑归纳。用生产函数分析产品价值和要素投入，掩盖了价值创造的源泉，资本和劳动的要素投入在形式上可以完全替代；效用分析工资造成同等工资水平下的劳动供给因人而异，更从根本上否定了工资作为工人劳动力商品价值的本质属性；边际分析可以给出最优解，但不知道总量是否均衡，也不问条件可否实现。主流经济学的思路与方法存在一定的缺陷，但其数量化的分析方法仍值得马克思主义经济学学习和借鉴。

2. 工资水平的决定

主流经济学倾向于用市场供需与均衡分析法，从交换过程的角度来解释工资现象和波动。新古典模型认为工资水平可以根据市场供求状况任意波动，不存在非自愿失业，厂商根据劳动的边际价值产品决定工人的工资水平和雇佣数量。凯恩斯主义用工会、集体谈判和长期合同来解释工资刚性，认为工资与其他商品的价格一样，在短期内价格水平不会随宏观经济波动而发生变化，存在非自愿性失业。货币主义用通货膨胀和失业率的相互关系来解释自然失业率，将工资和失业现象归于产出水平与通货膨胀的预期等货币现象。效率工资模型则将工资解释为资本家与工人博弈的结果，不过揭示了由于就业工人提高劳动积极性造成其他工人的非自愿性失业。

马克思主义政治经济学则用劳动价值理论解释工资，认为在资本主义生产关系条件下，劳动力成为一种特殊商品，其使用价值——劳动是价值创造的源泉，其价值同其他商品一样，由生产和再生产劳动力商品的社会必要时间决定。马克思第一次明确区分了劳动力和劳动，指出工资是劳动力商品的价格表现形式，受市场竞争和供求关系影响围绕劳动力商品价值上下波动，工资不可能任意波动，仅仅由市场供求关系、价格刚性或者通货膨胀率决定，在一个较长的时间内来看，其必然表现为劳动力商品的价值。工资不是劳动的报酬，虽然计时工资和计件工资的形式使得工资表现为全部劳动的报酬，但这是根据社会平均工资水平除以工作日长度或劳动生产率得出每小时或每件产品的工资率。

3. 价值的创造与分配

主流经济学的生产函数理论将劳动力和资本视为同等的生产要素投入，两者按照一定的比例投入，创造国民收入。资本和劳动力都对最终的产品有贡献，两者在价值创造方面处于同等地位。要素的价格由其边际产品价值决定，工资等于劳动的边际产品价值，而与劳动的实际贡献无关。

马克思主义政治经济学认为劳动是价值创造的惟一源泉，生产资料将自身的价值原封不动地转移到产品中去，而劳动则创造新价值，在补偿其自身价值之外还形成一个增加值——剩余价值，为资本家无偿占有。工资只是由工人劳动创造的全部新价值的一部分，用于补偿劳动力商品价值的部分。

4. 工资与社会再生产的关系

主流经济学认为国民收入等于消费、投资、政府购买和资本折旧的总和，社会总产品需要通过上述途径得以实现，但没有区分产品的用途，也未对收入结构进行分析。它指出，工人的工资主要用于其劳动力商品再生产，受利率变动的影响较小；而资本家所获得的收入主要用于个人消费和资本积累，受利率变动影响较大，因而两者不能混为一谈。

在马克思主义社会再生产理论中，用于支付工人工资的不变资本具有双重性质，既是社会总产品价值的重要组成部分，又是社会总产品实现的手段。马克思将社会总产品分为生活资料和生产资料两大部类，为使社会再生产得以顺利进行，不仅需要在价值量上实现补偿，而且在产品结构上也要实现相互匹配，生活资料部分用于满足资本家和工人的个人消费，生产资料部分除替换原两大部类的生产资料折旧之外，还要满足资本积累、资本家对生产资料追加投入、扩大再生产的需要。与主流经济学的国民收入决定理论相比，马克思主义政治经济学的再生产理论不仅仅考虑社会产品价值总量的平衡，而且关注总产品的结构特征，是生产与消费、一次生产过程与再生产过程的统一。同时，工人的工资只用于购买生活资料，资本积累和生产资料的追加投入来源于资本家所获得的剩余价值，对两种不同性质的收入和消费也进行了明确的区分。

### 5. 人口规律

主流经济学用工资收入调节人口增长的观点来解释资本主义的人口规律。马尔萨斯曾断言人口的增殖比生活资料的增长要快，"人口的增加必然受生活资料的限制"[①]。根据"人口规律"，马尔萨斯认为工人的工资水平取决于人口数量，当劳动者人数超过市场需求，劳动价格随之下降，生活质量恶化，同时人口增长停滞，直到生活资料和人口恢复最初的比例。此时劳动者的境况会有所好转，人口所受到的抑制会有所放松。劳动者生活境况的恶化与好转就是这样周而复始地重演的。

在马克思资本积累理论中，资本有机构成有不断提高的趋势，对劳动的需求由可变资本决定，同总资本量相比，可变资本相对减少，其速度甚至超过总资本本身的增长速度，工人被迫成为失业人口，资本积累不断地并且同它的能力和规模成比例地生产出相对的、超过资本增殖的平均需要的因而是过剩的或追加的工人人口。

主流经济学的工资理论根据虚妄的"人口规律"，认为工人工资一旦超过

---

① 马尔萨斯：《人口原理》，商务印书馆 1992 年版。

必要的最低限度，就会引起人口增长，导致大规模失业，将工资重新压回到最低限度这种理论将人口作为一个整体考察，以此说明资本主义制度下工人阶级的贫困和失业，将资本主义生产方式所导致的相对过剩人口归结为由"人口规律"决定的绝对过剩人口。它仅仅考虑到劳动力供应方面的情况，而完全不考虑劳动力需求；以人口增长、失业周期性变化来解释工资运动规律；将资本主义制度下特有的人口规律看作一切社会形态、任何生产关系条件下普遍适用的人口规律。主流经济学的人口规律理论一方面客观反映了资本主义条件下，存在大量失业人口的社会现实；另一方面提醒人们关注物质世界的客观条件对人类经济和社会发展的制约。

## 四、结论

对于资本主义制度下的工资和失业问题，马克思主义经济学和西方主流经济学依据各自的理论基础，给出了不同的理论阐释。相比较而言，马克思主义经济学揭示了资本主义经济运动一般规律，实现了逻辑和历史的统一；在数理分析方面，西方主流经济学的方法值得学习和借鉴。

（原文发表于《云南社会科学》2007 年第 6 期）

# 马克思主义经济学与现代西方经济学
# 工资理论之比较

刘 晋*

工资作为社会财富分配的重要方面，关系雇佣劳动者的切身利益，是人类生存和发展下去的手段和基础。阐释马克思主义工资理论与现代西方经济学工资理论的内涵，并将两者在研究方法、价值基础等方面进行比较，对于深刻认识马克思主义工资理论、汲取现代西方经济学工资理论的合理内核、建立我国市场经济条件下的工资制度具有重大的现实意义。

## 一、马克思主义工资理论的主要逻辑意蕴

### 1. 关于工资本质的理论

马克思认为工资在本质上是劳动力的价值或价格的转化形式。他通过区分劳动和劳动力，科学地指出在资本家同工人的买卖关系中，工人出卖的是劳动力，而不是劳动。劳动力商品以其特殊的使用价值使得资本家在购买到劳动力之后，获得超过劳动力价值的价值，占有工人的无酬劳动。资本主义社会现实经济关系中工资形式的虚幻外观，使得工人得到的似乎是他的全部劳动所创造的价值，从而掩盖了有酬劳动和无酬劳动的区别，掩盖了资本增值的秘密。正如马克思所说："工资不是它表面上呈现的那种东西，不是劳动的价值或价格，而只是劳动力的价值或价格的隐蔽形式。"① 这种歪曲的表现形式对于资本主义生产方式"具有决定性的重要意义"，掩盖了真实的资本主义生产关系，造成了工人的自由幻觉及其与资本家相互平等的法的观念，成

---

* 刘晋（1987 - ），女，山东聊城人，博士研究生，从事马克思主义经济思想史研究。
① 《马克思恩格斯全集》第3卷，人民出版社1995年版，第310页。

为庸俗经济学的遁词①。

2. 关于工资标准的确定

在《资本论》中，马克思指出劳动力价值包括三个部分：维持劳动力所有者所必需的生活资料的价值、维持劳动力繁育后代所需的生活资料的费用以及劳动力的教育和训练费用。根据社会条件的变化，劳动力及其家庭成员所需生活资料在范围、质量和层次上都要作相应调整，使之分享技术进步和生产力发展带来的成果。工资作为必不可少的需要，"不仅要满足工人作为劳动力生存的需要，而且也要越来越多地满足工人作为一个'人'的需要，包括精神文化需要、社会交往需要、履行社会职能需要、自我发展需要等等"②。如果工资只是达到了生理要素所要求的生活必需品的水平，那么劳动力就没有实现它的全部价值。

工资在数量上由劳动力价值决定，同时还受劳动力市场的供求关系以及无产阶级和资产阶级斗争状况的影响。首先，马克思认为，劳动报酬忽而提高，忽而降低，是以劳动力商品的供求关系为转移的，当市场上劳动力供过于求时，工资水平下降；反之，则工资水平上升。无论工资怎样变化，都是以劳动力价值为中心波动的，劳动力价值是在这种波动中才得到实现的。其次，工人与资本家之间的斗争会影响工资水平的波动。工人和资本家共同分享雇佣劳动创造的新价值，一方分得的愈多，另一方分得的就愈少。无产阶级与资产阶级之间在经济利益上的根本对立，使得无产阶级为了维护自己生存的权利，必然要加强团结，为争取提高工资而进行斗争。但是雇佣劳动本身就是资本主义的产物，由资本积累决定的劳资之间阶级力量的对比构成了工资斗争的资本主义界限。

3. 工资与资本主义再生产的关系

在资本主义社会中，工人通过出卖自身劳动力所得到的工资购买生活资料，从而转变为劳动能力，而这种劳动能力又是资本增值过程所需要的。因

---

① 《资本论》第 1 卷，人民出版社 2004 年版。

② 李志远：《解读马克思关于资本主义工资决定的历史和道德因素》，载于《马克思主义与现实》2008 年第 3 期。

此，无论在生产过程以内乃至生产过程之外的工人个人消费，都是资本的附属物，都是资本主义再生产的一个条件。从社会生产过程来看，工资在资本家手中是作为可变资本存在的，是商品价值的组成部分，工资在社会再生产过程中不单单作为收入分配的一个因素在起作用，而是成为连接生产与消费、价值补偿与实物替换的关键环节，工人通过个人消费，实现了社会各生产部门的价值补偿和实物替换，保障社会再生产的总体运行。

4. 工资变动与资本积累的一般规律

资本积累的一般规律是劳动力工资水平受到限制的制度基础。资本的增长对工人阶级命运的影响，其"最重要的因素就是资本的构成和它在积累过程进行中所起的变化"①。

劳动价格永远只能在资本主义制度的基础不受侵犯、规模扩大的再生产得到保证的界限内提高。随着资本主义生产的发展，资本的逐利本性逐渐暴露。"一旦资本主义制度的一般基础奠定下来，在积累过程中就一定会出现一个时刻，那时社会劳动生产率的发展成为积累的最强有力的杠杆"。技术的发展和进步促使资本的有机构成不断提高，资本家为了提高劳动生产率，总是力求提高劳动的技术装备，而用于购买劳动力的可变资本相对减少，造成资本对劳动的相对需求以及这种需求的增长和预付资本量的增长比起来，以递增的速度减少。而另一方面，劳动力的供给却日益增多，大批工人找不到工作，形成相对过剩人口。相对过剩人口作为资本主义积累的一般规律发生作用的必然产物，反过来又成为资本主义生产方式存在的一个条件，伴随着资本主义生产的萧条与繁荣而相应膨胀或收缩。由于大量失业人口的存在，资本家借此压低在业工人的工资，加重对在业工人的剥削。

## 二、现代西方经济学工资理论的主要理论

学术界将 20 世纪 30 年代凯恩斯经济学产生之后的经济学称为现代经济学。现代西方经济学工资理论是在边际生产力工资理论和均衡价格工资理论

---

① 《资本论》第 1 卷，人民出版社 2004 年版。

等新古典经济学工资理论的基础上产生和发展起来的。经济学家们开始跳出了古典经济学所认定的"生存工资定价法则",突破了凯恩斯"工资刚性"理论,以图发展新的与现代生产方式相符的工资学说,使之对现实有更强的解释性。

1. 劳资谈判工资理论

19 世纪下半叶,工会组织在许多行业出现,作为一个重要的主体参与工资的决定。英国经济学家韦伯、庇古同美国的克拉克把集体交涉办法同工资的决定联系在一起,形成劳资谈判工资理论。

该理论认为,由于工会的作用,完全竞争的劳动力市场模型让位于非完全竞争的劳动力市场模型,工资由工会组织和资本家通过集体协议的方式来确定。工资的最终确定决定于工会和资本家双方在集体谈判中的力量对比。关于劳资谈判工资率的确定,庇古在其《福利经济学》中建立了一种短期工资决定模型,这一模型讨论了劳资双方赖以达成协议的工资上下限。关于工会组织及集体谈判能够影响工资的观点,需要注意的是,工资谈判本身只是一种形式、方法和手段,只能确定短期工资水平,工资水平的长期趋势还是要由生产率决定。劳资谈判决定工资,表面上双方力量对比的背后,实际上仍是经济因素在起作用,各方都受到经济因素的制约。

2. 分享经济理论

分享经济是一种将工人与雇主的利润联系起来的理论,主张以"分享基金"作为工人工资的来源,它与利润挂钩,工人与雇主在劳动力市场上达成的协议规定了双方在利润中分享的比例。

分享经济理论是经济学家马丁·魏茨曼在 1984 年提出的,他在其代表作《分享经济论》中,系统阐述了旨在解决资本主义社会滞涨问题的分享经济理论。他认为传统资本主义经济的根本弊端不在生产,而在于分配。他提出将工资制度改为分享制度,把固定工资改为和厂商某种经营状况的指标相联系,以雇主的利润为来源建立分享基金,分享的比例由工人和雇主双方协商确定,并把它作为工人工资的来源。利润增加,分享基金增加,工资提高;反之,工资就减少。由此,工资不再是刚性的,而是随着利润增减而变动。在分享工资制中，工人的报酬与工人的人数成反比，如果劳动的边际成本小于平均工资，它们就对劳动力有需求从而继续招聘员工。当总需求受到冲击时，雇主可以通过调整利润分享数额或比例来降低价格，扩大产量保证就业。因此，分享经济会产生一个较低的失业率，对于激励工人努力工作、提高劳动生产率有较大作用。

但是，"当经济回升、利润增长时，劳动成本随之上升，社会需求也会相应增加，由此是否会导致成本推动和需求拉动的混合型通货膨胀也有待进一步研究考证"[1]。

### 3. 效率工资理论

效率工资理论是新凯恩斯主义流派关于劳动力市场理论的重要组成部分，是 20 世纪 80 年代以来比较有影响的现代工资决定理论。夏皮罗和斯蒂格利茨建立了效率工资模型，其最主要的观点是，"员工的生产率取决于工作效率，工资提高将会导致员工工作效率的提高，故有效劳动单位成本（工资、福利、培训费用）反而可能下降。生产率会得到提升"[2]，从而给雇主带来的利润也就越高。工资可视为增加利润的有效手段，支付高于均衡水平的工资是有利的。高工资提高了工人对所从事工作的价值判断标准，也提高了工人因偷懒或怠工而被解雇的成本，减少了离职的频率，也就减少了企业雇佣新员工的时间和费用，节约了企业的监督与管理成本。当市场上每一家企业支付的工资都高于市场上的均衡水平时，对劳动的总需求就少于市场出清的劳动总供给量，导致劳动力供给过剩，形成劳动力的非自愿失业。因此，工人如果因为偷懒被解雇了，他就很难在其他企业找到工作，这时工人的怠工成本与离职成本将会更高。博弈的结果就使工资水平和失业率处于均衡状态。

效率工资理论传达的"工资也可以作为一种投资"，其理念是先进的，它将市场工资理论的研究从经济学的领域延伸到管理学的研究领域，倾向于将

---

① 杨河清：《劳动经济学》，中国人民大学出版社 2002 年版，第 200 页。

② 曾湘泉：《劳动经济学》，中国劳动社会保障出版社 2005 年版，第 237 页。

工资视为促进生产率提高的手段，在吸引人才、减少人员流失率，从而降低招募、培训成本方面具有独特优势。该理论不仅对当今西方国家工资决定机制有相当强的解释力，也为理解西方国家普遍持久的失业现象提供了理论依据。

### 4. 劳动力市场分割理论

20 世纪 60 年代末 70 年代初，国外一些学者对劳动力市场基本属性的看法及判断发生了深刻变化，他们认为传统的新古典劳动力市场理论的劳动力同质性假设和标准的竞争—均衡分析范式都与实际情况相去甚远，未能注意到妨碍工人选择的制度和社会因素，而这些因素将会影响市场要素在劳动力资源配置方面所发挥的作用。于是，很多经济学家放弃了居于主流地位的竞争式分析方法，转而强调劳动力市场的分割属性，从制度因素来解释工资的决定，认为制度、社会等不完全竞争因素对劳动报酬和就业也起着至关重要的作用。雇佣劳动者的工资率取决于工人所处的产业部门以及工人自身所拥有的人力资本。劳动力市场分割理论对现实生活中的工资差异作出新的思考，是劳动力市场非竞争性的重要表现。

劳动力市场分割理论的发展经历了不断完善的过程，其中最具影响力的是二元劳动力市场分割理论。该理论认为现实经济生活中存在着两个分离的劳动力市场：主要劳动力市场和次要劳动力市场。主要劳动力市场需求方为竞争力强的资本密集型和技术密集型的核心产业，劳动者工资高、福利好，具有较好的晋升机制，但同时对技术和文化的要求较高。次要劳动力市场需求方为生产劳动密集型产品的竞争力较弱的小公司或行业，劳动者工资低、福利差，对技术和文化程度的要求低，被提拔的可能性较小。劳动者会努力追求主要劳动力市场职位，但劳动者的追求会受到制度约束和需求方的挑选歧视制约。劳动市场的歧视使得从事次要工作的人不能进入主要劳动力市场工作。

因此，劳动力市场分割理论认为，劳动市场上的工资的变动、人事的变动不能仅靠劳动市场的工资率来解释，也应由产品市场的特征、雇主的权力以及生产技术加以解释。劳动力市场的现状并不是被动地反映一个人家庭或社会背景的优劣及素质的高低，而是经济不平等的延伸及组成部分。

### 三、马克思主义工资理论与现代西方经济学工资理论的比较

*1. 研究方法不同：本质方法与非本质方法分析*

马克思在研究社会经济现象时，以唯物史观和唯物辩证法为其哲学基础，采用科学抽象法，关注于对在一定生产关系中的人类经济行为的分析。通过抽掉经济现象的表象，揭示出事物现象背后更深层次的逻辑机理和因果关系，并剖析表象和本质相脱离的因素，最后寻找纠正事物异化的途径。马克思在研究工资理论时，在纵向上，从资本主义社会"工资是劳动的价格"的表象出发，经过抽象的逻辑分析，科学区分劳动与劳动力，得出工资在实质上是劳动力的价值或价格的表现形式，资本家通过无偿占有剩余价值实现对工人阶级的剥削，揭示了工资的实质；在横向上，坚持辩证法的普遍联系观，不是仅将工资视为分配问题，而是将其置于社会经济运行之中进行观察，并指明了资本积累规律对工资运动趋势的决定性影响，并由此给出工资运动的长期历史性趋势。

西方经济学以英国经济学家阿弗里德·马歇尔创立的局部均衡分析方法为分析经济行为的标准方法，承袭西方社会自然主义的思维采用逻辑实证主义的研究路线。一是坚持机械决定论的立场，将工资视为独立于利润之外的劳动供求力量相互作用的确定性结果。二是在进行工资问题研究时，坚持局部分析方法，将工资的决定抽象为一个纯粹的技术问题，从劳动市场的均衡出发研究工资问题，而忽略了劳动市场与社会再生产各环节的相互作用。三是坚持静态的分析方法，将工资视为劳动市场短期均衡的结果，忽视了技术发展对于工资运动的长期影响。

*2. 理论基础不同：劳动价值论与效用、边际和均衡分析*

马克思主义工资理论是以劳动价值论为基础。劳动价值论的基本观点认为劳动是创造价值的唯一源泉，商品的价值由生产商品所需要的社会必要劳动时间决定；商品具有使用价值和价值二因素，生产商品的劳动二重性决定了商品的二因素；商品依据其价值量实行等价交换；价格是商品价值的货币表现，受供求关系的影响并围绕价值上下波动。以此为基础，马克思第一次区分了劳动与劳动力，认为在资本主义生产关系下，劳动力成为一种特殊商

品，其特殊的使用价值是价值创造的源泉，并指出工资是劳动力商品的价值或价格的转化形式，受市场供求和工人运动的影响，围绕劳动力价值上下波动。工资不仅是一个关涉劳动市场交易活动的微观均衡问题，还是一个关涉资本主义宏观经济运动过程中矛盾展开和深化的问题。

现代西方经济学虽具有不同流派的工资理论，但抛却各流派工资决定与形式上的差别，其学说还是建立在效用、边际和均衡分析的基础之上的。现代西方经济学工资理论"以厂商利润最大化为目标，导出要素投入的均衡条件：要素边际生产率等于要素价格"①，在给定资本存量的情况下，注重运用数量化的分析方法，以"向右上方倾斜的劳动供给曲线与向右下方倾斜的需求曲线"的供求分析框架解释现实中劳动供求均衡，劳动供给曲线和劳动需求曲线的交点即均衡条件下的就业量和工资水平。在现代西方经济学工资理论的研究中，用效用取代了使用价值，用边际分析代替了逻辑归纳，掩盖了价值创造的源泉。效用分析使得资本主义条件下劳动工人的工资呈现因人而异的表象，从而否定了工资作为工人劳动力商品价值的本质属性。边际分析在为生产者提供最优解的同时，在总量均衡分析方面存在缺陷，但其数量化的分析方法值得马克思主义经济学学习和借鉴。

3. 价值的创造与分配观点不同：研究目的之差别分析

马克思主义政治经济学认为，只有劳动才是创造商品价值的唯一要素，资本、土地和其他物质生产要素虽然都是创造财富的要素，但不是创造商品价值的要素。在生产过程中，生产资料将它的价值转移到新产品中，但其转移的价值量绝不会大于它原有的价值量，只是物质形态发生了改变。而只有劳动力这种特殊商品在使用过程中，不仅生产出其自身价值，而且还生产出剩余价值，工资是劳动创造的商品价值的货币表现形式。虽然利润、地租、工资作为参与价值分配的特殊价格形式，它们的来源都是劳动创造的价值，但是利润、地租与工资参与价值分配的性质是不同的。利润、地租是剩余价值的表现形式，来自对雇佣工人剩余劳动所创造的剩余价值的无偿占有，而

---

① 胡若南、陈叶盛：《工资理论比较研究》，载于《云南社会科学》2007年第6期。

工资却是工人劳动创造的全部新价值的一部分，用来补偿劳动力商品价值。

现代西方经济学工资理论在价值分析方面以要素价值论为基础。在西方经济学家看来，价值是由包括劳动在内的各种生产要素共同创造的，各种收入都来自各种要素在价值创造中所作的贡献。劳动要素与非劳动要素都有创造财富的作用，也都应当获得各自的回报。他们把劳动、资本与土地都视为生产要素，把工资视为劳动要素的价格，与其他非劳动要素没有本质的区别，工资也只是劳动创造社会财富这种效用的货币表现形式，同劳动创造的价值无关。因此，现代西方经济学工资理论认为资本与劳动之间不存在剥削与被剥削的关系，这是由西方经济学作为资本主义意识形态的阶级立场所决定的。

4. 工资水平的决定标准不同：工资制度分析与机制分析

马克思认为，工资的本质是劳动力的价值或价格的表现形式。工资在其实质上是由劳动力价值决定的，同时还受到劳资对抗、劳动力供求规律的影响。劳动力价值由身体标准和社会标准共同决定，工人最终获得的工资最低应该能够补偿正常劳动力再生产的主观需求，使劳动力能够获得与一定社会历史条件相匹配的物质生活条件，体现了马克思主义经济学的人文关怀和社会历史性。马克思还分析了资本积累对于工资压低的替代效应，解释了工资降低的深层次原因。

现代西方经济学工资理论关于工资水平决定的观点则各有千秋：劳资谈判工资理论认为工资水平决定于劳资双方力量对比和各自坚持范围的不同；分享工资理论认为工资水平决定于企业经营情况、利润分享比例所产生的工资基金的多少以及就业者人数；效率工资理论认为工资水平决定于工人边际生产率及企业支付水平以及由此产生的非自愿失业状况。现代西方经济学工资理论侧重于将工资问题局限于工资分配表象与工资功能联系的实证逻辑上，从交换过程的角度来解释工资现象和工资波动，将工资问题与利润的增减和边际产量联系在一起，而没有对工资背后更深层次的制度性因素进行探索，无法从根本上改变资本主义工资的本质和分配关系。

## 四、结语

将马克思主义经济学与现代西方经济学在工资理论上的差异进行比较，

有利于为我国制定社会主义工资制度提供理论参考。社会主义工资体系需要以马克思主义为指导，在对我国经济运行进行总体考量的前提下，制定符合人本主义价值取向的、保证社会公平的工资制度，关注社会整体和弱势群体的福利提高。同时我们也应该汲取现代西方经济学工资理论的积极因素，为完善我国的工资制度服务，例如在大力推动科技创新、实施创新驱动战略的今天，效率工资可以成为我国知识型企业吸引人才的利器，为高技术核心人才提供高水平工资，将其收入与企业利润挂钩，也不失为防止人才流失、提高企业科技竞争力的好方法。所以，在发展中坚持马克思主义、吸收借鉴西方经济学有关成果，将使我国的社会主义工资制度在强化顶层设计的同时，更加具有灵活性、时代性和实践性，为社会主义经济运行服务。

（原文发表于《学术交流》2013 年第 4 期）

# 西方学者关于马克思劳动力商品与工资理论的论争

咸怡帆 杨 虹*

从《资本论》的总体结构来看，第 1 卷中"劳动力商品"的确立，把对资本主义经济社会的分析从商品交换的现象层面推进到资本交换的本质层面，从而揭示了剩余价值的来源。可以说马克思劳动力商品理论是沟通劳动价值论和剩余价值理论的桥梁。就马克思的工资理论而言，他把对工资的科学分析看作是《资本论》第 1 卷中三个崭新的因素之一。恩格斯在《资本论》第 2 卷序言中更明确指出，马克思根据剩余价值理论，阐明了我们现在才具有的第一个合理的工资理论。由此可见，"劳动力商品"和"工资"理论在马克思政治经济学中具有举足轻重的意义。西方学者围绕马克思劳动商品和工资理论展开了激烈的探讨。这些探讨反映了西方学者对马克思劳动价值论和剩余价值理论的不同认识倾向，也反映了他们对马克思整体思想的认识和理解倾向。

## 一、对马克思劳动力商品理论的批评与反批评

### 1. 吉蒂斯和鲍尔斯：劳动力不是一种商品

激进政治经济学派形成于 20 世纪 60 年代末，它的兴起和发展是马克思主义在美国"复兴"的重要的标志之一。吉蒂斯和鲍尔斯是美国激进政治经济学派发展到 20 世纪 70 年代以后，进入到对马克思经济学"重新研究"和"重新塑造"阶段重要的代表人物。他们对马克思劳动价值与劳动力商品理论的理解和分析，一定意义上代表了美国激进政治经济学派对这一问题的认识

* 咸怡帆（1987－），女，安徽亳州人，武汉大学马克思主义学院博士研究生，研究方向为马克思主义发展史。杨虹（1965－），女，湖北监利人，武汉大学马克思主义学院副教授，硕士研究生导师。

倾向和理论观点。吉蒂斯和鲍尔斯在《劳动价值论的结构和实践》一文中提出无论劳动还是劳动力都不能归结为普遍化的商品关系，他们还对家庭生产场所中的家务劳动作了详细的论述，试图对马克思的"劳动力商品"概念提出进一步的质疑。

吉蒂斯和鲍尔斯认为商品是由抽象劳动生产的，劳动力却不是，因此劳动力不是一种商品。他们认为在马克思主义体系中，资本主义的共同表现是"普遍化商品生产"，这种商品生产由于劳动力的"商品身份"而与简单商品生产区别开来，这是完全不必要的。"作为一种商品的劳动力的生产同资本主义生产关系的再生产是前后矛盾的。"① 他们提出，马克思要依靠劳动的商品地位——即与其他一切商品所共同享有的地位——来竭力证明劳动的特性，这是不可能的。从劳动力的生产条件及其在价格形成与资本积累的动态过程中的地位来看，劳动力在资本主义交换体系中的特殊地位就在于它并不享有商品的地位。吉蒂斯和鲍尔斯还认为马克思对劳动与劳动力区别的描述，不能确证劳动价值论。"劳动力是一种商品"这一表述也无助于作为批判自由派的社会理论和思想体系的基础。吉蒂斯和鲍尔斯提出把劳动指定为劳动力的使用价值，掩盖了两种投入的根本性区别："一是体现在人的社会实践能力的生产性投入；一个是资本的所有权足以确保资本对他们的生产性服务'消费'的所有其他投入。"② 把劳动表述为劳动力的使用价值不仅仅与马克思本人的表述前后矛盾，而且这种论述由于没有给关于资本主义生产场所的文化和政治实践及其结构的理论提供发展的余地，便使劳动价值论失去对剥削的主要机制——从劳动力中对劳动的榨取——的洞察力。

吉蒂斯和鲍尔斯对家务劳动作了较为系统的阐述，对马克思的劳动力商品概念提出了进一步的质疑。他们认为如果把劳动力的生产与再生产表示为劳动过程，那么，就一定要考虑到家务劳动者的劳动。他们强调，"应当否定

① Herbert G. , Samuel B. "Structure and practice in the labor theory of value", *The Review of Radical Political Economics*, Vol. 12, No. 1, 1981：12.

② Herbert G. , Samuel B. "Structure and practice in the labor theory of value", *The Review of Radical Political Economics*, Vol. 12, No. 1, 1981：8.

两个概念——劳动力的价值和再生产劳动力的成本——在形式上等同的看法"①。把劳动力的价值和再生产工人的社会必要劳动时间等同起来，马克思的价值理论就容许得出这样的答案：虽然雇佣工人受剥削，可是家务劳动者却不受剥削。如果是这样，家庭的内部关系就会通过劳务同商品的等价交换表现出来。这正是新古典学派的家庭经济学提出的表述，把这种隐喻的"婚姻契约"作为一种文字上的分析表现时，它就表示出劳动价值论和任何一种要展开对家庭场所的支配结构进行分析的尝试都是不相容的。吉蒂斯和鲍尔斯提出涉及劳动力生产的家庭生产出的非商品性使用价值的重要作用，使得劳动力作为抽象劳动的产物，从而作为一种商品的观点失去了效力。通过上述分析，吉蒂斯和鲍尔斯认为，"作为一种商品的劳动力的生产同资本主义生产的社会关系是前后矛盾的。这是积累过程的不完善性质造成的，即它未能把家庭场所转变到使资本主义生产的社会关系再生产成为可能的商品生产这一事实"②。

2. 约翰·罗默对马克思劳动力商品理论从质疑到彻底否定

罗默的学术思想历程是一个复杂的发展变化过程：1980 年以前，马克思主义思想成分在罗默的思想中占主导地位；1980～1985 年间，新古典马克思主义思想成分对他的影响开始增强；1985 年以后，他的新古典主义思想成分到达顶点，而马克思主义思想成分减弱。随着罗默思想历程的发展，他对马克思的劳动力商品理论的认识表现为从质疑到彻底否定的过程。

在早期所著的《马克思主义经济理论的分析基础》一书中，罗默认为马克思以劳动力作为商品，选择劳动作为价值计量标准，有三个原因：其一，历史唯物主义的假定，马克思认为历史最令人信服地呈现为阶级斗争的历史，所以势必选择劳动价值作为历史主要领域的中心。其二，劳动力的不可剥夺性使其不仅是用于描述阶级斗争的优先选择，而且是作为分析资本主义分配结局之计量标准的优先选择。其三，认为活劳动对于产出拥有权力，而对可

①② Herbert G. , Samuel B. "Structure and practice in the labor theory of value", *The Review of Radical Political Economics*, Vol. 12, No. 1, 1981: 12.

转让生产要素（即资本）的所有权不能使所有者对于产出享有一份权利。如果说上述论述一定程度上还反映着罗默早期思想中马克思主义对他的积极影响，他在该书的最后所作的论断，已经昭示着他背离马克思主义的可能。他指出："需要反复强调的是，上述几段文字所表达的观点是尝试性的。需要反复强调的是，选择劳动的剥削理论的特殊理由并不是因为它唯一能解释利润和资本积累的形成；劳动并不是唯一的所有商品之共有属性，因而也不是唯一的可借以对所有商品进行比较的手段。"① 罗默在《剥削和阶级通论》一书中，对马克思劳动价值论的批判表明他彻底否定了马克思的劳动力商品理论②。他提出，马克思用劳动价值来衡量其他一切商品的价值，具有任意性；既然劳动可以作为价值实体，那么钢铁也可以作为价值实体；而用钢铁作为价值实体的钢铁价值理论，完全可以代替劳动价值理论来分析资本主义社会存在剥削。罗默用具有任意性的钢铁来代替劳动，否定了马克思的劳动价值论，也就否定了马克思的劳动力商品理论。

总体来看，国外学者对马克思劳动力商品理论的批评主要建立在对马克思价值理论或劳动价值论片面理解的基础上，因而他们的批评是站不住脚的，针对这种无力的批评，一些学者进行了有力的回应，从而捍卫了马克思的劳动力商品理论。

### 3. 帕克的反批评

帕克在《论替代劳动作为价值实体：早期和当前的争论》一文中直接回应了庞巴维克和罗默对马克思劳动价值论的批评，阐明了马克思劳动力商品理论的特殊性及重要性。帕克首先阐明了他反批评的思路："我遵循着他们（庞巴维克、罗默）自己的批判方法并试图完善他们的分析，来证明他们是否真的能够持续。我得出的结论是，只要认识到价值实体的必要条件及其对资本主义经济性质的系统化的作用，马克思的劳动价值理论在事实上就不能被

---

① 约翰·E. 罗默：《马克思主义经济理论的分析基础》，汪立鑫等译，上海人民出版社2007年版，第221页。

② Johne R. "Ageneral Theory of Exploitation and Class", Cambridge, Massachusetts：Harvard University Press，1982.

替代。"① 他在批评罗默对马克思劳动价值理论任意地替代时，阐明了马克思劳动力商品理论的重要意义。帕克指出，马克思对劳动物化的阐述，对我们理解资本主义的剥削具有独特的贡献。劳动作为价值实体本身不是商品，因而也就不存在劳动价值。在生产过程中，劳动的作用仅仅是形成产品的价值。"马克思物化劳动体系的特点之一，是劳动之外的投入与活劳动或劳动消耗在价值形成中的作用是不同的，这是因为劳动本身作为价值实体不是商品，不能进行买卖。"② 他还提出，在马克思的价值实体中，价值实体必须起衡量价值的作用。因此，价值实体不能衡量自己。"劳动不能成为商品因为劳动的价值不能由一定量的劳动来衡量。"③ 使劳动作为价值实体，作为非商品概念化是非常困难的，马克思通过区分劳动和劳动力解决了这一难题。帕克指出，马克思认识到在资本主义经济中，当劳动力作为商品用于生产中，劳动作为价值实体被消耗。马克思物化劳动价值理论的一个特点就是："在资本主义社会，劳动力成为商品，劳动力的再生产是一个消费各种使用价值的过程，这些使用价值通常以商品的形式存在。"④

帕克通过上述分析，概述了马克思对资本主义生产方式剥削过程的分析。资本家从劳动者那里购买劳动力，迫使劳动者消耗劳动来生产商品，给劳动者再生产劳动力商品所必需的购买力。"这实际上是马克思对资本主义核心现实最根本的阐述。劳动力的物化劳动同劳动者消费的商品中所物化的劳动之间的差异，是剥削的指示器。"⑤

4. 本·芬对马克思价值论和劳动力商品理论的捍卫

本·芬是一位长期从事马克思经济理论研究的学者。他的《价值论继续存在的必要性》一文回应了理论界对马克思价值理论的批评，阐明了劳动力商品理论在《资本论》第 1 卷中的重要作用，捍卫了马克思劳动力商品理论。

---

① Cheol – SooPark. "On replacing labor asthesub stance of value: early and recent arguments", *Science & Society*, Vol. 67, No. 2, 2003: 171.

②③ Cheol – SooPark. "On replacing labor asthesub stance of value: early and recent arguments", *Science & Society*, Vol. 67, No. 2, 2003: 167.

④⑤ Cheol – SooPark. "On replacing labor asthesub stance of value: early and recent arguments", *Science & Society*, Vol. 67, No. 2, 2003: 168.

芬对马克思劳动力商品理论所做出的正确评价，一个极为重要的原因是他对马克思劳动价值论有深刻的认识。他认为马克思劳动价值论有五个显著的、肯定的特征：一是，以辩证法为基础的方法论；二是，抽象概念以简单概念为基础；三是，马克思的价值论是对社会经济结构的特定理解；四是，关于劳动价值论分析的一个重要方面是特定的社会经济过程的结构是再生产的和变化的；五是，马克思劳动价值论的历史性。芬概述了价值理论在马克思政治经济学中居于核心有三个关键原因。第一，它是基于理解资本主义商品生产这一社会关系的抽象。第二，它把价格、利润等复杂的形式归因于背后的决定性因素。第三，它论述了交换和再生产的辩证法。芬提出马克思的方法是与众不同的。《资本论》第 1 卷确立的价值，仅仅存在于商品生产占主导地位的社会。一旦价值作为一个合理的范畴确立起来，马克思主要关心的是有限的但至关重要的交换，即资本与劳动之间的交换。每一个商品都按其价值交换，那么剩余价值是怎样产生的呢？芬认为马克思的答案很简单："资本家所购买的劳动力商品，劳动能力，在价值上它们与劳动生产的产品的量并没有必然关系。"① 这表明芬认识到并理解了马克思劳动力商品范畴在剩余价值生产中的重要意义。通过分析，芬提出《资本论》第 1 卷的核心概念是劳动力这种特殊商品的使用价值。

## 二、对马克思工资理论的责难与评价

### 1. 罗宾逊对马克思工资理论的片面理解和责难

在《论马克思的经济学》第四章"长期就业论"中，罗宾逊提出："马克思工资理论开头的阐述，纯粹是教条的"。针对马克思在《资本论》第 1 卷中的论述即劳动力和其他商品一样，按价值出售，劳动力的价值就是生产劳动者以及维持他们的子女所需要的生活资料的必要劳动时间，它还包含"历史的和道德的因素"。罗宾逊认为马克思"这种对工资决定因素的分析，就像对价格的教条一样，随着争论的发展逐渐被放弃"。马克思所说的决定生活工

---

① Ben F. "The continuing imperative of value theory", *Capital & Class*, No. 3, 2001：43.

资的历史和道德因素，常被解释为随着资本主义的发展，劳动价值随着生活习惯的标准而提高。她认为如果接受"历史和道德"因素，"就会使马克思的论点降低为循环论，因为这意味着实际工资水平决定劳动力的价值"①。在对马克思工资理论片面理解的基础上，罗宾逊碎片化地引用马克思著作中的某些论述，来证明马克思关于实际工资的论述与现实是矛盾的。罗宾逊提出，在《资本论》某一段中马克思承认生产率的提高可以提高实际工资，从而使得劳动者在技术进步的成就中分享到一些好处，但是很明显，《资本论》的论点并没有引导马克思，期望在资本主义实际工资水平有何可观的上升趋势。她还提出在《共产党宣言》中，马克思预言随着劳动节约技术的发展实际工资下降，总的来说马克思的预言并没有实现。"如果要使马克思的论点与现代实际所出现的实际工资上升相一致，就需要修正马克思的论点。"②

此外，罗宾逊对实际工资、货币工资和就业等关系进行了分析，试图进一步证明马克思实际工资理论是矛盾的。罗宾逊认为，在货币工资的变化和实际工资的变化的关系问题上，以及实际工资的变化和就业的变化的关系问题上，马克思和正统派站在一起，反对现代的学说。她提出马克思的主要论点是："当后备军减少，工人的议价地位增强时从而工资上升，不仅仅是抵消价格上涨的货币工资的上升，实际工资也应上升。"③ 罗宾逊由此认为马克思坚持后备军有周期地伸缩的趋势，并断定马克思把这个周期循环与每十年一次的商业循环看作相同的。罗宾逊进而展开了对马克思的批判，认为马克思受萨伊法则的影响，有时接受萨伊法则，有时又否定它。她断言，"马克思指出货币工资变化所改变的不是价格水平而是剥削率。这同马克思的论点：实际工资劳动上升会引起产量的降低是有矛盾的"④。

2. 哈维关于马克思工资理论的论析

哈维的《对马克思劳动力价值理论的评论》一文系统地论述了对马克思

① Joan R. "*An essay on Marx Economics*", New York: St Martin's Press, 1966: 30.
② Joan R. "*An essay on Marx Economics*", New York: St Martin's Press, 1966: 32.
③ Joan R. "*An essay on Marx Economics*", New York: St Martin's Press, 1966: 84.
④ Joan R. "*An essay on Marx Economics*", New York: St Martin's Press, 1966: 86.

工资理论的理解。哈维认为，马克思的工资理论远比一般所认为的更为复杂。这种复杂性，使得这一理论能够非常灵活地应对大多数逻辑的和经验的批评，但是也给这一理论带来了自相矛盾的特质。"具体来说，在马克思的阐述中，其工资理论呈现三种明显不同的形式。"① 第一种形式是在马克思最初的构想中，这一理论以一种简单的劳动价值理论的扩展去分析工资契约，这是马克思经常采用的一种形式。在组织阐述工资理论时，根据劳动力的价值取决于生产成本而不是劳动内容，马克思提出了第二种形式 。马克思指出第二种形式等同于第一种形式，但是在逻辑上它们是完全不同的。哈维认为："随着马克思论述的展开，逐渐明晰，在劳动力价格稳定中，起最终决定性作用的既不是劳动内容也不是生产成本，而是阶级斗争。从而可以推断，马克思最终阐述了劳动力价值的阶级斗争理论。"② 他提出，劳动力价值的阶级斗争理论是马克思阐述工资理论的第三种形式。哈维进一步详细地考察了马克思劳动力价值的决定因素，将其概括为六个方面：（1）工人阶级必需的生活资料；（2）维持劳动力家庭所需费用；（3）教育成本；（4）工作日长度；（5）劳动力强度；（6）劳动生产率。他还具体考察了这些因素怎样影响劳动力价值以及对劳动力价值影响的趋势，每个因素所反映的社会经济条件，工人阶级运动对工资的影响等各方面。哈维认为："马克思可以更简单地说劳动力价值是直接由阶级斗争所决定的，然后对阶级斗争进行分析。"③ 换句话说，"马克思既没有构建一种劳动理论，也没有构建一种生产成本理论，而是构建了一个劳动力价值和价格的阶级斗争理论"④。哈维提出给马克思的工资理论一个与阶级斗争真实特征相一致的正式框架，既可以消除当前困扰这一理论的含混的理解，也将消除它一直易于受到批判的敏感性问题。

---

① Harvey P. " Marx's theory of the value of labor power：an assessment", *Social Research*, Vol. 50, No. 2, 1983：306.

② Harvey P. " Marx's theory of the value of labor power：an assessment", *Social Research*, Vol. 50, No. 2, 1983：307.

③④ Harvey P . " Marx's theory of the value of labor power：an assessment", *Social Research* , Vol. 50, No. 2, 1983：334.

### 三、关于资本主义经济关系中实际工资问题的探析

罗默对实际工资与技术变化的探讨以及"货币周转说"对实际工资与就业水平的论析，从不同视角展现了对马克思实际工资理论的理解和认识。

1. 约翰·罗默关于实际工资与技术变化的分析

罗默的《马克思主义经济理论的分析基础》一书，用数学均衡模型分析了真实工资的变化与利润率的关系。他首先分析了一个设定技术变化与真实工资之间关系的简单模型，即假定真实工资在技术创新后进行调整以使得劳动与资本的相对收入份额保持不变。罗默假设"收入相对份额不变的技术变化"模型，通过对该模型的验证和分析，他得出："'不变的相对份额'这一假定是有疑问的。基于经济总体范围来讨论它，不仅需要一个将技术变化与真实工资联系进来的理论，还需要一个将产出水平与技术变化联系起来的理论。"[①] 因此，罗默放弃了这一模型，选择"部门内部相对份额不变"模型来考察工资的变化情况。他先对两个部门设定不同的真实工资，通过对变量的分析证明了一个定理，即"令技术发生变化，则存在唯一的一对真实工资，使得各部门内部的相对份额与事前的值相等"[②]。罗默进一步分析了在绝对真实工资存在棘轮效应的情况下，利润率的变化情况，最终得出的结论是这样的："一般来说，如果部门内的相对份额保持不变，则利润率将下降。如果技术变化在两个部门间非常不平均，则落后部门的真实工资可能会下降"[③]。通过上述一系列的论证，罗默认为，马克思原始的猜测是错误的，即认为由于降低成本的技术变化和不变的真实工资，利润率会下降。但是，罗默又认为仅仅基于技术性的考虑是过于狭隘的，他提出考察技术创新与利润率的关系，本质上是属于马克思主义的问题。

罗默关于实际工资与技术变化的分析，表明其思想中的矛盾性，一方面

---

① 约翰·E. 罗默：《马克思主义经济理论的分析基础》，汪立鑫等译，上海人民出版社2007年版，第147页。

② 约翰·E. 罗默：《马克思主义经济理论的分析基础》，汪立鑫等译，上海人民出版社2007年版，第149页。

③ 约翰·E. 罗默：《马克思主义经济理论的分析基础》，汪立鑫等译，上海人民出版社2007年版，第151页。

他试图用新古典经济学中的数学模型化的方法来分析马克思主义经济学的基本命题，另一方面他对基于技术性的分析方法又存有诸多疑虑。

2."货币周转说"对实际工资的分析①

"货币周转说"指的是 20 世纪 80 年代以后流行于法国和意大利等非英语国家中的一种研究方法——根据马克思货币周转学说来解释资本主义社会价值的形成过程和资本家对工人的剥削问题。由于他们的主要观点是马克思的劳动价值论可以用货币周转模式来给予恰当的解释，所以被称为"货币周转分析法"，简称为"货币周转说"或"周转说"。

在"周转说"的分析框架中，资本主义社会被假定为只生产一种商品即消费品；同时，假定该社会有三个阶级：资本家、工人以及银行资本家。这里，银行资本家可以创造货币这个没有任何内在价值的价值符号，产业资本家则创造产品，而工人则出卖自己的劳动力。产业资本家被假定为是唯一有办法从银行资本家那里获得贷款的人。获得贷款以后，资本主义生产过程就开始了。工资被假定为在生产过程开始之前就支付给工人。工人现在可以决定用多少货币工资购买消费品，以及购买哪些消费品。生产过程结束后，产业资本家把借款还给银行资本家。在这个周转过程中，"周转说"提出了一个重要的观点：工人的实际工资是由产业资本家所决定的，工人自己只能在和资本家的斗争中决定名义工资的多少。也就是说，"周转说"在扩充了货币资本周转理论以后，得出了工人无法决定自己的实际工资这一重要结论。"周转说"继续运用货币资本周转分析框架来分析资本主义社会的就业水平和实际工资问题。在资本周转分析框架下，他们根据研究的相关要素，设定了一系列假定，分别研究了 t−1 时期均衡情况下和 t 时期生产扩张所造成非均衡情况下，资本家为了获取最大利润而扩大生产所导致的通货膨胀，是怎样降低工人的实际工资的。通过分析，他们最后得出：在存在大量失业即产业后备军的情况下，产业资本家为了达到利润最大化，从银行资本家那里大量借入货币资本，这种扩张型的通货膨胀使得工人的实际工资水平降低。而工人因

①　朱钟棣：《当代国外马克思主要经济理论研究》，人民出版社 2004 年版，第 74~84 页。

为议价能力薄弱，无法对价格上涨所造成的实际工资降低做出反应，因此在上述分析框架中新的均衡只能是同意实际工资降低到过去的水平之下，产业资本家获得的剩余价值率得到提高。

## 四、启示意义

西方学者关于马克思劳动力商品与工资理论所展开的具体争论，从正反两方面来看，具有重要的启示意义。

就西方学者关于马克思劳动力商品理论的论争而言，无论是批评者所提出的质疑，还是认同者展开的积极辩护，系统地梳理他们的观点有利于我们对马克思劳动力商品理论展开深入的思考，进而深化对马克思劳动价值论和价值理论的正确理解。西方学者关于马克思劳动力商品理论的质疑和批评，其根本原因在于对马克思劳动力商品理论的认识没有建立在正确理解其劳动价值论和价值理论基础之上，因而，只有从整体上把握马克思政治经济学的理论基石和精髓，才能正确理解马克思劳动力商品理论的深刻意涵，才能对西方学者无力的批评做出有理有力的回应。此外，了解西方学者关于这一问题的争论，通过比较分析，有利于凸显中国学者探讨这一问题的特点。20 世纪 80 年代西方学者关于马克思劳动力商品理论的争论反映了对这一问题本身不同的理解倾向。同一时期，中国学者围绕"劳动力商品"这一主题也展开了激烈的论争。可以说中国学者关于劳动力商品的争论更为复杂，不仅仅关涉对马克思劳动力商品理论本身的理解和认识，还涉及如何看待马克思"劳动力商品"范畴的历史性，如何理解劳动力商品与社会主义性质的关系等一系列问题。

就西方学者对马克思工资理论的论析来看，其中较有代表性的人物有罗宾逊和哈维。罗宾逊对马克思工资理论的责难，主要源于对马克思工资理论的片面理解。从马克思探讨工资理论的历程来看，在《雇佣劳动与资本》中首先阐明了工资是劳动力的价格并分析了决定工资的规律。在其后的《工资》手稿中，马克思更为详细地考察了工资的各种关系。在《工资、价格和利润》中，马克思考察了工资与剩余价值和利润的关系。在《资本论》中，马克思对工资的虚假表现和剥削本质作了全面揭示。这就表明，马克思的工资理论是一个不断形成和完善的过程，随着其政治经济学研究的深入，对工资理论的认识也随之深化，这一过程既包括对之前工资问题的接续探索，也包括对前述问题的完善和修正。这是任何一个理论不断走向成熟的必然过程。因而，用马克思的某一论断来否定其整体思想的科学性是根本站不住脚的。

哈维提出马克思工资理论是一种劳动力价值和价格的阶级斗争理论，这种论断没有认识到马克思的整个理论是建立在科学的劳动价值论和剩余价值论基础上的。工资理论是马克思剩余价值的延伸，马克思《资本论》第 1 卷的结构安排以及对工资的具体阐述都有力地证明了这一点。工资实质上是劳动力价值或价格的表现形式，资本家通过支付工人工资的形式，掩蔽了他们榨取剩余价值，剥削工人的本质。这才是资产阶级与无产阶级对立的根本原因，从而才有了工人为了提高工资和资本家的斗争。

关于马克思实际工资问题的探讨，罗默从实际工资与技术变化的视角，运用数学模型进行了分析。"货币周转学派"则对马克思的劳动价值论运用货币周转模型进行分析。他们都试图运用西方经济学的理论模型来对马克思主义经济学的某些原理作出解释。这种尝试是值得肯定的，但是它们无法替代马克思政治经济学的根本方法。方法是马克思政治经济学的重要组成部分，是马克思政治经济学的灵魂，它支撑起了马克思主义政治经济学的理论大厦，正是基于科学的方法，才使得这一理论历久弥坚、坚不可摧。

（原文发表于《经济问题》2017 年第 7 期）

# 工资本质新论

张昆仑*

笔者认为，深化劳动和劳动价值理论的研究，不应仅仅限定在现有的议题上，还应当进一步拓展视野，由此及彼、由表及里、由抽象到具体，深入地去挖掘研究。其中，特别重要的一个议题就是应当从对劳动诸范畴的研究延伸到对工资范畴的研究，因为，科学的价值论要求建立科学的工资理论。而确立科学的工资理论的一个重要基础就是要科学地揭示工资的本质，给出工资的科学定义。

我们知道，在传统的政治经济学资本主义部分中，工资定义为"劳动力商品价值或价格的转化形式"①。在深受苏联范式影响的传统政治经济学社会主义部分里，工资的定义是"全民所有制国营企业和一部分集体经济单位实行按劳分配的基本劳动报酬形式，是劳动者所创造的必要产品的货币表现"②。西方经济学对工资的定义则是："为购买劳动而必须向劳动者支付的价格，即工人劳动的报酬。"③ 对于上述概念，笔者在进行全面审视考察、比较分析的基础上提出自己的理解和认识，以求从一个新的视角揭示出当今时代工资的本质特征。

## 一、工资应当定义为"劳动力商品价值或价格的转化形式"吗？

仔细思考，便可以发现在当今的市场经济条件下，如果认定工资是劳动

* 张昆仑（1952－），男，山东郓城人，河南大学教授，中国《资本论》研究会理事、河南省《资本论》研究会秘书长，从事《资本论》与社会主义经济理论研究。

① 许涤新：《政治经济学辞典》（上），人民出版社 1980 年版，第 473 页。
② 许涤新：《政治经济学辞典》（下），人民出版社 1980 年版，第 172 页。
③ 刘凤岐：《当代西方经济学辞典》，山西人民出版社 1988 年版，第 121 页。

力商品价值或价格的转化形式，那么，我们将面临一系列实践和理论上的难题——

### （一）该定义和现实工资的发放形式不符

现实生活中，工资的发放形式主要有计件工资、计时工资、最低工资、效率工资四种形式。从严格意义上来讲，如上工资形式都不是按劳动力的价值或价格支付的。具体来说——

1. 计件工资

作为生产经营企业采用的最为普遍的工资形式，计件工资这种工资形式并不是依计件工人的劳动力商品价值或价格发放的。比如，某一地区某一行业工人劳动力商品的生产和再生产的费用为每个月 1000 元，又假定创造这 1000 元价值的产品产量为 100 件。而在现实中，有的工人每月因生产了 150 件或 200 件产品得到了 1500 元或 2000 元，而有的工人则因只生产了 50 件、30 件而只能得 500 元或 300 元。对于这种现象，应当如何解释？难道说这是按劳动力的价值或价格支付工资吗？事实上，这种计件工资的发放形式并不是按劳动力商品的价值或价格支付的，而是按工人劳动的成效，即按"劳动"支付工资的。

2. 计时工资

在无法严格按产出数量计酬的情况下，许多生产经营单位采取的是计时工资制。那么，计时工资就是按劳动力的价值或价格支付的吗？就现实情况来看，也不是如此。事实上，计时工资往往采取从低到高的工资等级制，这种工资等级显然是按岗位的重要性、从业者的工作绩效，以及从业者的历史累计劳动贡献等因素确定发放的，基本上表现为"基本工资 + 绩效工资"。所以，与计时工资挂钩的显然也不是劳动力商品的价值或价格，而依然是劳动的绩效。

3. 最低工资

乍一看来，最低工资制的建立完全是依据某一地区最低层次的劳动力价值或价格标准制定的，因而，在这种工资制度上，似乎为"工资是劳动力商品价值或价格的转化形式"理论作了最有力的实证，其实不然。第一，我们现实实行的最低工资标准基本上是政府根据当地劳动者平均赡养人口指数、人均最低生活费用和最低层次教育培训费用等指标核算制定的，因此，这一工资形式所表现出的劳动力商品的价值或价格只是限定在特定范围内，并不具有普遍性。倘若再考虑到实施最低工资保障的多是那些无法实现计件工资的工种，它的适用范围就更小了。第二，当下的最低工资标准也不是由劳资双方自由议定的，并不反映劳动市场的供求状况，而是由第三方——政府依据行政权力强制制定的。因而，这一工资制不是纯粹的市场产物，与工资作为"商品价格"的本质属性相去甚远，所以，它并不是一种具有代表性的、规范的、典型的工资形态。

4. 效率工资

效率工资是企业为提高员工生产率而支付的高于均衡水平的工资。这是当今西方市场经济国家普遍实行的工资制度。与均衡工资相比，实施效率工资的好处在于：（1）工人会非常珍惜自己现有的工作机会，否则被解雇将带来高昂的机会成本；（2）企业由此可以"一箭三雕"：第一，明显降低监管费用；第二，明显降低由于职工频繁"跳槽"而带来的招募新工人及其培训费用；第三，企业选择优秀员工的余地也会明显加大。由此，我们可以清晰地看出：即令我们将新古典学派的均衡工资水平看作是劳动力商品的价值表现，那么，效率工资水平则是明显高于这一水准的。也就是说，当今西方市场经济国家普遍实行的乃是明显高于劳动力商品价值以上的工资水平。这又从另一个侧面证明不能将工资定义为"劳动力商品价值或价格的表现形式"。

## （二）传统的工资定义与雇员劳动动机要求相悖

我们知道，雇佣劳动者作为经济人，其劳动动机从根本上说是要考虑如何达到收入最大化。而为了收入的最大化，他（她）首先需要作必要的投入。这种投入既有纯粹满足生理需求的生活费用投入，也有旨在提高劳动能力的投入——如接受相关教育培训的支出等。假如一位雇佣劳动者为此在若干年内投入总和为 10 万元，那他（她）所希冀的收入产出就不会只是 10 万元，而必然是 15 万元、30 万元乃至更多。也就是说，尽管雇员没有系统学习过美国著名经济学家舒尔茨的"人力资本"理论，但他们出于"经济人"的动机，也会在事实上有着最素朴的人力资本思想。因此，如果将工资定义为"劳动力商品的价值或价格形式"——而商品交换又必然体现"等价交换"——那就势必会将雇员描绘成仅仅追求"产出 = 投入"的社会劳动者，这与事实明显不符。

### （三）恪守传统的工资定义还将面临一些无法解释的理论悖论

再往深处分析，如果我们坚持传统认识——雇佣工人得到的工资只是他们劳动力商品价值或价格的等价货币，资本家阶级凭借生产资料所有权占有了他们创造的剩余价值——那么，我们还将面临如下的理论难题：即生产资料的占有方（即资本所有者）如果不剥削、不占有剩余价值，他们又应当如何做呢？那就只好认定，他们唯有白白地让劳动者使用生产资料而不能向劳动者索要 1 分钱。可是，这样一来，纯粹劳动者岂不成了"无偿占有他人的生产资料"了吗？"无偿占有"难道不是剥削吗？由此，这一理论悖论给我们的启迪是：资本也是生产要素，而且是稀缺的生产要素，作为稀缺的生产要素，它的所有者就应当获取报酬。只要不存在垄断，这种报酬就是合理所得，就不应认为是剥削所得。进而，我们就应当在党的十五大、党的十六大、党的十七大所提出的"生产要素按贡献参与分配"的思想指领下，顺理成章地认定——劳动者得到的工资，并不只是劳动力商品价值或价格的转化形式。

### 二、应当怎样表述工资的本质？

如上所述，传统政治经济学资本主义部分将工资表述为"劳动力商品价值或价格的转化形式"是有很多纰漏的——那么，我们应当怎样表述工资的本质，即给出工资这一范畴恰当贴切的定义呢？

我们知道，传统政治经济学社会主义部分将工资表述为"全民所有制国营企业和一部分集体经济单位实行按劳分配的基本劳动报酬形式，是劳动者所创造的必要产品的货币表现"。客观地说，这一定义比起工资"是劳动力价值或价格的转化形式"的表述前行了一大步（撇开工资的制度差别不谈）。因为，这一定义将工资与静态的、潜在的劳动能力脱离开来，而与现实中动态的、作为要素实际贡献的活劳动挂起钩来了，这是对工资本质解释的一个质变。然而这一解释同样存在缺憾——因为它将"按劳分配"仅仅限定为社会主义的分配制度，这样就具有明显的特指性、局限性。

那么，我们能否去除传统政治经济学社会主义部分对工资表述的特指性，而将工资一般的本质或者说工资一般的定义表述为"劳动者的按劳分配所得"呢？笔者认为，这样的表述也不恰当。因为，工资是商品经济亦即市场经济的经济范畴，它的主流形态是雇员出卖劳动商品的报酬，其间体现了商品交换关系。而"按劳分配"的词义过于宽泛，它既能涵盖纯粹计划经济体制下的分配，也可以体现市场经济体制下的分配，无法准确表现"工资"的本质。

那么，我们是否可以沿用西方经济学的表述，将工资定义为"为购买劳动而必须向劳动者支付的价格，即劳动者的劳动报酬"呢？笔者感到也不严谨。因为，在现实市场经济活动中，工资不仅表现为雇员出卖劳动的价格，它还表现为集体所有制企业、合伙制企业所有者的按劳分配所得。对于这一部分工资，我们就不能将其归为"出卖劳动的价格"——因为，所有者不能向所有者自己出售商品。而且，即便是市场经济条件下的雇员，他们的工资也不能完全视为"出卖劳动"所得。比如，政府雇员的职务消费（工作消费）就是一种特殊的工资形式，我们无法将它界定为雇员的"出卖劳动所得"。因为，"出卖劳动所得"必是商品交换所得，其"所得"的所有权当归劳动者所有，而公务员职务消费对象的所有权不属于公务员个人所有——显而易见，公务员可以赴公务宴会，但宴会上的食品所有权却不归公务员个人所有；公务员可以乘坐公务车，但公务车的所有权也不属于公务员个人所有，如此等等。对于这部分特殊工资，笔者认为将其表述为"按劳分配所得"比较合适——须知，"分配所得"并不一定包含着所有权的转移（尽管它可以包含使用权的转移）；而"出卖劳动所得"则必然包括所有权的转移。

综合以上分析，笔者认为：将工资一般作如下定义比较合适，即：工资是在商品经济（亦即市场经济）条件下购买劳动商品所支付的价格和劳动者非买卖性质的按劳分配所得。

### 三、劳动，能够成为商品吗？

在给出以上工资一般的定义后，我们现在面临的一个重大理论问题是：如何论证"劳动"可以成为商品。显然，这是一个无法绕过并必须给出有充分说服力回答的理论问题。

#### （一）对传统政治经济学"劳动不能成为商品"三点论证的质疑

我们知道，传统政治经济学断然肯定劳动没有价值，不能成为商品，论据主要有三：

第一，传统政治经济学认为："劳动要能当作商品来出卖，在出卖之前它就必须存在。但雇佣工人在劳动市场上和资本家发生关系时，他的活劳动是不存在的。"对此论点，笔者认为是不符合当今商品经济社会发展的实际的。因为，当今时代，随着市场经济的发展，商品实体的转让与商品价格的实现，在时间上和空间上可以完全分开：既可以一手交钱，一手提货；也可以先提货，经过一定时期之后再付款。这两种情况，商品在出卖之前就已经存在。当然，也可以采用订货生产的方式。采用这种形式，当签订买卖合同时，商品根本还没有进行生产，因此，拿"商品在出卖之前必须存在"来论证"劳动不是商品"是缺乏说服力的。更何况，在劳动市场上，当工人和资本家签订劳动合同时，资本家只是用观念的工资，工人也只是用观念的劳动来表示他们的关系，此时，还称不上是真正的"买卖"。真正的买卖是在工人向资本家提供了实际劳动之后，资本家才付给工人工资的。因而，更准确地讲，"劳动"并不是像传统政治经济学所认为的那样在出卖之前不存在，而是存在着的。

第二，传统政治经济学认为："商品的价值是人类一般劳动的凝结；价值量的大小，由劳动时间的多少来决定。如果劳动是商品，也有价值，那么，它的价值怎样决定呢？那就只好说，劳动的价值由劳动时间决定，10 小时劳动的价值等于 10 小时劳动，这是一种毫无内容的同义反复。"笔者认为，这个论证也有漏洞。因为，商品价值只能由生产商品所耗费的社会必要劳动时间决定，所以，如果采用等式关系的话，处于等式左边的应是生产某种商品所耗费的个别劳动时间，处于等式右边的则应是生产此种商品所耗费的社会必要劳动时间。一切个别劳动时间在社会必要劳动时间这个尺度的测定之下，都可以表现出它的价值。从本质来讲，这种等式表示的乃是个别劳动时间与社会必要劳动时间的换算关系——就如同长度、重量、体积不同单位的换算关系一样，所以，它并不是"毫无内容的同义反复"。

第三，传统政治经济学提出："如果说劳动是商品，具有价值，而工资是劳动的价格，那么，工资和劳动的交换，是等价的还是不等价的呢？如果是等价的，资本家就无剩余价值可得；如果是不等价的，则意味着价值规律不起作用了。"对此观点，笔者认为虽有独到之处，但也不乏有疏漏。因为，这种观点只看到了劳动创造价值，从而将商品的价值完全看作劳动的凝结，而忘记了马克思的如下重要思想：使用价值是价值的物质承担者，不具有使用价值的物质是不会具有价值的。"如果物没有用，那末其中包含的劳动也就没有用，不能算作劳动，因此不形成价值。"① 这就是说，纯粹的、不与生产资料相结合的空洞劳动是不会形成价值的，因而，商品价值的形成离不开生产资料，它是各种生产要素共同作用的结果。具体来说，在各种生产要素的共同作用中，活劳动乃是"创造"新价值"V"，而作为形成商品价值不可或缺的物质载体的生产资料则是"生成"新价值"M"——生产资料之所以称为"生成新价值"，是因为它与人的劳动不同，本身没有自觉的思维与行动，因而不能称为"创造新价值"，但它又是有用的、稀缺的、有主的——谁也不能无偿使用——由此，作为商品购买者的"埋单"价值中必须包含生产资料的"贡献"或"作用"——表现为商品价值中包含溢价"M"——如果商品价值中仅仅包括生产资料的旧价值"C"和劳动创造的新价值"V"——那么，就没有人会毫无收益地白白提供生产资料——从而也就没有商品经济活动了。所以，对于资本所有者而言，他们的所得一方面是他们直接从事管理等劳动

---

① 《资本论》第 1 卷，人民出版社 1975 年版，第 54 页。

"创造"的价值（如果我们将其定为"D"，那么，商品价值 = C + V + D + M）；另一方面，也有生产资料所"生成"的新价值"M"——这是他们凭借其所占有的稀缺资源获得的"生成"价值。而雇佣劳动者得到的则是劳动商品的等价"V"。所以，承认劳动是商品，既没有违背价值规律，没有否认等价交换原则，也没有否认资本家获得利润——剩余价值。

### （二）劳动可以成为商品

为了更清晰地论证这一问题，笔者分别对劳动的两大类别——物质生产劳动和非物质生产劳动进行具体分析。

先来看物质生产劳动。显而易见，这种劳动具有使用价值，其使用价值就是可以创造或生产供人们消费的物质形态的使用价值；同时，这种劳动又要耗费人们的脑力和体力，从而又具有价值。由此，物质生产劳动可以成为商品。

再来看非物质生产劳动。非物质生产可以分为精神生产和劳务生产两大门类。就精神生产而言，那些物化的精神产品具有价值，可以成为商品是无可置疑的（如书籍、光盘、美术作品等）；而且，那些活劳动形态的精神产品和劳务产品也是可以成为商品的。譬如，观众可以直接观赏音乐家的演唱、戏剧家的表演，可以直接接受诸如理发、中介、导游服务等。由于直接精神产品和劳务产品生产者的活劳动既提供使用价值，同时，劳动者又要支出脑力和体力，所以，它又具有价值。由于它同时具有使用价值和价值，因而，它就可以成为商品。

### 四、简短结论

首先，笔者提出"劳动可以成为商品"的观点，并不意味着要否认马克思关于资本对雇佣劳动者的剥削，否认马克思的剩余价值理论。笔者认为，在"劳动成为商品"的情况下，资本对雇佣劳动者的剥削主要有如下六种表现形式：（1）不给劳动者支付工资；（2）任意克扣、少付劳动者工资；（3）对劳动者迟发工资又不予以应有的补偿；（4）劳动者延长工作时间或在休息日、节假日工作得不到法定的倍加工资；（5）不为劳动者购买相关保险，劳动者出了工伤事故等又不予以救助；（6）在经济社会不断发展的背景下，长期不提高劳动者的工资水平，使劳动者分享不到经济社会发展带来的好处。当然，笔者所罗列的资本剥削雇佣劳动的具体形式和马克思对此问题的阐释有所不同，但从根本上来说，笔者是认同马克思所揭示的资本对雇佣劳动的剥削、认同马克思的剩余价值理论的。

其次，笔者提出"劳动可以成为商品"的观点，也不意味着要否认马克思的"劳动力商品理论"。笔者认为，在马克思所处的时代，提出"劳动力商品论"是完全正确的。因为从当时工人阶级总体来看，他们得到的工资总额显然是劳动力三要素价值的总额，也就是劳动力商品价值总额。

事实上，产生于自由竞争资本主义、野蛮资本主义时期的马克思的剩余价值理论和劳动力商品理论不仅深刻地揭示了当时资本主义社会的深刻矛盾，而且对唤醒劳苦大众，推动社会向着合理、文明、人本方向演化起到了巨大作用，这是任何人都不能否认的。但现如今，伴随着当代资本主义国家尤其是发达国家雇佣劳动者的整体实际生活水平的提高，劳动者的收入早已超越了马克思所描述的"维持生存"的水平，也就是说，他们的工资不再是劳动力商品的价值或价格了，而是动态地演化成了劳动商品的价值或价格了。按照马克思辩证唯物论和历史唯物论的观点，真理都是相对的而没有绝对的——时代、地点、条件变化了，事物的性质特征也就要发生变化——而工资本质特征的变化正说明了这一点。

再次，提出"劳动可以成为商品"也具有重要的理论意义和现实意义。我们知道，党的十五大提出"把按劳分配和按生产要素分配结合起来"；党的十六大强调"确立劳动、资本、技术和管理等生产要素按贡献参与分配的原则"；党的十七大再次强调要"健全劳动、资本、技术和管理等生产要素按贡献参与分配的制度"——可以清楚地看到，这些党的纲领性文件所指的参与分配的第一要素和作为生产经营的第一要素的都是"劳动"而不是"劳动力"！因此，确立工资新定义乃是圆满诠释党的十五大、党的十六大、党的十七大报告所确立的社会主义市场经济分配制度的一个不可回避、不可或缺的重要理论支点。同时，确立工资新定义也有利于社会主义市场经济更好地优化配置资源，在实践中将工资与劳动效益切实地挂起钩来，从而最大限度地激发劳动者的积极性，并创造出最大的产出效益。

　　总之，古典马克思主义理论需要与时俱进地发展，这种发展，必须根植于实践且能够正确地解释现实并指导人们的实践。只有这样，马克思主义才有说服力和生命力，才是真正的马克思主义而不是教条主义的马克思主义。

　　　　　　（原文发表于《深圳大学学报》（人文社会科学版）2009 年第 5 期）

# 驳"工资本质新论"

## ——与张昆仑教授商榷

**曹亚芳**[*]

随着我国市场经济体制的确立,原来被认为是资本主义社会所独有的东西在我国社会也有相同的表现。面对这一现象,不少学者开始被现象所迷惑,被"形式"所绑架,失去了批判的哲学思维,失去了对马克思主义理论科学严谨的研究态度,而一味地逢迎市场经济的一切。近日读了张昆仑教授发表在《深圳大学学报》(人文社会科学版,2009年第5期)上的"工资本质新论"一文后,更强化了这种认识。于是提笔与张教授进行如下商榷——

### 一、工资定义为"劳动力商品价值或价格的转换形式"错了吗?

张在原文中说"如果认定工资是劳动力商品价值或价格的转换形式,那么我们将面临一系列实践和理论上的难题",其一就是"该工资定义与现实发放的主要形式:计件工资、计时工资、最低工资和效率工资四种形式不符"。

就计件工资而言,他举例说月工资1000元,定额生产100件产品。但有人会因生产150件或200件得到1500元或2000元,而有人则因只生产50件或30件得到500元或300元。由此,他认为这种计件工资的发放形式并不是按劳动力商品的价值或价格支付的,而是按"劳动"支付的。我们仍以上例进行分析。如果认定这1000元价格是劳动力商品价格的转换形式,也就是说工人维持和恢复一定劳动能力所消费的生活资料的价格是1000元,消耗这1000元的生活资料商品以后,他在一个工作月所能创造的产品数量是100件,如果这100件新产品所包含的工人新创造的价值为2000元,那就意味着工人

---

* 曹亚芳(1971-),女,陕西蒲城人,陕西理工学院副教授,从事马克思主义理论教学与研究。

每生产 1 件产品能生成 20 元新价值，其中 10 元作为劳动报酬以工资的形式发放给工人，另外 10 元以利润的形式为资方所有。如果一个工人的劳动效率高于社会平均水平，比如生产了 200 件，那他就比平均水平多创造一倍的新价值。而这部分新价值也要分为两部分：一部分由工人自己支配，用来补偿所消耗的劳动能力；一部分为资本家所有。我们不能只看到工人拿到了比平均水平高的工资额，还必须看到，他所消耗的也比一般人要多：每月生产 100 件的雇员能活到 80 岁，每月生产 200 件的可能活不到 60 岁，或者说他生产劳动一个月所消耗的体力和智力是别的劳动者生产劳动一个月半所消耗的。每月生产 100 件需要 1000 元就能补偿所消耗的劳动力，而每月生产 150 件或 200 件所消耗的劳动力绝不是 1000 元就能补偿得了的，而是需要 1500 元或 2000 元。所以，计件工资不仅没有否定马克思关于工资本质的论述，而且是对它的有力佐证。

再看张教授所谈的计时工资。张在原文中说计时工资表现为"基本工资＋绩效工资"。张撇开基本工资不谈，而强调绩效工资，断言计时工资也不是劳动力商品的价值或价格，而是劳动商品的价值或价格。我们知道，在公平公正的竞争环境下，基本工资的等级是按岗位的重要性来划分的，而遴选相应岗位的工作者则是按他的受教育程度、工作经验、生活阅历等综合因素确定的。就大多数情况来讲，一个人付出越多，他的综合素质就越高，他就越有机会获得重要的工作岗位，从而得到更多的工资额。他的工资正是对他劳动能力形成过程中所垫付的价值的反映。所以计时工资也是劳动力商品价值的转化形式。

再看绩效工资，张没有讲什么是绩效工资，但在劳动力商品化的前提下，绩效工资不外乎反映以下两点：一是雇员的生产效率；二是雇员生产的产品所实现的交换价值。把两点归纳为一点就是要为资本带来更多的增值，而增值的部分也不外乎是劳动者新创造的价值的一部分罢了。新创造的价值越多，对劳动力的消耗也就越多，自然也就应该多得些工资额，以便补偿他比别人多消耗掉的劳动力。所以，张在这里所谈的绩效工资和前面所讲的计件工资以及后面提到的效率工资在形式上都是同一回事，只是叫法不同罢了。

最后再来分析一下最低工资。张在原文中说最低工资只限定在特定范围内，不具有普遍性，而且它是政府行为，不是纯市场的产物，所以与"工资作为劳动力商品价值或价格的转换形式"这一本质属性相去甚远。但政府为什么要规定最低工资呢？因为市场经济的公平竞争并不必然产生公正的社会结果。为了维护社会的整体利益，政府不得不用公权力规定最低工资，而且政府在制定最低工资时也是依据维持一个正常劳动力所消费的基本生活资料的价值来确定的。所以最低工资依然体现了"工资是劳动力商品价值或价格的转换形式"这一原理的质的规定。

张教授认为传统工资定义在当前遇到的难题之二是它与雇员劳动动机要求相悖。张在原文中说："雇佣劳动者作为经济人，其劳动动机从根本上说是要考虑如何达到收入最大化，而且总是希望他的收入大于他的投入。如某雇员为提高劳动能力而在若干年内投入 10 万元，那他所希冀的收入必然是 15 万元、30 万元乃至更多，而不会只是 10 万元。如果将工资定义为'是劳动力商品价值或价格的转换形式'——而商品交换又必然体现'等价交换'——那就势必将雇员描绘成仅仅追求'产出＝投入'的社会劳动者，这与事实明显不符。"①

我们先不谈马克思关于工资的定义是从本质的、整体的和长期的角度来谈工人阶级的收入只能弥补其在劳动过程中消耗的生活资料价值、教育培训费用、劳动者再生产费用等，而不是关于个别雇佣劳动者工资高低得失的论述；就算具体到一时一地一人，工资也不是由雇员的劳动动机所决定的，亦不是由资本家的雇佣动机所决定的，而是劳资双方博弈的结果。虽然我们在主观上希望劳动者的收入大于投入，但他最终所得并不由他的动机所决定。具体到个别劳动者，他（她）的工资水平的高低，要受劳动者的劳动效率、劳动力市场的供求关系等很多因素的影响。但不管其他因素怎样影响，工资都不会长久地偏离劳动力商品价值。既定工资既反映着雇员的劳动动机，也反映着资本家的雇佣动机。一个想多得些，一个想少给些。在正常情况下，

---

① 张昆仑：《工资本质新论》，载于《深圳大学学报》（人文社会科学版）2009 年第 5 期。

公平客观的事实是价值是多少就给多少。在非正常情况下，比如雇主有求于雇员时，会多给些；反之，则会少给些。

张所说的第三个理论难题是传统的工资定义还将面临如下的理论悖论：如果我们认定资本家凭借生产资料的所有权占有工人创造的剩余价值是资本家对工人的剥削，那么为了消除剥削，资方唯有白白地让劳动者使用生产资料而不能向劳动者索要 1 分钱；然而换个角度，从工人一方来看，他们白白使用别人的生产要素而不付费，这岂不成了劳动者"无偿占有他人的生产资料"而成了剥削者了吗？所以张认为资本是稀缺生产要素，其所有者所获取的报酬是合理所得，不是剥削所得；又认为工资是劳动报酬所得，并不是劳动力商品价值或价格的转换形式。

马克思虽然在主观上反对资本家阶级凭借其对生产资料的所有权而无偿地占有工人创造的剩余价值，但他也承认这种剥削制度是人类社会经济形态发展的必然结果。它一方面是历史发展的结果，另一方面也终将被历史的继续发展所取代。之所以要被取代，就是因为这种生产方式周期性地造成经济危机，经济危机严重地破坏了人类劳动生产力。而造成生产相对过剩而有效需求不足的社会根源则在于人类社会财富由劳动创造，而劳动者却不能享有自己的劳动果实。由此，未来合理的社会制度应该是劳动者不需要经过雇佣而直接同生产资料相结合并直接享用自己的劳动产品。而不像张所说的如果资本方不剥削劳动者就必然被劳动者所剥削。

目前在我国广泛存在的基于生产资料的所有权而实现的经济上的收入就是剥削收入，只不过这种剥削在当前社会经济发展水平下还没法超越。对于其他生产要素，如生产专利、生产管理等则需另做研究，不能一味地认为所有按生产要素贡献分配所得都是剥削。

## 二、应当怎样表述工资的本质？

张教授说："将工资表述为'劳动力商品价值或价格的转换形式'是有很多纰漏的"。又称：政治经济学关于社会主义的工资的表述要比马克思对资本主义的工资表述更科学，但也有缺憾——仅限定为社会主义的分配制度。

那么，我们应该如何理解当下的社会主义分配制度呢？长久以来，人们一直认为：虽然我国还没有实行社会主义社会的生产力基础，但我们毕竟消灭了马克思所批判的剥削制度，在生产资料上实现了公有制。在实行生资料公有制的同时在分配领域也实行了没有剥削的按劳分配，正是在这一认识基础上，我们把社会主义社会的工资定义为"全民所有制国营企业和一部分集体经济单位实行按劳分配的基本劳动报酬形式，是劳动者所创造的必要产品的货币表现形式"①。所谓"必要产品"是指为了弥补耗费掉的基本劳动能力所需的而生产的与其生活资料等值的产品数量，它虽然叫作"劳动报酬"，但其数量是由劳动者的基本生活资料价值决定的，这和资本主义社会的工资在数量上是相同的。事实上，不管是在资本主义社会还是在社会主义社会，只要实行了市场经济，就存在商品交换，对于商品供给方来说，他以实现商品最大交换价值为目的，也就是以换取更多的货币为目的；而对于商品消费者来说，他以实现商品最大使用价值为目的，也就是以最大限度满足自己的生活需要为目的，在任何商品经济社会里，超越商品交换规律的分配制度是不存在的。

马克思关于工资的本质论述的科学性和深刻性就在于他能跳出单个无产者和单个资本家局限的个人视域，站在更高的角度，透过事物的表象揭示深藏于现象背后的工资的本质，即：劳动力成为商品以后，工资就是劳动力商品价值或价格的转换形式。如果仅从个人感觉和社会表象而言，才会有张教授的"传统政治经学社会主义部分将工资表述为'全民所有制国营企业和一部分集体经济单位实行按劳分配的基本劳动报酬形式，是劳动者所创造的必要产品的货币表现形式。'比起工资'是劳动力商品价值或价格的转换形式'的表述前行了一大步"之说。②

### 三、劳动能够成为商品吗？

在原文的这一部分里，张教授逐一质疑了马克思关于"劳动不能成为商

---

①②　张昆仑：《工资本质新论》，载于《深圳大学学报》（人文社会科学版）2009 年第 5 期。

品"的三个论点。首先，张教授指责第一个论点与实际不符。因为在当今时代完全可以实现先提货再付款或先付款再提货，所以他认为"劳动"在出卖之前是存在的。让我们重温一下马克思的论述。马克思在《资本论》第1卷中是这样说的："劳动要作为商品在市场上出卖，无论如何在出卖以前就已存在。但是，工人如果能使他的劳动独立存在，他出卖的就是商品，而不是劳动。"① 马克思在此强调的是"劳动"不能独立存在，它必须依附于工人的劳动能力，就像"充饥"不能独立存在，它必须依附于面包一样。张教授混淆了物品的使用功能和物品本身的区别，把物品的使用功能等同于物品。我们为了获得面包的使用价值而支付了商品面包的价值，资本家为了获得劳动力的使用价值也必须支付劳动力商品的价值。虽然消费方是为了获得商品的使用价值才支付商品的价值，但用来相互交换的一定是能独立存在的商品，而不是必须依附于商品本身而不能独立存在的商品的使用价值。所以劳动力是商品，劳动不能成为商品。

关于第二个论点，张不认为"劳动的价值由劳动时间决定，10小时劳动的价值＝10小时劳动是一种毫无内容的同义反复"。② 认为"处于等式左边的应是生产某种商品所耗费的个别劳动时间，处于等式右边的则应是生产此种商品所耗费的社会必要劳动时间。一切个别劳动时间在社会必要劳动时间这个尺度的测量之下，都可以表现出他的价值"③。言下之意是说生产某种商品所耗费的社会必要劳动时间是10小时，我做同样的工只需要5小时，我就能获得两倍于社会必要劳动时间的劳动价格，如果别人1小时挣10元，我就能挣20元，这是因为我工作效率比别人高。但张教授的这种说法并不能否定"工资是劳动力商品价值或价格的转换形式"，这只不过是对他前面所讲的计件工资、绩效工资和效率工资的同义反复而已。

张文否定劳动力是商品，立论"劳动能够成为商品"的第三个理由是劳动离不开生产资料，从而在完成对旧价值进行转移过程中所创造的新价值离

---

① 《资本论》第1卷，人民出版社1975年版，第586页。
②③ 张昆仑：《工资本质新论》，载于《深圳大学学报》（人文社会科学版）2009年第5期。

不开各种生产要素的共同作用。并提出了一个新的商品价值构成公式：商品价值 = C + V + D + M，这里的 D 指资本所有者从事管理劳动所创造的价值，M 指生产资料所"生成"的新价值，归稀缺资源的占有者所得。最后得出结论认为"承认劳动是商品，既没有违背价值规律，没有否认等价交换原则，也没有否认资本家能获得利润——剩余价值"①。

张所提出的这一公式和马克思的商品价值公式 W = C + V + M 的最大区别在于否定"劳动是价值的唯一源泉"，并把剩余价值看成是稀缺资源自动"生成"的价值。张的这一认识混淆了商品的（交换）价值与使用价值的区别，忽视了马克思把同一劳动过程区分为具体劳动与抽象劳动的社会意义。马克思认为劳动（指抽象劳动）是价值的唯一源泉。但在资本主义生产方式和市场经济运行体制下，对价值的分配并不按创造价值的劳动量的多少来分配，而是在全社会范围内凭借对生产要素的所有权关系来分配。资本家阶级对生产资料所有权在经济上的实现就意味着对无产阶级在劳动上的剥削。我们不能因为人类目前还没有能力消灭剥削就否认当前社会确实存在着拥有生产资料的少部分人对一无所有的绝大多数人的劳动剥削。马克思在《资本论》序言里说："柏修斯需要一顶隐身帽来追捕妖怪。我们却用隐身帽紧紧遮住眼睛和耳朵，以便有可能否认妖怪的存在。"②

### 四、简短结论

综上所述，张教授所述的"工资本质新论"不堪一击，马克思所言的"工资从本质上讲是劳动力商品价值或价格的转换形式"没有任何不妥。张所作之文只是对当前社会一种流行思潮的附和，这种思潮是对"资本"的谄媚。基于当前现实社会发展的需要，我们必须进一步发展马克思主义理论。但绝不能倒退回去否定马克思主义的基本原理，奉迎庸俗政治经济学的皮毛之说。我们要按马克思所揭示的社会化大生产条件下社会发展的客

① 张昆仑：《工资本质新论》，载于《深圳大学学报》（人文社会科学版）2009 年第 5 期。
② 《资本论》第 1 卷，人民出版社 1975 年版，第 11 页。

观规律办事，挖掘马克思主义当中能用于指导社会主义市场经济运行的理论精髓。不要因为惧怕马克思的批判就极力否认劳动剥削在当前社会的存在。到目前为止，还没有任何人的任何理论甚至任何历史过程超脱了马克思的思维逻辑。

（原文发表于《深圳大学学报》（人文社会科学版）2010 年第 5 期）

# 相 关 文 献

[1] 蔡卫忠、翟青:《中等收入陷阱主流话语背后的新自由主义》,载于《东岳论丛》2020 年第 4 期。

[2] 但娇:《基于马克思工资决定理论剖析薪酬不公现象》,载于《商场现代化》2012 年第 28 期。

[3] 顾海良:《〈资本论〉中的"崭新的因素"与马克思经济学"术语的革命"》,载于《马克思主义与现实》2017 年第 2 期。

[4] 关柏春、刘慧:《论马克思的工资、利息范畴创新》,载于《岭南学刊》2006 年第 4 期。

[5] 郭继强:《马克思工资和失业理论的现代经济学理解》,载于《教学与研究》2007 年第 5 期。

[6] 郭铁民:《马克思工资理论探讨》,载于《当代经济研究》1999 年第 1 期。

[7] 郝春鹏:《雷蒙·阿隆对马克思劳动价值理论的哲学诠释》,载于《上海师范大学学报》(哲学社会科学版)2017 年第 3 期。

[8] 胡靖春:《新古典工资决定理论的缺陷与马克思工资决定理论的替代性解决》,载于《湖北经济学院学报》2010 年第 3 期。

[9] 胡若南:《关于工资国民差异的理论述评》,载于《政治经济学评论》2008 年第 1 期。

[10] 黄建平:《联系马克思的工资理论必须实施最低工资制度》,载于《福建商业高等专科学校学报》2007 年第 1 期。

［11］康静萍：《构建马克思主义的现代劳动经济学》，载于《当代经济研究》2007 年第 4 期。

［12］李帮喜、刘充、赵峰、黄阳华：《生产结构、收入分配与宏观效率——一个马克思主义政治经济学的分析框架与经验研究》，载于《经济研究》2019 年第 3 期。

［13］刘凤义：《劳动力商品理论与资本主义多样性研究论纲》，载于《政治经济学评论》2016 年第 1 期。

［14］刘凤义：《社会主义市场经济中劳动力商品理论再认识》，载于《经济学动态》2017 年第 10 期。

［15］刘家珉、由壮举：《马克思劳动力价值价格界限理论初探》，载于《中国流通经济》2005 年第 11 期。

［16］刘家珉：《论马克思最低工资理论的形成与发展》，载于《宝鸡文理学院学报》（社会科学版）1999 年第 3 期。

［17］罗英、蒋南平：《坚持马克思的劳动力商品理论，构建和谐工资关系》，载于《重庆工商大学学报》（社会科学版）2007 年第 3 期。

［18］吕景春、李梁栋：《马克思劳动价值论：扩展与反思——兼论"劳动者商品"概念及其内涵》，载于《中国经济问题》2021 年第 3 期。

［19］马阳：《马克思工资理论与社会主义工资改革》，载于《宜宾学院学报》2013 年第 11 期。

［20］孟捷：《劳动力价值再定义与剩余价值论的重构》，载于《政治经济学评论》2015 年第 4 期。

［21］孟晓敏：《基于马克思劳动力价值理论对农民工工资的分析》，载于《新疆农垦经济》2013 年第 2 期。

［22］孟氧：《马克思的工资理论与拉萨尔的工资铁则》，载于《马克思主义研究》1985 年第 3 期。

［23］宋晶：《工资决定理论：古典经济学与现代经济学的比较》，载于《财经问题研究》2011 年第 3 期。

［24］田元甲：《基于马克思劳动力价值理论探析中国农民工工资》，载

于《大庆社会科学》2014 年第 1 期。

[25] 王庆丰：《当代〈资本论〉研究中值得关注的三个问题——从雷蒙·阿隆对马克思〈资本论〉的解读出发》，载于《江苏社会科学》2015 年第 1 期。

[26] 王王：《劳动是价值的源泉——工资理论从古典到马克思的发展》，载于《新西部》2018 年第 26 期。

[27] 魏丽萍：《分享经济视角下马克思工资理论拓展的现代价值》，载于《海派经济学》2012 年第 3 期。

[28] 魏民：《马克思对市场经济工资运动的系统分析及其现实意义》，载于《当代财经》1996 年第 9 期。

[29] 肖延方：《马克思劳动力价值理论和农民工工资》，载于《当代经济研究》2007 年第 8 期。

[30] 许光伟、胡璇：《工资的身份形式与财产形式理论问题研究——兼议中国共产党的按劳分配观》，载于《当代经济研究》2021 年第 9 期。

[31] 杨国昌：《马克思与最低工资论》，载于《当代经济研究》1990 年第 1 期。

[32] 杨文：《私营企业劳工工资：马克思模型与马歇尔模型的解释》，载于《法制与经济》（下旬）2010 年第 8 期。

[33] 杨衍江：《马克思的工资理论与我国市场工资机制的完善》，载于《经济问题探索》2000 年第 1 期。

[34] 杨永华：《把计划工资理论转换成市场工资理论——论社会主义工资的马克思主义理论基础》，载于《当代经济研究》1996 年第 5 期。

[35] 张福军：《对马克思的工资和利息理论的再认识——兼与关柏春等有关观点的商榷》，载于《岭南学刊》2007 年第 3 期。

[36] 张可云、邓仲良：《技术效应还是就业规模效应？——工人相对工资下降原因研究》，载于《政治经济学评论》2016 年第 2 期。

[37] 张翔：《马克思对拉萨尔"铁的工资规律"的批判及其理论价值——基于〈哥达纲领批判〉》，载于《新乡学院学报》2021 年第 5 期。

［38］张佑青、刘学敏：《简议马克思早期的工资理论》，载于《兰州商学院学报》1987 年第 3 期。

［39］赵鑫：《基于马克思恩格斯劳动商品价值与工资理论的住房公积金公平机制构建》，载于《理论观察》2014 年第 12 期。

［40］周丹：《论关于"工资"的马克思政治经济学批判》，载于《马克思主义哲学论丛》2012 年第 2 期。

［41］琢之：《论研究马克思劳动力价值与工资理论的理论与实践意义》，载于《西安石油学院学报》（社会科学版）2000 年第 1 期。

# 后 记

　　经典著作的恒久魅力，在于其所蕴含的思想能够穿透时空而抵达当下，超越时代而指向未来。《资本论》就是这样的经典之作，无论时代如何变迁，它都始终站在人类思想之巅。

　　1983 年马克思逝世一百周年，陈征先生主编了一套《资本论》教学研究参考资料以表示对这位伟大革命导师的纪念。该套丛书选编了新中国成立后30 余年国内研究《资本论》的论文和译文，分五册由福建人民出版社出版，分别是：《〈资本论〉创作史研究》《〈资本论〉的对象、方法和结构》《〈资本论〉第一卷研究》《〈资本论〉第二卷研究》以及《〈资本论〉第三卷研究》。这套资料的出版受到了学界的一致好评。

　　斗转星移，现在距离《资本论》教学研究参考资料丛书的出版已经整整过去了四十年。四十年来，中国从低收入国家一跃成为世界第二大经济体，发生了天翻地覆的变化。然而，作为中国的主流经济学，马克思主义政治经济学经历了一个从一统天下到多元并存再到强势重建的否定之否定的发展历程。曾经有一段时期，马克思主义经济学"失语、失踪、失声"问题非常突出，一些年轻人缺乏理论自信，认为马克思经济学过时了，《资本论》过时了。对此，陈征先生在接受采访时郑重指出："我始终对《资本论》研究充满信心和动力。"他还表示："《资本论》没有过时，也永远不会过时。因为《资本论》分析了资本主义的问题，预见了资本主义一定要向更高级社会形态演变的规律，对现在依然有很强的指导意义。"在一次题为《关于马克思主义经济学研究的几个问题》报告中，李建平先生强调必须重视对马克思经济学经典著作的现代解读，因为"《资本论》揭示了资本主义市场经济乃至所有市场经济的一般规律，如价值规律、资本积累规律、平均利润率下降规律等，在现代依然具有指导意义，依然能够指导我国的社会主义改革和建设实践"。

党的十八大以来，习近平总书记高度重视马克思主义政治经济学的学习和应用。在主持十八届中央政治局第二十八次集体学习时的讲话中，总书记指出，在我们的经济学教学中，不能食洋不化，还是要讲马克思主义政治经济学，当代中国社会主义政治经济学要大讲特讲，不能被边缘化。作为马克思主义最厚重、最丰富的著作，习近平非常重视《资本论》的教学与研究。早在2012年6月，他在中国人民大学调研时就特地考察了该校的《资本论》教学研究中心，并发表重要讲话，他指出：马克思主义中国化形成了毛泽东思想和中国特色社会主义理论体系两大理论成果，追本溯源，这两大理论成果都是在马克思主义经典理论指导之下取得的。《资本论》作为最重要的马克思主义经典著作之一，经受了时间和实践的检验，始终闪耀着真理的光芒。

福建师范大学一直以来都非常重视《资本论》以及马克思主义政治经济学的教学与研究。即便在《资本论》研究处于低潮时，我们都始终坚持给经济学专业的本科生开设《资本论》课程。几代人薪火相传，几十年砥砺奋进。我们在政治经济学教学研究尤其是《资本论》研究领域取得了蜚声学界的研究成果，被誉为"南方坚持马克思主义经济学教学与科研的重要阵地"。显然，这一地位的取得与陈征和李建平两位"大先生"长期潜心于《资本论》教学、研究和传播是分不开的。陈征先生的《〈资本论〉解说》是"我国第一部对《资本论》全三卷系统解说的著作"。李建平先生的《〈资本论〉第一卷辩证法探索》是国内最早运用文本分析研究马克思经济理论和方法的专著。一代又一代福建师大经济学人在马克思主义经济学领域辛勤耕耘，奠定了学校作为政治经济学学术重镇的地位。

2021年9月，经济学院成立了《资本论》的理论、方法和结构及其当代价值研究团队。在李建平先生的倡议和指导下，鲁保林教授开始组织团队的骨干力量编写一套新的《资本论》教学研究参考资料，旨在反映改革开放以来中国学者在《资本论》研究对象、劳动价值论、生产力理论、资本主义基本矛盾理论、工资理论、重建个人所有制、社会再生产理论、一般利润率趋向下降规律研究上所取得的代表性成果。这套丛书由李建平先生和黄瑾教授担任主编，一共八册。各分册的负责人为：（1）陈晓枫：《资本论》研究对象；（2）陈美华：劳动价值论；（3）陈凤娣：生产力理论；（4）许彩玲：资本主义基本矛盾及其当代表现；（5）杨强、王知桂：工资理论；（6）孙晓军：重建个人所有制；（7）魏国江：社会再生产理论；（8）鲁保林：一般利润率趋向下降规律。

为保持入选论文原貌，入选论文的作者简介以论文发表时为准。我们对作者的授权和支持表示衷心感谢！不过，由于工作单位变动等因素的影响，一些入选论文未能联系到原作者，敬希望作者见书后及时与我们联系，以便奉寄样书和支付稿酬。由于本书篇幅有限，还有许多佳作尚未入选，我们深表遗憾。经济科学出版社孙丽丽编审为本套书的出版付出了辛勤劳动，在此一并感谢。

2023 年是马克思逝世一百四十周年。本套丛书历经一年半的编写和审改也即将问世，这套丛书的编写饱含了我们对马克思这位伟大思想家的崇高敬意和深厚感情。跟随马克思的足迹前进，是对这位伟大革命导师最好的缅怀和纪念。作为"南方坚持马克思主义经济学教学与科研的重要阵地"，我们将进一步增强责任感和使命感，做《资本论》研究的继承者和发展者，为繁荣发展中国马克思主义经济学贡献力量。

福建师范大学《资本论》的理论、方法和结构及其当代价值研究团队

2023 年 3 月